INDUSTRIEKAUFLEUTE

2

LERNSITUATIONEN

Lernfelder 6–9

Autoren:
Hans-Peter von den Bergen
Anja Brunnett
Hans-Peter Klein
Gisbert Weleda
Dr. Petra Zedler

unter Mitarbeit der Verlagsredaktion

D1699096

Dieses Buch wurde erstellt unter Verwendung von Materialien von Oliver Dillmann, Wolfgang Duschek, Peter Engelhardt, Markus Fleitmann, Kai Franke, Christian Fritz, Markus Hillebrand, Ariane Hoffmann, Prof. Dr. Franz-Josef Kaiser, Ludger Katt, Antje Kost, Claudia Lang, Antje Licht, Wolfgang Metzen, Ute Morgenstern, Klaus Otte, Michael Piek, Roswitha Pütz, Dorothe Redeker, Heike Scholz, Dieter Schütte, Alfons Steffes-lai, Ralf Wimmers, Carsten Zehm.

Wir weisen darauf hin, dass die im Lehrwerk genannten Unternehmen und Geschäftsvorgänge frei erfunden sind. Ähnlichkeiten mit real existierenden Unternehmen lassen keine Rückschlüsse auf diese zu. Dies gilt auch für die im Lehrwerk genannten Kreditinstitute, Bankleitzahlen und Buchungsvorgänge. Ausschließlich zum Zwecke der Authentizität wurden insoweit existierende Kreditinstitute und Bankleitzahlen verwendet.

Sämtliche Personenbezeichnungen in diesem Band (z. B. „Schüler", „Lehrer") gelten selbstverständlich für beide Geschlechter.

Verlagsredaktion:	Peter Sander
Außenredaktion:	Veronika Kühn, Köln; Dr. Dörte Lütvogt, Mainz; Annegret Wieck, Berlin
Bildredaktion:	Christina Fanselow
Gesamtgestaltung und technische Umsetzung:	vitaledesign, Berlin

www.cornelsen.de/cbb

Die Links zu externen Webseiten Dritter, die in diesem Lehrwerk angegeben sind,
wurden vor Drucklegung sorgfältig auf ihre Aktualität geprüft (Stand: Juni 2012).
Der Verlag übernimmt keine Gewähr für die Aktualität und den Inhalt
dieser Seiten oder solcher, die mit ihnen verlinkt sind.

1. Auflage, 1. Druck 2012

© 2012 Cornelsen Verlag, Berlin

Das Werk und seine Teile sind urheberrechtlich geschützt.
Jede Nutzung in anderen als den gesetzlich zugelassenen Fällen bedarf
der vorherigen schriftlichen Einwilligung des Verlages.
Hinweis zu den §§ 46, 52 a UrhG: Weder das Werk noch seine Teile dürfen ohne eine
solche Einwilligung eingescannt und in ein Netzwerk eingestellt oder sonst öffentlich
zugänglich gemacht werden.
Dies gilt auch für Intranets von Schulen und sonstigen Bildungseinrichtungen.

Druck: Druckhaus Berlin-Mitte GmbH

ISBN 978-3-06-450498-1

 Inhalt gedruckt auf säurefreiem Papier aus nachhaltiger Forstwirtschaft.

Inhaltsverzeichnis

Inhaltsverzeichnis

Die Fly Bike Werke GmbH –
eine Betriebserkundung

1   Unternehmensportrait

Jan Ullmann und Björn Ries, die Gesellschafter der Fly Bike Werke GmbH, sind seit frühester Jugend befreundet und hatten immer ein gemeinsames Hobby, das Radrennfahren. Die Väter der beiden Amateur-Rennfahrer waren schon frühzeitig im Fahrradmarkt ambitioniert. Dirk Ries, Vater von Björn Ries, betrieb in Oldenburg einen Fahrradeinzelhandel, wobei Rennräder für den Amateurbereich einen Schwerpunkt in seinem Sortiment darstellten. Klaus Ullmann, Vater von Jan Ullmann, produzierte in Oldenburg Standardfahrradrahmen aus Stahl für die Fahrradindustrie.

1967 übernahm Jan Ullmann von seinem Vater das Unternehmen Fahrrad Ullmann. 1982 gründete Jan Ullmann die Fly Bike Werke GmbH (als sogenannte Ein-Mann-GmbH). Die Aufgaben eines Geschäftsführers übertrug er an den ebenfalls radsportbegeisterten Hans Peters.

Der Zwang zu modernen Fertigungsmethoden und die damit verbundenen Investitionen erhöhten den Kapitalbedarf zum Ende des ausgehenden Jahrhunderts erheblich. Da traf es sich gut, dass Jan Ullmann seinen alten Freund Björn Ries bei einem Radrennen traf und von seinen Sorgen erzählte. Der aufgrund eines erfolgreichen Berufslebens vermögende Björn Ries war spontan bereit, sich an der Fly Bike Werke GmbH zu beteiligen, und trat Anfang 2001 als weiterer Gesellschafter in die GmbH ein. Basis für die Geschäftstätigkeit der Fly Bike Werke GmbH ist der Gesellschaftsvertrag auf den folgenden Seiten.

Modellunternehmen Fly Bike Werke GmbH		
Rechtsform und Unternehmensgröße, Handelsregistereintrag	Gesellschaft mit beschränkter Haftung (GmbH) Kleine Kapitalgesellschaft gem. § 267 HGB Oldenburg HRB 2134	
Gesellschafter und Geschäftsanteile	Herr Jan Ullmann 200.000,00 €	Herr Björn Ries 100.000,00 €
Geschäftsführer	Herr Hans Peters	
Geschäftsjahr	Kalenderjahr (01. 01. bis 31. 12.)	
Umsatz Berichtsjahr	Ca. 6,9 Mio. €	

Bankverbindungen	– Deutsche Bank AG, Oldenburg
	  BLZ: 280 700 57
	  Konto-Nr.: 2 114 253 666
	  BIC: DEUTDEHB280
	  IBAN: DE68 2807 0057 2114 2536 66
	– Landessparkasse zu Oldenburg
	  BLZ: 280 501 00
	  Konto-Nr.: 112 326 444
	  BIC: BRLADE21LZO
	  IBAN: DE86 2805 0100 0112 3264 44	

Kontakt	Post- und Lieferadresse: Telefon 0441 885-0 Internet: www.flybike.de E-Mail: mail@flybike.de	Rostocker Str. 334, 26121 Oldenburg Telefax 0441 885-9211
Absatzprogramm	Produktionsprogramm	Fahrräder: City-Räder, Mountain-Bikes, Rennräder, Jugendräder, Trekkingräder
	Handelswaren	Fahrradbekleidung, Fahrradzubehör, Fahrradanhänger
	Dienstleistungen	Vermittlung von Fahrradreisen
Stoffe, Vorprodukte, Fremdbauteile (Beispiele)	Rohstoffe	Rohre und Bleche aus Stahl und Aluminium
	Hilfsstoffe	Farben und Grundierungen, Schrauben und Kleinteile
	Betriebsstoffe	Strom, Gas, Wasser, Heizöl, Schmierstoffe
	Vorprodukte, Fremdbauteile	Räder, Beleuchtung, Sättel, Spezialrahmen, Federgabeln
Fertigungstypen und Fertigungsarten	– Fließ- bzw. Gruppenfertigung – Werkstattfertigung (Rennräder-Profi) – Serienfertigung – Einzelfertigung (Rennräder-Profi)	
Technische Anlagen und Maschinen (Beispiele)	Universalroboter, Rohrschneideanlage, Rahmenrichtmaschine, Schleifmaschine, Schweißmaschine, Montagebänder, Verpackungsanlage, Lackierautomaten	
Mitarbeiter	1 Geschäftsführer, 37 Arbeitnehmer, 3 Auszubildende	
Kunden	Großhändler, Filialisten, Cash-and-Carry-Märkte im Inland, Großhändler im Ausland	
Lieferanten	Industriebetriebe und Spezialgroßhändler im In- und Ausland	
Verbände	Oldenburgische Industrie- und Handelskammer (IHK), Oldenburg (Pflichtmitgliedschaft); NORDMETALL e. V., Hamburg, Geschäftsstelle Oldenburg, Bezirksgruppe Nordwest (Arbeitgeberverband)	
Betriebsnummer für die Sozialversicherung	26 550 966	
Steuer-Nr. USt-Id.-Nr.	112/8870/0057 DE 236667691	

2 Gesellschaftsvertrag

- Gesellschaftsvertrag -

§1 Firma und Sitz der Gesellschaft
(1) Die Firma der Gesellschaft lautet:
Fly Bike Werke Gesellschaft mit beschränkter Haftung
(2) Sitz der Gesellschaft ist Oldenburg.

§2 Gegenstand des Unternehmens
Gegenstand des Unternehmens ist die Herstellung und der Handel mit Fahrrädern, Fahrradteilen, Fahrradzubehör und Dienstleistungen im Fahrradmarkt. Die Gesellschaft darf andere Unternehmen gleicher oder ähnlicher Art übernehmen, vertreten und sich an solchen beteiligen; sie darf auch Zweigniederlassungen errichten.

§3 Stammkapital und Stammeinlage
(1) Das Stammkapital der Gesellschaft beträgt 350.000,00 DM (in Worten: dreihundertfünfzigtausend Deutsche Mark).
(2) Der alleinige Gesellschafter, Herr Jan Ullmann, Oldenburg, leistet seine Einlage, indem er alle Vermögenswerte der Einzelunternehmung Fahrrad Ullmann in die Gesellschaft einbringt.

§4 Dauer der Gesellschaft, Geschäftsjahr
(1) Die Gesellschaft wird auf unbestimmte Zeit errichtet.
(2) Geschäftsjahr ist das Kalenderjahr.

§5 Geschäftsführung und Vertretung
(1) Die Gesellschaft hat einen oder mehrere Geschäftsführer. Sind mehrere Geschäftsführer bestellt, so wird die Gesellschaft durch je zwei Geschäftsführer gemeinschaftlich vertreten.
(2) Zum Geschäftsführer wird bestellt: Herr Hans Peters. Er ist von den Beschränkungen des §181 BGB befreit.

§6 Jahresabschluss
Innerhalb der ersten drei Monate nach Abschluss eines Geschäftsjahres hat die Geschäftsführung den Jahresabschluss und den Lagebericht aufzustellen und zusammen mit einem Vorschlag zur Ergebnisverwendung dem Gesellschafter vorzulegen. Der Jahresabschluss ist nach den gesetzlichen Vorschriften zu erstellen.

§7 Bekanntmachungen
Bekanntmachungen der Gesellschaft werden im Bundesanzeiger veröffentlicht.

Oldenburg, 15. Februar 1982

Jan Ullmann

Änderungen des Gesellschaftsvertrages §3 (1)
durch Gesellschafterbeschluss am 20.05.2000
Das Stammkapital der Gesellschaft wird auf 200.000,00 € (in Worten zweihunderttausend Euro) erhöht. Die ausstehende Einlage ist zum offiziellen Umrechnungskurs von 1,95583 DM je Euro bis zum 31.12.2000 auf das Konto der Gesellschaft durch den Gesellschafter Jan Ullmann, Oldenburg, einzuzahlen.

Oldenburg, 20. Mai 2000

Jan Ullmann

Änderungen des Gesellschaftsvertrages §3 (1) durch Gesellschafterbeschluss am 15.12.2000:

(1) Zu Beginn des Geschäftsjahres 2001 tritt Herr Björn Ries in die GmbH ein. Der Gesellschafter Ries leistet eine Einlage von 100.000,00 € (in Worten einhunderttausend Euro). Das gezeichnete Kapital erhöht sich auf 300.000,00 €
(in Worten dreihunderttausend Euro). Davon übernehmen:

a) Herr Jan Ullmann, Oldenburg, 200.000,00 €.

b) Herr Björn Ries, Oldenburg, 100.000,00 €.

c) Herr Björn Ries leistet eine Kapitalrücklage in Höhe von 100.000,00 € für die erbrachten Vorleistungen von Herrn Jan Ullmann (Know-how, Firmenimage).

Ergänzung des Gesellschaftsvertrages um §3 (3) durch Gesellschafterbeschluss am 15.12.2000:

(3) Der Gesellschafter Björn Ries, Oldenburg, leistet seine Einlage in Geld. Seine Stammeinlage und die vereinbarte Kapitalrücklage sind zu Beginn des Geschäftsjahres 2001 zur freien Verfügung der Gesellschaft auf das Konto der Gesellschaft einzuzahlen.

Ergänzung des Gesellschaftsvertrages um §4 (3) durch Gesellschafterbeschluss am 15.12.2000:

(3) Jedem Gesellschafter steht ein Kündigungsrecht mit einjähriger Frist zum Jahresende zu.

Änderung des Gesellschaftsvertrages §6 Jahresabschluss durch Gesellschafterbeschluss am 15.12.2000:

Innerhalb der ersten drei Monate nach Abschluss eines Geschäftsjahres hat die Geschäftsführung den Jahresabschluss und den Lagebericht aufzustellen und zusammen mit einem Vorschlag zur Ergebnisverwendung der Gesellschafterversammlung vorzulegen. Der Jahresabschluss ist nach den gesetzlichen Vorschriften zu erstellen.

Ergänzung des Gesellschaftsvertrages um §8 durch Gesellschafterbeschluss am 15.12.2000:

§8 Gesellschafterversammlung, Stimmrecht und Erfolgsbeteiligung
(1) Alljährlich findet innerhalb von 6 Monaten nach Schluss des vorangegangenen Rechnungsjahres eine ordentliche Gesellschafterversammlung statt. Diese beschließt über die

- Feststellung des Jahresabschlusses für das vorangegangene Geschäftsjahr,
- Verwendung der Ergebnisse der Gesellschaft,
- Entlastung des/der Geschäftsführer/s,
- Wahl eines eventuell zu bestellenden Abschlussprüfers.

(2) Je 500,00 € eines Geschäftsanteils gewähren eine Stimme.

(3) 10% eines Jahresüberschusses fließen ab 2001 in die Gewinnrücklage. Die Gewinnverteilung erfolgt im Verhältnis des gezeichneten Kapitals.

Oldenburg, 15. Dezember 2000

Jan Ullmann   *Björn Ries*

Der Gesellschaftsvertrag samt Änderungen wurde von Rechtsanwalt und Notar Dr. Heinfried Kampen, Oldenburg, notariell beglaubigt.

3 Produktionsprogramm, Absatzprogramm, Kunden, Preise

Das **Produktionsprogramm** der Fly Bike Werke GmbH umfasst zurzeit zwölf verschiedene Fahrradmodelle. Das Produktionsprogramm wird durch Handelswaren und Dienstleistungen zum **Absatzprogramm** erweitert.

Produktionsprogramm			
Modell	**Artikel-Nr.**	**Modell-Name**	**unverbindl. Preis**
City-Räder	101	City *Glide*	245,00 €
	102	City *Surf*	274,40 €
Trekkingräder	201	Trekking *Light*	299,25 €
	202	Trekking *Free*	350,00 €
	203	Trekking *Nature*	437,50 €
Mountain-Bikes	301	Mountain *Dispo*	393,75 €
	302	Mountain *Constitution*	598,50 €
	303	Mountain *Unlimited*	997,50 €
Rennräder	401	Renn *Fast*	1.260,00 €
	402	Renn *Superfast*	2.205,00 €
Kinderräder	501	Kinder *Twist*	196,88 €
	502	Kinder *Cool*	262,50 €

City-Rad Modell 102 *Surf*

Rennrad Modell 401 *Renn Fast*

Mountain-Bike Modell 302 *Constitution*

Kinderrad Modell 502 *Cool*

Handelswaren und Dienstleistungsangebote der Fly Bike Werke GmbH		
Handelswaren	Textilien aus Gore Tex (x = Größen S, M, L, XL, XXL)	– 701 x Shirts *STEFF superfast* – 702 x Shorts *STEFF superfast* – 703 x Jacketts *STEFF superfast*
	Fahrradanhänger	– 601 Modell *Kelly* – 602 Modell *Mini* – 603 Modell *Max* – 604 Modell *Kids* – 605 Modell *Sven*
Dienstleistungen	Vermittlung von Radtouren/Reisen (Veranstalter: UIT und Rebbel)	– 901 Brandenburg und Mecklenburg-Vorpommern (Alleestraßen) – 902 Rheinland-Pfalz (Mosel/Saar) – 903 Niedersachsen (Nordsee) – 904 Südtirol (Pässetour, Teilnahme an Dolomiti Open) – 905 Toskana (Kultur, Tour und Mee(h)r) – 906 Schweiz (Pässetour)

Kunden der Fly Bike Werke GmbH	
Einzelhandel	umsatzstarke Fachhandelsunternehmen mit eigenen Filialen und abgegrenzten Vertriebsgebieten in Deutschland
Großhandel national	Fahrradgroßhandelsunternehmen, die den Fahrradeinzelhandel in Deutschland beliefern
Großhandel Europa	je ein Großhändler in Belgien, in den Niederlanden, in Österreich und der Schweiz, die dort landesweit den Fahrradeinzelhandel beliefern
Private-Label-Kunden	eine Kaufhauskette und ein Cash-and-Carry-Konzern, die Fahrräder unter eigenem Markennamen (Private Label) vertreiben

Die Preise der Fahrräder werden von der Fly Bike Werke GmbH immer als unverbindliche Preisempfehlungen angegeben, zuzüglich Umsatzsteuer für den Endverbraucher. Auf diese Preise erhalten die Wiederverkäufer (Kunden der Fly Bike Werke GmbH) Preisnachlässe in Form von **Rabatten**, **Boni** und **Skonti**.

4   Bilanz und GuV

Bilanz der Fly Bike Werke GmbH, Oldenburg, zum 31.12.20XX (in €)

Aktiva	Vorjahr	Berichtsjahr	Passiva	Vorjahr	Berichtsjahr
A. Anlagevermögen			**A. Eigenkapital**	700.000,00	850.000,00
1. Grundstücke und Bauten	635.200,00	612.850,00	**B. Verbindlichkeiten**		
2. Technische Anlagen und Maschinen	224.904,00	131.870,00	1. Langfristige Bankverbindlichkeiten	639.000,00	602.000,00
3. Betriebs- und Geschäftsausstattung	138.371,00	97.505,00	2. Verbindlichkeiten aus Lieferungen und Leistungen	697.600,00	926.225,00
B. Umlaufvermögen			3. Sonstige Verbindlichkeiten	13.000,00	24.000,00
1. Roh-, Hilfs- und Betriebsstoffe	224.800,00	288.000,00			
2. Unfertige Erzeugnisse	36.000,00	48.000,00			
3. Fertige Erzeugnisse	72.900,00	140.000,00			
4. Handelswaren	0,00	4.000,00			
5. Forderungen aus Lieferungen und Leistungen	541.520,00	720.000,00			
6. Kasse	3.105,00	2.400,00			
7. Bankguthaben	172.800,00	357.600,00			
	2.049.600,00	2.402.225,00		2.049.600,00	2.402.225,00

Gewinn- und Verlustrechnung

Gesamtkostenverfahren, Beträge in €	Vorjahr	Berichtsjahr
1. Umsatzerlöse	5.800.000,00	6.893.555,85
2. Erhöhung oder Verminderung an Erzeugnissen	18.000,00	105.500,00
3. aktivierte Eigenleistungen	3.000,00	3.600,00
4. sonstige betriebliche Erträge	–	4.000,00
5. Materialaufwand und Wareneinsatz	3.271.300,00	3.565.000,00
Rohergebnis	**2.549.700,00**	**3.441.655,85**
6. Personalaufwand	1.845.990,00	2.250.000,00
7. Abschreibungen	170.000,00	210.000,00
8. sonstige betriebliche Aufwendungen	324.000,00	344.000,00
Betriebsergebnis	**209.710,00**	**637.655,85**
9. Erträge aus Beteiligungen	–	–
10. Erträge aus anderen WP/Finanzanlagen	–	–
11. sonstige Zinsen	–	–
12. Abschreibungen auf WP des UV/Finanzanlagen	–	335.412,35
13. Zinsaufwendungen	60.480,00	47.628,00
9. bis 13. Finanzergebnis	**– 60.480,00**	**– 383.040,35**
14. Ergebnis der gewöhnlichen Geschäftstätigkeit	**149.230,00**	**254.615,50**
15. Außerordentliche Erträge	–	–
16. Außerordentliche Aufwendungen	–	20.000,00
17. Außerordentliches Ergebnis	**–**	**– 20.000,00**
Ergebnis vor Steuern	**149.230,00**	**234.615,50**
18. Steuern vom Einkommen und vom Ertrag	47.230,00	82.115,50
19. Sonstige Steuern	2.000,00	2.500,00
20. Jahresüberschuss/-fehlbetrag	**100.000,00**	**150.000,00**

WP = Wertpapiere, UV = Umlaufvermögen

5   Organigramm

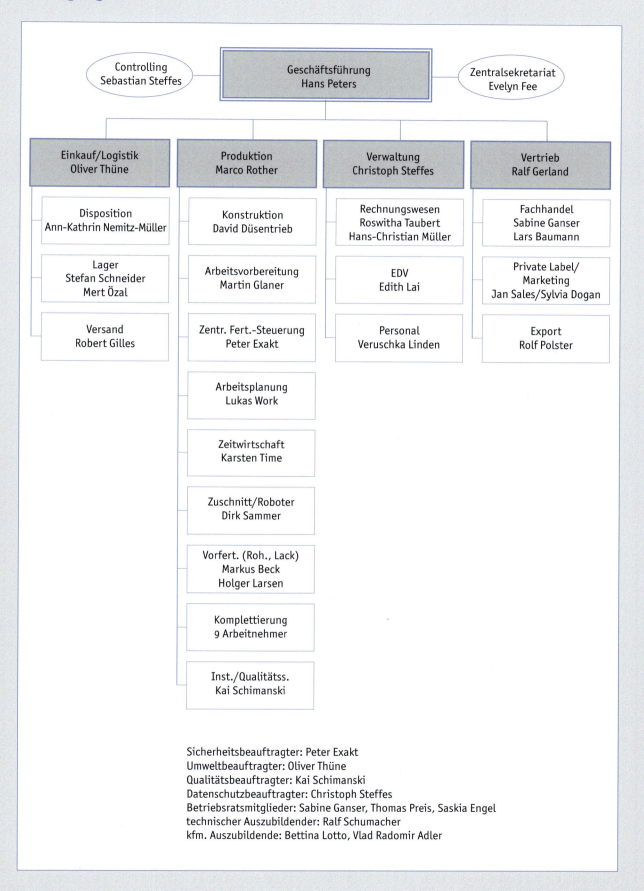

Sicherheitsbeauftragter: Peter Exakt
Umweltbeauftragter: Oliver Thüne
Qualitätsbeauftragter: Kai Schimanski
Datenschutzbeauftragter: Christoph Steffes
Betriebsratsmitglieder: Sabine Ganser, Thomas Preis, Saskia Engel
technischer Auszubildender: Ralf Schumacher
kfm. Auszubildende: Bettina Lotto, Vlad Radomir Adler

6 Kundenstammdaten der Fly Bike Werke GmbH

Kundenstammdaten der Fly Bike Werke GmbH

Kunden-Nr. / Debitoren-Nr.	Firma / Anschrift / Telefon/Fax	Ansprechpartner / Lieferanschrift / Lieferart	Zahlungsbedingungen / Zahlungsziel	Bankverbindung / Zahlungsart	Ansprechpartner FBW
10001 / 24001	Radbauer GmbH, Augsburger Str. 21, 80335 München, Tel. 089 224336(8), Fax 089 224337	Herr Rosenheim, Nymphenburgerstr. 42, 80335 München, Tel. 089 125340, Bahnfracht	2 % Skonto innerhalb von 8 Tagen, 30 Tage Ziel	Münchner Bank, 701 900 00, 43622490, Überweisung	Herr Baumann
10002 / 24002	Schöller & Co. OHG, Fahrradhandel, Parlamentsplatz 2, 60385 Frankfurt a. M., Tel. 069 49260, Fax 069 49262333	Herr Kleine, Mörfelder Landstr. 180, 60589 Frankfurt a. M., Tel. 069 6312488, Bahnfracht	2 % Skonto innerhalb von 8 Tagen, 30 Tage Ziel	SEB, 500 101 11, 322400021, Überweisung	Herr Baumann
10003 / 24003	Fahrradhandel Uwe Klein e. K., Am Wasserturm 4, 66113 Saarbrücken, Tel. 0681 685081, Fax 0681 68508222	Frau Geldert, Dudweiler Landstr. 157, 66123 Saarbrücken, Tel. 0681 3908966, Bahnfracht	2 % Skonto innerhalb von 8 Tagen, 30 Tage Ziel	Volksbank Saarbrücken, 591 901 00, 120004569, Überweisung	Herr Baumann
10004 / 24004	Zweirad GmbH, Herzogstr. 70, 40251 Düsseldorf, Tel. 0211 37501, Fax 0211 3750667	Herr Grünert, Gladbacher Str. 50, 41462 Neuss, Tel. 0211 544222, Bahnfracht	2 % Skonto innerhalb von 8 Tagen, 30 Tage	Deutsche Bank, 300 700 10, 2140022679, Überweisung	Frau Ganser
10005 / 24005	Fahrrad & Motorrad GmbH, Alter Hellweg 46, 44379 Dortmund, Tel. 0231 61701, Fax 0231 6170333	Frau Dunkel, Alter Hellweg 46, 44379 Dortmund, Tel. 0231 617010, Bahnfracht	2 % Skonto innerhalb von 8 Tagen, 30 Tage Ziel	Deutsche Bank, 440 700 50, 420006799, Überweisung	Frau Ganser
10006 / 24006	Bike GmbH, Leipziger Chaussee 12, 39118 Magdeburg, Tel. 0391 6212415(6), Fax 0391 6212400	Herr Gründel, Am Hansehafen 5, 39126 Magdeburg, Tel. 0391 509061, Bahnfracht	2 % Skonto innerhalb von 8 Tagen, 30 Tage Zie	Allbank, 250 206 00, 122003344, Überweisung	Herr Baumann
10007 / 24007	Zweiradhandelsgesellschaft GmbH, Unter den Linden 42, 10178 Berlin, Tel. 030 202080, Fax 030 20208100	Herr Wester, Rosenthaler Str. 40, 10178 Berlin, Tel. 030 30880011, Bahnfracht	2 % Skonto innerhalb von 8 Tagen, 30 Tage Ziel	Berliner Bank, 100 209 00, 10046991, Überweisung	Herr Baumann
10008 / 24008	Nordrad GmbH, Alter Markt 28, 18055 Rostock, Tel. 0381 4904416, Fax 0381 4904411	Frau Adams, Alter Hafen Nord 325, 18069 Rostock, Tel. 0381 8112770, Bahnfracht	2 % Skonto innerhalb von 8 Tagen, 30 Tage Ziel	Deutsche Bank, 130 700 00, 12300666, Überweisung	Herr Baumann
10009 / 24009	Sachsenrad GmbH, Bayreuther Str. 20, 01277 Dresden, Tel. 0351 4274750, Fax 0351 4274751	Frau Zeisig, Bodenbacher Str. 81, 01277 Dresden, Tel. 0351 2540371, Bahnfracht	2 % Skonto innerhalb von 8 Tagen, 30 Tage Ziel	Dresdner Bank, 850 800 00, 669200451, Überweisung	Herr Baumann
20010 / 24010	EGZ Einkaufsgenossenschaft, Bonner Landstr. 512, 50996 Köln, Tel. 0221 934622, Fax 0221 934622300	Herr Kleinheisel, Bonner Landstr. 523, 50996 Köln, Tel. 0221 93462220, Spedition	3 % Skonto innerhalb von 10 Tagen, 30 Tage Ziel	Commerzbank, 370 400 44, 240006692, Überweisung	Frau Ganser
20011 / 24011	Radplus GmbH, Gütersloher Str. 102, 33415 Verl, Tel. 05246 45950, Fax 05246 4595111	Herr Reichenbach, Gütersloher Str. 122, 33415 Verl, Tel. 05246 4591200, Spedition	3 % Skonto innerhalb von 10 Tagen, 30 Tage Ziel	Kreissparkasse Wiedenbrück, 478 535 20, 245398, Überweisung	Frau Ganser
20012 / 24012	Südrad e. G., Schleißheimer Str. 20, 85221 Dachau, Tel. 08131 78071, Fax 08131 7807211	Herr Huber, Münchner Str. 70, 85221 Dachau, Tel. 08131 5155130, Spedition	3 % Skonto innerhalb von 10 Tagen, 30 Tage Ziel	Raiffeisenbank Dachau, 701 694 14, 624099, Überweisung	Herr Baumann
20014 / 24014	Interrad e. G., Großbeerenstr. 30, 12107 Berlin, Tel. 030 747920, Fax 030 74792311	Herr Brand, Westfalenring 75, 12207 Berlin, Tel. 030 3007886, Spedition	3 % Skonto innerhalb von 10 Tagen, 30 Tage Ziel	Berliner Bank, 100 209 00, 122000567, Überweisung	Herr Baumann
30031 / 24031	Europarad N.V., Zandvoortstraat 16, 2800 Mechelen, Belgien, Tel. +32 15 209481, Fax +32 15 209411	Herr van der Kracht, Zandvoortstraat 16, 2800 Mechelen, Belgien, Tel. +32 15 209481, Spedition	1,5 % Skonto innerhalb von 14 Tagen, 60 Tage Ziel	O.B.K. Bank, IBAN BE9812287569360 0, BIC BKCPBEB10BK, Überweisung	Herr Polster
30032 / 24032	Jansen Import B.V., Groot Bollerweg 10, 5928 NS Venlo-Blerick, Niederlande, Tel. +31 77 3822640, Fax +31 77 3824241	Herr van Erp, Groot Bollerweg 10, 5928 NS Venlo-Blerick, Niederlande, Tel. +31 77 3822640, Spedition	1,5 % Skonto innerhalb von 14 Tagen, 60 Tage Ziel	ABN Amro Bank, IBAN NL27ABNA0904428, BIC ABNANL2A, Überweisung	Herr Polster
30033 / 24033	Austria Fahrradhandelsgesellschaft AG, Rautenweg 182, 1220 Wien, Österreich, Tel. +43 1 226597, Fax +43 1 2206705	Frau Czech, Rautenweg 182–184, 1220 Wien, Österreich, Tel. +43 1 226598, Spedition	1,5 % Skonto innerhalb von 14 Tagen, 60 Tage Ziel	BAWAG P.S.K., IBAN AT566000021 7172, BIC BAWAATWW, Überweisung	Herr Polster
30034 / 24034	Velo AG, Binzstr. 15, 8045 Zürich, Schweiz, Tel. +41 1 4638596, Fax +41 1 4637070	Frau Alpi, Binzstr. 16, 8045 Zürich, Schweiz, Tel. +41 1 4638599, Bahnfracht	1,5 % Skonto innerhalb von 14 Tagen, 60 Tage Ziel	Zürcher Kantonalbank, IBAN CH710035011020 3, BIC ZKBKCHZ280A, Überweisung	Herr Polster
40021 / 24021	Hofkauf AG, Emdener Str. 4, 50735 Köln, Tel. 0221 7122400, Fax 0221 712240399	Herr Thönnes, Lagerzentrum, Frankfurter Str. 40, 51065 Köln, Tel. 0221 712240333, Spedition	2 % Skonto innerhalb von 10 Tagen, 45 Tage Ziel	Postbank Köln, 370 100 50, 240852-122, Überweisung	Herr Sales
40022 / 24022	Matro AG, Altenessener Str. 611, 45472 Essen, Ruhr, Tel. 0201 343170, Fax 0201 34317222	Herr Kunster, Zwischenlager Mülheim, Kruppstr. 60, 45472 Mülheim a. d. Ruhr, Tel. 0208 43430, Spedition	2 % Skonto innerhalb von 10 Tagen, 45 Tage Ziel	Stadtsparkasse Essen, 360 501 05, 12000399, Überweisung	Herr Sales

7 Lieferantenstammdaten der Fly Bike Werke GmbH

Lieferantenstammdaten der Fly Bike Werke GmbH

Liefer.-Nr. / Kreditoren-Nr.	Firma / Anschrift / Telefon/Fax	Ansprechpartner / Lieferanschrift / Lieferart	Bankverbindung / Zahlungsart	Lieferprogramm
60001 / 44001	Stahlwerke Tissen AG Karl-Kleppe-Str. 19 40474 Düsseldorf Tel. 0211 45899917 Fax 0211 45899942	Herr Greiner Tor 1 Karl-Kleppe-Str. 20 40474 Düsseldorf Tel. 0211 45890224 Spedition	Westdeutsche Landesbank 300 500 00 240033712 Überweisung	Stahlrohre, Bleche
60002 / 44002	Mannes AG Herner Str. 406 44807 Bochum Tel. 0234 904980 Fax 0234 90498711	Herr Özman Herner Str. 405 44807 Bochum Tel. 0234 92468333 Spedition	Westfalenbank 430 200 00 79914368 Überweisung	Stahlrohre
60003 / 44003	AWB Aluminiumwerke AG St. Augustiner Str. 30 53225 Bonn Tel. 0228 464770 Fax 0228 46477711	Herr Köllen Trier Str. 16 53115 Bonn Tel. 0228 617934 Spedition	SEB 380 101 11 77998246 Überweisung	Aluminiumrohre
60004 / 44004	Shokk Ltd. 401 Charcot Ave. San Jose, CA95131 USA Tel. +1 4 084357466 Fax +1 4 084357477	Mr. Temp Keine Rücksendungen Schiffsfracht	Bank of America, N.A. 101 Park Center Plaza San Jose, CA95130 USA 77892346 Überweisung	Spezialfedergabeln
60005 / 44005	Hans Köller Spezialrahmenbau e. k. Lorenzstr. 10 18146 Rostock Tel. 03 81 69040 Fax 03 81 6904777	Frau Reiz Lorenzstr. 10 18148 Rostock Tel. 0381 6904341 Bahnfracht	Deutsche Bank 130 700 00 12300241 Überweisung	Spezialfahrradrahmen und Spezialfedergabeln
62007 / 44007	Farbenfabriken Beyer AG Am Beyerwerk 144 51333 Leverkusen Tel. 0214 30799 Fax 02 14 30 211	Herr Gräulich Am Beyerwerk 144 51333 Leverkusen Tel. 0214 30799 Spedition	Sparkasse Leverkusen 375 514 40 607003712 Überweisung	Lacke, Grundierungen
62008 / 44008	Color GmbH Hafenstr. 125 67061 Ludwigshafen am Rhein Tel. 0621 582664 Fax 0621 582666	Frau Reineke Hafenstr. 190 67061 Ludwigshafen am Rhein Spedition	Commerzbank 545 400 33 99763298 Überweisung	Lacke, Grundierungen
71009 / 44009	Tamino Deutschland GmbH Immermannstr. 24 40210 Düsseldorf Tel. 0211 162166 Fax 0211 162199	Herr Freundlich Immermannstr. 24 40210 Düsseldorf Tel. 0211 162150 Spedition	The Mitsubishi Bank Ltd. 301 200 00 42299633 Überweisung	Schaltungen, Laufräder, Bremssysteme, Antriebs-systeme (vollständige Systemkomponenten)
71010 / 44010	Tamino INC 3–77 Oimatsuchu, Sakei 590–77 Osaka Japan Tel. +81 6 722233280 Fax +81 6 722233282	Mr. Wasabi Tamino Deutschland GmbH Immermannstr. 24 40210 Düsseldorf Tel. 0211 162150 Schiffsfracht	Dai-Ichi Kangyo-Bank Ltd. 2–10 Izuminachi CHUO-CH 540 Osaka 5009087373 Überweisung	Schaltungen, Laufräder, Bremssysteme, Antriebs-systeme (vollständige Systemkomponenten)
71011 / 44011	Dax AG Rudolf-Diesel-Str. 25 97424 Düsseldorf Tel. 0211 80170 Fax 0211 8017999	Herr Sachse Rudolf-Diesel-Str. 70 97424 Düsseldorf Tel. 0211 8017326 Spedition	SEB 793 101 11 4002193 Überweisung	Schaltungen, Laufräder, Bremssysteme, Antriebs-systeme (vollständige Systemkomponenten)
72012 / 44012	Schwalle KG Märkische Str. 36 44135 Dortmund Tel. 0231 52810 Fax 0231 5281155	Herr Rille Märkische Str. 38 44135 Dortmund Tel. 0231 5281936 Spedition	Dortmunder Volksbank 441 600 14 204400123 Überweisung	Reifen (Decken), Schläuche mit Ventilen, Felgenbänder
72013 / 44013	Continent AG Vahrenwalder Str. 99 30165 Hannover Tel. 0511 927411 Fax 0511 927411	Herr Rieger Vahrenwalder Str. 102 30165 Hannover Spedition	Deutsche Bank 250 700 70 124446711 Überweisung	Reifen (Decken), Schläuche mit Ventilen, Felgenbänder

Lieferantenstammdaten der Fly Bike Werke GmbH

Liefer.-Nr. / Kreditoren-Nr.	Firma / Anschrift / Telefon/Fax	Ansprechpartner / Lieferanschrift / Lieferart	Bankverbindung / Zahlungsart	Lieferprogramm
73014 / 44014	Ruhrkampe GmbH Lohrheidestr. 72 44866 Bochum Tel. 0237 3521 Fax 0237 352998	Frau Rieser Lohrheidestr. 72 44866 Bochum Tel. 02327 352974 Spedition	Westfalenbank 430 200 00 79200341 Überweisung	Lenker, Vorbauten, Metall-ausstattungen (Ständer, Gepäckträger usw.)
73015 / 44015	Frikawerke GmbH & Co. KG Gertenstr. 19 58739 Wickede/Ruhr Tel. 02377 5770 Fax 02377 577319	Herr Stoll Gertenstr. 19 58739 Wickede/Ruhr Tel. 02377 577124 Spedition	Sparkasse Werl 414 517 50 39722611 Überweisung	Lenker, Vorbauten, Metall-ausstattungen (Ständer, Gepäckträger usw.)
74016 / 44016	Sella SA Via San Pietro 22–24 10121 Torino Italien Tel. +39 11 4679121 Fax +39 11 4679127	Sig. Maletti Via San Pietro 22–24 10121 Torino Italien Tel. +39 11 4679224 Bahnfracht	Unicredit Banca di Roma IBAN IT69L0603005124 BIC BROMITR1708 Überweisung	Sättel, Sattelstützen, Satteltaschen
75020 / 44020	Union Elektro AG Landsberger Str. 66 12623 Berlin Tel. 030 5628333 Fax 030 5628321	Herr Kraprich Landsberger Str. 67 12623 Berlin Tel. 030 5628362 Spedition	Berliner Industriebank 100 107 00 16092309 Überweisung	Beleuchtungssysteme
76022 / 44022	Kunststoffwerke AG Hans-Böckler-Str. 49–52 28217 Bremen Tel. 0421 399550 Fax 0421 3995613	Herr Danielesen Hans-Böckler-Str. 49–52 28217 Bremen Tel. 0421 3995666 Spedition	Dresdner Bank 290 800 10 714900211 Überweisung	Kunststoffausstattungen (Schutzbleche, Kettenschutz, Griffe usw.) und Kunststoffverpackungen
77024 / 44024	Druckerei & Design Wolfgang Krause Cloppenburger Str. 450 26133 Oldenburg Tel. 0441 47011 Fax 0441 47111	Herr Krause Cloppenburger Str. 450 26133 Oldenburg Tel. 0441 47011 Spedition	Landessparkasse Oldenburg 280 501 50 100023309 Überweisung	Abzüge, Drucksachen aller Art
78026 / 44026	Marwik GmbH Den Haager Str. 1a 28259 Bremen Tel. 0421 576631 Fax 0421 57663222	Herr Kleinreich Den Haager Str. 1b 28259 Bremen Tel. 0421 57663289 Spedition	Dresdner Bank 290 800 10 714911311 Überweisung	Hochwertige Antriebs- und Bremssysteme
80027 / 44027	Metallwarenfabrik Köller GmbH Altendorfer Str. 411 45143 Essen (Ruhr) Tel. 0201 6277761 Fax 0201 6277666	Herr Wiesel Altendorfer Str. 67 45143 Essen (Ruhr) Tel. 0201 6277512 Spedition	Sparkasse Essen 360 501 05 360923555 Überweisung	Kleinteile aus Metall (Schrauben, Unterleg-scheiben, Muttern, Anlötteile, Ausfallenden usw.)
80030 / 44030	apv Augsburger Papier-veredelungsgesellschaft mbH Gumpelzhaimerstr. 3–5 86154 Augsburg Tel. 0821 546660 Fax 0821 5466610	Frau Obermann Gumpelzhaimerstr. 3–5 86154 Augsburg Tel. 0821 5466622 Bahnfracht	Bayerische Vereinsbank 720 200 70 13195687 Überweisung	Verpackungen aus Papier und Karton
90032 / 44032	Cycle-Tools-Import GmbH Am Sandtorkai 30 20457 Hamburg Tel. 040 378231 Fax 040 37823200	Herr Weeseler Am Sandtorkai 30–32 20457 Hamburg Tel. 040 37823372 Spedition	Bankhaus Fischer & Co. 201 106 00 420003995 Überweisung	Fremdbauteile und Handels-waren aller Art für die Fahrradindustrie (Weltmarktproduktionen)
90034 / 44034	Fahrradteile International GmbH Borgwardstr. 17 28309 Bremen Tel. 0421 83091 Fax 0421 8309344	Herr Itze Borgwardstr. 17 28309 Bremen Tel. 0421 8309567 Spedition	Dresdner Bank 290 800 10 700982228 Überweisung	Fremdbauteile und Handels-waren aller Art für die Fahrradindustrie (Weltmarktproduktionen)

SB → S. 14 ff. | Lernfeld 6, Kapitel 1   **Aufgaben des Einkaufs**

Der Leiter der Einkaufabteilung Herr Thüne berichtet dem Geschäftsführer der Fly Bike Werke GmbH Herrn Peters voller Begeisterung von seinem Besuch der bekannten Fahrradmesse „Rundlauf" in Berlin. Dort stellten einige neu auf den Markt gekommene Zulieferer sehr ansprechende Bauteile für Fahrradkollektionen aus, die auch höchsten Recyclingansprüchen gerecht werden. Mit zwei dieser Lieferanten, die zudem mit besonderen Messerabatten warben, hat Herr Thüne spontan Lieferverträge direkt auf der Messe abgeschlossen. „Und genau so etwas", sagt Herr Peters daraufhin, „möchte ich zukünftig nicht mehr!"

Herr Thüne ist verwirrt und enttäuscht: „Aber bedenken Sie den Messerabatt von bis zu 20 %, den ich erzielen konnte. Zwar werden wir die von mir bestellten Teile zunächst einlagern müssen, aber die werden sich schon im Laufe des Jahres verbrauchen. Und Platz genug dürfte im Lager ja sein", wendet Herr Thüne ein. „Schauen Sie", hält Herr Peters dagegen, „ich will Ihnen meine grundsätzlichen Bedenken darlegen. Die Fly Bike Werke GmbH wurde vor rund 30 Jahren als damals eher handwerksähnlicher Kleinbetrieb gegründet. Seitdem sind wir kontinuierlich zu einem mittelständischen Industriebetrieb herangewachsen. Getragen wurde dieser Erfolg von der hohen Qualität unserer Produkte und den erfolgreichen Anstrengungen unseres Vertriebs. In der Materialbeschaffung wird mir aber noch viel zu häufig aus dem Bauch heraus gehandelt. Es mag ja sein, dass Ihre Entscheidung in diesem Einzelfall richtig war. Insgesamt möchte ich aber, dass zukünftig auch im Einkauf systematischer und effizienter gearbeitet wird. Auch sollte die Abstimmung mit den anderen Funktionsbereichen unseres Betriebes verbessert werden. Ich glaube, dass gerade in unserer Materialbeschaffung noch eine Menge ungenutzter Ertragspotenziale schlummern!"

Herr Peters erteilt Herrn Thüne den Auftrag, gemeinsam mit den übrigen Mitarbeitern des Einkaufs ein Konzept zur Verbesserung der Materialbeschaffungsprozesse im Unternehmen zu erarbeiten.

Unterstützen Sie Herrn Thüne bei der Bewältigung dieser Aufgabe.

1 Legen Sie zunächst eine Check-Liste mit typischen Tätigkeiten bei der Planung, der Durchführung und der Kontrolle der Materialbeschaffung in einem Industriebetrieb an. Benutzen Sie dazu Arbeitsblatt 46.1.
2 Definieren Sie als Nächstes vier grundsätzliche Zielvorgaben, die bei den von Ihnen genannten Tätigkeiten zu beachten sind (Arbeitsblatt 46.2).
3 Welchem der von Ihnen genannten Ziele hat Herr Thüne mit seinem spontanen Messeeinkauf entsprochen, welchem hat er zuwidergehandelt? Teilen Sie demnach die Kritik von Herrn Peters oder würden Sie ihm widersprechen?
4 Ziele können einander unterstützen, neutral zueinander stehen oder einander sogar zuwiderlaufen. Analysieren Sie die von Ihnen auf Arbeitsblatt 46.2 beschriebenen Ziele im Hinblick auf diese Zielbeziehungen. Zeichnen Sie Zielharmonien in grüner Farbe und Zielkonkurrenzen in roter Farbe ein.
5 Wie alle anderen Geschäftsprozesse ist auch die Materialbeschaffung in die betrieblichen Prozessabläufe eingebettet. Beschreiben Sie Schnittstellen der Materialwirtschaft zu weiteren Geschäftsprozessen im Unternehmen. Finden Sie entsprechende Beispiele aus Ihrem Ausbildungsbetrieb (vgl. Arbeitsblatt 46.3).

Arbeitsblatt 46.1: Aufgaben der Materialwirtschaft

Aufgaben der Material-wirtschaft	Typische Tätigkeiten zur Erfüllung dieser Aufgaben in einem Industrie-betrieb
Planungsaufgaben	
Durchführungsaufgaben	
Kontrollaufgaben	

Arbeitsblatt 46.2: Zielbeziehungen der Materialwirtschaft

Ziele der Materialwirtschaft

Arbeitsblatt 46.3: Schnittstellen der Materialwirtschaft mit anderen Geschäftsprozessen

Beispiele für Schnittstellen der Materialbeschaffung mit anderen Geschäftsprozessen in Ihrem Ausbildungsbetrieb

Schnittstellen	Schnittstelle der Material-beschaffung mit folgendem Geschäftsprozess	Beschreibung der Schnittstelle
Schnittstelle 1		
Schnittstelle 2		
Schnittstelle 3		
Schnittstelle 4		
Schnittstelle 5		
Schnittstelle 6		

ABC-Analyse, optimale Bestellmenge

ABC-Analyse

Herr Thüne und die übrigen Mitarbeiter der Abteilung Einkauf/Logistik möchten nun möglichst schnell die vereinbarten Zielvorgaben für die Materialbeschaffung der Fly Bike Werke GmbH umsetzen (vgl. Lernsituation 46). Dabei sehen sie sich aber mit einem für Industriebetriebe typischen Problem konfrontiert: Die Einkäufer eines Industrieunternehmens sind in der Regel für die Beschaffung einer großen Anzahl verschiedenster Materialien für die Produktion zuständig. Hinzu kommt, was im Betrieb noch so alles verbraucht wird: von der Schreibtischleuchte bis zur Büroklammer. Herrn Thüne und seinen Kollegen ist daher klar, dass sie nicht in der Lage sein werden, die Beschaffung aller Materialien gleich sorgfältig zu planen.

Kostenminimierung in der Materialwirtschaft

Inwieweit sich Beschaffungsmühe und -aufwand „lohnen", hängt nicht zuletzt vom möglichen Erfolg ab:

- Die Konzentration gilt im Materialeinkauf den Gütern, die den Hauptteil des gesamten Einkaufswertes ausmachen. Bei diesen als A-Güter bezeichneten Materialien ist ein hoher Beschaffungsaufwand durch die Höhe der erzielbaren Einsparungen gerechtfertigt.
- Bei den B-Gütern mit einem mittleren Anteil am gesamten Einkaufswert reicht eine sorgfältige, aber nicht zu aufwendige Planung aus.
- Dagegen ist bei den C-Gütern mit einem geringen Einkaufswert auch der Beschaffungsaufwand zu minimieren.

Die Disponentin der Fly Bike Werke GmbH, Frau Nemitz-Müller, hat alle für die Produktion benötigten Materialien in möglichst gleichartige Gruppen (z. B. Metallteile, Kunststoffteile, Verpackungsmaterial usw.) eingeteilt und die für eine ABC-Analyse notwendigen Daten zusammengetragen. Für die Materialgruppe Nr. 1000 Metall legt Frau Nemitz-Müller die nachfolgende Übersicht vor:

Verbrauchsdaten Materialgruppe Nr. 1000 Metall:

Material-/ Komponentengruppen Metall	Material-/ Komponentengruppenbezeichnung	Bestandteile der Material-/ Komponentengruppe	durchschnittl. Verbrauchsmengen pro Jahr	durchschnittl. Bezugspreis in €/ Mengeneinheit
MG 1001	Stahlrohr, groß	Stahlrohr, Durchmesser 30 bis 40 mm	21 570 lfd. Meter	8,82 €/lfd. Meter
MG 1002	Stahlrohr, klein	Stahlrohr, Durchmesser 15 bis 20 mm	25 880 lfd. Meter	3,14 €/lfd. Meter
MG 1010	Räder und Schaltungen	VR/HR 24 bis 28 Zoll; Naben-/ Kettenschaltung; Kette, Bowdenzüge	14 380 Stück	57,48 €/Stück
MG 1020	Antrieb	Tretlager, Innenlager, Kurbelgarnitur, Pedale	14 380 Stück	13,75 €/Stück
MG 1030	Bremsen	Bremssystem mit Bremsgriffen und Bowdenzügen	14 380 Stück	9,65 €/Stück
MG 1040	Lenkung	Lenker, Vorbau, Steuersatz	14 380 Stück	8,96 €/Stück
MG 1050	Ausstattung 1	Gepäckträger, Ständer, Glocke, Trinkflaschenhalter	6 620 Stück[1]	5,70 €/Stück
MG 1060	Kleinteileset	Muttern, Unterlegscheiben, Schrauben	14 380 Stück	0,77 €/Stück
MG 1070	Schweißelektroden	div. Schweißelektroden 2,5 bis 3,5 mm	1 250 kg	2,75 €/kg
MG 1080	Betriebsstoffe Metall	Schmierstoffe, Poliermittel usw.	2 876 kg	1,65 €/kg

[1] Anmerkung: Die Modelltypen Mountain und Rennrad werden i. d. R. ohne das Ausstattungspaket 1 (MG 1050) geliefert.

1   Unterstützen Sie Frau Nemitz-Müller bei der Erstellung und Auswertung einer ABC-Analyse für die Material-/Komponentengruppe Metall. Benutzen Sie dazu die beiden nachfolgenden Tabellen sowie die Informationen in Ihrem Fachbuch.

Material-untergruppen Nr. 10xx Metall	durchschnittl. Verbrauchsmenge (in Mengen-einheiten)	durchschnittl. Bezugspreis in €/Mengeneinheit	absoluter Verbrauchswert (in €)	Relativer Wertanteil (in %)	Rangplatz (gemäß Wert-anteil)
MG 1001	21 570 lfd. Meter	8,82 €/lfd. Meter			
MG 1002	25 880 lfd. Meter	3,14 €/lfd. Meter			
MG 1010	14 380 Stück	57,48 €/Stück			
MG 1020	14 380 Stück	13,75 €/Stück			
MG 1030	14 380 Stück	9,65 €/Stück			
MG 1040	14 380 Stück	8,96 €/Stück			
MG 1050	6 620 Stück	5,70 €/Stück			
MG 1060	14 380 Stück	0,77 €/Stück			
MG 1070	1 250 kg	2,75 €/kg			
MG 1080	2 876 kg	1,65 €/kg			
Summe					

Rangplatz	Materialuntergruppen Nr. 10xx Metall	Relativer Wertanteil (in %)	Summierter Wertanteil (in %)	Kategorie (A-, B- oder C-Gut)
1				
2				
3				
4				
5				
6				
7				
8				
9				
10				

2 Analysieren Sie mithilfe der folgenden Tabelle auch die relativen Mengenanteile der einzelnen Materialgruppen und stellen Sie diese grafisch in Form einer Summenkurve dar. Was fällt beim Vergleich der jeweiligen Mengen- und Wertanteile auf?

Rangplatz	Materialuntergruppen Nr. 10xx Metall	Relativer Mengenanteil (in %)	Summierter Mengenanteil (in %)	Kategorie gemäß Wertanteil (A-, B- oder C-Gut)
1				
2				
3				
4				
5				
6				
7				
8				
9				
10				

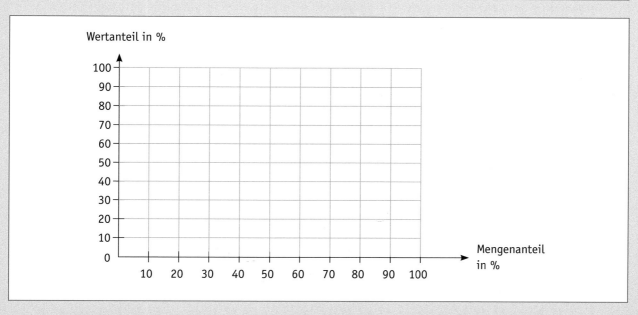

3 Formulieren Sie drei konkrete Vorschläge, wie man die für die Abteilung Einkauf formulierten Ziele der Materialbeschaffung (vgl. Lernsituation 46) in Bezug auf die Materialgruppen der A-Kategorie erreichen könnte.

ABC-Analyse, optimale Bestellmenge

Frau Nemitz-Müller möchte die Optimierung der Bestellmenge für das Verbrauchsmaterial MG 1070 Schweißelektroden im Näherungsverfahren durchführen. Zur Ermittlung der optimalen Bestellmenge liegen folgende Daten vor:

Jahresgesamtbedarf:	1 250 kg
durchschnittlicher Listenpreis:	3,00 € pro kg
Rabattstaffel:	ab 250 kg je Bestellung 5 %
	ab 500 kg je Bestellung 7,5 %
	ab 1 000 kg je Bestellung 10 %
Verpackungseinheit:	jeweils 5 kg
Bestellkosten:	50,00 € je Bestellung
Lagerkostensatz:	50 % vom durchschnittlichen Lagerwert

Es wird ein kontinuierlicher Lagerabgang unterstellt. Eine eiserne Reserve ist nicht vorhanden.

4 Vervollständigen Sie die folgende Tabelle und kennzeichnen Sie die optimale Bestellmenge.

Bestellungen (Anzahl)	Menge je Bestellung (kg)	Einstandspreis des Gesamtbedarfs (€)	Bestellkosten (€)	Durchschnittlicher Lagerbestand (kg)	Durchschnittlicher Lagerwert (€)	Lagerhaltungskosten (€)	Gesamtkosten (€)
25							
10							
5							
2							
1							

5 Stellen Sie die optimale Bestellmenge grafisch dar.

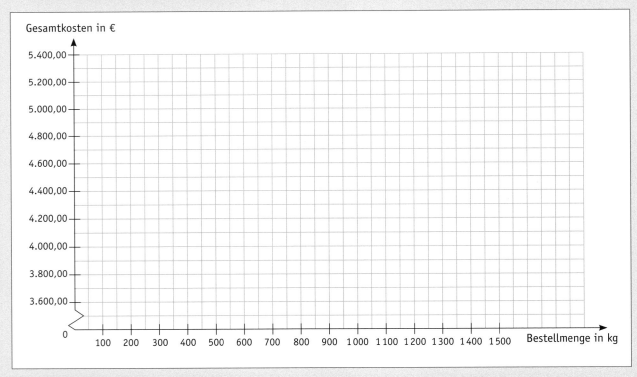

6 Erläutern Sie zwei Gründe, die Frau Nemitz-Müller veranlassen könnten, von der optimalen Bestellmenge bewusst abzuweichen.

Aufgaben

Aufgabe 1

Jedem erfahrenen Einkäufer ist bewusst, dass die Wichtigkeit eines Materials nicht nur durch dessen relativen Anteil am gesamten Einkaufsvolumen bestimmt wird. So kann auch ein weniger wertvolles Material sehr wichtig sein, wenn dieses für den Produktionsprozess von maßgeblicher Bedeutung ist und seine Verfügbarkeit nicht immer gewährleistet ist. Man spricht hier von einem Material mit einem erhöhten Versorgungsrisiko.

In der nebenstehenden Übersicht wurde das Versorgungsrisiko, also die Abhängigkeit der Produktion von dem Beschaffungsmaterial, mit der relativen Wertigkeit des betreffenden Materials kombiniert:

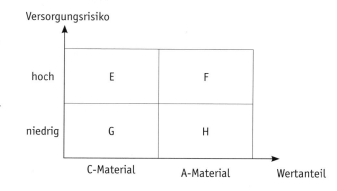

a Nennen Sie für jede der vier genannten Kombinationen E bis H ein Beispiel aus Ihrem Ausbildungsbetrieb.

b Geben Sie jeweils eine konkrete Empfehlung zur Beschaffung der jeweiligen Materialien E bis H ab.

Aufgabe 2

In einem Industrieunternehmen liegen folgende Kostenwerte für einen Artikel vor:

Bestell-menge	Lagerhaltungskosten in €	Bestellkosten in €
50	60,00	300,00
100	120,00	150,00
150	180,00	75,00
200	240,00	37,50

a Errechnen Sie die optimale Bestellmenge.

b Stellen Sie die optimale Bestellmenge grafisch dar.

Aufgabe 3

In einem Industrieunternehmen ist die unten stehende, noch nicht vollständige ABC-Analyse erstellt worden. Der Gesamteinkaufswert aller Materialien beträgt 1.500.000,00 €.

a Tragen Sie die Buchstaben A, B und C zutreffend in die Grafik ein.

b Ermitteln Sie für jede der drei Materialgruppen den mengenmäßigen Anteil in % sowie den absoluten Einkaufswert in €.

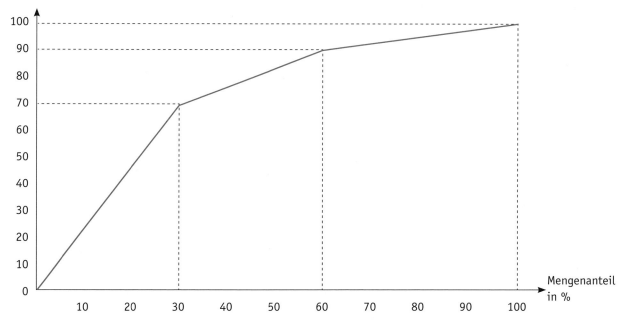

Hausmitteilung

Fly Bike Werke GmbH

Absender	Empfänger	mit der Bitte um
☐ Geschäftsführung	☐ Geschäftsführung	☐ Kenntnisnahme
☐ Zentralsekretariat	☐ Zentralsekretariat	☒ Erledigung
☐ Controlling	☐ Controlling	☐ Stellungnahme
☒ Einkauf/Logistik	☒ Einkauf/Logistik	
☐ Produktion	☐ Produktion	
☐ Verwaltung	☐ Verwaltung	
☐ Vertrieb	☐ Vertrieb	
☒ Frau/Herr *Thüne*	☒ Frau/Herr *Nemitz-Müller*	

Liebe Frau Nemitz-Müller,

die DAX AG teilt uns heute Preiserhöhungen für Kettenschaltungen mit (siehe beiliegendes Schreiben). Die neuen Preise entsprechen bei weitem nicht mehr unseren geplanten Einstandspreisen. Bitte holen Sie für eine vorgesehene Bestellung bei anderen in Frage kommenden Lieferanten Angebote ein.

Viele Grüße

Oliver Thüne

DAX AG
Düsseldorf

DAX AG ● Rudolf-Diesel-Str. 25 ● 47424 Düsseldorf

Fly Bike Werke GmbH
Rostocker Str. 334
26121 Oldenburg

Ihr Zeichen, Ihre Nachricht vom	Unser Zeichen, unsere Nachricht vom	Telefon, Name	Datum
	sas	0211 8017326 Herr Sachse	11.09.20XX

Preisänderung

Sehr geehrte Damen und Herren,

aufgrund der gestiegenen Metallpreise auf dem Weltmarkt müssen wir ab sofort die Preise für unsere Erzeugnisse erhöhen:

Artikel-Nr.	Artikelbezeichnung	neuer Preis pro Einheit
10110	Trekking-TR-Antrieb Kettenschaltung	40,00 €

Unsere Liefer- und Zahlungsbedingungen sind unverändert geblieben. Wir bitten um Ihr Verständnis und hoffen auf weitere gute Zusammenarbeit.

Mit freundlichen Grüßen

DAX AG

i.A. *P. Sachse*

Sachse

---

1 Ermitteln Sie mithilfe des Lieferantenverzeichnisses (Seite 13 dieses Arbeitsbuchs) Lieferanten, die für die benötigten Kettenschaltungen infrage kommen.
2 Beschreiben Sie weitere Möglichkeiten, potenzielle Lieferanten zu ermitteln, und nennen Sie Vor- und Nachteile der möglichen Informationsquellen. Verwenden Sie hierfür Arbeitsblatt 48.1 auf der folgenden Seite.
3 Schreiben Sie eine Anfrage über 500 Kettenschaltungen an einen Lieferanten Ihrer Wahl. Verwenden Sie ein Textverarbeitungsprogramm und beachten Sie die DIN 5008.

Arbeitsblatt 48.1: Bezugsquellen: Beschreibung, Vorteile und Nachteile

	Bezugsquelle	Beschreibung	Vorteile	Nachteile
Betriebsinterne Informationsquellen	Lieferantendatei	Überblick über bestehenden Lieferantenstamm	vorhandene Informationen sind schnell verfügbar, Dokumentation der Zuverlässigkeit des Lieferanten ist möglich	keine neuen Informationen
Betriebsexterne Informationsquellen				

Aufgaben

Aufgabe 1
Begründen Sie, warum Fachmessen – wie z. B. die HANNOVER MESSE – auch im Internetzeitalter eine unverzichtbare Informationsquelle für die Einkäufer von Industriebetrieben sind.

Aufgabe 2
Angenommen, Sie sollen eine Anfrage an einen möglichen Lieferanten für ein Material schreiben, das Ihr Ausbildungsbetrieb typischerweise verbraucht.
a Nennen Sie die Angaben, die Ihre Anfrage enthalten sollte.

b Welche rechtliche Bindung gehen Sie mit Ihrer Anfrage ein?

Aufgabe 3
Auf der einen Seite bietet das Internet eine schier unerschöpfliche Informationsfülle auch im Hinblick auf mögliche Lieferanten für benötigte Leistungen. Andererseits kann genau diese Informationsfülle den Prozess der Lieferantensuche zu einem „Zeiträuber" machen. Beschreiben Sie ein sinnvolles systematisches Vorgehen bei der Suche nach Lieferanten im Internet.

Für das geplante Sommer-Sondermodell „Surf Summer" hatte Frau Nemitz-Müller je eine Anfrage über 500 Sättel bei drei potenziellen Bezugsquellen gestellt:
- dem neuen Lieferanten Königsman GmbH, dessen Angebote sie auf der letzten Fahrradmesse in Hannover entdeckt hatte, mit dem also bisher keine Geschäftsbeziehungen bestanden
- dem langjährigen Hauptlieferanten Sella SA
- der von früheren Einzelkäufen bekannten Echt Leder Sattel GmbH

Daraufhin erhielt sie die folgenden Angebote (Belege 1, 3, 6), zu denen sie sich weitere Hintergrundinformationen besorgte (Belege 2, 4, 5, 7).

Königsman GmbH

Königsman GmbH • Gubener Str. 10 • 17291 Prenzlau

Fly Bike Werke GmbH
Rostocker Str. 334
26121 Oldenburg

Ihr Zeichen	Unser Zeichen	Telefon	Datum
NM02-16.01.20XX	SG/H23/BK	030 309-38	19.01.20XX

Angebot Nr. 484020.2

Sehr geehrte Frau Nemitz-Müller,

wir danken für Ihre Anfrage und unterbreiten Ihnen folgendes Angebot:

Artikelbezeichnung	Preis pro 100 Stück
Sättel „Sitzrausch Summer", Qualität 1A	960,00 €

Bei Abnahme von mind. 500 Stück erhalten Sie einen Einführungsrabatt in Höhe von 25 %!

Lieferbedingungen:	netto frei Haus
Zahlungsziel:	innerhalb von 21 Tagen
Lieferzeit:	7 Tage
Verpackungskosten:	10,25 € je 10 Stück
Verpackungsmaterial:	Altpapier, Papierstärke 450 g/m²

Gern stellen wir Ihnen einen Sattel „Sitzrausch" kostenlos für Testzwecke zur Verfügung.

Mit freundlichen Grüßen

Königsman GmbH

i. A. *Branda Key*

Branda Key

▲
Beleg 1:
Angebot Königsman GmbH

wir beraten Sie gerne!

Zur Messe **„Fahrrad Art"** 20XX in Hannover wurde unsere
neue Produktlinie „Sitzrausch"
entwickelt. Diese Sattelkollektion wurde aus hochwertigen Rohstoffen gefertigt. Sie wird höchsten Ansprüchen gerecht und zeichnet sich durch extreme Langlebigkeit aus. Eine revolutionäre Herstellungstechnik ermöglicht uns, Ihnen diese Qualität der besonderen Klasse anbieten zu können. Rückengerecht und gelenkschonend.

Besuchen Sie unseren Messestand in der Halle 10 vom 18.10. bis 29.10.20XX, täglich von 10 bis 18 Uhr

Königsman GmbH

►
Beleg 2:
Messeflyer Hannover 20XX

Von: g.maletti@sella-torino.it
An: a.nemitz-mueller@flybike.de
Betreff: Angebot Nr. 434-577 (Ihr Zeichen: NM03-16.01.20XX)
Datum: 17.01.20XX   15:51 Uhr

Sehr geehrte Frau Nemitz-Müller,

gemäß Ihrer Anfrage vom 16.01.20XX können wir Ihnen anbieten:
500 Sättel Gel Royal „Sommertraum de Luxe", sommerlicher Buntdruck,
passend für alle Fahrradmodelle

Preis pro 100 Stück: 895,00 € netto

Als langjährigem Kunden gewähren wir Ihnen 20 % Treuerabatt.

Verpackungskosten: 125,00 € pro 100 Stück

Die Lieferung erfolgt sofort nach Auftragseingang frei Empfangsstation
„Güterbahnhof Oldenburg".

Der Rechnungsbetrag ist zahlbar innerhalb einer Woche gemäß Rechnungsdatum mit
2 % Skonto oder innerhalb von 30 Tagen netto.

Wir freuen uns auf Ihren Auftrag.

Mit freundlichen Grüßen

Sella SA, Torino
Giacomo Maletti

Beleg 3:
Angebot Sella SA

Sella SA, Torino

Produkte:	Sattel
Serviceleistungen:	freundliche und sachkundige Beratung vor dem Kauf, zügige Reklamationsabwicklung
Lieferfrist:	schleppende Lieferung trotz kürzerer Lieferzeitangaben
Besondere Bemerkungen:	Qualität der Produkte ist nicht immer einwandfrei, in letzter Zeit häufen sich die Reklamationen; Sondermüll bei Entsorgung der Kunststoffe

Beleg 4:
Auszug aus der Lieferantenkartei
zur Sella SA

Gesprächs-/Telefonnotiz

Fly Bike Werke GmbH

Datum und Uhrzeit:	18.01.20XX, 11:45 Uhr
Gesprächsthema:	Transportkosten (Güterbahnhof Oldenburg – FBW GmbH)
Gesprächsteilnehmer:	Frau Hartwig
Institution/Unternehmen:	Spedition LOG Worldwide, Oldenburg
Telefonnummer:	0441 9887-205

Die Ent- und Verladung sowie der Transport von 500 Sätteln
(5 Euro-Paletten à 4 Kartons à 25 Sättel) vom Güterbahnhof Oldenburg zur
FBW GmbH kosten 100,00 €.)

B. Lotto	77	18.01.20XX
(Unterschrift)	(Durchwahl)	(Datum)

Beleg 5:
Telefonnotiz

Echt Leder Sattel GmbH

Echt Leder Sattel GmbH · Berliner Straße 128 · 58125 Hagen

Fly Bike Werke GmbH
Rostocker Str. 334
26121 Oldenburg

Ihr Zeichen	Unser Zeichen	Telefon	Datum
NM04-16.01.20XX	VK/333-4545/MB	02331 998-221	19.01.20XX

Angebot 333-4545: Ledersattel Sommer Spezial

Sehr geehrte Frau Nemitz-Müller,

vielen Dank für Ihre Anfrage! Hier ist unser Angebot:

„Ledersattel Sommer Spezial", in verschiedenen Sommerfarben
komfortabel und widerstandsfähig durch Double Density-
Polsterung und Decke aus umweltzertifiziertem Leder mit
integrierten Kevlarecken

Preis:	115,00 € pro 10 Stück
Unsere Treuerabattstaffel:	1000 Stück 30 %
	500 Stück 25 %
	100 Stück 15 %

Lieferbedingungen:	netto frei Haus
Zahlungsziel:	2 % Skonto innerhalb von 8 Tagen, 30 Tage Ziel
Lieferzeit:	10 Tage
Verpackungskosten:	9,90 € je 10 Stück
Verpackungsmaterial:	Recyclingkarton, Stärke 400 g/m²

Zu Testzwecken schicken wir Ihnen gern einen „Ledersattel Sommer Spezial" kostenlos zu.

Mit freundlichen Grüßen

Echt Leder Sattel GmbH

i. A. *Miroslaw Braun*

Miroslaw Braun

Beleg 6: Angebot Echt Leder Sattel GmbH

Echt Leder Sattel GmbH, Hagen

Produkte:	Sattel
Serviceleistungen:	kompetente Beratung, sehr freundlicher Service, bei bisher einer fehlerhaften Lieferung großzügige und schnelle Reklamationsabwicklung
Lieferfrist:	akzeptable Lieferzeiten, immer pünktliche Lieferung
Besondere Bemerkungen:	– i. d. R. mindestens geforderte Qualität der Produkte
	– Qualitätsmanagementsystem, das die Anforderungen der DIN 9000:2008 erfüllt (zertifizierter Betrieb)

Beleg 7:
Auszug aus der Lieferantenkartei zur
Echt Leder Sattel GmbH

1   Führen Sie zunächst einen quantitativen Angebotsvergleich durch, d.h. berechnen Sie in der folgenden Tabelle für jedes der drei Angebote die **Einstandspreise** für die Bestellmenge von 500 Stück und je Stück. Welches ist das beste Angebot?

Quantitativer Angebotsvergleich				
Kalkulationsschema	Königsmann, Prenzlau	Sella SA, Turin	Echt Ledersattel GmbH, Hagen	Anmerkungen
Listeneinkaufspreis				
– Liefererrabatt				
= Zieleinkaufspreis				
– Skonto				
= Bareinkaufspreis				
+ Verpackungskosten				
+ Transportkosten				
= Einstandspreis/ gesamt				
= Einstandspreis/ Stück (Bezugspreis)				

2 Führen Sie nun in der folgenden Tabelle einen qualitativen Angebotsvergleich mithilfe einer Nutzwertanalyse durch. Um für Herrn Thüne die Entscheidung über die Lieferantenauswahl bestens vorzubereiten, berücksichtigen Sie bitte alle verfügbaren Informationen. Herr Thüne legt besonderen Wert auf Preis, Qualität der Sättel und deren Verpackung, auch im Hinblick auf Umweltschutzaspekte, sowie Zuverlässigkeit des Lieferanten.

Qualitativer Angebotsvergleich mit einer Nutzwertanalyse

Beurteilungskriterien	Gewichtungsfaktor	Leistung Lieferant 1 (Name):		Leistung Lieferant 2 (Name):		Leistung Lieferant 3 (Name):	
		Punkte	Punkte · Faktor	Punkte	Punkte · Faktor	Punkte	Punkte · Faktor
Preis							
Qualität der Ware							
Service							
Lieferzeit							
Termintreue							
Zahlungsbedingungen							
Ökologische Aspekte							
Gesamtwert							

Punktbewertungsschlüssel:
Ausgangspunkt für die Punktbewertung ist die Normalpunktzahl (5). Sie ist immer dann zu vergeben, wenn keine Informationen vorliegen bzw. sich im Rahmen der Geschäftsbeziehungen keine Besonderheiten ergaben. Bei positiven Beobachtungen erfolgt eine Aufwertung bis zur maximalen Punktzahl 9, bei negativen Beobachtungen erfolgt eine Abwertung bis zur minimalen Punktzahl 1.

Das beste Angebot stammt von: _____

Begründung:

Aufgaben

Aufgabe 1
Ordnen Sie die Begriffe des Kalkulationsschemas den nachfolgenden Beschreibungen zu.

	Preisnachlass für den Rechnungsausgleich innerhalb einer vorgegebenen Frist
	Kosten des Materials (der Ware) bis zum Eingang im Betrieb
	Preis des Lieferers laut Katalog
	Preis, der bei Ausnutzung der Zahlungsfrist für das Material/die Ware an den Lieferer gezahlt werden muss, wenn kein Einkaufsmittler beauftragt wurde
	Kosten der Lieferung, die der Käufer zu tragen hat (z. B. Verpackungskosten, Transportkosten, Zölle, Versicherungen usw.). Dabei ist es ohne Bedeutung, wer diese Kosten in Rechnung stellt.
	Preis, der bei Zahlung innerhalb der Skontofrist für das Material (die Ware) an den Lieferer gezahlt werden muss, wenn kein Einkaufsmittler beauftragt wurde
	Preisnachlass aus besonderem Anlass oder im Rahmen üblicher Vertragsvereinbarungen

1 = Listeneinkaufspreis, 2 = Liefererrabatt, 3 = Zieleinkaufspreis, 4 = Liefererskonto, 5 = Bareinkaufspreis, 6 = Bezugskosten, 7 = Einstandspreis/Bezugspreis

Aufgabe 2
Führen Sie einen quantitativen Angebotsvergleich für 2 000 m Stahlrohr durch.

Lieferant	Frankenstahl GmbH & Co. KG		Metallwerke GmbH		Mannes AG		Stahlwerke Tissen AG	
	in %	in €	in %	in €	in %	in €	in %	in €
Listeneinkaufspreis pro m		3,50		3,00		2,89		2,80
Einkaufsmenge		2 000 m		2 000 m		2 000 m		2 000 m
Listeneinkaufspreis der Einkaufsmenge								
Lieferantenrabatt	20,0		15,0		12,5		10,0	
Zieleinkaufspreis (Warennettowert)								
Lieferantenskonto	5,0		2,0		2,5		3,0	
Bareinkaufspreis								
Bezugskosten (in % des Zieleinkaufspreises)	7,0		0,0		4,0		2,0	
Bezugspreis der Einkaufsmenge								
Bezugspreis pro m								

Aufgabe 3

Herr Köhler, Einkäufer der Technologies GmbH, benötigt kurzfristig 120 elektronische Bauteile zum 03.01. Ihm liegen folgende Angebote vor:

> **Angebot 1**
> Electronics KG
> Stückpreis 12,20 €,
> 3 % Rabatt ab 100 Stück,
> 2 % Skonto

> **Angebot 2**
> Unix GmbH
> Stückpreis 12,00 €,
> 2 % Rabatt ab 150 Stück,
> 2 % Skonto

> **Angebot 3**
> Schneider & Co. KG
> Stückpreis 11,80 €,
> 2 % Rabatt,
> 1 % Skonto

> **Angebot 4**
> Kinsel OHG
> Stückpreis 11,50 €,
> 2 % Rabatt ab 200 Stück,
> 1 % Skonto,
> Lieferung frühestens am 07.03.

Zusatzinformationen

Die Zahlungsbedingungen der einzelnen Lieferer lauten:

Electronics KG	2 %, 10 Tage	30 Tage netto
UNIX GmbH	2 %, 20 Tage	30 Tage netto
Schneider & Co. KG	1 %, 7 Tage	20 Tage netto
Kinsel OHG	1 %, 10 Tage	30 Tage netto

Bei allen Lieferern entstehen Frachtkosten in Höhe von 30,00 €, die Schneider & Co. KG berechnet zusätzlich 45,00 € für die Verpackung. Mit der Kinsel OHG könnte ein Fixgeschäft abgeschlossen werden. Alle anderen drei Anbieter behalten sich einen Spielraum beim Liefertermin von bis zu 10 Tagen vor.

Mit der Electronics KG werden schon seit Jahren Geschäfte abgeschlossen. Bei der UNIX GmbH gab es schon dreimal Lieferungsverzüge und zweimal Beanstandungen bei der Qualität der gelieferten Ware. Mit der Schneider & Co. KG und der Kinsel OHG gab es bisher noch keine Geschäftsbeziehungen.

a Für welches Angebot würden Sie sich unter rein preislichen Aspekten entscheiden?

b Welche weiteren Aspekte müssen bei einer Entscheidung für oder gegen ein Angebot noch berücksichtigt werden?

Aufgabe 4

Für das Modell Trekking *Light* werden in der Fly Bike Werke GmbH für einen Großauftrag Bremsen benötigt. Herr Thüne will im Rahmen einer Nutzwertanalyse eine Lieferantenauswahl vornehmen, um zwischen fünf möglichen Lieferanten den für die Fly Bike Werke GmbH günstigsten auszuwählen.

a Geben Sie eine Definition für die Nutzwertanalyse an.

b Entscheiden Sie sich für vier Kriterien, nach denen die Nutzwertanalyse durchgeführt werden soll.

c Welche der von Ihnen ausgewählten Kriterien lassen sich zahlenmäßig ausdrücken, welche nicht?

d Nehmen Sie eine Gewichtung der Kriterien vor.

e Erläutern Sie, was im Rahmen einer Teilnutzenbestimmung festgelegt werden soll.

f Wie wird der für die Fly Bike Werke GmbH günstigste Lieferant gefunden?

g Erläutern Sie zwei Vorteile, die mit der Durchführung einer Nutzwertanalyse verbunden sind.

Die Disponentin der Fly Bike Werke GmbH Frau Nemitz-Müller ist für drei Wochen in den Urlaub gefahren, sodass sie von der seit zwei Monaten im Einkauf eingesetzten Auszubildenden Bettina Lotto vertreten werden muss. Zu Bettinas Aufgaben gehört es auch, die Korrespondenz zu führen. Als sie heute Morgen in das E-Mail-Postfach von Frau Nemitz-Müller schaut, entdeckt sie im Posteingang die beiden folgenden E-Mails aus der vorletzten Woche:

Von: klaus.burger@beyer-farbenfabriken.org
An: a.nemitz-mueller@flybike.de
Betreff: Ihre Bestellung vom 04.06.20XX
Datum: 05.06.20XX   08:23 Uhr

Sehr geehrte Frau Nemitz-Müller,

vielen Dank für Ihre o. g. Bestellung. Leider müssen wir Ihnen mitteilen, dass der von Ihnen bestellte Typ 234-345 derzeit nicht lieferbar ist.

Ersatzweise können wir Ihnen jedoch den hochwertigeren Typ 234-348 zum Preis von Euro 5,15 pro Liter umgehend liefern.

Wegen unserer langjährigen und regelmäßigen Geschäftsbeziehungen gehen wir davon aus, dass auch dieses Produkt für Sie infrage kommt, und werden die bestellte Menge von 250 Litern wie von Ihnen gewünscht zum 11.06.20XX ausliefern.

Mit freundlichen Grüßen

Beyer Farbenfabriken AG

i.A. Klaus Burger

------Ursprüngliche Nachricht-----------
Von: a.nemitz-mueller@flybike.de
An: klaus.burger@beyer-farbenfabriken.org
Betreff: Bestellung
Datum: 04.06.20XX   17:05 Uhr

Sehr geehrter Herr Burger,

hiermit bestellen wir auf Grundlage Ihres Angebotes vom 10.01.20XX und Ihrer aktuellen Preisliste:

250 Liter Klarlack, hochglänzend, Typ 234-345 im 5-Liter-Gebinde, Euro 4,88 pro Liter

Liefertermin: Montag, 11.06.20XX eintreffend
Lieferung: frei Haus
Zahlung: 10 Tage 3 %, 30 Tage netto

Mit freundlichen Grüßen

Fly Bike Werke GmbH

i.A. Ann-Katrin Nemitz-Müller

Die Auszubildende Bettina Lotto ist verunsichert, wie sie die Rechtslage beurteilen soll, und bittet Sie um Rat.

1   Prüfen Sie, ob auf Grundlage der E-Mail-Korrespondenz ein Kaufvertrag zustande gekommen ist, und begründen Sie Ihre Antwort.

2   Wie beurteilen Sie die Rechtslage, wenn Frau Nemitz-Müller auf die vorliegende E-Mail der Beyer Farbenfabriken AG nicht reagiert hatte und die 250 Liter Klarlack Typ 234-348 zwischenzeitlich ausgeliefert sowie im Wareneingang der Fly Bike Werke GmbH angenommen wurden?

Arbeitsblatt 50.1: Das Wirksamwerden von Willenserklärungen

Am nächsten Tag nutzt Bettina Lotto die Möglichkeit, sich mit dem Leiter der Einkaufsabteilung Herrn Thüne über die Wirksamkeit von Willenserklärungen und das Zustandekommen von Verträgen zu unterhalten. Zur Übung und zum besseren Verständnis nennt Herr Thüne ihr einige Beispiele und bittet sie um ihre Meinung. Prüfen Sie, ob und zu welchem Zeitpunkt die Willenserklärungen von Herrn Thüne in den vorliegenden Fällen wirksam geworden sind.

Fall	Wirksamwerden
Herr Thüne schickt am Samstagmorgen eine E-Mail.	
Herr Thüne legt einen Brief in den Postausgangskorb seines Büros, der am Montagnachmittag geleert und der Post übergeben wird.	
Herr Thüne wirft einen Brief am Dienstagmorgen um 07:00 Uhr in den Geschäftsbriefkasten des Geschäftspartners.	
Herr Thüne wirft einen Brief am Samstagnachmittag in den Geschäftsbriefkasten des Geschäftspartners.	
Herr Thüne wirft einen Brief während der Betriebsferien in den Geschäftsbriefkasten.	
Herr Thüne übergibt einen Brief einem Boten; der Geschäftspartner verweigert die Annahme.	
Herr Thüne sendet einen Brief am Montag per Einschreiben; der Postbote hinterlässt eine Benachrichtigung im Geschäftsbriefkasten des Geschäftspartners. Dieser holt das Einschreiben zwei Tage später bei der Post ab.	

Arbeitsblatt 50.2: Die Pflichten der Kaufvertragspartner

Ergänzen Sie folgende Übersicht mit den Rechtsnormen des BGB:

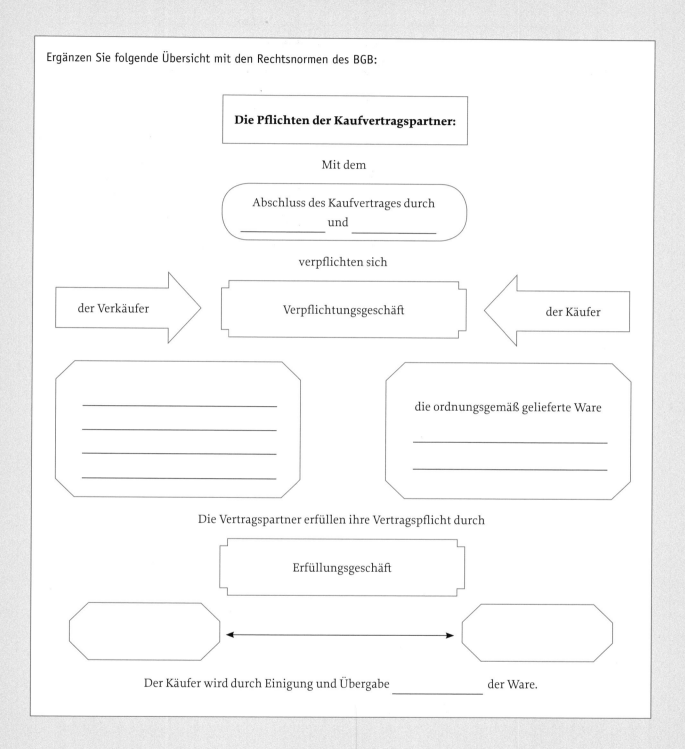

Die Pflichten der Kaufvertragspartner:

Mit dem

Abschluss des Kaufvertrages durch
_____ und _____

verpflichten sich

der Verkäufer ⟶ Verpflichtungsgeschäft ⟵ der Käufer

die ordnungsgemäß gelieferte Ware
_____
_____

Die Vertragspartner erfüllen ihre Vertragspflicht durch

Erfüllungsgeschäft

Der Käufer wird durch Einigung und Übergabe _____ der Ware.

Arbeitsblatt 50.3: Kaufvertragsarten, Teil 1

In juristischer und kaufmännischer Hinsicht lassen sich diverse Kaufvertragsarten unterscheiden (je nach angewendetem Unterscheidungskriterium). Da ein konkreter Kaufvertrag nach mehreren Kriterien eingestuft werden kann, kann er mehreren Kaufvertragsarten zugeordnet werden; ein Gattungskauf kann z. B. *auf* oder *nach* oder *zur* Probe getätigt werden. Recherchieren Sie die in der zweiten Spalte der Tabelle genannten Kaufvertragsarten im Internet (z. B. unter www.wirtschaftslexikon24.net), erläutern Sie sie und geben Sie jeweils ein passendes Beispiel an:

Kriterium	Begriff	Erläuterung	Beispiel
Art und Beschaffenheit der Ware	Stückkauf		
	Gattungskauf		
Verbindlichkeit des Kaufvertrags	Kauf auf Probe		
	Kauf nach Probe		
	Kauf zur Probe		

Arbeitsblatt 50.4: Kaufvertragsarten, Teil 2

Kriterium	Begriff	Erläuterung	Beispiel
Zahlungszeitpunkt	Zahlung vor Lieferung (Vorauszahlung)		
	Teilzahlung vor Lieferung (Anzahlung)		
	Zahlung bei Lieferung		
	Zahlung nach Lieferung: – Zielkauf		
	– Ratenkauf		
Lieferzeit	Tageskauf (Sofortkauf)		
	Terminkauf (Zeitkauf)		
	Fixkauf		
	Kauf auf Abruf		

Arbeitsblatt 50.5: Kaufvertragsarten nach den Beteiligten (Kaufobjekt: bewegliche Sache)

Hinweis: Bei der Lösung der folgenden Tabelle hilft Ihnen die Tabelle auf S. 46 Ihres Schülerbuchs 2. Dort hat sich allerdings im 1. Druck ein Druckfehler eingeschlichen: Korrigieren Sie bitte im oberen linken Feld „Käufer" in „Verkäufer" und „Verkäufer" in „Käufer"; dann stimmen die Eintragungen in den Innenfeldern der Tabelle.

Benennen Sie dann in der hier folgenden Tabelle die möglichen Beteiligten an den verschiedenen Arten von Kaufverträgen und beschreiben Sie ein passendes Beispiel.

Art des Kaufs	Beteiligte	Beispiele
	Käufer ist / Verkäufer ist	
Bürgerlicher Kauf	Oder: Verbraucher verkauft an Unternehmer. Oder: Unternehmer verkauft an Unternehmer.	
Verbrauchsgüterkauf	Verbraucher verkauft an Kaufmann (= Kaufmann gemäß § 1 ff. HGB). Oder: Unternehmer verkauft an Kaufmann. Oder: Kaufmann verkauft an Unternehmer.	
		Die Fahrradhandel Schöller & Co. OHG schließt mit der Fly Bike Werke GmbH einen Kaufvertrag über die Lieferung von Ersatzteilen ab.

Arbeitsblatt 50.6: Schriftstücke rund um den Kaufvertrag

1 Welche Schriftstücke, die beim Zustandekommen und bei der Abwicklung vom Kaufverträgen gebraucht werden, sind nachfolgend beschrieben? Tragen Sie die korrekten Bezeichnungen in die Tabelle ein.

Bezeichnung	Inhalt des Schriftstückes
	Mit diesem Schriftstück fordert der Verkäufer den Käufer auf, den vereinbarten Kaufpreis zu zahlen.
	Dieses Schriftstück begleitet die Ware zum Käufer; es listet unter anderem auf, welche Waren diese Lieferung beinhaltet.
	Mit diesem Schriftstück fragt der Käufer unverbindlich den Verkäufer, ob und ggf. unter welchen Bedingungen dieser eine Ware zu liefern bereit wäre.
	Dieses Schriftstück erstellt der Käufer, wenn er bereit ist, eine Ware beim Verkäufer zu kaufen.
	Der Verkäufer teilt dem Käufer mit, dass er die Waren liefern wird.
	Hiermit teilt der Verkäufer dem Käufer mit, unter welchen Bedingungen er bereit ist, eine bestimmte Ware an den Käufer zu liefern.

2 Tragen Sie die Schriftstückart in der richtigen Reihenfolge ein und kennzeichnen Sie durch einen Pfeil, wer das Schriftstück jeweils erhält.

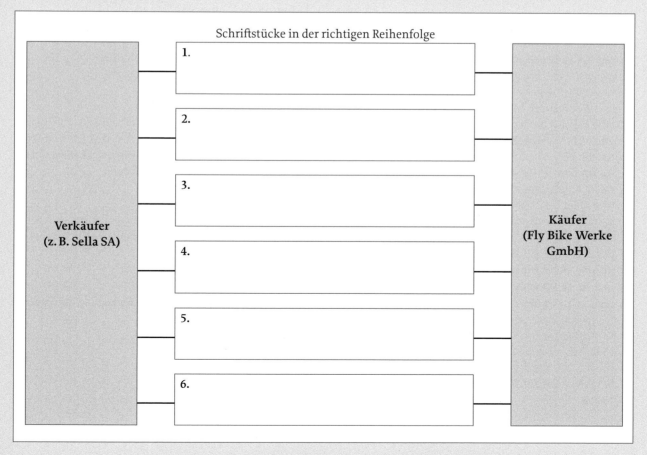

Aufgaben

Aufgabe 1

Wie kommt ein Kaufvertrag zustande? Tragen Sie die unten stehenden Begriffe im folgenden Lückentext ein:

Ein Kaufvertrag ist ein _____, bei dem zwei über-

einstimmende _____ abgegeben werden müssen. Die zuerst abgegebene

Willenserklärung bezeichnet man als _____, die Zustimmungserklärung heißt

_____. Sowohl der Antrag als auch die Annahme können vom _____

oder _____ gestellt werden.

Für den Abschluss eines Kaufvertrages sind zwei _____ bzw. Vertragspartner

notwendig. Jeder der beiden Vertragspartner kann entweder als _____, als

_____ oder als _____ handeln.

Begriffe: Kaufmann, Annahme, Unternehmer, zweiseitiges Rechtsgeschäft, Käufer, Antrag, Verkäufer, Willenserklärungen, Vertragsparteien, Verbraucher

Aufgabe 2

Erklären Sie die folgenden Begriffe mit eigenen Worten und grenzen Sie sie voneinander ab:

a Handlungswille und Erklärungswille

b Leistungsort, Ort des Gefahrenübergangs und Klageort

c Unternehmer, Kaufmann und Verbraucher

Aufgabe 3

Entscheiden Sie in den vorliegenden Fällen, ob ein Kaufvertrag zustande gekommen ist. Worin bestehen jeweils die gegenseitigen Pflichten?

a Frau Müller legt im Supermarkt „Good Buy" 1 kg kernlose Weintrauben in ihren Einkaufskorb. Außerdem lässt sie sich an der Käsetheke 300 g Schweizer Käse abwiegen. Anschließend geht sie zur Kasse und bezahlt.

b Sabine Ganser, Vertriebsmitarbeiterin der Fly Bike Werke GmbH, bietet Herrn Baumann im Fahrradhandel Uwe Klein e. K. telefonisch einen Restposten von zehn Stück des Sondermodells City Glide Summer zum Preis von 179,00 € an. Herr Baumann erklärt, er sei mit dem Angebot einverstanden.

c Beatrice Schmächtig entdeckt im Modehaus „Condor", in dem sie Stammkundin ist, ein Sommerkostüm zum Preis von 249,00 €. Sie probiert es an und es gefällt ihr so gut, dass sie es erwerben will. Da sie ihren Kontostand kennt, vereinbart sie mit der Inhaberin zunächst nur eine Anzahlung von 100,00 € und verspricht, den Rest zum Ersten des nächsten Monats zu bezahlen. Das Kostüm nimmt sie gleich mit nach Hause.

Aufgabe 4

Nachdem ein Hersteller eine Preisliste an Kunden verschickt hat, stellt er fest, dass es sich nicht um die aktuelle Preisliste, sondern um die des Vorjahres handelt. Bis wann muss er sein Angebot widerrufen?

Aufgabe 5

Stellen Sie fest, ob es sich in folgenden Fällen um rechtswirksame Angebote handelt:

a Schaufensterauslage

b zugesendete Ware ohne Aufforderung

c Vorlage von Ware in einem Geschäft

Aufgabe 6

Ein Unternehmen bestellt auf ein bis zum 30. Juni gültiges Angebot eines Lieferers erst am 4. Juli, da sich der zuständige Sachbearbeiter im Krankenhaus befand. Ist der Lieferer an sein Angebot gebunden?

Aufgabe 7

Wie lange ist der Anbietende an seinen Antrag gebunden? Wie kann man die Gebundenheit an sein Angebot ausschließen?

Aufgabe 8

Recherchieren Sie im Internet die Bedeutung der folgenden Kaufvertragsarten:

a Spezifikationskauf

b Ramschkauf

c Kauf nach Sicht

Aufgabe 9

Stellen Sie bei den folgenden Fällen fest, um welche Arten des Kaufvertrags es sich handelt. Ordnen Sie aus den Ihnen bekannten Einteilungen der Kaufvertragsarten je zwei Vertragsarten zu.

	Fälle	Kaufvertrags-art 1	Kaufvertrags-art 2
a	Malermeister Tücher bestellt beim Hersteller Wandschmuck GmbH aufgrund eines zugeschickten Musters 20 Rollen Raufasertapete.		
b	Malermeister Tücher kauft bei Autohändler Seppl März einen gebrauchten Kleintransporter mit spezieller Innenausstattung für sein Geschäft.		
c	Lio, der 18-jährige Sohn von Malermeister Tücher, kauft seinem Freund Eric einen gebrauchten MP3-Player ab.		
d	Bei der Anlieferung des für die private Nutzung vorgesehenen Farbfernsehers zahlt Herr Tücher eine geringe Summe. Den restlichen Betrag wird er in den nächsten sechs Monaten abzahlen.		
e	Malermeister Tücher bekommt Besuch von einem Außendienstmitarbeiter des Staubsaugerherstellers Clean & Fresh GmbH & Co. KG. Dieser bietet ihm einen neuen Nassstaubsauger zum Kauf an. Herr Tücher ist skeptisch, ob das Gerät die versprochenen Erwartungen auch erfüllt, und vereinbart, dieses innerhalb von 14 Tagen mit einem Rückgaberecht ausprobieren zu können.		
f	Malermeister Tücher bestellt beim Farbhersteller Schön bunt GmbH eine geringe Menge der völlig neuen Wandfarbe „Bright & Shiny", um diese zu testen.		

Aufgabe 10

In einem Schaufenster ist ein Kleid mit 198,00 € ausgezeichnet. Ist der Verkäufer an diesen Preis gebunden, wenn es sich um einen Auszeichnungsfehler handelt und das Kleid eigentlich 298,00 € kostet?

Aufgabe 11

In einem Katalog werden drei Bücher für insgesamt 19,00 € angeboten. Ein Kunde bestellt die Bücher zu 17,00 €.

a Kommt ein Kaufvertrag zustande?
b Wie ist die Sachlage, wenn die Bücher zu 17,00 € geliefert werden?

Aufgabe 12

Ein Käufer in Hannover erhält von dem Verkäufer die Mitteilung „Gerichtsstand und Erfüllungsort ist München". Was bedeutet dies für den Käufer?

Aufgabe 13

Nennen Sie drei Auswirkungen der Warenschuld bei folgender vertraglicher Vereinbarung: „Erfüllungsort und Gerichtsstand für beide Teile ist der Niederlassungsort des Käufers".

Allgemeine Geschäftsbedingungen (AGB)

Die Fly Bike Werke GmbH beabsichtigt, vom Computerhändler DV-Profi GmbH vier neue Personalcomputer für die Abteilung Einkauf zu erwerben. Zusammen mit dem Angebot der DV-Profi GmbH liegen der zuständigen Sachbearbeiterin Frau Nemitz-Müller die Allgemeinen Geschäftsbedingungen des Computerhändlers vor:

Allgemeine Geschäftsbedingungen der DV-Profi GmbH

§ 1 Allgemeine Regelungen

(1) Alle Verkäufe, Lieferungen und sonstigen Leistungen erfolgen ausschließlich nach Maßgabe dieser Allgemeinen Geschäftsbedingungen.

(2) Individualabreden sind nur gültig, wenn sie schriftlich vereinbart wurden.

(3) Ist eine Bestimmung dieser Bedingungen ganz oder teilweise unwirksam, so bleibt die Wirksamkeit der übrigen Bestimmungen hiervon unberührt.

Der Teufel steckt im Detail!

§ 2 Gewährleistung, Garantie und Mängelanzeige

(1) Die DV-Profi GmbH gibt auf alle Artikel 24 Monate Gewährleistung gemäß den nachfolgenden Bestimmungen.

(2) Die DV-Profi GmbH übernimmt keine Gewähr für Schäden, die durch fehlerhafte Montage oder Montageanleitung oder fehlerhafte Inbetriebnahme entstehen.

(3) Offensichtliche Mängel der Ware sind unverzüglich, spätestens jedoch innerhalb von 2 Wochen nach Lieferung bzw. Erhalt der Ware schriftlich mitzuteilen. Bei Versäumnis dieser Frist sind Gewährleistungsrechte wegen eines offensichtlichen Mangels ausgeschlossen. Mängel, die auch bei sorgfältiger Prüfung innerhalb dieser Frist nicht entdeckt werden können, sind uns unverzüglich nach Entdeckung schriftlich mitzuteilen. Zur Begrenzung der allgemeinen Kreditrisiken übernimmt die DV-Profi GmbH die Mängelbeseitigung erst ab vollständig geleisteter Kaufpreiszahlung.

(4) Der Käufer hat nachzuweisen, dass die Sache bereits bei Gefahrenübergang mangelhaft war. Bei solchen berechtigten Mängelrügen übernimmt die DV-Profi GmbH die kostenlose Nachbesserung oder, ist eine solche nicht möglich, eine Neulieferung. Nur die notwendigen Transportkosten sind vom Käufer zu tragen.

(5) Schlägt die Nachbesserung an einem Fehler bzw. die Neulieferung viermal fehl, gewähren wir Ihnen eine Preisherabsetzung in angemessenem Umfang. Auch ein Rücktritt vom Vertrag gemäß § 4 AGB ist nun möglich.

§ 3 Haftung

(1) Die DV-Profi GmbH haftet nur für Schäden, die auf Vorsatz beruhen. Die Haftung ist der Höhe nach auf den bei Geschäften der fraglichen Art typischerweise entstehenden Schaden begrenzt.

(2) Der Käufer hat alle möglichen Maßnahmen zur Schadensabwehr und -minderung zu ergreifen.

§ 4 Rücktritt

(1) Die DV-Profi GmbH gewährt ihren Kunden ein Rücktrittsrecht gemäß den Regelungen dieser Allgemeinen Geschäftsbedingungen.

(2) Der Rücktritt vom Vertrag ist schriftlich per Einschreiben gegenüber der DV-Profi GmbH zu erklären.

(3) Die Ware muss sich in jedem Fall in einem wieder verkaufsfähigen Zustand befinden und ist in der Originalverpackung zurückzugeben.

§ 5 Lieferung

(1) Die DV-Profi GmbH liefert gegen Kostenerstattung auf Gefahr des Kunden alle Produkte aus.

(2) Wird die Ware nicht abgenommen, ist die DV-Profi GmbH berechtigt, eine Pauschale wegen vertragswidrigen Verhaltens in Höhe von 15 % des Kaufpreises, mindestens aber 150,00 €, zu verlangen. Eine nochmalige Lieferung der Ware kann nicht gewährleistet werden.

(3) Liefertermine und Lieferfristen sind nur verbindlich, wenn sie von der DV-Profi GmbH schriftlich bestätigt worden sind.

(4) Mit der Absendung der Ware an den Käufer geht die Gefahr auf ihn über.

§ 6 Preise und Zahlungsbedingungen

(1) Alle Preise sind als Bruttopreise in Euro ausgewiesen.

(2) DV-Profi GmbH ist berechtigt, die abzurechnenden Preise jederzeit an die allgemeine Marktpreisentwicklung anzupassen.

(3) Die Zahlung ist sofort fällig. Bei Zahlungsverzug ist die DV-Profi GmbH berechtigt, Verzugszinsen in der jeweils geltenden gesetzlichen Höhe zu verlangen. Zudem ist ein Verzugsschadensersatz in Höhe von 100,00 € fällig, der ebenfalls zu verzinsen ist.

§ 8 Eigentumsvorbehalt und Gerichtsstand

(1) Die Ware bleibt bis zur vollständigen Bezahlung Eigentum der DV-Profi GmbH.

(2) Für alle Rechtsstreitigkeiten aus den Geschäften der DV-Profi GmbH wird Erzstadt als ausschließlicher Gerichtsstand vereinbart.

1 Beurteilen Sie die Wirksamkeit der AGB unter dem Gesichtspunkt, dass sowohl die Fly Bike Werke GmbH als auch die DV-Profi GmbH Unternehmer sind. Finden Sie mindestens zwei Klauseln, die nach Ihrer Meinung unwirksam sind. Benutzen Sie hierzu Arbeitsblatt 51.1 und berücksichtigen Sie die Ausschnitte aus den Rechtsvorschriften des Bürgerlichen Gesetzbuchs (BGB) zu den Allgemeinen Geschäftsbedingungen (AGB) auf den folgenden Seiten.

2 Geben Sie eine Empfehlung ab, ob und wie die Fly Bike Werke GmbH auf das Angebot der DV-Profi GmbH reagieren sollte.

**Ausschnitte aus den Rechtsvorschriften des Bürgerlichen Gesetzbuchs (BGB)
zu den Allgemeinen Geschäftsbedingungen (AGB)**

§ 305 Einbeziehung Allgemeiner Geschäftsbedingungen in den Vertrag

(1) Allgemeine Geschäftsbedingungen sind alle für eine Vielzahl von Verträgen vorformulierten Vertragsbedingungen, die eine Vertragspartei (Verwender) der anderen Vertragspartei bei Abschluss eines Vertrags stellt. Gleichgültig ist, ob die Bestimmungen einen äußerlich gesonderten Bestandteil des Vertrags bilden oder in die Vertragsurkunde selbst aufgenommen werden, welchen Umfang sie haben, in welcher Schriftart sie verfasst sind und welche Form der Vertrag hat. Allgemeine Geschäftsbedingungen liegen nicht vor, soweit die Vertragsbedingungen zwischen den Vertragsparteien im Einzelnen ausgehandelt sind.

(2) Allgemeine Geschäftsbedingungen werden nur dann Bestandteil eines Vertrags, wenn der Verwender bei Vertragsschluss

1. die andere Vertragspartei ausdrücklich oder, wenn ein ausdrücklicher Hinweis wegen der Art des Vertragsschlusses nur unter unverhältnismäßigen Schwierigkeiten möglich ist, durch deutlich sichtbaren Aushang am Ort des Vertragsschlusses auf sie hinweist und

2. der anderen Vertragspartei die Möglichkeit verschafft, in zumutbarer Weise, die auch eine für den Verwender erkennbare körperliche Behinderung der anderen Vertragspartei angemessen berücksichtigt, von ihrem Inhalt Kenntnis zu nehmen, und wenn die andere Vertragspartei mit ihrer Geltung einverstanden ist.

(3) Die Vertragsparteien können für eine bestimmte Art von Rechtsgeschäften die Geltung bestimmter Allgemeiner Geschäftsbedingungen unter Beachtung der in Absatz 2 bezeichneten Erfordernisse im Voraus vereinbaren. [...]

§ 305c Überraschende und mehrdeutige Klauseln

(1) Bestimmungen in Allgemeinen Geschäftsbedingungen, die nach den Umständen, insbesondere nach dem äußeren Erscheinungsbild des Vertrags, so ungewöhnlich sind, dass der Vertragspartner des Verwenders mit ihnen nicht zu rechnen braucht, werden nicht Vertragsbestandteil.

(2) Zweifel bei der Auslegung Allgemeiner Geschäftsbedingungen gehen zu Lasten des Verwenders.

§ 306 Rechtsfolgen bei Nichteinbeziehung und Unwirksamkeit

(1) Sind Allgemeine Geschäftsbedingungen ganz oder teilweise nicht Vertragsbestandteil geworden oder unwirksam, so bleibt der Vertrag im Übrigen wirksam.

(2) Soweit die Bestimmungen nicht Vertragsbestandteil geworden oder unwirksam sind, richtet sich der Inhalt des Vertrags nach den gesetzlichen Vorschriften.

§ 307 Inhaltskontrolle

(1) Bestimmungen in Allgemeinen Geschäftsbedingungen sind unwirksam, wenn sie den Vertragspartner des Verwenders entgegen den Geboten von Treu und Glauben unangemessen benachteiligen. Eine unangemessene Benachteiligung kann sich auch daraus ergeben, dass die Bestimmung nicht klar und verständlich ist.

(2) Eine unangemessene Benachteiligung ist im Zweifel anzunehmen, wenn eine Bestimmung

1. mit wesentlichen Grundgedanken der gesetzlichen Regelung, von der abgewichen wird, nicht zu vereinbaren ist oder

2. wesentliche Rechte oder Pflichten, die sich aus der Natur des Vertrags ergeben, so einschränkt, dass die Erreichung des Vertragszwecks gefährdet ist. [...]

§ 308 Klauselverbote mit Wertungsmöglichkeit

In Allgemeinen Geschäftsbedingungen ist insbesondere unwirksam

1. (Annahme- und Leistungsfrist)

eine Bestimmung, durch die sich der Verwender unangemessen lange oder nicht hinreichend bestimmte Fristen für die Annahme oder Ablehnung eines Angebots oder die Erbringung einer Leistung vorbehält; [...]

2. (Nachfrist)

eine Bestimmung, durch die sich der Verwender für die von ihm zu bewirkende Leistung abweichend von Rechtsvorschriften eine unangemessen lange oder nicht hinreichend bestimmte Nachfrist vorbehält;

3. (Rücktrittsvorbehalt)

die Vereinbarung eines Rechts des Verwenders, sich ohne sachlich gerechtfertigten und im Vertrag angegebenen Grund von seiner Leistungspflicht zu lösen; dies gilt nicht für Dauerschuldverhältnisse;

4. (Änderungsvorbehalt)

die Vereinbarung eines Rechts des Verwenders, die versprochene Leistung zu ändern oder von ihr abzuweichen, wenn nicht die Vereinbarung der Änderung oder Abweichung unter Berücksichtigung der Interessen des Verwenders für den anderen Vertragsteil zumutbar ist; [...]

7. (Abwicklung von Verträgen)

eine Bestimmung, nach der der Verwender für den Fall, dass eine Vertragspartei vom Vertrag zurücktritt oder den Vertrag kündigt,

a) eine unangemessen hohe Vergütung für die Nutzung oder den Gebrauch einer Sache oder eines Rechts oder für erbrachte Leistungen oder

b) einen unangemessen hohen Ersatz von Aufwendungen verlangen kann; [...]

§ 309 Klauselverbote ohne Wertungsmöglichkeit

Auch soweit eine Abweichung von den gesetzlichen Vorschriften zulässig ist, ist in Allgemeinen Geschäftsbedingungen unwirksam

1. (Kurzfristige Preiserhöhungen)

eine Bestimmung, welche die Erhöhung des Entgelts für Waren oder Leistungen vorsieht, die innerhalb von vier Monaten nach Vertragsschluss geliefert oder erbracht werden sollen; dies gilt nicht bei Waren oder Leistungen, die im Rahmen von Dauerschuldverhältnissen geliefert oder erbracht werden; [...]

4. (Mahnung, Fristsetzung)

eine Bestimmung, durch die der Verwender von der gesetzlichen Obliegenheit freigestellt wird, den anderen Vertragsteil zu mahnen oder ihm eine Frist für die Leistung oder Nacherfüllung zu setzen;

5. (Pauschalierung von Schadensersatzansprüchen)

die Vereinbarung eines pauschalierten Anspruchs des Verwenders auf Schadensersatz oder Ersatz einer Wertminderung, wenn

a) die Pauschale den in den geregelten Fällen nach dem gewöhnlichen Lauf der Dinge zu erwartenden Schaden oder die gewöhnlich eintretende Wertminderung übersteigt oder

b) dem anderen Vertragsteil nicht ausdrücklich der Nachweis gestattet wird, ein Schaden oder eine Wertminderung sei überhaupt nicht entstanden oder wesentlich niedriger als die Pauschale; [...]

7. (Haftungsausschluss bei Verletzung von Leben, Körper, Gesundheit und bei grobem Verschulden)

a) (Verletzung von Leben, Körper, Gesundheit)

ein Ausschluss oder eine Begrenzung der Haftung für Schäden aus der Verletzung des Lebens, des Körpers oder der Gesundheit, die auf einer fahrlässigen Pflichtverletzung des Verwenders oder einer vorsätzlichen oder fahrlässigen Pflichtverletzung eines gesetzlichen Vertreters oder Erfüllungsgehilfen des Verwenders beruhen;

b) (Grobes Verschulden)

ein Ausschluss oder eine Begrenzung der Haftung für sonstige Schäden, die auf einer grob fahrlässigen Pflichtverletzung des Verwenders oder auf einer vorsätzlichen oder grob fahrlässigen Pflichtverletzung eines gesetzlichen Vertreters oder Erfüllungsgehilfen des Verwenders beruhen; [...]

8. (Sonstige Haftungsausschlüsse bei Pflichtverletzung)

a) (Ausschluss des Rechts, sich vom Vertrag zu lösen)

eine Bestimmung, die bei einer vom Verwender zu vertretenden, nicht in einem Mangel der Kaufsache oder des Werkes bestehenden Pflichtverletzung das Recht des anderen Vertragsteils, sich vom Vertrag zu lösen, ausschließt oder einschränkt; [...]

b) (Mängel)

eine Bestimmung, durch die bei Verträgen über Lieferungen neu hergestellter Sachen und über Werkleistungen

[...]

bb) (Beschränkung auf Nacherfüllung)

die Ansprüche gegen den Verwender insgesamt oder bezüglich einzelner Teile auf ein Recht auf Nacherfüllung beschränkt werden, sofern dem anderen Vertragsteil nicht ausdrücklich das Recht vorbehalten wird, bei Fehlschlagen der Nacherfüllung zu mindern oder, wenn nicht eine Bauleistung Gegenstand der Mängelhaftung ist, nach seiner Wahl vom Vertrag zurückzutreten;

cc) (Aufwendungen bei Nacherfüllung)

die Verpflichtung des Verwenders ausgeschlossen oder beschränkt wird, die zum Zwecke der Nacherfüllung erforderlichen Aufwendungen, insbesondere Transport-, Wege-, Arbeits- und Materialkosten, zu tragen;

dd) (Vorenthalten der Nacherfüllung)

der Verwender die Nacherfüllung von der vorherigen Zahlung des vollständigen Entgelts oder eines unter Berücksichtigung des Mangels unverhältnismäßig hohen Teils des Entgelts abhängig macht;

ee) (Ausschlussfrist für Mängelanzeige)

der Verwender dem anderen Vertragsteil für die Anzeige nicht offensichtlicher Mängel eine Ausschlussfrist setzt, die kürzer ist als die nach dem Doppelbuchstaben ff zulässige Frist;

ff) (Erleichterung der Verjährung)

die Verjährung von Ansprüchen gegen den Verwender wegen eines Mangels in den Fällen des § 438 Abs. 1 Nr. 2 und des § 634a Abs. 1 Nr. 2 erleichtert oder in den sonstigen Fällen eine weniger als ein Jahr betragende Verjährungsfrist ab dem gesetzlichen Verjährungsbeginn erreicht wird; [...]

12. (Beweislast)

eine Bestimmung, durch die der Verwender die Beweislast zum Nachteil des anderen Vertragsteils ändert, insbesondere indem er

a) diesem die Beweislast für Umstände auferlegt, die im Verantwortungsbereich des Verwenders liegen, oder

b) den anderen Vertragsteil bestimmte Tatsachen bestätigen lässt;

Buchstabe b gilt nicht für Empfangsbekenntnisse, die gesondert unterschrieben oder mit einer gesonderten qualifizierten elektronischen Signatur versehen sind.

13. (Form von Anzeigen und Erklärungen)

eine Bestimmung, durch die Anzeigen oder Erklärungen, die dem Verwender oder einem Dritten gegenüber abzugeben sind, an eine strengere Form als die Schriftform oder an besondere Zugangserfordernisse gebunden werden.

§ 310 Anwendungsbereich

(1) § 305 Abs. 2 und 3 und die §§ 308 und 309 finden keine Anwendung auf Allgemeine Geschäftsbedingungen, die gegenüber einem Unternehmer, einer juristischen Person des öffentlichen Rechts oder einem öffentlich-rechtlichen Sondervermögen verwendet werden. [...]

Arbeitsblatt 51.1: Vergleich der AGB der DV-Profi GmbH mit den relevanten BGB-Bestimmungen bei AGB gegenüber einem Unternehmer oder Kaufmann

§ ... der AGB	widerspricht in Verträgen gegenüber einem Unternehmer (oder Kaufmann) § ... BGB,	denn ...
§ 2 (2) AGB	§ 307 BGB	... fehlerhafte Montageanleitung darf nicht dem Kunden angelastet werden (dies widerspräche Treu und Glauben).

Nachfolgesituation

3 Nehmen Sie nun an, Frau Nemitz-Müller hätte für Ihren Privatgebrauch einen Computer bei der DV-Profi GmbH gekauft. Zu Hause muss sie feststellen, dass der USB-Anschluss nicht funktioniert. Der Verkäufer hat sie ausdrücklich auf die AGB hingewiesen und ihr ein Exemplar mit dem Kaufvertrag ausgehändigt. Klären Sie, ob und wie sich in diesem Fall die Rechtslage verändert.

4 Überprüfen Sie die Bestimmungen der DV-Profi GmbH mithilfe des BGB für den unter 3 genannten Tatbestand; finden Sie mindestens sechs **weitere** unwirksame Klauseln; benutzen Sie hierzu Arbeitsblatt 51.2. Berücksichtigen Sie auch hierbei die Ausschnitte aus den Rechtsvorschriften des Bürgerlichen Gesetzbuchs (BGB) zu den Allgemeinen Geschäftsbedingungen (AGB) auf den vorangehenden Seiten.

Arbeitsblatt 51.2: Vergleich der AGB der DV-Profi GmbH mit den relevanten BGB-Bestimmungen bei AGB gegenüber einem Verbraucher

Welche weiteren Paragraphen der AGB (über die schon in Arbeitsblatt 51.1 genannten hinaus) sind unwirksam?

Auch § ... der AGB	widerspricht in Verträgen gegenüber einem Verbraucher § ... BGB,	denn ...

Arbeitsblatt 51.3: Wissenswertes zu den AGB

Definition: Was sind AGB?	
Inhalt: Worüber enthalten sie Regeln?	
Welche Bedeutung haben sie im Wirtschaftsleben?	
Oberster Grundsatz des BGB zum Schutz der Kunden vor unzulässigen AGB (Nr. und Inhalt)	

Aufgaben

Aufgabe 1
Unter welchen Voraussetzungen werden Allgemeine Geschäftsbedingungen Bestandteil eines Kaufvertrages?

Aufgabe 2
Welchen Zweck verfolgt ein Unternehmen mit seinen Allgemeinen Geschäftsbedingungen?

Aufgabe 3
Welche Möglichkeiten hat ein Käufer, wenn er mit den Allgemeinen Geschäftsbedingungen des Verkäufers nicht einverstanden ist?

Aufgabe 4
Das Bürgerliche Gesetzbuch (BGB) regelt die Wirksamkeit von Allgemeinen Geschäftsbedingungen. Welche Regelungen gelten
a   bei individuellen Absprachen?
b   bei mehrdeutigen Klauseln?
c   bei unwirksamen Klauseln?

Aufgabe 5
Beim Vertragsabschluss über den Kauf einer neuen Waschmaschine war schriftlich eine Lieferzeit von zwei Wochen vereinbart worden. Jetzt beruft sich der Elektroeinzelhändler gegenüber dem Privatkäufer auf seine AGB, nach denen eine Lieferzeit von vier Wochen vorgesehen ist. Beurteilen Sie die Rechtslage.

Barzahlung

Bettina Lotto, Auszubildende der Fly Bike Werke GmbH, hat sich sehr gut im Bereich Rechnungswesen eingearbeitet. Als Frau Taubert, eine Mitarbeiterin im Rechnungswesen, plötzlich länger erkrankt, soll sie einige Vorgänge des Zahlungsverkehrs selbstständig bearbeiten.

Die Blumenhändlerin Kerstin Flora liefert zum zehnjährigen Firmenjubiläum von Björn Ries, einem der Gesellschafter der Fly Bike Werke GmbH, zehn Tischgestecke, die Bettina Lotto entgegennimmt. Das Firmenjubiläum wird mit der Belegschaft in der Betriebskantine gefeiert. Frau Flora erkundigt sich, wo die Tischgestecke deponiert werden sollen, und möchte gleich abkassieren; so sei es mit Frau Taubert vereinbart. Bettina Lotto hält Rücksprache mit dem zweiten Mitarbeiter im Rechnungswesen, Hans-Christian Müller, um sich nach dem vereinbarten Preis und der abgesprochenen Zahlungsmethode für die Gestecke zu erkundigen. Herr Müller hat die Tischgestecke im Wert von 210,00 € (inkl. 7 % Umsatzsteuer) in der letzten Woche bei Frau Flora bestellt und Barzahlung vereinbart.

1 Frau Flora übergibt Bettina Lotto die folgende Quittung und bittet sie, ihr im Gegenzug den vereinbarten Rechnungsbetrag auszuzahlen. Prüfen Sie diese Quittung und korrigieren Sie etwaige Fehler.

Quittung

Netto EUR		170,10
+ 19 % MwSt./EUR		39,90
Nr.	Gesamt EUR	210,00
EUR in Worten	− − − zweihundertzehn − − −	Cent wie oben
von		
für	Fly Bike Werke GmbH	
		dankend erhalten.
Ort/Datum Oldenburg	Kerstin Flora e.K.	
Buchungsvermerke	Stempel/Unterschrift des Empfängers	

Korrekturen:

2 Was muss Bettina Lotto nach Erhalt einer ordnungsgemäßen Quittung mit dem Beleg tun?

Liebe Bettina,
pass bitte bei Frau Floras Quittung auf:
"Blumen und Blüten sowie deren Knospen, geschnitten, zu Binde- oder Zierzwecken, frisch" unterliegen nämlich dem ermäßigten Steuersatz ☺
(gemäß lfd. Nr. 8 des Anhangs 2 zum UStG).

LG Hans-Christian

Halbbare Zahlung

Bettina Lotto freut sich schon auf die Feier zum zehnjährigen Firmenjubiläum des Gesellschafters Björn Ries. Beim Catering Service Schlemmerland wurde ein Buffet für diesen Anlass bestellt. Sie empfängt im Eingangsbereich der Fly Bike Werke GmbH den Schlemmerland-Inhaber Werner Schlemmer und begleitet ihn in die Betriebskantine. Nachdem Herr Schlemmer dort das Buffet aufgebaut hat, möchte er den Betrag in Höhe von 875,00 € (inkl. 19 % Umsatzsteuer) für das Buffet gleich kassieren, so sei es mit Frau Taubert vereinbart. Bettina Lotto möchte sich angesichts der hohen Rechnungssumme absichern und geht zu ihrem Kollegen Hans-Christian Müller, um den Sachverhalt zu klären. Herr Müller erklärt ihr, mit Herrn Schlemmer sei ausnahmsweise eine Zahlung per Barscheck vereinbart worden. Bettina solle den Scheck vorbereiten und ihm dann zur Unterschrift vorlegen.

3   Stellen Sie den Barscheck für Herrn Schlemmer nach allen gesetzlichen und kaufmännischen Kriterien aus. Herr Müller hat Frau Lotto angewiesen, die Kosten für das Buffet von dem Firmenkonto bei der Landessparkasse zu Oldenburg zu begleichen.

4   Frau Lotto trifft im Flur auf Herrn Müller. Er sagt ihr, es sei gar nicht mehr üblich, Barschecks auszustellen. In der Praxis stelle man heute eher einen Verrechnungsscheck aus.
   a   Aus welchen Gründen hat sich Herr Müller für einen Barscheck entschieden?
   b   Was muss er beim Präsentieren des Schecks nun beachten und warum wird in der Praxis häufiger ein Verrechnungsscheck benutzt als ein Barscheck?
   c   Wodurch wird ein Scheck zum Verrechnungsscheck?
   d   Handelt es sich bei einem Verrechnungsscheck noch um eine halbbare Zahlung?

Überweisung

Im Rechnungswesen der Fly Bike Werke GmbH ging vor über einem Monat unten stehende Rechnung der Color GmbH Ludwigshafen ein. Auf eine frühzeitige Zahlung bei Inanspruchnahme des Skontos wurde verzichtet. Herr Müller überweist daher heute termingerecht (10.02.20XX) den Rechnungsbetrag vom Konto bei der Landessparkasse zu Oldenburg auf das Konto der Color GmbH bei der Commerzbank.

Color GmbH
Ludwigshafen

Posteingang: *15.01.20XX*

Color GmbH, Hafenstr. 125, 67061 Ludwigshafen

Fly Bike Werke GmbH
Rostocker Straße 334
26121 Oldenburg

Kunden-Nr.: 424
Ansprechpartner: Frau Reineke
Telefon: 0621 582664
Lieferschein-Nr.: 4292
Lieferdatum: 10.01.20XX
Rechnungsdatum: 12.01.20XX

Rechnung Nr.: 4292

Rechnungsprüfung	
Sachlich richtig	Rechnerisch richtig
Datum *15.01.20XX*	Datum *15.01.20XX*
Nz. *Ta*	Nz. *Ta*

Pos.	Artikel-Nr.	Artikelbezeichnung	Menge	Preis je Einheit	Gesamtpreis
1	900100	Klarlack	200 Liter	3,45 €	690,00 €
2	800200	Spezialgrundierung für Edelstähle	200 Liter	2,45 €	490,00 €
3	700100	Standardfarbe „gelb"	20 Liter	4,30 €	86,00 €
4	700821	Sonderfarbe „mirror-polish"	120 Liter	6,00 €	720,00 €
5	702400	Sonderfarbe „lemon squash"	120 Liter	6,00 €	720,00 €

Warenwert	Verpackungs-kosten	Transport-kosten	Nettorechnungs-betrag	Umsatzsteuer 19 %	Bruttorechnungs-betrag
2.706,00 €	–	–	2.706,00 €	514,14 €	3.220,14 €

Zahlungsziel 30 Tage, bei Zahlung innerhalb von 8 Tagen 2 % Skonto.

Bitte überweisen Sie den entsprechenden Betrag unter Angabe der Rechnungsnummer auf das Konto 99763298 bei der Commerzbank, Bankleitzahl 545 400 33.

5 Füllen Sie das Überweisungsformular gemäß den gesetzlichen und kaufmännischen Anforderungen aus.

6 Erklären Sie, welche Sonderformen der Überweisung unterschieden werden können.

Dauerauftrag

Die Fly Bike Werke GmbH muss zusätzliche Lagerräume anmieten. Der Vertrag mit dem Vermieter Herrn Knauser ist bereits unterzeichnet, zunächst für zwei Jahre. Nun möchte die Buchhalterin Frau Taubert zur Begleichung der Miete bei der Landessparkasse zu Oldenburg per Online-Banking einen Dauerauftrag einrichten. Herr Knauser erhält monatlich einen Betrag in Höhe von 1.050,00 € auf sein Konto Nr. 789555039 bei der Oldenburgischen Vereinsbank, BLZ 280 222 99. Da der Mietvertrag ab Februar 20XX läuft, soll der Dauerauftrag ab dem 01.02.20XX eingerichtet werden.

7 Ergänzen Sie das Online-Formular mit allen notwendigen Daten.

Empfänger:

[   ] 🔍 **Aus Empfängerliste**

Konto-Nr. des Empfägers: **Bankleitzahl:**

[   ]   [   ] 🔍 **BLZ suchen**

Bei Kreditinstitut:

`wird automatisch ausgefüllt.`

Betrag:

[   ] , [   ] €

Verwendungszweck 1:

[   ]

Verwendungszweck 2:

[   ]

Ausführung: **Tag**   **Monat**   **Jahr**   **Turnus**

Erstmals am: [▼]   [▼]   [▼]   [▼]

Letztmalig: [▼]   `unbefristet` [▼]

● **Mit Sm@rt-TAN plus bestätigen**   ○ **mobile TAN anfordern**

[**Eingaben prüfen**] [**Eingaben löschen**] [**Zurück**]

8 Beschreiben Sie, welche Vorteile die Einrichtung von Daueraufträgen für den Zahlungspflichtigen und den Zahlungsempfänger haben kann. Diskutieren Sie eventuelle Nachteile.

9 Was ist eine TAN und wozu dient sie?

Lastschriftverfahren: Einzugsermächtigung

Die Fly Bike Werke GmbH hat den Telefonanbieter gewechselt. Der Mitarbeiter im Rechnungswesen Hans-Christian Müller hat nun im Auftrag der Fly Bike Werke GmbH für Telefonrechnungen des neuen Anbieters Telekom AG eine Einzugsermächtigung zulasten des Firmenkontos bei der Deutschen Bank AG ab dem 01.05.20XX erteilt. Das Konto der Telekom AG befindet sich bei der Postbank in Oldenburg.

10 Vervollständigen Sie das Schaubild unter Berücksichtigung der Reihenfolge der Handlungen. Beschriften Sie also zunächst in der Abbildung die Rechtecke mit den Namen der Beteiligten und ordnen Sie anschließend den Pfeilen die unten aufgeführten Begriffe zu. Bringen Sie dann die Schritte in die richtige Reihenfolge (verwenden Sie hierfür bitte die Ziffern 1 bis 8).

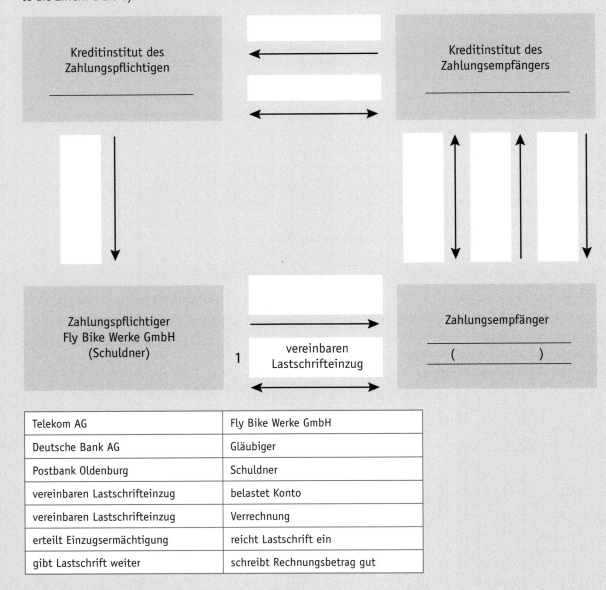

Telekom AG	Fly Bike Werke GmbH
Deutsche Bank AG	Gläubiger
Postbank Oldenburg	Schuldner
vereinbaren Lastschrifteinzug	belastet Konto
vereinbaren Lastschrifteinzug	Verrechnung
erteilt Einzugsermächtigung	reicht Lastschrift ein
gibt Lastschrift weiter	schreibt Rechnungsbetrag gut

Lastschriftverfahren: Abbuchungsauftrag

Aufgrund einer zusätzlichen Lagerhalle vergrößert sich der Stromverbrauch der Fly Bike Werke GmbH aus Oldenburg. Daher verhandelt Oliver Thüne, der Abteilungsleiter für Einkauf und Logistik der Fly Bike Werke GmbH, über einen neuen Vertrag mit dem aktuellen Stromanbieter, den Stadtwerken Oldenburg, um den Mehrbedarf als Verhandlungsargument für einen günstigeren Bezugspreis einzusetzen. Die Verhandlungen verlaufen positiv. Herr Thüne kann vereinbaren, dass sich der Preis ab dem 01.02.20XX je verbrauchte Kilowattstunde um 0,5 Cent verringert. Im Gegenzug wird für die Bezahlung der regelmäßig anfallenden Rechnungsbeträge das Lastschriftverfahren durch Abbuchungsauftrag vereinbart. Zum 01.02.20XX wird der Abbuchungsauftrag vom Konto bei der Landessparkasse zu Oldenburg eingerichtet. Die Stadtwerke Oldenburg verfügen über ein Konto bei der gleichen Bank.

11 Vervollständigen Sie das Schaubild unter Berücksichtigung der Reihenfolge der stattfindenden Handlungen. Beschriften Sie also zunächst in der Abbildung die Rechtecke mit den Namen der Beteiligten und ordnen Sie anschließend den Pfeilen die unten aufgeführten Begriffe zu. Bringen Sie dann die Schritte in die richtige Reihenfolge (verwenden Sie hierfür bitte die Ziffern 1 bis 8).

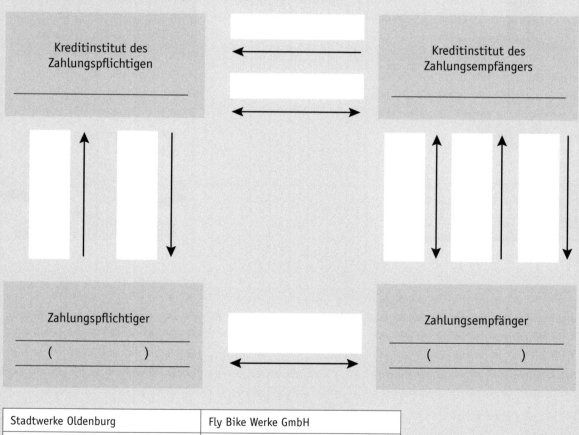

Stadtwerke Oldenburg	Fly Bike Werke GmbH
Landessparkasse zu Oldenburg	Gläubiger
Postbank Oldenburg	Schuldner
vereinbaren Lastschrifteinzug	belastet Konto
vereinbaren Lastschrifteinzug	Verrechnung
erteilt Abbuchungsauftrag	reicht Lastschrift ein
gibt Lastschrift weiter	schreibt Rechnungsbetrag gut

Zahlung mit Kreditkarte

Der Geschäftsführer der Fly Bike Werke GmbH Hans Peters zahlt auf einer Dienstreise seine Hotelrechnung mit der Firmenkreditkarte.

12 Ordnen Sie die unten stehenden Schritte den Pfeilen der Grafik zu, indem Sie zunächst die Schritte entsprechend der zeitlichen Abfolge nummerieren und dann die Pfeile mit der jeweils richtigen Nummer beschriften.

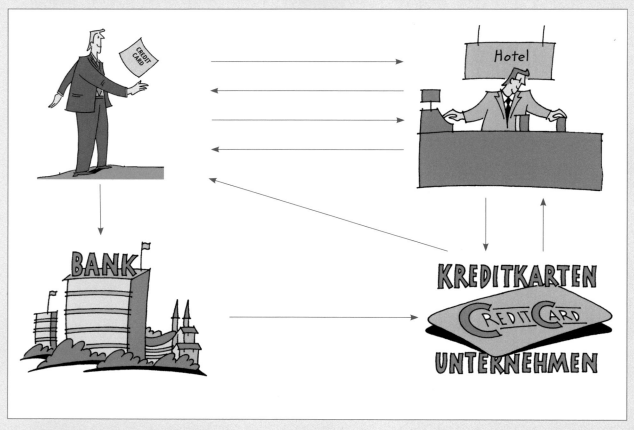

- [ ] Das Kreditkartenunternehmen erhält einmal im Monat vom Kundenkonto eine Überweisung in Höhe des monatlichen Abrechnungsbetrages. Meistens hat das Kreditkartenunternehmen hierfür eine Einzugsermächtigung für das Kundenkonto.

- [ ] Das Kreditkartenunternehmen erstellt monatlich eine Abrechnung für die Fly Bike Werke GmbH über die mit der Firmenkreditkarte getätigten Zahlungen.

- [ ] Der Hotelier überreicht Herrn Peters eine Kopie des Leistungsbeleges.

- [ ] Das Kreditkartenunternehmen überweist für die Fly Bike Werke GmbH den Rechnungsbetrag, abzüglich einer Provision, an das Hotel.

- [ ] Herr Peters übergibt die Kreditkarte, der Hotelier prüft die Karte und druckt einen Leistungsbeleg.

- [ ] Herr Peters leistet die Unterschrift auf dem Leistungsbeleg und übergibt diesen an den Hotelier.

- [ ] Die Buchhaltung der Fly Bike Werke GmbH sorgt für einen ausreichenden Kontostand bei der Hausbank.

- [ ] Der Hotelier überreicht Herrn Peters den Leistungsbeleg zur Prüfung und zur Unterschrift.

- [ ] Der Hotelier reicht den Leistungsbeleg beim Kreditkartenunternehmen ein. Dies ist eine Aufforderung zur Zahlung des Rechnungsbetrags.

Aufgaben

Aufgabe 1

a Erstellen Sie eine Übersicht über die möglichen Zahlungsarten, deren Merkmale und die jeweiligen Vor- und Nachteile für die Fly Bike Werke GmbH. Nutzen Sie dazu das folgende Schema.

Zahlungsart	Merkmale	Vorteile für die Fly Bike Werke GmbH	Nachteile für die Fly Bike Werke GmbH

b Entscheiden Sie anschließend begründet, welche dieser Zahlungsarten für die Fly Bike Werke GmbH grundsätzlich geeignet sind.

c Welche Zahlungsarten werden in Ihrem Unternehmen genutzt? Erklären Sie etwaige Unterschiede zu Ihren Ergebnissen aus Aufgabe b.

Hausmitteilung — Fly Bike Werke GmbH

Absender	Empfänger	mit der Bitte um
☒ Geschäftsführung	☐ Geschäftsführung	☐ Kenntnisnahme
☐ Zentralsekretariat	☐ Zentralsekretariat	☒ Erledigung
☐ Controlling	☐ Controlling	☐ Stellungnahme
☐ Einkauf/Logistik	☐ Einkauf/Logistik	
☐ Produktion	☐ Produktion	
☐ Verwaltung	☐ Verwaltung	
☐ Vertrieb	☒ Vertrieb	
☐ Frau/Herr	☒ Frau/Herr Dogan	

Datum: 22.11.20XX

Liebe Frau Dogan,

wir warten noch immer auf die Lieferung der Tossil-Armbanduhren des Lieferanten Terochron GmbH (siehe beiliegende Bestellung und Auftragsbestätigung). Wie Sie wissen, benötigen wir die Ware dringend für unsere Weihnachts-Aktion für treue Kunden, denen wir jeweils eine Armbanduhr als Werbegeschenk senden werden. Der Versand ist für nächste Woche angekündigt.

Mit freundlichen Grüßen

Peters

Fly Bike Werke GmbH

...denburg

Terochron GmbH
Postfach 105620
69046 Heidelberg

Ihr Zeichen, Ihre Nachricht vom	Unser Zeichen, unsere Nachricht vom	Telefon, Name	Datum
	bf	0441 885-12 Sylvia Dogan	14.11.20XX

Bestellung 1428

Sehr geehrter Herr Fritscher,

gemäß Ihrer aktuellen Preisliste bestellen wir zu den uns bekannten Allgemeinen Geschäftsbedingungen bei Ihrem Unternehmen:

Artikel	Artikelbezeichnung	Menge
204859	Damen-Armbanduhr „Tossil"	15
204860	Herren-Armbanduhr „Tossil"	15

Wir bitten um unverzügliche Lieferung der Ware.

Mit freundlichen Grüßen

Fly Bike Werke GmbH

i. A. Sylvia Dogan

Sylvia Dogan

TEROCHRON

TEROCHRON GmbH □ Postfach 105620 □ 69046 Heidelberg

Fly Bike Werke GmbH
Rostocker Str. 338
26121 Oldenburg

Ihr Zeichen, Ihre Nachricht	Unser Zeichen, unsere Nachricht	Telefon, Name	Datum
sd, 14.11.20XX	FRM	0621 963852 Mark Fritscher	16.11.20XX

Auftragsbestätigung 458

Sehr geehrte Frau Dogan,

besten Dank für Ihre Bestellung. Wir bestätigen wie folgt:

Artikel-Nr.	Artikelbezeichnung	Menge	Auftragssumme	Gesamtpreis
204859	Damen-Armbanduhr „Tossil"	15	1.035,00 €	1.231,65 €
204860	Herren-Armbanduhr „Tossil"	15	1.035,00 €	1.231,65 €
		Gesamtpreis:		2.463,30 €

Die Lieferung erfolgt unverzüglich ab Lager, die Versandkosten betragen 3 % vom Warenwert. Die Zahlung erfolgt innerhalb von 30 Tagen ohne Abzug nach Rechnungseingang.

Mit freundlichen Grüßen

Terochron GmbH

i. A. Fritscher

Fritscher

---

1. Prüfen Sie, ob in dem vorliegenden Fall ein Lieferungsverzug vorliegt. Begründen Sie Ihre Entscheidung.
2. Schlagen Sie die weitere Vorgehensweise vor.
3. Schreiben Sie einen Brief an den Lieferanten, die Terochron GmbH, in dem Sie die Rechte der Fly Bike Werke GmbH in Anspruch nehmen.

Arbeitsblatt 53.1: Lieferungsverzug

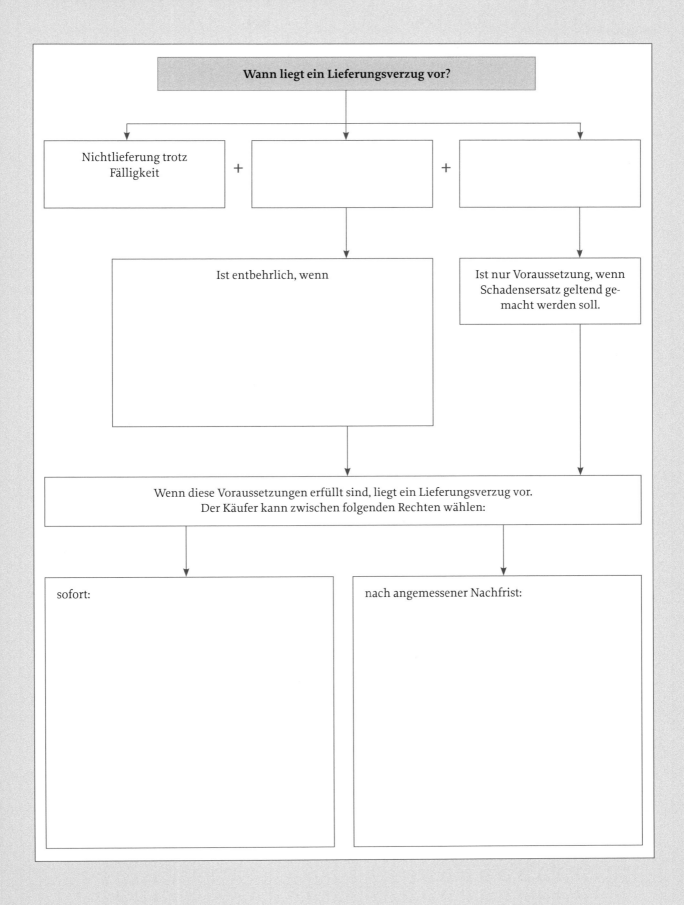

Wann liegt ein Lieferungsverzug vor?

Nichtlieferung trotz Fälligkeit + +

Ist entbehrlich, wenn

Ist nur Voraussetzung, wenn Schadensersatz geltend gemacht werden soll.

Wenn diese Voraussetzungen erfüllt sind, liegt ein Lieferungsverzug vor. Der Käufer kann zwischen folgenden Rechten wählen:

sofort:

nach angemessener Nachfrist:

Aufgaben

Aufgabe 1
Zählen Sie die Gründe dafür auf, wann bei einem Lieferungsverzug auf eine Mahnung verzichtet werden kann.

Aufgabe 2
Prüfen Sie in den unten aufgeführten Fällen, ob der Käufer eine Mahnung schreiben muss. Gehen Sie davon aus, dass die Lieferung zum vereinbarten Zeitpunkt nicht stattgefunden hat.

Fall	Mahnung ja/nein	Begründung
a Der Lieferant Werdie benachrichtigt seinen Käufer, dass er nicht liefern kann.		
b „Die Lieferung der Stahlrohre erfolgt frühestens Mitte Februar." (vertraglich vereinbart)		
c „Die Lieferung erfolgt am 17. Dezember." (vertraglich vereinbart)		
d Die Fly Bike Werke GmbH bestellt für die Weihnachtsfeier Schokoladenweihnachtsmänner und erwartet diese etwa eine Woche vor dem 6. Dezember. Die Ware wird nicht geliefert.		
e „Die Lieferung erfolgt am 02. April 20XX fix." (vertraglich vereinbart)		
f Die Fly Bike Werke GmbH erwartet die Lieferung von Beleuchtungssystemen Anfang März.		
g Sie bestellen eine Wasserpumpe, denn ein nahe gelegener Fluss führt Hochwasser. Der Installateur verspricht sofortige Lieferung, aber die Wasserpumpe wird nicht geliefert.		

Aufgabe 3
Laut Kaufvertrag vom 21. August 20XX soll der Verkäufer Schwalle KG an den Käufer Fly Bike Werke GmbH 400 Spezialreifen liefern. Lieferungsbedingung: schnellstmöglich. Am 16. September 20XX ist die Lieferung noch immer nicht eingetroffen. Die Fly Bike Werke GmbH benötigt die Fahrräder dringend, möchte allerdings nicht auf einen anderen Lieferanten ausweichen. Welche Rechte kann sie geltend machen und welche Voraussetzungen muss sie dabei beachten?

Aufgabe 4

Der Kunde Fly Bike Werke GmbH vereinbarte im Kaufvertrag mit dem Verkäufer Marcus Mayer die Lieferung von 15 Druckern. Im Kaufvertrag wurde kein Liefertermin angegeben. Marcus Mayer vereinbarte mit einem anderen Käufer einen viel höheren Preis und weigert sich nun, die Drucker an die Fly Bike Werke GmbH auszuhändigen.

Prüfen Sie, ob

a Fälligkeit und Verschulden vorliegen,

b eine Nachfrist gesetzt werden muss und

c welche Rechte der Kunde in Anspruch nehmen kann.

Aufgabe 5

Laut Kaufvertrag sollte der Verkäufer Max Recht an die Kundin Islah Yamel 15 PCs liefern. Lieferungsbedingung: spätestens bis zum 05. März 20XX. Nachdem die Lieferung am 15. März 20XX noch immer nicht eingetroffen ist, teilt Islah Yamel mit, dass sie ohne Nachfristsetzung sofort vom Kaufvertrag zurücktreten möchte. Max Recht lehnt dies ab: „In meinem Betrieb wird gestreikt. Ich verspreche Ihnen, ich werde in den nächsten drei Tagen liefern."

Prüfen Sie, ob

a Fälligkeit und Verschulden vorliegen,

b eine Nachfrist gesetzt werden muss und

c welche Rechte die Kundin in Anspruch nehmen kann.

Aufgabe 6

Überprüfen Sie in den folgenden Fällen, ob ein Lieferungsverzug vorliegt, und begründen Sie Ihre Entscheidung.

a Die Lieferbedingungen eines Stammlieferanten sind seit Jahren immer drei Wochen; plötzlich liefert er erst nach fünf Wochen (feste Liefertermine waren nie vereinbart).

b Der Verkäufer Bart kann eine bei ihm speziell hergestellte Maschine nicht liefern, weil die Lagerhalle abgebrannt ist.

c Durch einen nicht verschuldeten Verkehrsunfall eines Mitarbeiters kann der Verkäufer die bestellte Ware nicht pünktlich ausliefern.

d Durch einen verschuldeten Verkehrsunfall eines Mitarbeiters kann der Verkäufer die bestellte Ware (Originalbild eines Künstlers für das Büro des Geschäftsführers) nicht pünktlich ausliefern.

Aufgabe 7

Sabine Pilz feiert am 27. August 20XX ihren 40. Geburtstag. Sie lädt viele Freunde ein und bestellt 15 Kisten Prosecco. Der Verkäufer Kretz hat noch nicht geliefert. Unterdessen sind die Proseccopreise massiv gestiegen. Sabine Pilz bangt um die Kosten für ihre Feier und kauft bei einem anderen Händler ein, der den Prosecco billiger anbietet. Sie informiert darüber den Verkäufer Kretz. Dieser ist ziemlich erbost und verlangt die Abnahme der bestellten 15 Kisten mit der Begründung, dass Frau Pilz keine Nachfrist gesetzt hat.

Analysieren Sie die Rechtslage und begründen Sie Ihre Entscheidung.

Aufgabe 8

Auszug aus einem Kaufvertrag zwischen der Hopfen GmbH und der Brauerei Umtrunk OHG: „Wenn der vereinbarte Liefertermin nicht eingehalten wird, so zahlt die Hopfen GmbH an die Umtrunk OHG für jede Woche Lieferungsverzug Verzugszinsen in Höhe von 0,7 % der Rechnungssumme ..."

Klären Sie die Vorteile dieser vertraglichen Vereinbarung gegenüber der gesetzlichen Vereinbarung beim Lieferungsverzug.

Aufgabe 9

Die Möbelbau KG bestellt fix 1000 „Spanplatten Extrabreit" bei ihrem Stammlieferanten für den 10. Dezember 20XX zum Preis von 6.100,00 €. Am 13. Dezember ist die Lieferung noch immer nicht eingetroffen. Die Möbelbau KG hat zwischenzeitlich bei einem preisgünstigeren Lieferanten bestellt.

Prüfen Sie, ob

a Fälligkeit und Verschulden vorliegen,

b eine Nachfrist gesetzt werden muss und

c welche Rechte der Kunde in Anspruch nehmen kann.

d Formulieren Sie einen Brief an den nachlässigen Lieferanten.

Sie arbeiten zurzeit in der Abteilung Einkauf der Fly Bike Werke GmbH und erhalten mit Beginn des heutigen Arbeitstages folgende Belege zur Bearbeitung.

UNION ELEKTRO AG

Fly Bike Werke GmbH
Rostocker Str. 334
26121 Oldenburg

Lieferschein Nr. 2398

Kunden-Nr.	Bestellung	Bestelldatum	Auftragsbestätigung	Lieferdatum	
2-012	70	22.03.20XX	2398	27.03.20XX	
Pos.-Nr.	**Artikel-Nr.**	**Artikelbezeichnung**		**Menge**	**Einheit**
1	55-00	Komponentenset Beleuchtung		1 000	Stück
Vesandart:	**Wir bestätigen die ordnungsgemäße Lieferung/Datum**			**Name**	
Selbstabholer	*siehe Prüfbericht*		*27. 03. 20XX*		

Fly Bike Werke GmbH

Prüfbericht

Lieferant: Union Elektro AG

Prüfbericht	Prüfdatum	Lieferdatum
75	27.03.20XX	27.03.20XX
Artikel Nr.	Artikelbezeichnung	Liefermenge
55-00	Komponentenset Beleuchtung	1 000 Stück
Bestell-Nr.		Verpackungseinheiten
70		20 Kartons

Prüfergebnis:
Es wurden 10 Kartons geöffnet und überprüft. Sämtliche geprüften Rücklichter weisen Risse im Gehäuse auf. Es ist zu vermuten, dass die gesamte Lieferung für die Produktion nicht geeignet ist.

Datum	Unterschrift	
27.03.20XX	*Wolf*	

1 Welches Recht bzw. welche Rechte sollte die Fly Bike Werke GmbH nach Ihrer Meinung in dem vorliegenden Fall geltend machen? Begründen Sie Ihre Entscheidung.
2 Schreiben Sie einen Brief an den Lieferanten, in dem Sie die Rechte der Fly Bike Werke GmbH in Anspruch nehmen. Nutzen Sie dazu auch die Lieferantenliste auf Seite 13.

Kopiervorlage: Geschäftsbrief der Fly Bike Werke GmbH

Fly Bike Werke GmbH

FBW GmbH • Rostocker Str. 334 • 26121 Oldenburg

Ihr Zeichen, Ihre Nachricht vom   Unser Zeichen, unsere Nachricht vom   Telefon, Name   Datum

| Geschäftsführer
Hans Peters

HR Oldenburg
B 2134 | Bankverbindungen
Deutsche Bank AG
Oldenburg
BLZ 28 07 00 57
Konto-Nr. 2114253666 | Landessparkasse
Oldenburg
BLZ 28 05 01 00
Konto-Nr. 112326444 | Fax
044188592-11
E-Mail
mail@flybike.de | Finanzamt 2364
Oldenburg
Steuer-Nr. 11 28 87 00 57
USt-ID-Nr. DE 236667691 |

Arbeitsblatt 54.1: Mängelarten nach ihrer Beschaffenheit

Untersuchen Sie mithilfe des BGB (§§ 434 und 435) folgende Sachverhalte aus dem betrieblichen Alltag der Fly Bike Werke GmbH. Ordnen Sie die entsprechende Mängelart zu, erläutern Sie diese kurz und beschreiben Sie, welche Rechte geltend gemacht werden können.

Sachverhalt	Mängelart	Erläuterung lt. BGB	Rechte des Anspruchnehmers
Statt der 50 Shirts STEFF superfast hat die Cycle-Tools-Import GmbH 50 Jacketts STEFF superfest geliefert.			
Die Tamino Deutschland GmbH lieferte statt der vereinbarten 150 Bremsen für das Mountain-Bike „Mountain Dispo" nur 100 Stück.			
Die von der Fly Bike Werke GmbH bezogenen Fahrradanhänger des Modells Sven sind nicht geländetauglich.			
Ein für den Verwaltungsbereich der Fly Bike Werke GmbH beschaffter neuer Drucker weist statt der vereinbarten Druckgeschwindigkeit von 30 Blatt pro Minute eine tatsächliche Geschwindigkeit von 10 Blatt pro Minute auf.			
Der neue Chefsessel im Büro von Hans Peters lässt sich trotz Montage durch die Spezialfirma Office Wonder in der Höhe nicht verstellen.			
Der Lieferant Color Color GmbH bietet in seinem Verkaufsprospekt seine Lacke mit Metallic-Effekt an. Diese Aussage bestätigte sich bei der Anwendung dieser Lacke nicht.			
Im Einkaufsbereich der Fly Bike Werke GmbH sollte eine kleine Teeküche eingerichtet werden. Um Kosten zu sparen, kaufte man diese bei der Firma CHEF-Möbel zur Selbstmontage. Die Montageanleitung war in 10 Sprachen vorhanden, leider nicht in deutscher Sprache.			
Die Fly Bike Werke GmbH kauften vom PKW-Händler Hein Listig einen gebrauchten Geschäftswagen. Im Nachhinein stellte sich heraus, dass gegen Herrn Listig bereits ein Konkursverfahren lief und er zum Verkauf des PKW nicht mehr berechtigt war.			

Arbeitsblatt 54.2: Mängelarten nach Erkennbarkeit und Umfang

Mängelart	Definition	Beispiel
nach Erkennbarkeit offener Mangel		Bei einem vor wenigen Wochen gekauften Fahrrad blättert der Lack vom Gestell.
	Dem Verkäufer ist ein Mangel an der Sache bekannt und er verheimlicht ihn gegenüber dem Käufer.	
nach Umfang erheblicher Mangel		
	Der vorliegende Mangel hat auf die Verwendung der Sache keinen großen Einfluss.	

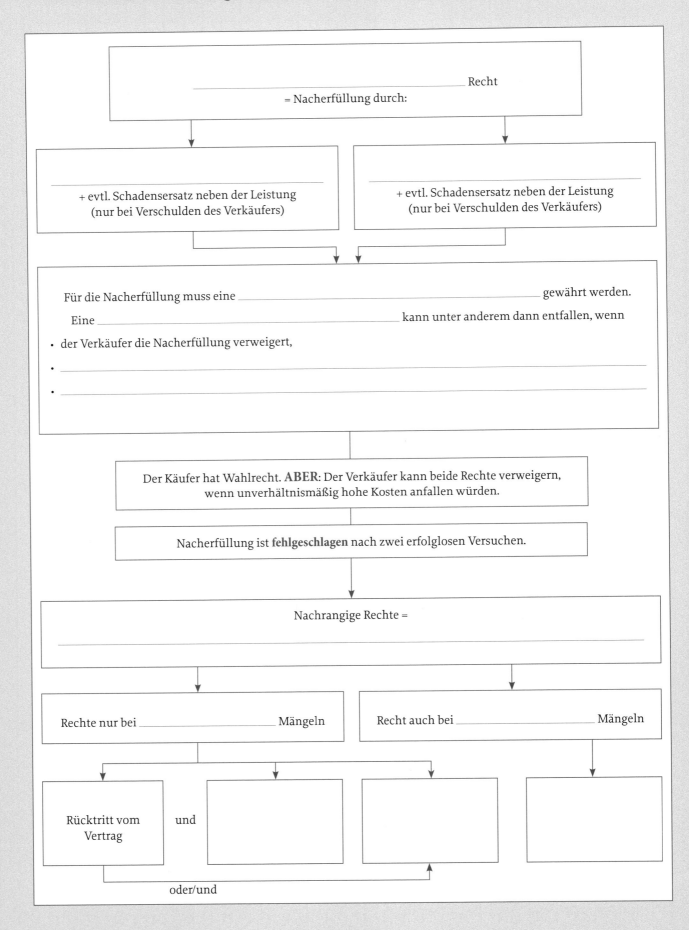

Arbeitsblatt 54.3: Mangelhafte Lieferung – Rechte des Käufers

_____ Recht
= Nacherfüllung durch:

+ evtl. Schadensersatz neben der Leistung
(nur bei Verschulden des Verkäufers)

+ evtl. Schadensersatz neben der Leistung
(nur bei Verschulden des Verkäufers)

Für die Nacherfüllung muss eine _____ gewährt werden.

Eine _____ kann unter anderem dann entfallen, wenn

• der Verkäufer die Nacherfüllung verweigert,

• _____

• _____

Der Käufer hat Wahlrecht. **ABER**: Der Verkäufer kann beide Rechte verweigern, wenn unverhältnismäßig hohe Kosten anfallen würden.

Nacherfüllung ist **fehlgeschlagen** nach zwei erfolglosen Versuchen.

Nachrangige Rechte =

_____

Rechte nur bei _____ Mängeln

Recht auch bei _____ Mängeln

Rücktritt vom Vertrag

und

oder/und

Arbeitsblatt 54.4: Mangelhafte Lieferung – zu beachtende Fristen

Gewährleistungsfristen bei mangelhafter Lieferung			
Gewährleistungsfrist	tritt ein ...	Fristbeginn	Beispiel
		mit Ablieferung/Aushändigung der Ware	
	wenn ein Mangel arglistig verschwiegen wurde		
			Zwei Monate nach Bezug des Eigenheims entdeckt Familie Kayser, dass sich große Schimmelflecken an den Kellerwänden gebildet haben.
30 Jahre			

Pflichten des Käufers bei Verbrauchsgüterkauf und zweiseitigem Handelskauf		
Pflicht des Käufers	Verbrauchsgüterkauf	zweiseitiger Handelskauf
Prüfpflicht		
Rügepflicht a) offener Mangel		
b) versteckter Mangel		
c) arglistig verschwiegener Mangel	innerhalb von 3 Jahren	unverzüglich nach Entdeckung; innerhalb von 3 Jahren

Aufgaben

Aufgabe 1
Erläutern Sie, welche Gewährleistungsansprüche das BGB dem Käufer beim Verbrauchsgüterkauf einräumt.

Aufgabe 2
Grenzen Sie Garantie und gesetzliche Gewährleistungspflicht ab.

Aufgabe 3
Was versteht man unter der „IKEA-Klausel"?

Aufgabe 4
Die Fly Bike Werke GmbH kauft vom Computerhändler „Super-DV" ein Multifunktionsgerät zum Drucken, Scannen und Kopieren. Beim Auspacken bemerkt die zuständige Lagerarbeiterin Kratzer an der Seitenfläche des Multifunktionsgeräts. Klären Sie, ob die Fly Bike Werke GmbH Nachbesserung und/oder Neulieferung verlangen kann.

Aufgabe 5
Hausfrau Marga Sorglos kauft sich im Schlussverkauf ein Paar Winterstiefel. Zu Hause stellt sie Farbflecken auf dem Leder fest, die ihr aufgrund der Lichtverhältnisse im Geschäft nicht aufgefallen waren. Klären Sie die Rechtslage.

Aufgabe 6
Die Fly Bike Werke GmbH erwirbt Ende Juni 20XX vom Autohändler Mario Flauti einen neuen Geschäftswagen. Anfang Juli 20XX ist der Abteilungsleiter Einkauf Oliver Thüne damit auf einer Dienstreise. Da eine Hitzeperiode die Temperaturen auf 30° Celsius hat steigen lassen, schaltet Herr Thüne in der Hoffnung auf baldige Abkühlung die Klimaanlage ein. Vergeblich – denn diese funktioniert nicht.
a Stellen Sie fest, ob ein Mangel vorliegt und, wenn ja, welcher Art dieser Mangel ist.
b Entscheiden Sie, ob der Mangel behebbar ist.
c Welche vorrangigen Rechte hat damit die Fly Bike Werke GmbH? Für welche Option würden Sie sich als Vertreter der Fly Bike Werke GmbH entscheiden? Begründen Sie Ihre Entscheidung kurz.
d In welchem Fall kann die Fly Bike Werke GmbH welche nachrangigen Rechte in Anspruch nehmen? Für welche Option würden Sie sich als Vertreter der Fly Bike Werke GmbH entscheiden? Begründen Sie Ihre Entscheidung kurz.

Aufgabe 7
Hobbygärtner Gerd Fröhlich kauft im Baumarkt „Selfmademan" am 10.10.20X1 einen Laubsauger. Infolge eines Produktionsfehlers versagt der Motor am 19.11.20X2. Herr Fröhlich verlangt einen neuen Laubsauger, der Baumarkt beruft sich auf Verjährung. Klären Sie die Rechtslage.

Aufgabe 8
Privatmann Julius Krause kauft sich beim Fahrradhändler „City-Bike" ein neues Fahrrad. Zwei Monate nach Erhalt des Fahrrads streikt die Schaltung. Es ist nicht feststellbar, ob der Mangel aufgrund eines Materialfehlers bereits bei Übergabe vorhanden war oder auf fehlerhaftes Fahrverhalten von Herrn Krause zurückzuführen ist. Begründen Sie, ob Herr Krause Gewährleistungsrechte geltend machen kann.

Aufgabe 9
Herr Bärlauch kauft am 16. Juni 20X5 eine Stichsäge. Am 21. Juni 20X8 reklamiert Herr Bärlauch beim Händler einen erheblichen Mangel an der Stichsäge, der erwiesenermaßen bereits bei der Übergabe bestand, allerdings von Herrn Bärlauch erst am 21. Juni 20X8 erkannt wurde.
Klären Sie
a die regelmäßige kaufrechtliche Gewährleistungsfrist,
b das Verjährungsdatum für die Gewährleistungsansprüche von Herrn Bärlauch,
c das Ergebnis für Herrn Bärlauch.

Aufgabe 10
Die Firma „PeopleCar" bewirbt ihren neuen Kleinwagen „Chicolino" mit der Werbeaussage: „Fahren Sie mit Komfort und durchschnittlich nur 4 Litern pro 100 Kilometer." Erna Schick kauft sich daraufhin den Wagen. Nach Aussagen ihres Bordcomputers und Kontrolle ihrer Tankhäufigkeit muss sie feststellen, dass der tatsächliche Verbrauch bei 7,5 Litern liegt. Klären Sie, welche Rechte Frau Schick zustehen.

Aufgabe 11
Am 20. Juli 20X1 lässt die Möbelbau-GmbH eine umfassende Sanierung des Lagerdachs durchführen. Am 30. Juli 20X6 stellt sie erhebliche Mängel fest, die durch fehlerhafte Sanierungsarbeiten bedingt sind. Klären Sie, ob die Mängelansprüche der Möbelbau-GmbH verjährt sind.

Aufgabe 12
Die Kundin Miriam Fuchs kauft am 20. Oktober 20X3 eine Waschmaschine, die am gleichen Tag angeliefert wird. Der Verkäufer Bau verschweigt arglistig einen Mangel an dieser Maschine. Miriam Fuchs entdeckt den Mangel am 20. Dezember 20X6 und macht selbstverständlich Gewährleistungsansprüche geltend. Wie ist die Rechtslage für Frau Fuchs?

Die Fly Bike Werke GmbH gewinnt immer mehr Kunden in den südlichen Bundesländern Baden-Württemberg und Bayern, die das Sortiment und das Preis-Leistungs-Verhältnis sehr schätzen. Diese Kunden legen jedoch besonderen Wert auf eine schnelle Lieferung, um den eigenen Lagerbestand möglichst gering zu halten. Diesen Anforderungen konnte die Fly Bike Werke GmbH in den letzten Monaten nicht immer gerecht werden, weil der Lkw auf den Autobahnen zu oft im Stau stand. Herr Peters, der Geschäftsführer der Fly Bike Werke GmbH, überlegt nun, als Service für diese wichtigen Kunden ein dezentrales Lager im Raum Stuttgart/Esslingen einzurichten. In diesem Lager sollte Platz für durchschnittlich 1 000 Fahrräder sein, die in Kartons zu jeweils drei Stück auf einer Gitterboxpalette verpackt werden. Einschließlich der freizuhaltenden Wegeflächen ist bei einfacher Stapelung mit einem Platzbedarf von 1,1 m² pro Palette zu rechnen.

In diesem Zusammenhang stellt sich die Frage, ob die Fly Bike Werke GmbH ein eigenes Lager in einer gemieteten Lagerhalle im Raum Stuttgart einrichten oder das günstigste Angebot eines Lagerhalters in Esslingen annehmen sollte:

```
Von: m.wilker@store-go.esslingen.de
An: h.peters@flybike.de
Betreff: Angebot Lagerplatz in Esslingen
Datum: 17.09.20XX
_____

Sehr geehrter Herr Peters,

vielen Dank für Ihr Interesse! Einen für Ihre
Zwecke geeigneten Lagerplatz berechnen wir mit
30,00 €/m² monatlich (inkl. Mehrwertsteuer).

Mit freundlichen Grüßen

Store & Go Esslingen

Martin Wilker
-------------------------------
Store & Go Esslingen
Stuttgarter Str. 85
73734 Esslingen
www.store-go.de
```

Für eine dezentrale Eigenlagerung besonders geeignet wäre ein Objekt in einem Stuttgarter Gewerbegebiet:

```
Von: o.thuene@flybike.de
An: h.peters@flybike.de
Betreff: Lagerhalle in Stuttgart
Datum: 18.09.20XX
_____

Lieber Herr Peters,

im Anhang dieser Mail finden Sie das günstigste
Angebot, das ich bislang ermitteln konnte. Zu
beachten ist, dass die Verbrauchskosten
(Materialien, Telefon, PC-Leasing usw.) bei
6,50 € pro Monat und genutztem m² liegen würden.
Für den Einsatz von zwei Lagerfachkräften
sollten wir jeweils 1.950,00 € Personalkosten
monatlich kalkulieren. Die Versicherung würde
1.200,00 €/Jahr kosten.

Viele Grüße

Oliver Thüne
```

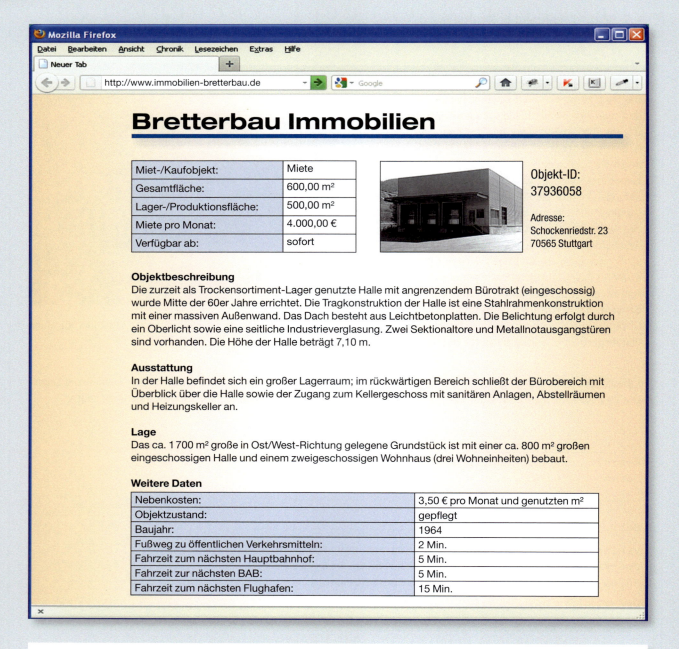

Bretterbau Immobilien

Miet-/Kaufobjekt:	Miete
Gesamtfläche:	600,00 m²
Lager-/Produktionsfläche:	500,00 m²
Miete pro Monat:	4.000,00 €
Verfügbar ab:	sofort

Objekt-ID:
37936058

Adresse:
Schockenriedstr. 23
70565 Stuttgart

Objektbeschreibung
Die zurzeit als Trockensortiment-Lager genutzte Halle mit angrenzendem Bürotrakt (eingeschossig) wurde Mitte der 60er Jahre errichtet. Die Tragkonstruktion der Halle ist eine Stahlrahmenkonstruktion mit einer massiven Außenwand. Das Dach besteht aus Leichtbetonplatten. Die Belichtung erfolgt durch ein Oberlicht sowie eine seitliche Industrieverglasung. Zwei Sektionaltore und Metallnotausgangstüren sind vorhanden. Die Höhe der Halle beträgt 7,10 m.

Ausstattung
In der Halle befindet sich ein großer Lagerraum; im rückwärtigen Bereich schließt der Bürobereich mit Überblick über die Halle sowie der Zugang zum Kellergeschoss mit sanitären Anlagen, Abstellräumen und Heizungskeller an.

Lage
Das ca. 1 700 m² große in Ost/West-Richtung gelegene Grundstück ist mit einer ca. 800 m² großen eingeschossigen Halle und einem zweigeschossigen Wohnhaus (drei Wohneinheiten) bebaut.

Weitere Daten

Nebenkosten:	3,50 € pro Monat und genutzten m²
Objektzustand:	gepflegt
Baujahr:	1964
Fußweg zu öffentlichen Verkehrsmitteln:	2 Min.
Fahrzeit zum nächsten Hauptbahnhof:	5 Min.
Fahrzeit zur nächsten BAB:	5 Min.
Fahrzeit zum nächsten Flughafen:	15 Min.

Von: h.peters@flybike.de
An: o.thuene@flybike.de; c.steffes@flybike.de
Betreff: Eigen- oder Fremdlager?
Datum: 19.09.20XX

Lieber Herr Thüne, lieber Herr Steffes,

in der Frage des dezentralen Lagers drängt die Zeit. Sollen wir das Angebot von Store & Go annehmen oder lieber das Objekt im Stuttgarter Gewerbegebiet anmieten? Bitte machen Sie mir bis morgen einen begründeten Vorschlag.

Vielen Dank!

H. Peters

---

1 Erläutern Sie die Funktionen eines Lagers.
  a Welche Funktionen soll das geplante Lager in Süddeutschland für die Fly Bike Werke GmbH erfüllen?
  b Welche weiteren Funktionen kann ein Lager für einen Industriebetrieb grundsätzlich erfüllen?

2 Finden Sie heraus, welche der beiden Möglichkeiten (Eigen- oder Fremdlagerung) unter Kostengesichtspunkten die günstigere ist.

  a Berechnen Sie die benötigte Lagerfläche in m².

  b Bestimmen Sie die Lagerfläche, bei der die Kosten der Fremdlagerung genauso hoch sind wie die Kosten eines eigenen Lagers (= kritische Lagerfläche). Nutzen Sie zur grafischen Darstellung das Arbeitsblatt 55.1.

  c Wie viele Fahrräder könnten auf dieser Fläche gelagert werden (= kritische Lagermenge)?

  d Für welche der untersuchten Möglichkeiten spricht Ihr Ergebnis? Begründen Sie.

3 Führen Sie mithilfe von Arbeitsblatt 55.2 eine Nutzwertanalyse durch. Für welche der untersuchten Möglichkeiten (Eigen- oder Fremdlagerung) spricht dieses Ergebnis?

4 Für welche der untersuchten Möglichkeiten (Eigen- oder Fremdlagerung) würden Sie sich unter Berücksichtigung Ihrer Ergebnisse zu den Arbeitsaufträgen 2 und 3 entscheiden? Begründen Sie Ihre Entscheidung.

5 Auch das Lager der Fly Bike Werke GmbH in Oldenburg beschäftigt Herrn Peters, weil er zunehmende Zweifel an dessen Wirtschaftlichkeit hat. Deshalb schickt er die folgende E-Mail an Herrn Thüne, den Abteilungsleiter Logistik:

Von: h.peters@flybike.de
An: o.thuene@flybike.de
Betreff: Außerordentliche Abteilungsleiterkonferenz
Datum: 10.01.20XX

Lieber Herr Thüne,

wie Sie wissen, findet nächste Woche eine wichtige Abteilungsleitersitzung statt. Tagesordnungspunkt ist die Senkung der Lagerkosten. Hierzu muss auch die Wirtschaftlichkeit unseres Lagers in Oldenburg überprüft werden. Um diese richtig einzuschätzen, sind die Lagerkennzahlen für die Warengruppe „Montain-Bike" am Beispiel unseres Modells „Mountain *Dispo*" zu ermitteln und mit den Branchenwerten zu vergleichen.

Der Branchenwert für die durchschnittliche Lagerdauer ist 24 Tage, bei der Lagerreichweite beträgt er 10 Tage. Was die Lagerzinsen betrifft, liegt der aktuelle Marktzinssatz bei 7 %.

Vielen Dank

H. Peters

  a Ermitteln Sie für den Artikel „Mountain *Dispo*" alle wichtigen Lagerkennzahlen. Nutzen Sie hierfür die Lagerfachkarte und die Arbeitsblätter 55.3 und 55.4.

  b Vergleichen Sie Ihre Ergebnisse mit den Branchenwerten und beurteilen Sie die Werte.

  c Machen Sie konkrete Vorschläge, wie die Fly Bike Werke GmbH die Lagerkennzahlen verbessern kann.

Lagerfachkarte

Artikelbezeichnung **Mountain *Dispo***		Artikelnummer **301**	Herstellungskosten **290,00 €**	
Mindestbestand **10 Stück**		Meldebestand **20 Stück**	Höchstbestand **100 Stück**	
Datum	**Beleg**	**Zugang**	**Abgang**	**Bestand**
01.01.	Übertrag	–	–	90
06.01.	ME 0067	–	35	55
12.02.	LS 20089	25	–	80
14.03.	ME 0071		45	35
24.04.	ME 0076		5	30
30.04.	ME 0082	–	15	15
01.05.	ME 0085	–	5	10
13.06.	LS 20107	50	–	60
15.06.	ME 0093	–	10	50
11.07.	ME 0094	–	30	20
25.07.	LS 20117	45	–	65
08.09.	ME 0099	–	5	60
23.09.	ME 0111	–	15	45
04.10.	ME 0120	–	25	20
27.10.	LS 20215	80	–	100
09.11.	ME 0125		35	65
01.12.	ME 0140		35	30
12.12.	ME 0152	–	15	15
31.12.	LS 20350	25	–	40

LS = Lieferschein, ME = Materialentnahme

Arbeitsblatt 55.1: Eigen- oder Fremdlagerung: Kostenvergleich

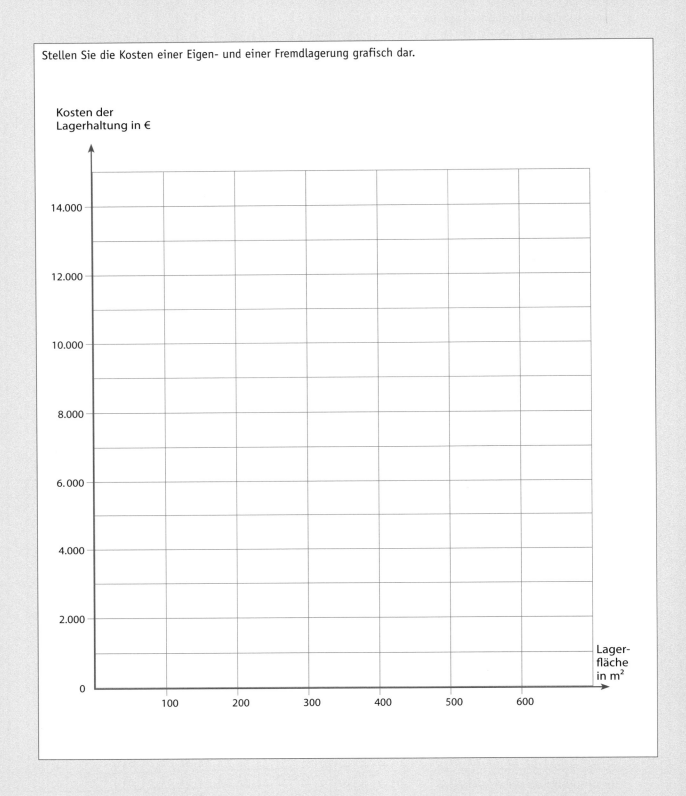

Arbeitsblatt 55.2: Eigen- oder Fremdlagerung: Nutzwertanalyse

Führen Sie in der folgenden Tabelle einen qualitativen Vergleich von Eigen- und Fremdlagerung mithilfe einer Nutzwertanalyse (vgl. Lernsituation 49) durch. Berücksichtigen Sie dabei, dass Herr Thüne besonderen Wert auf Kostengünstigkeit, einen geringen Verwaltungsaufwand, möglichst große Kundennähe, einen problemlosen Zugriff auf das Lagergut und ein hohes Maß an Flexibilität legt. Sofern es ein weiteres Beurteilungskriterium gibt, das Ihnen wichtig erscheint, können Sie es in die Tabelle einfügen.

Qualitativer Vergleich von Eigen- und Fremdlagerung

Beurteilungskriterien	Gewichtungsfaktor	Eigenlagerung: Angebot von		Fremdlagerung: Angebot von	
		Punkte	Punkte · Faktor	Punkte	Punkte · Faktor
Preis/Kosten					
Verwaltungsaufwand					
Kundennähe					
Zugriff auf das Lagergut					
Flexibilität					
Gesamtwert					

Punktbewertungsschlüssel:
Ausgangspunkt für die Punktbewertung ist die Normalpunktzahl (5). Sie ist immer dann zu vergeben, wenn keine Informationen vorliegen bzw. keine Besonderheiten zu erkennen sind. Bei positiven Einschätzungen erfolgt eine Aufwertung bis zur maximalen Punktzahl 9, bei negativen Einschätzungen erfolgt eine Abwertung bis zur minimalen Punktzahl 1

Die Entscheidung fällt auf: _____

Begründung: _____

Arbeitsblatt 55.3: Lagerkennzahlen I

Formeln Lagerkennzahlen	Erklärung	Berechnung	Beurteilung
durchschnittlicher Lagerbestand (in Stück), monatliche Berechnung:			
durchschnittlicher Lagerbestand (in €), monatliche Berechnung:			
durchschnittliche Lagerreichweite (LRW): $$\varnothing\,LRW = \frac{\varnothing\,LB}{\varnothing\,\text{Verbrauch pro Zeiteinheit}}$$ $$\varnothing\,LRW\ \text{mit}\atop\text{offenen}\ = \frac{\varnothing\,LB + \text{offene Bestellungen}}{\text{geplanter Bedarf pro Zeiteinheit}}$$ Bestellungen	gibt an, wie lange der vorhandene durchschnittliche Lagerbestand ausreicht	**Anmerkung:** Es wird ein Bedarf von 5 Stück pro Tag unterstellt.	

Arbeitsblatt 55.4: Lagerkennzahlen II

Formeln Lagerkennzahlen	Erklärung	Berechnung	Beurteilung
Umschlagshäufigkeit (UH):			
durchschnittliche Lagerdauer in Tagen (Ø LD):			
Lagerzinsen (LZ):			

Arbeitsblatt 55.5: Übersicht Lagerkennzahlen

Ergänzen Sie die folgende Übersicht.

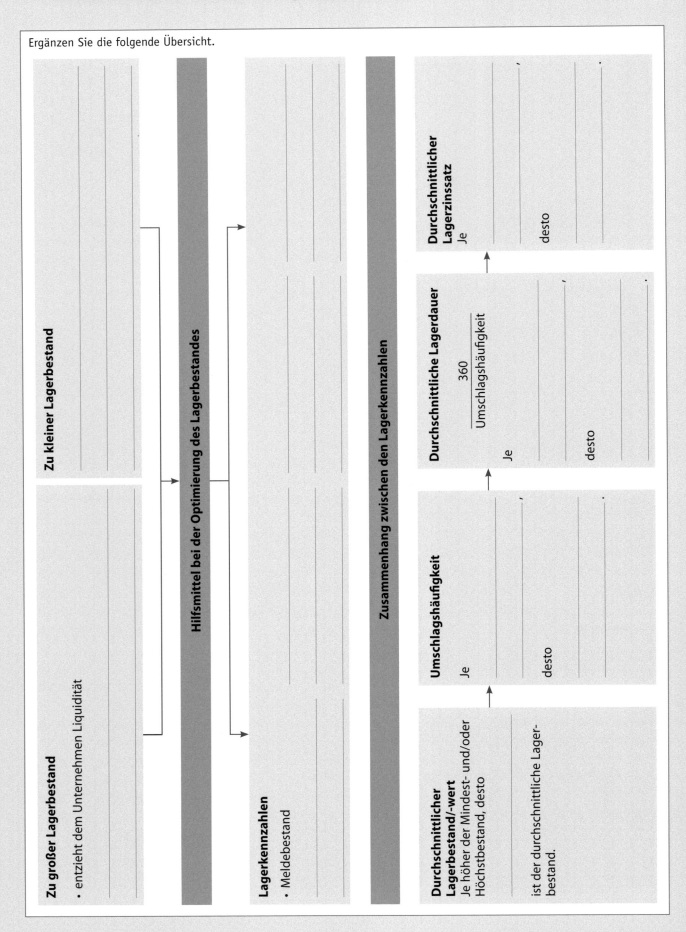

Zu großer Lagerbestand
• entzieht dem Unternehmen Liquidität

Zu kleiner Lagerbestand

Hilfsmittel bei der Optimierung des Lagerbestandes

Lagerkennzahlen
• Meldebestand

Zusammenhang zwischen den Lagerkennzahlen

Durchschnittlicher Lagerbestand/-wert
Je höher der Mindest- und/oder Höchstbestand, desto

ist der durchschnittliche Lagerbestand.

Umschlagshäufigkeit
Je   desto

Durchschnittliche Lagerdauer
$$\frac{360}{\text{Umschlagshäufigkeit}}$$
Je   desto

Durchschnittlicher Lagerzinssatz
Je   desto

Aufgaben

Aufgabe 1

Welche Lagerfunktion ist gemeint?

a Durch diese Lagerfunktion erhält die Ware ihre endgültige Qualität.

b Durch diese Lagerfunktion kann auf Lieferengpässe reagiert werden.

c Diese Lagerfunktion ist in Bezug auf die Sortierung und Präsentation der Waren wichtig.

d Diese Lagerfunktion greift immer dann, wenn zu einem besonders günstigen Preis eingekauft werden kann.

e Diese Lagerfunktion ist von Bedeutung, wenn Produktion und Lieferung zeitlich auseinanderfallen.

Aufgabe 2

Die dringend benötigten Schrauben für die Produktion der Winkler GmbH können nicht geliefert werden, da der Lieferant mit seinem Lkw einen Unfall hatte. Nun werden die Schrauben aus dem Ersatzteillager bestellt, damit die Produktion nicht stillsteht. Welche Aufgabe erfüllt das Lager in diesem Fall?

Aufgabe 3

Hinsichtlich des Standortes wird zwischen einer zentralen und einer dezentralen Lagerung unterschieden.

a Erläutern Sie die beiden Begriffe.

b Was spricht für die zentrale, was für die dezentrale Lagerung? Begründen Sie.

Aufgabe 4

In Bezug auf die Bauweise unterscheidet man zwischen offenen, halboffenen und geschlossenen Lagern.

a Erläutern Sie die drei Begriffe.

b Nennen Sie für jede Lagerart drei typische Güter.

Aufgabe 5

Es gibt verschiedene Arten von geschlossenen Lagern. Nennen Sie für die folgenden Lagerarten jeweils ein passendes Gut. Falls nötig, recherchieren Sie hierfür im Internet.

Flach-lager:		Etagen-lager:		Hoch-regallager:	
Bunker-lager:		Silolager:		Tank-lager:	
Tragluft-hallen-lager:		Gefahr-stoff-lager:		Tiefkühl-lager:	

Aufgabe 6

Kreuzen Sie an, ob mit den folgenden Aussagen ein Vorteil oder ein Nachteil der zentralen oder der dezentralen Lagerung benannt wird.

Aussage	Zentrale Lagerung		Dezentrale Lagerung	
	Vorteil	Nachteil	Vorteil	Nachteil
a Die innerbetrieblichen Transportwege (Transportzeit, Transportkosten) werden verkürzt.				
b Wird eine Ware in verschiedenen Lagern bevorratet, muss für jeden Lagerort ein Mindestbestand bereitgehalten werden.				
c Die Raum- und Verwaltungskosten sind bei dieser Lagerung minimal.				
d Die körperliche Bestandsaufnahme (Inventur) ist leichter durchzuführen.				
e Nebenlager müssen zumeist zusätzlich eingerichtet werden.				
f Sicherheitsvorschriften für die Lagerung bestimmter Waren können leichter eingehalten werden.				

Aufgabe 7

Nennen und erläutern Sie drei mögliche Vor- und Nachteile der Eigenlagerung gegenüber der Fremdlagerung.

Aufgabe 8

Ein Papierhersteller muss ein neues Lager einrichten. Es fehlt an Lagerkapazität für mindestens 130 Paletten Papier und Folien, da das Unternehmen sein Liefergebiet und sein Sortiment ausgeweitet hat. Es ist nun zu entscheiden, ob es sinnvoller ist, ein Eigenlager einzurichten oder einen Lagerhalter einzuschalten.

Folgende Daten liegen vor:
- fixe Lagerkosten bei Eigenlagerung: 30.000,00 € pro Monat
- variable Lagerkosten bei Eigenlagerung: 700,00 € pro Monat und Palette
- die Kosten für Fremdlagerung belaufen sich pauschal auf 1.000,00 € pro Palette

a Errechnen Sie, ob bei 130 Paletten die Einschaltung eines Lagerhalters günstiger ist.
b Stellen Sie rechnerisch die kritische Lagermenge fest.
c Ermitteln Sie grafisch die kritische Lagermenge.

Aufgabe 9

Das Warenlager eines Großhändlers für Tiefkühlpizzen ist fast ganzjährig ausgelastet. Aufgrund der gestiegenen Nachfrage wird ein weiterer Hersteller als Stammlieferant gelistet. Bei Eigenlagerung muss ein neues Tiefkühllagerhaus gebaut werden. Die fixen Kosten für das Lagerhaus werden auf 1,2 Mio. € im Jahr geschätzt. Die variablen Lagerkosten werden etwa 0,05 € je Stück betragen. Ein in der Nähe produzierender Speiseeishersteller bietet die Lagerung zu einem Preis von 0,08 € pro Stück an. Der neue Stammlieferant verlangt eine Abnahmemenge von 30 Mio. Pizzen im Jahr. Jede Pizza muss vor dem Versand eingelagert werden.

Ermitteln Sie

a die Lagerkosten bei Eigenlagerung,
b die Lagerkosten bei Fremdlagerung,
c die Stückzahl, bei der die Kosten der Fremdlagerung und der Eigenlagerung gleich hoch sind.
d Welche weiteren Entscheidungskriterien sind zu berücksichtigen, wenn der Pizzagroßhändler zusätzliche Absatzsteigerungen in der Zukunft nicht ausschließt?

Aufgabe 10

Im Hinblick auf die Lagerplatzzuordnung unterscheidet man zwischen einer festen und einer freien Zuordnung.
a Erläutern Sie diese beiden Begriffe.
b Nennen Sie jeweils ein Synonym.
c Was spricht für eine feste, was für eine freie Zuordnung? Begründen Sie.

Aufgabe 11

Kreuzen Sie an, ob die folgenden Maßnahmen die durchschnittliche Lagerdauer voraussichtlich verkürzen, erhöhen oder keinen Einfluss darauf haben.

Maßnahme	Durchschnittliche Lagerdauer		
	Verkürzung	Verlängerung	keine Änderung
a Das Unternehmen bietet seine Waren zu einem Sonderpreis an.			
b Der eiserne Bestand wird verdoppelt.			
c Für die Waren wird eine Werbeaktion durchgeführt.			
d Die Verkaufspreise für die Waren werden um 5 % erhöht.			
e Die Bestellmenge für Waren wird halbiert.			
f Der Marktzins für die Ermittlung der Lagerzinskosten steigt.			

Aufgabe 12

Der Geschäftsführer eines Baumarktes möchte die Wirtschaftlichkeit seines Lagers mithilfe der Lagerkennzahlen überprüfen.

a Unterstützen Sie ihn, indem Sie zunächst die unten dargestellte Lagerfachkarte für den vorliegenden Artikel vervollständigen.

b Berechnen Sie folgende Lagerkennzahlen:
- durchschnittlicher Lagerbestand in Stück
- durchschnittlicher Lagerbestand in €
- Umschlagshäufigkeit
- durchschnittliche Lagerdauer
- Lagerzinssatz (die Hausbank verlangt derzeit für einen Kredit einen Jahreszinssatz von 7,5 %)
- Lagerzinsen

Lagerfachkarte

Artikel: CV 25 Feuermelder, funknetzfähig			Bezugspreis je Stück: 15,73 € Bruttoverkaufspreis je Stück: 32,95 €		
Monat	Zugänge in Stück	Abgänge in Stück	Abgänge in €	Monatsend-bestand in Stück	Monatsend-bestand in €
Jahresanfangs-bestand	–	–	–	2	
Januar	30	8			
Februar	–	5			
März	30	10			
April	–	15			
Mai	30	24			
Juni	–	5			
Juli	30	5			
August	–	8			
September	30	10			
Oktober	–	15			
November	30	21			
Dezember	–	11			
Summe	–				

Der Umweltbeauftragte Herr Thüne plant, in der nächsten Abteilungsleiterkonferenz das Thema „Umweltschutz im Unternehmen" als Tagesordnungspunkt anzusetzen. Ihm schwebt die Teilnahme am Wettbewerb „preis umwelt unternehmen: Nordwest" im kommenden Jahr vor. Doch bevor es so weit ist, braucht Herr Thüne vier Projektvorschläge für die kommende Abteilungsleiterkonferenz. Das attraktivste Projekt soll zunächst weiter ausgearbeitet und dann beim Wettbewerb eingereicht werden.

preis umwelt unternehmen: Nordwest

Eine Initiative für die Metropolregion Bremen-Oldenburg

62.500 Euro Preisgeld für Projekte mit hoher Umwelt- und Klimaschutzwirkung

Mit 62.500 Euro Preisgeld ausgestattet, prämiert der vom Bremer Senator für Umwelt, Bau und Verkehr initiierte und von den beiden Förderbanken der Länder Bremen und Niedersachsen sowie der Metropolregion Bremen-Oldenburg getragene „preis umwelt unternehmen: Nordwest" die besten Klima- und Umweltschutzmaßnahmen im Nordwesten.

Neben dem Hauptpreis gibt es Auszeichnungen für Innovationen im Bereich der „Logistik", „Partnerschaft zwischen Wissenschaft und Wirtschaft" und in der von der Klimaschutzagentur „energiekonsens" geförderten Kategorie „Energie".

In einem mehrstufigen, anonymisierten Bewertungsverfahren beurteilen 18 Expertinnen und Experten aus unterschiedlichen Fachdisziplinen die eingereichten Projekte. Gesucht werden betriebliche Lösungen, die in den Bereichen Umweltschutz, Energieeffizienz, Ressourcenschonung und Nachhaltigkeit richtungsweisend sind.

Quelle: http://www.preis-umwelt-unternehmen.de

1 Sammeln Sie Ideen zur Umsetzung von Umweltprojekten für jede Abteilung der Fly Bike Werke GmbH (z. B. www.beschaffung-info.de). Fertigen Sie eine Mind-Map an.

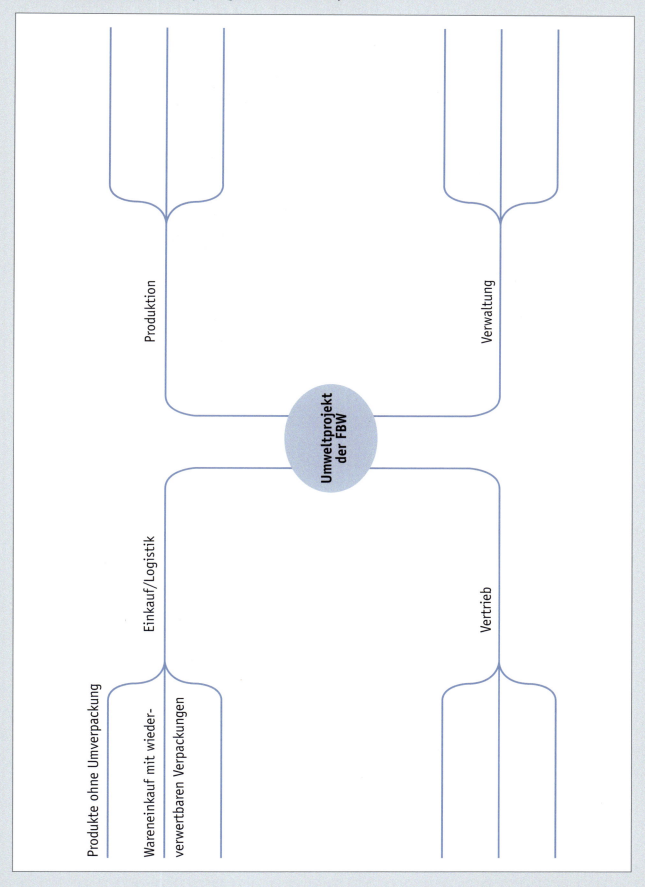

2 Aus den gesammelten Ideen skizzieren und präsentieren Sie je eine Grobplanung für ein Projekt zur Teilnahme am Wettbewerb.

a Vergeben Sie einen Arbeitstitel und formulieren Sie eine Zielsetzung für Ihr bevorzugtes Projekt.

b Erarbeiten Sie ein Grobkonzept. Nehmen Sie dabei hauptsächlich Bezug auf die zu lösende Umweltproblematik im Unternehmen, die Zielsetzung Ihres Vorhabens und dessen Durchführung.

c Zeigen Sie mögliche Probleme bzw. Hürden bei der Umsetzung auf.

Grobkonzept zur Vorlage in der Abteilungskonferenz

Projekt/Abt.	Abt. Einkauf/Logistik	Abt. Produktion	Abt.	Abt.
Arbeitstitel des Projekts	Ökoverpackungen			
Hauptziel des Projekts	– Einkauf und Einsatz umweltfreundlicher Verpackungen, – Reduktion von Verpackungen			
Begründung für das Projekt	– hohe Anschaffungs- und Entsorgungskosten für konventionelle Verpackungsmaterialien			
Ansatzpunkte	– recyclingfähige Transportverpackung – Produkte ohne Umverpackung – Papierverpackungen nur aus Holz aus nachhaltiger Holzwirtschaft			
Mögliche Nachteile	– Ökologische Sonderverpackungen sind teuer – und nicht von jedem Lieferanten zu verwenden.			

Aufgaben

Aufgabe 1

Das Leitgesetz der Entsorgungsproblematik ist das Kreislaufwirtschafts- und Abfallgesetz (KrW-/AbfG). Beschreiben Sie den Zweck und die Grundsätze dieses Gesetzes mit eigenen Worten.

Aufgabe 2

Recherchieren Sie im Internet Informationen zu den folgenden Aufgaben (z. B. http://praevention.portal.bgn. de/559/3027?wc_lkM=9514;

http://de.wikipedia.org/wiki/Sicherheitskennzeichen):

a Unterscheiden Sie Gefahrensymbole, Warnzeichen, Brandschutzzeichen, Gebotszeichen, Verbotszeichen und Rettungszeichen. Welche Farben werden diesen verschiedenen Zeichen zugeordnet?

b Die Gefahrenstoffverordnung schränkt den Umgang mit gefährlichen Stoffen am Arbeitsplatz ein. Häufig werden Gefahren durch Symbole am Arbeitsplatz oder auf den Arbeitsmaterialien signalisiert. Recherchieren Sie die Bedeutung der folgenden Gefahrensymbole:

Gefahren-symbol	Erläuterung	Umgang	Lagerung	Schutzaus-rüstung der Mitarbeiter	Beispiel aus der Fly Bike Werke GmbH
	Gasflasche: unter Druck stehende Gase	– nicht rauchen – vorsichtige Handhabung – bei Austritt Gefahren-raum verlassen	– i. d. R. speziel-le Lagerräume – Vorsicht beim Transport	je nach Gas unterschiedlich (z. B. Mund-schutz)	Gase zum Schweißen, z. B. Argon, Kohlen-dioxid (CO_2), Acety-len-Sauerstoff-Ge-misch

c   Ordnen Sie die folgenden Symbole den entsprechen-
    den Kategorien zu und erläutern Sie sie.

Symbol	Kategorie	Erläuterung
	Gebotszeichen	Schutzhelm tragen

Aufgabe 3

Eine Staatszielbestimmung der Bundesrepublik Deutschland beschreibt in Art. 20a GG den Umweltschutz. Erläutern Sie, warum der Umweltschutz als Zielbestimmung im
GG festgehalten wurde.

> **Artikel 20a**
> Der Staat schützt auch in Verantwortung für die künftigen
> Generationen die natürlichen Lebensgrundlagen und die
> Tiere im Rahmen der verfassungsmäßigen Ordnung durch
> die Gesetzgebung und nach Maßgabe von Gesetz und
> Recht durch die vollziehende Gewalt und die Rechtspre-
> chung.

Aufgabe 4

Abfallvermeidung im Unternehmen basiert auf zwei
Komponenten:

a   Benennen und beschreiben Sie diese Komponenten.
b   Verdeutlichen Sie Ihre Erläuterungen an einem Bei-
    spiel aus Ihrem Unternehmen.

Aufgabe 5

Aus der Verwertung von Abfällen können neue Stoffe
oder Energie erzeugt werden.

a   Beschreiben Sie kurz diese Verfahren.
b   Benennen Sie Produkte aus dem täglichen Alltag, die
    aus solchen Verwertungsprozessen resultieren.

Aufgabe 6

„Abfallvermeidung vor Abfallverwertung."

a   Wie wird in Ihrem Unternehmen bereits Abfallvermei-
    dung umgesetzt?
b   Stellen Sie neue bzw. zusätzliche Abfallvermeidungs-
    vorschläge für Ihr Unternehmen zusammen.

Buchungen im Beschaffungsbereich[1]

In der Buchhaltung der Hopfen- und Malzbrauerei GmbH liegen folgende Belege/Geschäftsvorfälle zur Bearbeitung vor. Bitte buchen Sie die Belege/Geschäftsvorfälle im Grundbuch auf S. 83.

Hinweis: Die Hopfen- und Malzbrauerei GmbH bucht alle Einkäufe bestandsorientiert.

Beleg 1

Brauereigroßhandel GmbH | Feldweg 99a | 97865 Bahnebac

Hopfen- und Malzbrauerei GmbH
Braubottichweg 9a
99876 Erzstadt

Kundennummer:	111
Ihre Bestellung:	54/90/xx
Bestelldatum:	14.06.20XX
Lieferschein-Nr.:	7333
Lieferdatum:	19.06.20XX

Rechnungs-Datum: 19.06.20XX

Rechnungs-Nr.: 488 (bitte immer angeben)

Artikel-Nr.	Artikel-Bezeichnung	Menge	Einzelpreis/€	Gesamtwert/€
1112	Malz – geschrotet	10 t	800,00	8.000,00
1113	Hopfen	6 t	600,00	3.600,00
			Verpackungskosten in €	50,00
			Transportkostenpauschale in €	100,00
			Zwischensumme in €	11.750,00
			Sonderrabatt 10 % in €	1.175,00
			Nettorechnungsbetrag in €	10.575,00
			Umsatzsteuer 19 % in €	2.009,25
			Bruttorechnungsbetrag in €	**12.584,25**

Zahlungsziel 30 Tage. Bei Zahlung innerhalb von 8 Tagen gewähren wir 2 % Skonto auf den gesamten Rechnungsbetrag.

Versandart/Frachtart: LKW ab Werk

Bankverbindung: Schwerreich Bank AG Hellbroich, BLZ 999 901 90, Konto 555000060

Nachfolgender Geschäftsvorfall zu Beleg 1: Die Hopfen- und Malzbrauerei GmbH begleicht die Rechnung 488 der Brauereigroßhandlung GmbH am 27.06.20XX unter Skontoausnutzung durch Überweisung vom Bankkonto. Buchen Sie auch diesen Geschäftsvorfall im Grundbuch auf Seite 83.

Beleg 2

Hopfen- und Malzbrauerei GmbH				Lagerbuchhaltung	
Materialentnahmeschein für Rohstoffe				Kostenstelle: 14 Gebucht: Schmitte	
Nr. 4714		**Datum: 25.06.20XX**		**Maischeproduktion**	
Art.- Nr.	Artikelbezeichnung	Einheit	Menge	€ pro Einheit	Wert/€
0817	Malz	t	1,00	800,00	800,00
0818	Hopfen	t	0,75	600,00	450,00
Entnahme durch: C. Lierse				Summe:	1.250,00

---

[1] **Hinweis:** Lernsituation 57 dient hier nur zur **Auffrischung** Ihrer Kenntnisse und Fähigkeiten. Ausführlich werden die Buchungen im Beschaffungsbereich in Lernfeld 3 „Werteströme und Werte erfassen und dokumentieren" behandelt, und zwar
– im Schülerbuch 1 (Lernfeld 3, Kapitel 6) und
– im Arbeitsbuch 1 (Lernsituation 26; vgl. auch Arbeitsblatt 27.3 und 27.4 in Lernsituation 27).
Lesen Sie bitte dort nach, wenn Sie sich bei den Buchungen zur Lernsituation 57 unsicher fühlen.

Beleg 3

Schmacko Säfte OHG • Sonnenweg 9 • 97863 Beiselmach

Hopfen- und Malzbrauerei GmbH
Braubottichweg 9a
99876 Erzstadt

Kunden-Nr.:	13/118
Ihre Bestellung:	59/95/xx
Bestelldatum:	13.09.20XX
Lieferschein-Nr.:	5022/59/95/xx
Unser Lieferdatum:	19.09.20XX

Rechnungs-Datum: 19.09.20XX

Rechnungs-Nr. 3022/59/95/xx (bitte immer angeben)

Artikel-Nr.	Artikel-Bezeichnung	Menge	Einzelpreis/€	Gesamtwert/€
5576	Fruchtsaft Margo	180 l	1,30	234,00
	30 Pfandkisten à 6 Einliterflaschen			
5596	Fruchtsaft Orango	210 l	1,10	231,00
	35 Pfandkisten à 6 Einliterflaschen			
			Nettorechnungsbetrag in €	465,00
			Umsatzsteuer 19 % in €	88,35
			Rechnungssumme in €	553,35

2 % Skonto innerhalb von 10 Tagen, 20 Tage Ziel

Versandart/Frachtart: LKW frei Haus

Bankverbindung: Finanz-Bank AG Herbersminden, BLZ 999 902 90, Konto-Nr. 332001051

Beleg 4

Schmacko Säfte OHG • Sonnenweg 9 • 97863 Beiselmach

Hopfen- und Malzbrauerei GmbH
Braubottichweg 9a
99876 Erzstadt

Kunden-Nr.:	13/118
Ihre Bestellung:	59/95/xx
Bestelldatum:	13.09.20XX
Lieferschein-Nr.:	5022/59/95/xx
Lieferdatum:	19.09.20XX
Rechnungs-Nr.:	3022/59/95/xx
Rechnungs-Datum:	19.09.20XX

Gutschrift-Datum: 24.09.20XX

Gutschrift-Nr. 7022/59/95/xx (bitte immer angeben)

Sehr geehrte Frau Bresen,

vielen Dank für Ihre Mängelrüge! Bitte entschuldigen Sie die von Ihnen angezeigten Qualitätsmängel.

Artikel 5576 (Fruchtsaft Margo)/beschädigte Beschriftung der am 19.09.20XX gelieferten Fruchtsaftflaschen: Aufgrund Ihrer Mängelrüge gewähren wir Ihnen einen Preisnachlass in Höhe von 20 % auf den entsprechenden Rechnungsposten.

Artikel 5596 (Fruchtsaft Orango)/falsche Glasfarbe: Aufgrund Ihrer Mängelrüge nehmen wir die komplette Lieferung auf unsere Kosten zurück. In den nächsten Tagen werden wir Ihnen die bestellten 210 Flaschen in der richtigen Farbe auf neue Rechnung zusenden.

Mit freundlichen Grüßen

Schmacko Säfte OHG

i. A.

Sebastian Gersel

Nachfolgender Geschäftsvorfall zu Beleg 4: Die Hopfen- und Malzbrauerei GmbH begleicht am 28.09.20XX die Rechnung 3022/59/95/xx der Schmacko Säfte OHG nach Abzug des Gutschriftbetrags unter Skontoausnutzung durch Überweisung vom Bankkonto. Buchen Sie auch diesen Geschäftsvorfall im Grundbuch.

Grundbuch:

Beleg/ Geschäfts- vorfall (GV)	Soll	€	Haben	€
Beleg 1				
GV zu Beleg 1				
Beleg 2				
Beleg 3				
Beleg 4				
GV zu Beleg 4				

SB → S. 118 f. | Lernfeld 7, Kapitel 1.1

Ziele und Aufgaben des Personalmanagements

Es ist wieder so weit! In der nächsten Woche muss Herr Steffes, Abteilungsleiter Verwaltung, den jährlichen Rechenschaftsbericht zum Personalmanagement der Fly Bike Werke GmbH abliefern. Er bittet Frau Linden, seine Mitarbeiterin in der Personalsachbearbeitung, und die Auszubildende Bettina Lotto, die wichtigsten Argumente zusammenzutragen, die die weitgehend erfolgreiche Arbeit des Personalmanagements belegen. Frau Linden und Frau Lotto vertiefen sich dazu in die Personalstatistik der Fly Bike Werke GmbH ...

Personalstatistik der Fly Bike Werke GmbH					
	20X1	20X2	20X3	20X4	20X5
Personalbestand zum Jahresende	42	43	39	34	38
Fehlzeitenquote[1]	4,70 %	4,50 %	3,95 %	3,55 %	3,70 %
Fluktuationsquote	5,50 %	8,10 %	13,50 %	12,10 %	6,90 %
Arbeitsproduktivität[2]	14,32	14,35	15,89	17,04	17,56
Anteil Fachkräfte	50,00 %	51,30 %	54,50 %	58,60 %	60,00 %
Anteil Hilfskräfte	50,00 %	48,70 %	45,50 %	41,40 %	40,00 %
Personalaufwand	2,50 Mio €	2,63 Mio €	2,29 Mio €	1,85 Mio €	2,25 Mio €
davon Schulungsaufwand	0,2 Mio €	0,2 Mio €	0,3 Mio €	0,3 Mio €	0,5 Mio €

[1] ohne Urlaub und Fortbildungszeiten
[2] produzierte Fahrräder je produktiv Beschäftigten (rechnerischer Durchschnitt)

1 Studieren Sie die Personalstatistik und erläutern Sie für jedes Merkmal, ob die Entwicklung von Herrn Peters voraussichtlich als positiv oder negativ bewertet werden wird.

2 Leiten Sie daraus Ziele für die weitere Arbeit des Personalmanagements der Fly Bike Werke GmbH ab.

3 Beschreiben Sie die Konfliktlinie des modernen Personalmanagements hinsichtlich Kostenwirtschaftlichkeit und sozialer Verantwortung für die Belegschaft.

4 Nicht nur bei der Fly Bike Werke GmbH klagen zunehmend viele Mitarbeiter über steigenden Leistungsdruck und die immer dünnere Personaldecke. Begründen Sie, warum das Aussetzen von Rationalisierungsbemühungen für die Belegschaft langfristig noch deutlich negativere Folgen hätte.

5 Wieso zahlt sich für die meisten Betriebe ein höheres Qualifikationsniveau der Beschäftigten aus, obwohl diese gegenüber ungelernten Kräften höhere Entgeltforderungen stellen?

6 Bei dem Gespräch mit Herrn Peters sollen auch die künftigen Tätigkeitsschwerpunkte des Personalmanagements besprochen werden. Frau Linden hat dafür schon eine Übersicht über mögliche Aufgaben im Personalbereich zusammengestellt.

a Ergänzen Sie in Arbeitsblatt 58.1 die dargestellten Aufgaben um die entsprechenden Erläuterungen.

b Wo sehen Sie angesichts von Wettbewerbsdruck und technischen Innovationen den künftigen Schwerpunkt in der Arbeit des Personalmanagements der Fly Bike Werke GmbH?

Arbeitsblatt 58.1: Aufgaben der Personalwirtschaft

Aufgabe	Erläuterung
Personalbedarfsermittlung	
Personalbeschaffung	
Personalentwicklung	
Personalverwaltung	
Personaleinsatzplanung	
Arbeitsbewertung und -entlohnung	
Personalführung	
Personalcontrolling	
Personalfreisetzung	

Aufgaben

Aufgabe 1

Die nebenstehende Karikatur wendet sich gegen den Personalabbau als reflexartiges Sanierungsinstrument in Krisenzeiten.

Fest steht: Umfangreiche Stellenstreichungen können die Wettbewerbsfähigkeit des Unternehmens erhöhen, sie können aber auch seine Entwicklungsfähigkeit dramatisch einengen. Finden Sie Argumente gegen den Personalabbau.

Aufgabe 2

Ordnen Sie folgende Situationen den Aufgaben des Personalwesens zu:

a   Einstellung einer neuen Sachbearbeiterin

b   Erstellen einer Personalprognose

c   Erarbeiten eines Modells zur Erfolgsbeteiligung der Mitarbeiter

d   Unterrichtsplanung in der Berufsschule

e   Jährlich unternimmt die Geschäftsleitung Ausflüge mit der Belegschaft.

f   Einführung der „Stechkarte" im Industriebetrieb

g   betriebsbedingte Kündigung

h   Messung der täglichen, monatlichen und jährlichen Arbeitsleistung

i   Analyse der jährlichen Arbeitsleistung

j   Schalten von Stellenanzeigen im Internet

k   Abschluss von Verträgen im Bereich Personalleasing

Aufgabe 3

Die Aufgaben des Personalmanagements sind vielfältig. Nicht immer wird die für das Unternehmen richtige Entscheidung getroffen. Beschreiben Sie die Gefahren bzw. Folgen für das Unternehmen bei

a   der Ermittlung eines zu hohen/zu geringen Personalbedarfs,

b   einer verfrühten/verspäteten Personalbeschaffung,

c   Unterqualifizierung/Überqualifizierung der Belegschaft,

d   einem zu hohen/zu geringen Entgeltniveau,

e   zu straffer/zu lockerer Personalführung.

Aufgabe 4

Der demografische Wandel, d.h. das zunehmende Fehlen einheimischer Nachwuchskräfte, wird zukünftig besondere Anstrengungen auf dem Feld der Personalbeschaffung erfordern. Lesen Sie dazu zunächst den Zeitungsartikel auf der nächsten Seite und beantworten Sie dann die folgenden Fragen.

a   Erläutern Sie, mit welchen Absichten der dänische Auszubildende und die Firma Meurer an dem Projekt der „internationalen Ausbildung" teilnehmen.

b   Welche speziellen Anforderungen an das Personalmanagement ergeben sich bei einer wachsenden Anzahl ausländischer Fachkräfte, die in einheimischen Unternehmen auch Schlüssel- und Führungspositionen besetzen?

c   Welche weiteren neuen Wege zur Rekrutierung von Nachwuchskräften sind für Sie denkbar?

Dänischer Auszubildender bei Meurer in Fürstenau

Fürstenau. Ein Schüleraustausch ist schon lange keine Seltenheit mehr. Junge Lehrlinge jedoch, die im Rahmen ihrer Ausbildung auf bestimmte Zeit in einem Betrieb im Ausland arbeiten, gibt es kaum. Dabei setzt der Arbeitsmarkt in Zeiten der Globalisierung zunehmend auf die Schlüsselqualifikation „interkulturelle Kompetenz".

Kenneth Søllingvraa Jørgensen aus Dänemark wird es daran nicht fehlen. Er ist Auszubildender der dänischen Firma Danfoss und verbringt im Rahmen eines Austauschprogramms der Berufsbildenden Schule Osnabrück-Brinkstraße und der Berufsschule EUC-SYD in Sønderborg acht Wochen als Praktikant in der Firma Meurer Verpackungssysteme in Fürstenau.

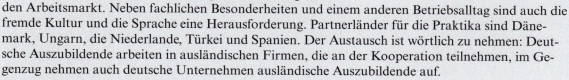

Das Ziel der internationalen Ausbildung ist der Erwerb sehr guter Voraussetzungen für den späteren Einstieg in den Arbeitsmarkt. Neben fachlichen Besonderheiten und einem anderen Betriebsalltag sind auch die fremde Kultur und die Sprache eine Herausforderung. Partnerländer für die Praktika sind Dänemark, Ungarn, die Niederlande, Türkei und Spanien. Der Austausch ist wörtlich zu nehmen: Deutsche Auszubildende arbeiten in ausländischen Firmen, die an der Kooperation teilnehmen, im Gegenzug nehmen auch deutsche Unternehmen ausländische Auszubildende auf.

Christel Meurer, Gesellschafterin der Verpackungsfirma in Fürstenau, hält diese Art der Ausbildung für äußerst sinnvoll und steigt in die Entwicklung mit ein. Gerade Fachkräfte seien Mangel in der freien Wirtschaft und müssten entsprechend gefördert werden, so die Geschäftsführerin. Kenneth Jørgensen durchläuft deshalb in der Firma für Sekundärverpackung alle wichtigen Stationen und wird von Ausbildungsleiter Thomas Lücke intensiv betreut.

gekürzt aus: http://www.noz.de/lokales/58515084/daenischer-auszubildender-bei-meurer-in-fuerstenau, Ausgabe: Bersenbrücker Kreisblatt, veröffentlicht am: 07.11.2011

Aufgabe 5

Nicht in allen Bereichen des Personalmanagements existiert eine eigenständige Personalplanung. Ergänzen Sie im folgenden Schaubild die Aufgabengebiete der Personalplanung:

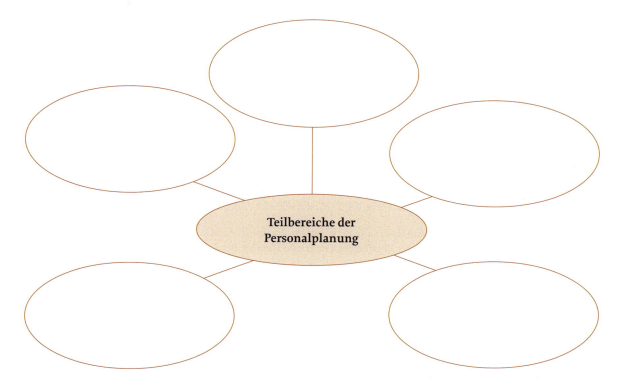

Von: Christoph Steffes [c.steffes@flybike.de]
An: Veruschka Linden [v.linden@flybike.de]
Betreff: Personalbedarfsplanung
Datum: 14.07.20X1

Liebe Frau Linden,

um evtl. erforderliche Personalbeschaffungen oder -freisetzungen in den einzelnen Abteilungen rechtzeitig vorbereiten zu können, sollten wir schnellstmöglich die Personalbedarfsplanung für das erste Halbjahr des kommenden Jahres 20X2 erstellen.

Berücksichtigen Sie bei der Planung bitte, dass wir angesichts unserer derzeitigen Marktposition mit einer Umsatzsteigerung von 10% rechnen. Für die Abteilungen Einkauf/Logistik, Produktion und Vertrieb unterstellen wir eine direkte Wirkung der Umsatzsteigerung auf den Personalbedarf.

Falls sich in den einzelnen Abteilungen ein zusätzlicher Personalbedarf ergibt, bitte ich darum, Vorschläge zur Lösung bei mir einzureichen. Außerdem verweise ich auf Ihre Liste der absehbaren Personalveränderungen als Anlage und bitte darum, diese zu berücksichtigen.

Christoph Steffes

Anlage:

Allgemeine Informationen zur Personalbedarfsplanung im ersten Halbjahr 20X2:

- Der aktuelle Ist-Personalbestand entspricht dem derzeitigen Soll-Personalbestand.
- Auszubildende werden in unserer Personalbedarfsplanung nicht erfasst.
- Frau Lai hat zurzeit eine 100-%-Stelle. Frau Ganser hat zurzeit eine 75-%-Stelle.

Folgende Personalveränderungen sind zurzeit absehbar bzw. bekannt:

- Ich (Christoph Steffes) gehe zum 30.04. in den Ruhestand.
- Der Auszubildende Ralf Schumacher befindet sich im ersten Ausbildungsjahr. Frau Lotto, eine weitere Auszubildende, beendet ihre Ausbildung im Januar des kommenden Jahres vorzeitig. Frau Lotto ist an einer Übernahme interessiert. Ich könnte mir eine Übernahme in die Abteilung Verwaltung vorstellen, Herr Thüne hat für die Abteilung Einkauf/Logistik ebenfalls Interesse bekundet.
- Der befristete Arbeitsvertrag von Herrn Larsen (Vorfertigung) läuft am 31.03. aus. Er hat sich in dem Jahr bei uns sehr gut bewährt und hervorragende Beurteilungen von mir bekommen. Allerdings kehrt Herr Andreas Albrecht, dessen Stelle Herr Larsen vertritt, am 01.02. aus der Elternzeit zurück.
- Die Mutterschutzfrist von Sabine Ganser (Fachhandel) beginnt am 14.04. Sie wird mindestens zwei Jahre Elternzeit nehmen.
- Der Mitarbeiter Robert Gilles (Versand) kehrt am 15.06. aus der Elternzeit zurück.
- Für den Fachhandel wurde mit der neuen Mitarbeiterin Henriette Duncker bereits ein Arbeitsvertrag für eine halbe Stelle zum 01.02. abgeschlossen.
- Herr Time (Zeitwirtschaft) hat um eine Halbierung seiner Stelle gebeten. Seinem Wunsch werden wir zum 01.01. entsprechen.
- Herr Exakt (Zentr. Fert.-Steuerung) hat zum 01.05. sein Arbeitsverhältnis gekündigt, diese Stelle wird Herr Schneider (bisher Lager) übernehmen.

Personalbedarfsplan 1. Halbjahr 20X2 Fly Bike Werke GmbH				
	Einkauf/ Logistik	Produktion	Verwaltung	Vertrieb
Mitarbeiterbestand am 31.12.20X1	5	19	4,75	5,5
Mitarbeiter lt. Stellenplan am 30.06.20X2				
Abgänge bis 30.06.20X2				
Ablauf befristeter Verträge				
Ruhestand				
Kündigungen				
Versetzungen				
Reduzierung von Stellen (Teilzeit)				
Mutterschutz				
sonstige Gründe				
Zugänge bis 30.06.20X2				
Rückkehr aus Elternzeit				
Übernahme Azubis				
bereits abgeschlossene Arbeitsverträge				
sonstige Gründe				
Nettopersonalbedarf				

Arbeitsblatt 59.1: Quantitative Personalbedarfsermittlung

Die **quanitative Personalbedarfsplanung** fragt danach, _____
Mitarbeiter in Zukunft im Unternehmen benötigt werden.

Einflussfaktoren auf den Personalbestand	
extern	intern

Ermittlungsverfahren	
Ermittlungsverfahren	Formel/Erläuterung

Arbeitsblatt 59.2: Qualitative Personalbedarfsplanung

Die **qualitative Personalbedarfsplanung** fragt danach, _____
Mitarbeiter benötigt werden.

Merkmale in Bezug auf die Qualifikation der Mitarbeiter	
Art des Merkmals	Beispiele

Aufgaben

Aufgabe 1

Unterteilen Sie die verschiedenen Gründe für Personalveränderungen in planbare und nicht bzw. schwer planbare Gründe. Welche Auswirkungen hat dies auf die Zuverlässigkeit der Personalbedarfsplanung?

Aufgabe 2

a   Im Rahmen der Personalbedarfsplanung der Möblia AG, einem Produzenten von Büromöbeln, haben Sie die Aufgabe, den Stellenplan der Verkaufsabteilung auf Grundlage folgender Informationen zu aktualisieren:

– Der aktuelle Ist-Bestand entspricht dem aktuellen Soll-Bestand, mit Ausnahme des Bereichs „Sachbearbeiter/-in Marketing", der aufgrund einer kurzfristigen Arbeitnehmerkündigung mit einer Vollzeitstelle unterbesetzt ist.

– Für die Planungsperiode wird mit einem Umsatzrückgang von 8 % gerechnet, der sich direkt auf den Personalbedarf der Sachbearbeiterebene „Auftragsbearbeitung" auswirken soll. Für die weiteren Stellenarten wird davon ausgegangen, dass der Umsatzrückgang den Personalbedarf nicht beeinflusst.

– Marlies Gosda (Sachbearbeiterin Kalkulation) kehrt aus ihrer Elternzeit zurück. Sie hat den Wunsch geäußert, zukünftig mit reduzierter Stundenzahl zu arbeiten (75 %).

– Werner Wichers (Gruppenleiter Auftragsbearbeitung) geht zum Ende der Planungsperiode in Ruhestand.

– Die Auszubildende Maria Lewa (im Stellenplan bisher nicht erfasst) soll als Sachbearbeiterin (Bereich Auftragsbearbeitung) übernommen werden.

Möblia AG		Stellenplan Abteilung Verkauf		
Stellenart	Soll-Bestand	Ist-Bestand	Zu-/Abgänge	Personalbedarf
Abteilungsleiter/-in		1		
Gruppenleiter/-in		4		
Sachbearbeiter/in Auftragsbearbeitung		6		
Sachbearbeiter/in Marketing		2		
Sachbearbeiter/in Reklamation		2		
Sachbearbeiter/in Kalkulation		2,5		

b   Wie hoch ist der Bruttopersonalbedarf, wie hoch ist der Nettopersonalbedarf?

c   Schlagen Sie auf Grundlage des von Ihnen aktualisierten Stellenplans der Abteilung Verkauf in der Möblia AG konkrete Maßnahmen vor, mit denen Lücken oder Überhänge ausgeglichen werden können.

Aufgabe 3

Für die langfristige Personalplanung, die die nächsten vier Geschäftsjahre umfasst, soll in einem Unternehmen anhand der Kennzahlenmethode eine Bedarfsfortschreibung vorgenommen werden. Zurzeit sind in diesem Betrieb 244 Produktionsmitarbeiter beschäftigt, die 405 000 Scanner herstellen. In den nächsten vier Jahren sieht die Produktionsplanung die Herstellung von 420 000, 450 000, 500 000 und 560 000 Scannern vor.

a   Ermitteln Sie den gegenwärtigen Personalschlüssel und schreiben Sie den Personalbedarf entsprechend fort.

b   Wie entwickelt sich der Personalbedarf, wenn jedes Jahr mit einer Produktivitätssteigerung von 2 % gerechnet werden kann?

c   Wie entwickelt sich der Personalbedarf, wenn bereits ab dem nächsten Jahr die Produktivität eines Konkurrenzunternehmens erreicht wird, welches mit 673 Mitarbeitern 1 330 000 Scanner herstellt?

d   Die Kennzahlenmethode hat nur eine sehr eingeschränkte Vorhersagegenauigkeit. Können Sie Gründe dafür erkennen?

Frau Ann-Katrin Nemitz-Müller aus der Abteilung Einkauf/Logistik war bisher für die Disposition der Fly Bike Werke GmbH verantwortlich. Aus persönlichen Gründen hat sie zum 30.06. gekündigt. Ihre Stelle muss nun neu ausgeschrieben werden. Die Geschäftsleitung hat sich für eine externe Ausschreibung dieser Stelle entschieden. Eine detaillierte Stellenbeschreibung wurde für diese Position bisher noch nicht erarbeitet. Daher hatte Herr Steffes Frau Nemitz-Müller gebeten, ein paar Notizen zu ihren bisherigen Aufgaben zu erstellen.

Aufgabenbereich Disposition:
- Organisation von Auslieferungstouren per Spedition oder werkseigenen Lkws für Teil- und Komplettladungen, Erstellen von Lieferscheinen
- Akquisition von Laderaum
- Weitergabe der Lieferscheine und geplanten Tourverläufe an die Versandabteilung
- Erfassung von Buchungsdatensätzen im Warenwirtschaftssystem, Systemanwendungen
- Bearbeitung eventueller Auftrags- und Adressänderungen
- Organisation von Expresslieferungen
- Einsatzkoordination bei Beanstandungen (Außendiensteinsatz, Reparaturteam)
- Annahme, Erfassung und Kontrolle von Wareneingängen und Lieferpapieren
- Erstellung interner Statistiken/Auswertungen
- Verantwortung für das Tagescontrolling, die Kostenstellen
- Einhaltung der gesetzlichen Vorgaben und Verordnungen
- Kommunikationsschnittstelle zwischen Vertrieb, Lager und Versand
- Ansprechpartner/-in für Logistikfragen für die Mitarbeiter aller Betriebsabteilungen
- Stellvertreter/-in von Herrn Thüne
- verantwortlich für Auszubildende innerhalb der Abteilung Einkauf/Logistik

Herr Steffes selbst notiert die Eckdaten und die Voraussetzungen, die ein geeigneter Bewerber mindestens mitbringen müsste.

Eckdaten und Voraussetzungen, die der Bewerber erfüllen sollte:
- *Einordnung siehe Organigramm der Fly Bike Werke GmbH*
- *Arbeitszeit 38 h/Woche*
- *Vergütung EG 10*
- *Tarifvertrag IG Metall*
- *Sonderzahlung (z. B. Weihnachtsvergütung, Prämien bei geringen Fehllieferungen)*
- *erfolgreiche Ausbildung zum Kaufmann/-frau für Spedition und Logistikdienstleistung*
- *Dispositionserfahrung im nationalen und internationalen Landverkehr*
- *Flexibilität und Teamfähigkeit*
- *eigenständiges und ergebnisorientiertes Arbeiten*
- *ausgeprägte Kundenorientierung*
- *PC-Erfahrung*
- *Englischkenntnisse (sehr gut in Wort und Schrift)*

Zusatzinformationen:
- *Kostenstelle 4029*
- *Gebäude 03, Raum 0312*

1. Erstellen Sie mithilfe von Arbeitsblatt 60.1 eine Stellenbeschreibung für die Position „Sachbearbeiter/in der Disposition".
2. Die Fly Bike Werke GmbH hat einen neuen Vordruck für Personalbedarfsmeldungen. Füllen Sie eine Personalbedarfsmeldung für die zu besetzende Position aus (Arbeitsblatt 60.2). Nutzen Sie hierfür auch die Informationen aus der Stellenbeschreibung.
3. Entscheiden Sie, in welchem Medium die Stellenausschreibung veröffentlicht werden soll, und begründen Sie Ihre Entscheidung.
4. Verfassen Sie eine ansprechende Stellenausschreibung.
5. Begründen Sie die Entscheidung der Geschäftsführung für eine externe Ausschreibung unter Einbeziehung von Arbeitsblatt 60.3.

Arbeitsblatt 60.1: Stellenbeschreibung

Stellenbeschreibung

Fly Bike Werke GmbH

Bezeichnung der Stelle:

Abteilung:

Aufgaben der Stelle (in Kurzform):

Vorgesetzter:

Weisungsbefugt gegenüber:

Qualifikation des Stelleninhabers:

Tätigkeitsfelder:

Der Stelleninhaber wird vertreten:

Der Stelleninhaber vertritt:

Tarifliche Einstufung:

Datum

Datum

_____

_____

Unterschrift Stelleninhaber

Unterschrift Geschäftsführer

Arbeitsblatt 60.2: Personalbedarfsmeldung

Personalbedarfsmeldung

Fly Bike Werke GmbH

Bezeichnung der Stelle	
Abteilung	
Kostenstelle	
Einsatzort (Gebäude, Raum)	
Aufgabenbeschreibung	
Ausbildung	
Berufserfahrung	
Kenntnisse	
Kompetenzen/Fähigkeiten	
Lohn-/Gehaltsgruppe/Tarif	
Sonderzahlungen	
vergleichbarer Mitarbeiter	
Zusatzbedarf ☐	Ersatzbedarf für:
Sonstiges	
Bedarfszeitpunkt	
ggf. Dauer und Grund der Befristung	
Datum, Unterschrift	

Arbeitsblatt 60.3: Personalbeschaffung

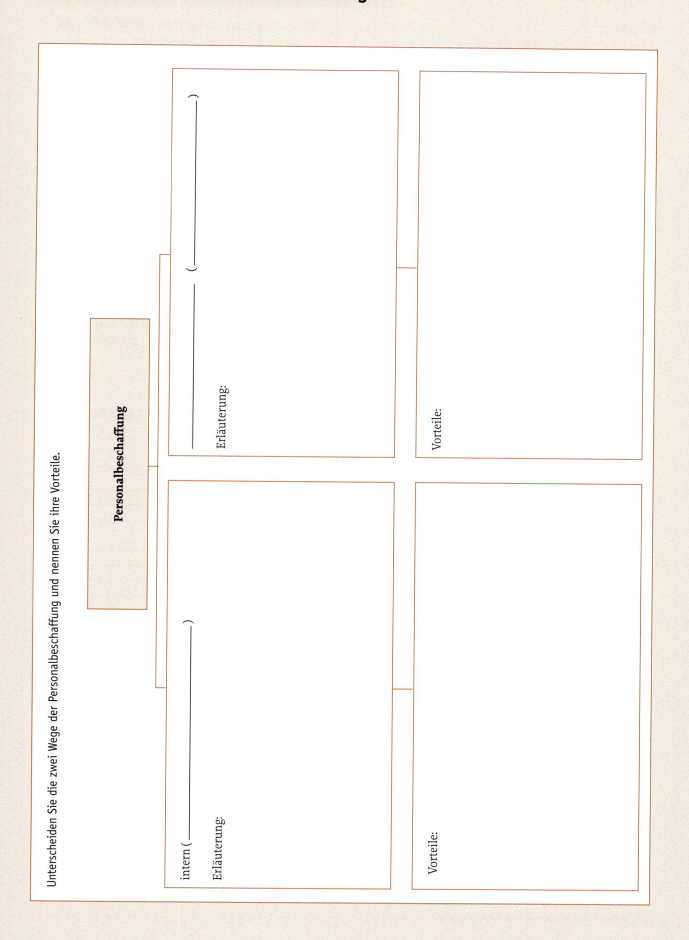

Unterscheiden Sie die zwei Wege der Personalbeschaffung und nennen Sie ihre Vorteile.

Personalbeschaffung

Erläuterung:

Vorteile:

intern (

Erläuterung:

Vorteile:

Aufgaben

Aufgabe 1

Lesen Sie den folgenden Ausschnitt eines Briefes eines Personalchefs an den Vorstand. Erarbeiten Sie die Vor-, aber auch die Nachteile von Personalleasing aus Sicht des Unternehmens.

Sehr geehrte Vorstandsmitglieder,

aufgrund der erfreulichen Umsatzsteigerungen in den letzten Monaten verzeichnen wir eine deutlich gestiegene Anzahl an Überstunden unserer Mitarbeiter. Derzeit arbeiten alle Arbeitnehmer an ihrem persönlichen Limit. Die Folgen: krankheitsbedingte Ausfälle, Aufträge werden schlecht oder nicht rechtzeitig bearbeitet. Die Ausschussquoten unserer Produktion steigen, Kunden stornieren Aufträge und unsere Stellung am Markt verschlechtert sich mit jedem Monat. Die Kosten aufgrund des hohen Krankenstandes steigen stetig an und intern können wir die fehlenden Mitarbeiter nicht ersetzen. Neueinstellungen führen zu vertraglichen Bindungen, deren Kosten nicht vertretbar wären.

Ich schlage Ihnen vor, die genannten Notsituationen mit Leiharbeitnehmern zu überbrücken. Vertraglich binden wir uns nur für einen bestimmten Zeitraum an die entliehenen Arbeitskräfte und sind diesen Mitarbeitern weit weniger verpflichtet als der regulären Stammbelegschaft. Wir könnten bei Bedarf die Arbeitnehmer entleihen; fällt der Bedarf weg, entstehen für uns keine weiteren Verpflichtungen. Vorteilhaft wäre diese Variante auch in den Stoßzeiten wie z.B. der Urlaubszeit oder bei Auftragsspitzen.

Gerne würde ich Sie über die vielen Vorteile der Leiharbeit informieren und bitte daher um einen Gesprächstermin.

Aufgabe 2

Die Günther Sachse KG stellt u. a. Elektromotoren her. Der Betrieb arbeitet in der Fertigung noch mit herkömmlichen Drehmaschinen, die aber durch computergesteuerte Maschinen ersetzt werden sollen. Für die Bedienung der CNC-Maschinen werden entsprechend ausgebildete Facharbeiter benötigt. Für die Personalbeschaffung stehen zwei Alternativen zur Diskussion:

- Weiterbildung von Belegschaftsmitgliedern auf speziellen Computer-Lehrgängen des Herstellers; diese Vollzeitkurse verursachen Kosten und dauern vier Wochen
- Neueinstellung von qualifizierten Facharbeitern aufgrund überregionaler Stellenanzeigen

Entscheiden Sie sich für eine der beiden Möglichkeiten und begründen Sie Ihre Wahl anhand von drei Argumenten.

Aufgabe 3

Belastungen am Arbeitsplatz sind seit Jahren in der öffentlichen Diskussion. So liefern Krankenkassen immer wieder alarmierende Zahlen, die belegen, dass die psychosozialen Belastungen am Arbeitsplatz zunehmen.

Im Rahmen der Fürsorgepflicht des Arbeitgebers muss dieser darauf achten, dass Überstunden nicht chronisch werden und die Mitarbeiter nicht permanent unter Hochdruck arbeiten. Jedoch ist nicht nur die Gesundheit der Mitarbeiter gefährdet. Auch die ökonomischen Folgen können gravierend sein. Steigende Fehlzeiten, Fluktuation bei den Mitarbeitern und verminderte Produktivität und Qualität gefährden auch das Unternehmen insgesamt.

Nennen und erläutern Sie vor diesem Hintergrund fünf Maßnahmen, die ein Arbeitgeber ergreifen kann, um gesundheitliche Gefährdungen der Mitarbeiter zu erkennen und ihnen zu begegnen.

Aufgabe 4

Die Fly Bike Werke GmbH bietet für die Bewerbung auf die neu zu besetzende Stelle „Disposition" in der Abteilung Einkauf/Logistik die Möglichkeit, eine Online-Bewerbung abzugeben, und stellt dafür auf ihrer Internetseite ein Online-Bewerbungsformular zur Verfügung.

Für Ihre Bewerbung füllen Sie das unten stehende Formular aus. Die mit * gekennzeichneten Felder sind Pflichtfelder. Bitte fügen Sie die folgenden Unterlagen im Anhang bei: Anschreiben, Lebenslauf, Zeugnisse.

Bewerbung als:	Disponent/-in – Referenznummer 2012
gewünschter Eintrittstermin	*
bevorzugte Einsatzregion	*
Anrede	*
Vorname	*
Nachname	*
Straße	*
PLZ	*
Ort	*
Land	
Telefon	*
E-Mail	*
Weitere Informationen verbleibende Zeichen: 200	
Bewerbungsunterlagen	durchsuchen

☐ Ich bin damit einverstanden, dass meine persönlichen Daten in der Datenbank für Bewerbungen gespeichert werden. Die Daten werden vertraulich und im Einklang mit dem Bundesdatenschutzgesetz (BDSG) behandelt.

Wir verwenden Ihre Daten ausschließlich zur Abwicklung Ihrer Bewerbung. Alle Daten werden unter Beachtung allgemein gültiger datenschutzrechtlicher Vorschriften von uns gespeichert und verarbeitet.

---

a Welche Vorteile bietet das Online-Bewerbungsverfahren für die Fly Bike Werke GmbH?
b Was ist datenschutzrechtlich zu beachten?
c Welche Vor- und Nachteile hat ein Online-Bewerbungsverfahren gegenüber dem klassischen Bewerbungsverfahren für die Bewerber?

Verstärkung gesucht!

Sie sind freundlich und aufgeschlossen und haben

… eine abgeschlossene Ausbildung im Industriebetrieb?

… Verhandlungsgeschick?

… gute Englischkenntnisse?

Dann passen Sie zu uns!

Wir suchen eine(n) flexible(n), teamfähige(n) Sachbearbeiter(in) für unsere Abteilung Einkauf.
Wir bieten leistungsgerechte Bezahlung, einen modernen, abwechslungsreichen Arbeitsplatz und eine betriebliche Altersvorsorge.

Ihre vollständige Bewerbung richten Sie bitte an:
Fly Bike Werke GmbH
Frau Veruschka Linden
Rostocker Str. 334
26121 Oldenburg
Telefon: 0441 885-0
oder an v.linden@flybike.de

Der Bewerbungseingang ist unerwartet rege. Nachdem die eingehenden Bewerbungen von der Geschäftsführung gesammelt und vorsortiert wurden, werden die Unterlagen der erfolgversprechendsten Bewerber mit folgender Mitteilung an die Abteilung Einkauf/Logistik weitergeleitet.

Hausmitteilung

Absender	Empfänger	mit der Bitte um
☒ Geschäftsführung	☐ Geschäftsführung	☐ Kenntnisnahme
☐ Zentralsekretariat	☐ Zentralsekretariat	☒ Erledigung
☐ Controlling	☐ Controlling	☐ Stellungnahme
☐ Einkauf/Logistik	☒ Einkauf/Logistik	
☐ Produktion	☐ Produktion	
☐ Verwaltung	☐ Verwaltung	
☐ Vertrieb	☐ Vertrieb	
☐ Frau/Herr *H. Peters*	☐ Frau/Herr	

Liebe Mitarbeiter,

auf unsere Stellenannonce in der Oldenburger Zeitung von Samstag, dem 24.11.20XX, meldeten sich insgesamt 107 Bewerber. Die meisten Bewerber haben leider keine Ausbildung im Industriebetrieb absolviert oder verfügen nicht über ausreichende Englischkenntnisse, die für die ausgeschriebene Stelle aber dringend erforderlich sind. Schul- und Ausbildungszeugnisse der Bewerber waren für die Auswahl ebenfalls sehr wichtig, sodass nach intensiver Prüfung noch drei Interessenten, die für unsere Einkaufsabteilung infrage kommen, übrig bleiben. Diese drei Bewerber haben Englischkenntnisse und gute Schul- und Ausbildungszeugnisse.

Bitte finden Sie geeignete Kriterien für die Bewerberauswahl und machen Sie mir schließlich einen begründeten Vorschlag für einen der Kandidaten.

H. Peters

1 Unterstützen Sie die Mitarbeiter der Abteilung Einkauf/Logistik bei der Bewerberauswahl.
  a Finden Sie geeignete Kriterien für die Bewerberauswahl.
  b Vergleichen Sie die drei Bewerber anhand dieser Kriterien zunächst mithilfe der Profilmethode (Arbeitsblatt 61.1).
  c Vergleichen Sie die Bewerber dann anhand derselben Kriterien mithilfe einer Entscheidungstabelle (Arbeitsblatt 61.2).
  d Machen Sie einen begründeten Vorschlag für einen der Kandidaten.

Lebenslauf

Persönliche Daten

Swetlana Axt
geboren in Bremen,
am 28. Januar 1990,
verheiratet

Berufsausbildung

2008–2011 Dreijährige Ausbildung zur Industriekauffrau,
in der BMB-Niederlassung Oldenburg

Schulbildung

2006–2008 Fachoberschulreife an der Fachoberschule Wirtschaft und
Verwaltung in Bremen
2000–2006 Realschule in Bremen
1996–2000 Grundschule in Bremen

Praktikum

1999 Schulpraktikum im Warenhaus Herstadt, Büroartikelabteilung

Aushilfstätigkeit

2007–2008 Aushilfe in der BMB-Niederlassung Oldenburg

Kenntnisse und Fähigkeiten

Englisch in Wort und Schrift
Russisch in Wort und Schrift (Muttersprache)
Internet-Benutzung
Pkw-Führerschein

Hobbys Mode
Jazztanz

Bremen, 25. November 20XX

Swetlana Axt

Swetlana Axt
Knesebeckstraße 17
26192 Oldenburg
Tel.: 0441 8975870

Fly Bike Werke GmbH
Frau Veruschka Linden
Rostocker Str. 334
26121 Oldenburg

25. November 20XX

Bewerbung als Sachbearbeiterin Einkauf

Sehr geehrte Damen und Herren,

hiermit bewerbe ich mich um die Stelle Sachbearbeiterin im Einkauf.
In den letzten drei Jahren absolvierte ich eine Ausbildung zur Industriekauffrau
in der BMB-Niederlassung Oldenburg. Eine Übernahme nach der Ausbildung war
leider wegen „Schwierigkeiten" mit dem Abteilungsleiter nicht möglich.

Während meiner Schulzeit und in mehreren Volkshochschulkursen habe ich
Englisch in Wort und Schrift gelernt und kann auch ein Verkaufsgespräch in Englisch führen. Außerdem beherrsche ich Russisch, da es meine Muttersprache ist.

Über eine Einladung zu einem persönlichen Gespräch würde ich mich sehr freu-
en.

Mit freundlichen Grüßen

Swetlana Axt

Anlagen:
Lebenslauf
Arbeitszeugnis

Charly Schmitz
Moltkestraße 78
28355 Bremen
Tel.: 0421 6534768

27. November 20XX

Fly Bike Werke GmbH
Frau Veruschka Linden
Rostocker Str. 334
26121 Oldenburg

Bewerbung als Sachbearbeiter Einkauf
Ihre Annonce in der Oldenburger Zeitung

Sehr geehrte Frau Linden,

hiermit bewerbe ich mich um die von Ihnen ausgeschriebene Stelle Sachbearbeiter in der Einkaufs-Abteilung.

Diese Stelle passt genau zu meinen Qualifikationen und es würde mir sehr viel bedeuten, bei Ihnen arbeiten zu dürfen. In den letzten zwei Jahren nach Abschluss meiner Ausbildung zum Industriekaufmann arbeitete ich beim Elektronikhersteller Media-Quick, der im Sommer dieses Jahres wegen Insolvenz schließen musste. Seitdem bin ich auf der Suche nach einer neuen Stelle im kaufmännischen Bereich.

Über eine Einladung zu einem persönlichen Gespräch würde ich mich sehr freuen.

Mit freundlichen Grüßen

Charly Schmitz

Anlagen:
Lebenslauf
Arbeitszeugnis

B M B

BMB-Niederlassung
Bilker Landstr. 180
26133 Oldenburg
Telefon 0441 7583209

Frau
Swetlana Axt
Knesebeckstr. 17
26129 Oldenburg

Ausbildungszeugnis

Frau Swetlana Axt, geboren am 28. Januar 1990 in Bremen, war in der Zeit vom 1. März 2007 bis zum 31. Juli 2008 in unserer Niederlassung zunächst als Aushilfe beschäftigt. Vom 1. August 2008 bis zum 20. Juni 2011 hat sie bei uns ihre Ausbildung als Industriekauffrau absolviert.

Während ihrer Ausbildung lernte Frau Axt alle Abteilungen der BMB Dachziegelwerke kennen. Sie arbeitete stets zu unserer vollen Zufriedenheit. Ihre schnelle Auffassungsgabe und ihr selbstständiges Arbeiten sind hierbei besonders hervorzuheben.

Bei den Mitarbeitern war Frau Axt wegen ihrer großen Hilfs- und Kooperationsbereitschaft sehr beliebt; ihren Vorgesetzten gegenüber vertrat sie ihre Interessen stets engagiert.

Wir bedauern es, dass Frau Axt uns aus beruflichen Gründen verlässt, da wir ihr in unserem Haus leider keine ihren Wünschen entsprechende Perspektive bieten können. Wir wünschen ihr und ihrer Familie alles Gute.

Oldenburg, 20. Juni 20XX

Michael Meier

Abteilungsleiter Personal

MEDIA-QUICK

Elektronik GmbH
Schillerstr. 102
28195 Bremen

Herrn
Charly Schmitz
Moltkestr. 78
28355 Bremen

Ausbildungszeugnis

Herr Charly Schmitz, geboren am 22. Juli 1990 in Cloppenburg, hat vom 01.09.2009 bis zum 02.07.2012 in unserem Unternehmen seine Ausbildung zum Industriekaufmann absolviert.

Herr Schmitz hat neben den üblichen Arbeiten im Zusammenhang mit seiner Ausbildung die Verkaufsstatistiken selbstständig geführt und ausgewertet und Präsentationen und Geschäftsvorlagen erstellt.

Herr Schmitz, mit dessen Leistungen wir stets voll zufrieden waren, hat die ihm übertragenen Aufgaben immer pflichtbewusst und termingerecht ausgeführt. Wegen seiner umgänglichen und zuvorkommenden Art ist Herr Schmitz bei allen Kollegen und den Kunden sehr beliebt. Sein Verhalten gegenüber Vorgesetzten war immer korrekt.

Leider ist es uns aufgrund unserer Insolvenz nicht möglich, Herrn Schmitz einen festen Arbeitsplatz anzubieten. Wir wünschen Herrn Schmitz beruflich und persönlich alles Gute und weiterhin viel Erfolg.

Bremen, 2. Juli 20XX

Christian Müller
Geschäftsführer

Lebenslauf

Von:

Charly Schmitz
Moltkestraße 78
28355 Bremen
Geb. am 22. Juli 1990
in Cloppenburg

Ausbildung

2009–2012   Ausbildung zum Industriekaufmann bei Media-Quick in Bremen

Schulbildung

2006–2009   Allgemeine Hochschulreife am Fachgymnasium Wirtschaft in Bremen

2000–2006   Realschulabschluss an der Gustav-Stresemann-Realschule in Bremen

1996–2000   Grundschule in Bremen

Aushilfstätigkeit

2006–2009   Aushilfe im Elektromarkt „Elektro-Hansen"

Sonstige Fähigkeiten

Englisch in Wort und Schrift
Lkw- und Pkw-Führerschein
Computerkenntnisse

Hobbys

Mountainbike fahren
Computerspiele

Lebenslauf

Sabrina Schreiner
Goethestraße 49
26203 Wardenburg
Geb. am 14. Juni 1988
in Potsdam

Berufstätigkeit
Seit 2009   Industriekauffrau bei Meinzel Verpackungs GmbH in Wardenburg

Ausbildung
2006–2009   Ausbildung zur Industriekauffrau bei Meinzel Verpackungs GmbH

Schulbildung
2004–2006   Fachoberschulreife an der Friedrich-List-Berufsschule
1998–2004   Realschule in Wardenburg
1994–1998   Grundschule in Wardenburg

Schulpraktikum
2004   Tierheim Wardenburg
2003   Wild- und Freizeitpark Ostrittrum

Sonstiges
gute Englischkenntnisse
Besuch des VHS-Kurses „Das moderne Office-Management"
gute Computerkenntnisse

Hobbys
Lesen
Pferde

Wardenburg, 27. November 20XX

Sabrina Schreiner

Sabrina Schreiner
Goethestraße 49
26203 Wardenburg

27. November 20XX

Fly Bike Werke GmbH
Frau Veruschka Linden
Rostocker Str. 334
26121 Oldenburg

Bewerbung als Sachbearbeiterin Einkauf
Ihre Annonce in der Oldenburger Zeitung

Sehr geehrte Damen und Herren,

hiermit bewerbe ich mich um die von Ihnen ausgeschriebene Stelle Sachbearbeiterin in der Einkaufs-Abteilung.

Meine Qualifikationen entsprechen genau Ihren Anforderungen. Ich habe Spaß am Umgang mit Kunden, Erfahrungen im Einkauf von Werkstoffen und natürlich eine abgeschlossene Ausbildung als Industriekauffrau. Solide Englischkenntnisse bringe ich ebenso mit. Zwar wäre die Anfahrt von Wardenburg nach Oldenburg ein kleines Problem, für das ich aber ein Lösung suchen könnte.

Für ein Vorstellungsgespräch stehe ich gern zur Verfügung.

Mit freundlichen Grüßen

Sabrina Schreiner

Anlagen:
Lebenslauf
Arbeitszeugnis
Teilnahmebescheinigung VHS Delmenhorst

VHS Recklinghausen
Schillerstr. 27
26203 Wardenburg

Teilnahmebescheinigung

Frau Sabrina Schreiner hat vom 12. bis zum 15. April 2007 an unserem ganztätigen Seminar „Das moderne Office-Management" erfolgreich teilgenommen.

Die Fortbildung richtete sich an Arbeitnehmer und Auszubildende in der Büroorganisation und beinhaltete folgende Themen:

Grundlagen der Kommunikation
Organisationslehre
Dokumentenmanagement
Zeit- und Terminmanagement
Datenschutz und Datensicherung

Wardenburg, 15.04.2007

Sandy Tölke
Seminarleiterin

MEINZEL
Meinzel Verpackungss GmbH
Moltkestr. 176
26203 Wardenburg

Frau
Sabrina Schreiner
Goethestr. 49
26203 Wardenburg

Arbeitszeugnis

Frau Sabrina Schreiner, geboren am 14. Juni 1988 in Wardenburg, hat vom 1. August 2006 bis zum 29. Juni 2009 in unserem Unternehmen ihre Ausbildung als Industriekauffrau absolviert. Seitdem arbeitet Frau Schreiner in befristeter Anstellung als Disponentin in unserer Einkaufsabteilung.

Frau Schreiner führt die ihr übertragenen Aufgaben mit Engagement und Sorgfalt aus. Sie hat die in sie gesteckten Erwartungen bislang stets zu unserer Zufriedenheit erfüllt. Ihre Aufgaben bearbeitet Frau Schreiner immer selbstständig, umsichtig und im Sinne des Unternehmens. Den Mitarbeitern ist Frau Schreiner eine umgängliche Kollegin, ihr Verhalten gegenüber den Vorgesetzten ist nicht zu beanstanden.

Es ist uns bekannt, dass Frau Schreiner nach einem neuen Betätigungsfeld sucht, das ihren Neigungen und Fähigkeiten stärker entspricht. Wir sind leider nicht in der Lage, ihr ein solches Betätigungsfeld in unserem Hause anzubieten.

Wir danken Frau Schreiner für die bislang geleistete Arbeit und wünschen ihr für ihren weiteren beruflichen und persönlichen Lebensweg alles Gute und viel Erfolg.

Warenburg, 29. Juni 20XX

Nicole Schmidt
Geschäftsführerin

Arbeitsblatt 61.1: Bewerberauswahl mithilfe der Profilmethode

Anforderungsmerkmal: Ausprägungsstufe

niedrig   hoch

1   2   3   4   5

Arbeitsblatt 61.2: Bewerberauswahl mithilfe der Entscheidungstabelle*

Kriterien	Gewichtungs-faktor	Swetlana Axt		Charly Schmitz		Sabrina Schreiner	
		Punkte	Punkte · Faktor	Punkte	Punkte · Faktor	Punkte	Punkte · Faktor
Gesamtwert		—		—		—	

* Die Arbeit mit der Entscheidungstabelle wird im Schülerbuch, Lernfeld 6, Kapitel 3.2.3 Angebotsvergleich genauer beschrieben. Für die Bewertung der einzelnen Kriterien nutzen Sie bitte eine Punkteskala von 1 („sehr schlecht") bis 9 („sehr gut").

Arbeitsblatt 61.3: Instrumente der Personalauswahl

Instrument	Erläuterung
Beurteilung der Bewerbungsunterlagen	Zu den Bewerbungsunterlagen gehören:
Beurteilung des Bewerbers	Dies geschieht mithilfe von:

Arbeitsblatt 61.4: Schritte bei der Personalauswahl

Bringen Sie die folgenden Tätigkeiten bei der Personalbeschaffung in eine sinnvolle Reihenfolge.

Vorstellungsgespräch führen – Stellenanzeige schreiben – Arbeitsvertrag unterschreiben – Bewerberunterlagen sichten – Kriterien für die Bewerberauswahl festlegen – neuen Mitarbeiter vorstellen – Bewerber auswählen – neuen Mitarbeiter in der Personalabteilung anmelden

1.
2.
3.
4.
5.
6.
7.
8.

Arbeitsblatt 61.5: Vorstellungsgespräch

Erarbeiten Sie mögliche Fragen an Bewerber während eines Vorstellungsgesprächs am Beispiel der Bewerber aus der Einstiegssituation.

Swetlana Axt: _____

_____

_____

_____

_____

_____

_____

Charly Schmitz: _____

_____

_____

_____

_____

_____

_____

_____

Sabrina Schreiner: _____

_____

_____

_____

_____

_____

_____

_____

Aufgaben

Aufgabe 1
Erstellen Sie eine Übersicht über die Auswahlkriterien, die bei der Bewerberauswahl eine Rolle spielen können.

Aufgabe 2
Die Fly Bike Werke GmbH überlegt, in Zukunft einen Personalfragebogen einzuführen.
a Welche Gründe könnten Unternehmen dazu veranlassen, Personalfragebögen zur Personalauswahl einzusetzen?
b Erstellen Sie eine Liste mit mindestens 15 möglichen Fragestellungen.

Aufgabe 3
Auch der neue Mitarbeiter der Fly Bike Werke GmbH Herr Aptar Shareef muss einen Personalfragebogen ausfüllen. Herr Shareef ist verunsichert, denn er weiß nicht, ob er alle Fragen beantworten muss, die ihm in dem Fragebogen gestellt werden, z. B. Fragen nach
- einer möglichen Mitgliedschaft in einer Gewerkschaft und Partei,
- seiner Religionszugehörigkeit bzw. seiner Weltanschauung,
- seinen familiären Verhältnissen, wie z. B. Familienstand, Anzahl der Kinder,
- eventuell bestehenden Vorstrafen.

a Begründen Sie, welche der Fragen zulässig und welche unzulässig sind.
b Wie ist die Rechtslage, wenn der Bewerber eine zulässige Frage nicht wahrheitsgemäß beantwortet hat?

Aufgabe 4
Die Möblia AG, ein Produzent von Büromöbeln, hat eine Position als Sachbearbeiter in der allgemeinen Verwaltung zu besetzen. Nach sorgfältiger Prüfung aller Bewerbungsunterlagen entscheidet sich die Personalverantwortliche dafür, drei der Bewerber zu Auswahlgesprächen einzuladen. Warum sind Auswahlgespräche neben den Bewerbungsunterlagen so wichtig?

Aufgabe 5
In der Frischwasser GmbH, einem Getränkeproduzenten mit 140 Mitarbeitern, soll der Posten des Abteilungsleiters Verkauf neu besetzt werden. Die infrage kommenden Bewerber werden zu einem dreitägigen Assessment-Center eingeladen.
a Was ist ein Assessment-Center?
b Was wird im Assessment-Center besonders untersucht?
c Nennen Sie die Vor- und Nachteile des Assessment-Centers.
d Für welche Stellen sind Assessment-Center in der Regel das verwendete Auswahlverfahren? Begründen Sie.

Aufgabe 6
Ergänzen Sie den Lückentext zu den Mitwirkungsrechten des Betriebsrats bei der Personalauswahl:

Der Betriebsrat kann seine Zustimmung in den folgenden Fällen verweigern:
- Die Stelle wurde nicht _____, obwohl der Betriebsrat dies verlangt hat.
- Es wurde gegen _____, eine Verordnung oder _____ verstoßen.
- Eine betriebliche _____ wurde nicht beachtet.
- Der neue Mitarbeiter wurde einem _____ Bewerber vorgezogen, ohne dass dies aus _____ oder _____ Gründen gerechtfertigt ist.
- Die begründete Besorgnis besteht, dass _____.

Der Produktionschef Marco Rother kommt freudestrahlend ins Büro der Personalsachbearbeiterin Veruschka Linden. „Der Herr Brill, den Sie mir als Kandidaten für die Nachfolge von Herrn Work als Arbeitsplaner vorbeigeschickt haben, ist ja wirklich ein Pfundskerl. Kompetent und sympathisch. Er hat mir gleich eine Reihe wirklich bemerkenswerter Verbesserungsvorschläge gemacht. Klar, den hab ich ab sofort eingestellt – per Handschlag."

„So einfach geht das aber nicht", entgegnet Frau Linden. „Auch wenn Sie von der Geschäftsführung die Einstellungsvollmacht bekommen haben, müssen ein paar formale Regeln beachtet werden."

1   Beurteilen Sie, ob der per Handschlag abgeschlossene Arbeitsvertrag rechtsgültig ist.
2   Frau Linden weist Herrn Rother auf die Regelungen des Nachweisgesetzes von 1995 hin:

§ 2 Nachweispflicht

(1) Der Arbeitgeber hat spätestens einen Monat nach dem vereinbarten Beginn des Arbeitsverhältnisses die wesentlichen Vertragsbedingungen schriftlich niederzulegen, die Niederschrift zu unterzeichnen und dem Arbeitnehmer auszuhändigen. (…)

a   Informieren Sie sich im Internet (z. B. unter http://www.gesetze-im-internet.de/bundesrecht/nachwg/gesamt. pdf) über die zehn wesentlichen Vertragsbedingungen.
b   Tragen Sie diese in die folgende Übersicht ein:

Mindestinhalte des Arbeitsvertrages lt. Nachweisgesetz:

1.

2.

3.

4.

5.

6.

7.

8.

9.

10.

3 Frau Linden ist der Ansicht, dass – wenn das Nachweisgesetz sowieso eine Niederschrift fordert – auch gleich ein schriftlicher Arbeitsvertrag ausgefertigt werden kann. Erstellen Sie einen Arbeitsvertrag nach dem Muster im Schülerbuch. Ihnen liegen dazu noch folgende Detailinformationen vor:

Stellenbeschreibung

Bezeichnung der Stelle:	Arbeitsplanung
Arbeitsort:	Oldenburg, gelegentliche Geschäftsreisen zu Fortbildungen und Kongressen (auch ins nordeuropäische Ausland)
Aufgaben der Stelle in Kurzform:	Planung von Arbeitsgängen mit den dazugehörigen Werkzeugen und Betriebsmitteln und dem erforderlichen Zeitbedarf
Vorgesetzter:	Herr Rother
Stellenkurzzeichen:	APL
tarifliche Einstufung:	ab EG 8[1], nach 6. Monat zusätzliches Leistungsentgelt

[1] Tariftabelle siehe Schülerbuch.

NOTIZ

Der Geschäftsführer, Herr Peters, wünscht, dass im Arbeitsvertrag von Herrn Brill ein vertragliches Wettbewerbsverbot für die Dauer von zwei Jahren verankert wird.

Auszug aus dem Manteltarifvertrag

§ 11 Arbeitszeit, Ausgleich für schwere Arbeit
1. Regelmäßige Arbeitszeit
Für die Angestellten im Innendienst beträgt die regelmäßige Arbeitszeit 38 Stunden in der Woche. Pausen gelten nicht als Arbeitszeit.

§ 13 Erholungsurlaub
1. Urlaubsdauer, Abgeltung
Die Angestellten haben für jedes Kalenderjahr Anspruch auf Erholungsurlaub von 30 Arbeitstagen. Wird dieser nicht zusammenhängend genommen, soll er in größere Abschnitte aufgeteilt werden, von denen einer mindestens 15 Arbeitstage umfasst.

§ 20 Sondervergütung
Alle Angestellten erhalten ab dem zweiten Beschäftigungsjahr eine Weihnachtsgratifikation von 50% des Grundentgelts.

§ 23 Kündigung
1. Die Kündigungsfrist beträgt beiderseits im ersten Jahr der Unternehmenszugehörigkeit 1 Monat zum Monatsschluss, ab Beginn des zweiten Jahres der Unternehmenszugehörigkeit 6 Wochen zum Quartalsende.

Anschrift:

Herr Werner Brill
Heringstr. 4
49661 Cloppenburg

---

4 Erläutern Sie den Sinn eines vertraglichen Wettbewerbsverbots.

Arbeitsblatt 62.1: Rechte und Pflichten aus dem Arbeitsvertrag

Der Auszubildende der Fly Bike Werke GmbH Ralf Schumacher freut sich über eine willkommene Abwechslung: Heute nimmt ihn der Verwaltungsleiter Herr Steffes mit zum Arbeitsgericht. Herr Steffes ist dort am heutigen Prozesstag als von der Arbeitgeberseite berufener Laienrichter eingesetzt. Um die Gerichtsurteile zu einem späteren Zeitpunkt noch einmal in Ruhe besprechen zu können, hat Ralf Schumacher von Herrn Steffes den Auftrag erhalten, über jeden Streitfall ein Kurzprotokoll anzufertigen. Bis zum frühen Nachmittag hat sich so ein kleiner Stapel Notizen gebildet.

AZ: 23881/2012
Urteil: Kündigung rechtsgültig

Mitarbeiter hat gegen eine hohe Vergütung einem Konkurrenten die Konstruktionszeichnung für das neue Produkt ausgehändigt.

AZ: 24003/2012
Urteil: Anspruch festgestellt

Arbeitgeber weigerte sich, nach einer nur 3-monatigen Beschäftigung ein Arbeitszeugnis auszustellen.

AZ: 22446/2012
Urteil: Abmahnung rechtsgültig

Mitarbeiter ist verpflichtet, auf Anweisung des Geschäftsführers den Kunden Müller aufzusuchen, obwohl er dies für überflüssig hielt.

AZ: 23555/2012
Urteil: Versetzung ungültig

Herzkranker Mitarbeiter darf nicht für Akkordarbeiten eingesetzt werden.

AZ: 23121/2012
Urteil: Anspruch festgestellt

Auch ein Mitarbeiter, dem in der Probezeit gekündigt wurde, ist bis zum Tag des Ausscheidens zu entlohnen.

AZ: 24087/2012
Urteil: Abmahnung rechtsgültig

Mitarbeiter redete in der Öffentlichkeit immer schlecht über seinen Arbeitgeber.

AZ: 23487/2012
Urteil: Abmahnung rechtsgültig

Mitarbeiter kam über Wochen zu spät zur Arbeit.

AZ: 23412/2012
Urteil: Abmahnung rechtsgültig

Mitarbeiter machte im Geschäftszweig seines Arbeitgebers eigene Geschäfte.

AZ: 23345/2012
Urteil: Anspruch festgestellt

Sachbearbeiter darf nach Streit mit dem Abteilungsleiter nicht nur mit Ablagearbeiten beschäftigt werden.

Leiten Sie aus den Notizen mögliche Rechte und Pflichten aus dem Arbeitsverhältnis ab und tragen Sie diese in die nachstehende Übersicht ein:

Rechte des Arbeitnehmers (Pflichten des Arbeitgebers)	Pflichten des Arbeitnehmers (Rechte des Arbeitgebers)

Aufgaben

Aufgabe 1

In einem Ordner auf dem Dachboden seiner Großeltern ist der Auszubildende Ralf Schumacher auf einen alten Arbeitsvertrag seines Großvaters gestoßen. Vergleichen Sie die Regelungen des folgenden Arbeitsvertrags Punkt für Punkt mit den heute üblichen Vertragsbedingungen.

Auszug aus dem Arbeitsvertrag:

Mit Herrn/~~Frau/Fräulein~~ Willy Schumacher, Poststraße 37, Bonn
wird folgender Arbeitsvertrag geschlossen:

1.) Herr/~~Frau/Fräulein~~ Willy Schumacher
   geboren am: 29.3.1919   in: Bonn-Endenich
   steht ab: 1.1.1954   als: Buchhalter
   in einem Arbeitsverhältnis mit der VEREINIGUNG DER PAPIER-DRUCKEREIEN E.V., Bonn/Rhein.

2.) Eine Kündigung ist nur zum Ende des Kalender-Monats möglich und muss spätestens am Schluss des vorangegangenen Monats erfolgen.

3.) Das Arbeitsverhältnis kann von beiden Seiten ohne Einhaltung einer Kündigungsfrist gekündigt werden, wenn ein wichtiger Grund hierfür vorliegt.

4.) Die Arbeitszeit beträgt wöchentlich 48 Stunden,
   montags – freitags von 8.15 – 12.45 Uhr, 14.00 – 18.00 Uhr
   sonnabends von 8.00 – 13.30 Uhr.
   Ein Anspruch auf Vergütung von Ueberstunden besteht nicht.

5.) Die Bezüge richten sich nach freier Vereinbarung von beiden Seiten und sind Jahresbezüge, die in 12 gleichbleibenden monatlichen Zahlungen postnumerando per ultimo eines jeden Monats zahlbar sind. Ein Anspruch auf besondere Urlaubs- oder Weihnachtsgelder besteht nicht.
   Sie haben ein Jahresgehalt von DM 4680.-- brutto
   Monatsgehalt von DM 390.-- brutto

6.) Anspruch auf Urlaub besteht nach 6 monatiger Beschäftigung.
   Ihr Urlaub beträgt 12 Arbeitstage für 1 Jahr Arbeitsleistung.

7.) Sie verpflichten sich auch nach Beendigung eines Arbeitsverhältnisses mit der VEREINIGUNG DER PAPIERDRUCKEREIEN E.V. zum strengsten Stillschweigen gegenüber dritten Personen. Dieses Stillschweigen umfasst alle persönlichen und geschäftlichen Angelegenheiten, von denen Sie im Verlauf Ihrer Tätigkeit bei der VEREINIGUNG DER PAPIERDRUCKEREIEN E.V. Kenntnis bekommen haben.

8.) Aenderung und Ergänzung dieses Vertrages bedürfen zu ihrer Gültigkeit der schriftlichen Bestätigung, die auch einseitig erfolgen kann und wirksam wird, sobald von der anderen Seite innerhalb einer Frist von 10 Tagen kein Einspruch erfolgt.

Arbeitgeber: Arbeitnehmer:
VEREINIGUNG DER PAPIERDRUCKEREIEN E.V.   *Willy Schumacher*

Bonn / Rhein, den 1. Januar 1954

Aufgabe 2

Geben Sie an, in welchem Dokument sich der Arbeitnehmer eines tarifgebundenen Betriebs über folgende für ihn gültige Arbeitsbedingungen informieren kann:

a den vorgesehenen Arbeits-/Einsatzort

b das jeweils gültige Grundentgelt

c die maximal zulässige tägliche Arbeitszeit inklusive aller Überstunden

d allgemeine betriebliche Sonderzahlungen

e Meldeverpflichtung bei Krankheit

f besondere arbeitsplatzbezogene Pflichten

g Vorruhestandsregelung

h Beginn des Arbeitsverhältnisses

i Tätigkeitsbezeichnung/-beschreibung

j die regelmäßig übliche tägliche Arbeitszeit

k die Mindestruhezeit zwischen zwei Arbeitstagen

l die Lage der täglichen Arbeitspausen

m die bestehende Kleiderordnung

Aufgabe 3

Im Arbeitsvertrag des Vertriebsleiters der Fly Bike Werke GmbH, Ralf Gerland, ist folgender Passus aufgeführt:

> **§ 9 Wettbewerbsverbot**
>
> Dem Mitarbeiter ist es für die Dauer von zwölf Monaten nach seinem Ausscheiden aus dem Unternehmen untersagt, in gleicher oder ähnlicher Position bei einem Konkurrenzunternehmen tätig zu werden. Dies gilt auch für eine vertriebsbezogene, beratende Tätigkeit.

a   Um welche Art von Wettbewerbsverbot handelt es sich?

b   Welche Absicht verbindet die Fly Bike Werke GmbH mit dieser Regelung?

c   Da Ralf Gerland, 48, durch seine Ausbildung und langjährige Tätigkeit auf den Vertriebsbereich in der Fahrradbranche spezialisiert ist, fürchtet er nicht ganz zu Unrecht, in anderen Branchen und Aufgabenbereichen nur schwer Fuß fassen zu können. Es ist sogar absehbar, dass er im Falle eines Ausscheidens aus der Fly Bike Werke GmbH die „Beschäftigungssperre" von einem Jahr arbeitslos zu Hause absitzen müsste. Was kann er vom Arbeitgeber bei Vereinbarung eines Wettbewerbsverbots deshalb fordern?

d   Wie lange darf das Wettbewerbsverbot noch über das Arbeitsverhältnis hinaus maximal gelten?

Aufgabe 4

Immer öfter ist im Arbeitsvertrag eine Befristung des Arbeitsverhältnisses vorgesehen. So ist der Anteil befristeter Beschäftigung an der sozialversicherungspflichtigen Beschäftigung von 4,7 % im Jahr 1996 auf 9,3 % im Jahr 2008 gestiegen (Quelle: IAB-Betriebspanel).

a   Beschreiben Sie aus Arbeitgebersicht die Ursachen (Vorteile) dieser Entwicklung.

b   Erkennen Sie einen Zusammenhang mit der fast simultan verlaufenden Entwicklung der Leiharbeiterzahlen (vgl. die Grafik im Schülerbuch, Kap. 3.2)?

c   Gewerkschaften und Sozialverbände klassifizieren den befristeten Arbeitsvertrag heutzutage als „prekäres" Arbeitsverhältnis. Welche wirtschaftlichen, persönlichen und sozialen Folgen können für einen Arbeitnehmer entstehen, der quasi in einer Kette befristeter Verträge seinen Beruf ausübt?

d   Recherchieren Sie im Internet oder im Gesetzestext, § 14 des Teilzeit- und Befristungsgesetzes (TzBfG), die gesetzlichen Grenzen von Befristungen.

Aufgabe 5

Der Konstrukteur David Düsentrieb beschäftigt einmal in der Woche einen 16-jährigen Realschüler mit leichten Gartenarbeiten (hauptsächlich Rasenmähen). Die Arbeit ist nach maximal zwei Stunden erledigt. Dies und die Vergütung wurden vor einigen Monaten mündlich abgesprochen.

a   Liegt hier ein Arbeitsvertrag vor?

b   Muss Herr Düsentrieb dem Schüler gemäß Nachweisgesetz nun noch einmal alle wesentlichen Vertragsbedingungen schriftlich aushändigen?

c   Falls Herr Düsentrieb unzufrieden ist – darf er dem Schüler fristlos kündigen?

d   Unterliegt der Schüler dem gesetzlichen Wettbewerbsverbot und darf er deshalb nur bei Herrn Düsentrieb den Rasen pflegen?

In den nächsten Monaten steht bei der Fly Bike Werke GmbH eine Erweiterung des Bürogebäudes an. Im neuen Gebäudeteil stehen ca. 150 m² Büroraum zur Verfügung, mindestens sechs Sachbearbeiter sollen dort untergebracht werden. Veruschka Linden hat die kaufmännische Auszubildende Bettina Lotto gebeten, sie bei der Planung und Ausstattung der neuen Räume zu unterstützen. Frau Lotto findet die folgende E-Mail in ihrem Posteingang:

Von: v.linden@flybike.de
An: b.lotto@flybike.de
Betreff: Planung der Büroräume
Datum: 24.08.20X1

Liebe Frau Lotto,

nun geht es an die Feinplanung der neuen Büroräume. Wichtig ist, dass die Arbeitsplätze ergonomisch gestaltet werden, denn optimale Arbeitsbedingungen sind die Voraussetzung für eine gute Arbeitsleistung. Bitte stellen Sie die Anforderungen zusammen, die die neuen Büros aus ergonomischer Sicht erfüllen sollten.

Bisher ist auch noch nicht entschieden, ob im neuen Bürogebäude ein Großraumbüro oder mehrere Einzelbüros entstehen sollen. Bitte stellen Sie die wichtigsten Vor- und Nachteile von Großraumbüros gegenüber und machen Sie einen begründeten Vorschlag für eine der beiden Alternativen. Formulieren Sie auf dieser Basis die fünf wichtigsten Ansprüche an eine ergonomische Bürogestaltung.

Beziehen Sie bitte Ihre Kenntnisse zur Ergonomie und eigene Erfahrungen in Bezug auf die Arbeitsplatzgestaltung in Ihre Betrachtungen mit ein. Beachten Sie auch das Informationsmaterial im Anhang.

1 Bearbeiten Sie die Aufträge in der E-Mail von Veruschka Linden. Nutzen Sie hierfür auch die Informationen in den folgenden zwei Texten.

Beleuchtung im Büro. So geht Ihnen das richtige Licht am Arbeitsplatz auf!

Arbeiten am Bildschirm bedeutet Schwerstarbeit für die Augen. Die richtige Beleuchtung im Büro und rund um den Arbeitsplatz bringt Erleichterung. Die Augen werden geschont, fehlerfreies Lesen am Bildschirm ist dann kein Zufall mehr.

Schlechte Beleuchtung fördert Augenbeschwerden
Extreme Helligkeit, einstrahlende Sonne oder spiegelnde Flächen erschweren die Arbeit am Bildschirm sehr. Etwa 30 bis 40 Prozent der Beschäftigten in Büros klagen über häufige oder ständige Augenbeschwerden: müde, trockene und gerötete Augen, brennende oder tränende Augen, verschwommene Sicht, Doppelt-Sehen

Folge der Bildschirmarbeit ist oft das so genannte Office-Eye-Syndrom. Durch den verringerten Lidschlag wird das Auge nur ungenügend mit Tränenfilm benetzt. Es tritt umso häufiger und stärker auf, je länger die tägliche Arbeitszeit am Bildschirm ist und je seltener Kurzpausen stattfinden. Geringe Luftfeuchtigkeit, Zugluft und unzureichend korrigierte Augen wirken zusätzlich verschlechternd.

Gute Sehbedingungen am Arbeitsplatz
Gereizte Augen beeinträchtigen nicht nur die allgemeine Leistungsfähigkeit, sie erhöhen auch die Fehlerquote beim Lesen am Bildschirm. Ergonomische Beleuchtungsbedingungen erleichtern die Seharbeit, beugen Augenbeschwer-

den vor und senken die Fehlerraten. Experten fordern deshalb, dass
» störende Blendwirkungen vermieden werden
» Reflexionen und Spiegelungen vermieden werden
» ausreichende Helligkeit gegeben ist
» der Kontrast zwischen Bildschirm und Umgebung angemessen ist.

Folgende Punkte sind bei der Beleuchtung entscheidend:

Bildschirmausrichtung
Der Blick in den Bildschirm sollte grundsätzlich parallel zum Fenster ausgerichtet sein. Deckenleuchten sollten seitlich vom Arbeitsplatz angeordnet sein.

Beleuchtungsstärke
Am Bildschirmarbeitsplatz ist eine Lichtstärke von mindestens 500 Lux erforderlich. Ältere Beschäftigte brauchen es meist etwas heller. Auch in Großraumbüros und im Lesebereich ist eine höhere Lichtstärke gefragt. Die Leuchten müssen so beschaffen sein, dass niemand geblendet wird.

Farbkontraste
Für entspanntes Sehen ist ein ausreichender Kontrast auf dem Bildschirm, aber ein nicht zu hoher Kontrast im nahen Blickfeld nötig. So muss sich das Auge nicht ständig großen Helligkeitsunterschieden anpassen. Sowohl zu heller als auch zu dunkler Hintergrund ermüden das Auge.

Gedeckte helle Farben im Sehbereich sind ideal.

Raumbeleuchtung
Licht – am meisten das Tageslicht – wirkt sowohl körperlich als auch psychisch auf den Menschen. Es beeinflusst in hohem Maße unser Wohlbefinden und unsere Gesundheit. Es ist in jedem Büro ein Muss. Auch in den Tiefen eines Großraumbüros muss ein Teilblick auf Fensterflächen bzw. ein Anteil von Tageslichteinfall gegeben sein. Zusätzlich sollte die künstliche Raumbeleuchtung ausgewogen und von neutraler Lichtfarbe sein – dem Tageslicht also möglichst ähnlich sein.

Das können Sie selbst tun
Gibt es bei Ihnen noch keines der modernen, ergonomischen Beleuchtungskonzepte, können Sie auch selbst für eine bessere Beleuchtung an Ihrem Arbeitsplatz sorgen:
» den Bildschirm richtig aufstellen
» die Beleuchtung immer wieder gut anpassen
» regelmäßige Bildschirmpausen zur Augenerholung nutzen
» passende Sehhilfen tragen, wenn es notwendig ist.

Quelle: Beleuchtung im Büro. So geht Ihnen das richtige Licht am Arbeitsplatz auf! Hrsg.: IG Metall Vorstand, FB Gesundheitsschutz und Arbeitsgestaltung, FB IT-und Elektroindustrie/Angestellte, Frankfurt/M., Text: R. Rundnagel / D. Heims, 09/2010

Damit Sie gesund und leistungsfähig bleiben!
Voraussetzungen für eine gute Büroraumgestaltung

Arbeitsalltag heute

Die Arbeit im Büro hat sich verändert. Das Arbeitsumfeld ebenso: Großraumbüros, Beschleunigung durch E-Mail und Internet, wechselnde Projektteams, ständige Erreichbarkeit per Handy, Abhängigkeit vom Bildschirm. Das ist unsere Arbeitsrealität im Büro heute.

Die Arbeit selbst ist komplexer geworden, die Verantwortung gestiegen. Flexibilität wird von jedem Beschäftigten erwartet. Eine Mischung aus Konzentration und Kommunikation prägt die Arbeitsabläufe.

Für Bürobeschäftigte gehören
» die Möglichkeit, sich zu konzentrieren
» die Möglichkeit, in Blöcken von zwei bis drei Stunden ohne Unterbrechung zu arbeiten, und
» die Möglichkeit, direkt mit Kolleginnen und Kollegen zu sprechen,
zu den ersten Anforderungen an ihren Arbeitsplatz.*

Eine optimale Gestaltung der Räume ermöglicht alles zusammen. Dafür ist eine tätigkeitsbezogene Planung notwendig, um räumliche Nachteile sowie psychische Belastungsfaktoren zu vermeiden.

Großraumbüros bergen Nachteile

Offene Bürostrukturen sind der Trend. Der große Vorteil, nämlich die kurzen Abstimmungswege, ist jedoch schnell verspielt, wenn nicht den Bedürfnissen der Menschen dort Rechnung getragen wird. Belastungsfaktoren wie
» ständige Ablenkung durch Gespräche der Nachbarn
» Unterbrechungen und Störungen durch die Vorbeilaufenden
» das Gefühl, auf dem Präsentierteller zu sitzen
» schlechte Luft
» Techniklärm
stören nicht nur die Arbeit und lassen die Ergebnisse schlechter werden, sie gefährden auch die Gesundheit.

* laut Forschungsprojekt „Office 21", Fraunhofer-Institut, Stuttgart, 2009

Je größer die Büros sind und je mehr Beschäftigte dort arbeiten, desto mehr nimmt die Unzufriedenheit der Beschäftigten zu. Immer weniger Mitarbeiter sind dann der Meinung, an ihrem Arbeitsplatz wirklich produktiv zu sein. In der Folge kommt es immer häufiger zu arbeitsbedingten Gesundheitsbeschwerden wie Müdigkeit, Kopfschmerzen, Augenreizung, Konzentrationsprobleme, Schlafstörungen. Die Krankheitstage nehmen in größeren Büros zu.

Kennzeichen guter Bürogestaltung

In Büroräumen, die sowohl ruhige Arbeitsbereiche als auch Arbeitsflächen für gemeinsame und kommunikative Tätigkeiten bieten, fühlen sich die meisten am wohlsten.*
Je nach Tätigkeitsschwerpunkt können hier verschiedene funktionsbezogene Flächen eingesetzt werden:
» Besprechungsräume
» Teamflächen
» Telefonzellen
» abgetrennte Meetingpoints für Besprechungen, um andere nicht zu stören
» Rückzugsräume wie die so genannten „think tanks" und „quiet rooms" oder Arbeitszellen für konzentriertes Arbeiten.

Große Flächen können mit lärmmindernden Elementen unterteilt werden. Drucker, Kaffeemaschine und Archive sollten räumlich ausgelagert sein. Hinzu kommt die Wohlfühlqualität eines Büros, die nachweislich die Produktivität steigert. Sie wird durch folgende Faktoren erreicht:
» Attraktivität der Einrichtung
» sorgfältige Zonenaufteilung, die den Wechsel zwischen Sichtbarkeit und Rückzug ermöglicht
» hoher Ergonomiestandard
» gute Raumklima- und Lichtverhältnisse
» weite Raumproportionen
» Möglichkeit zur individuellen Einstellung des Arbeitsplatzes.

Quelle: Damit Sie gesund und leistungsfähig bleiben. Voraussetzungen für eine gute Büroraumgestaltung, Hrsg.: IG Metall Vorstand, FB Gesundheitsschutz und Arbeitsgestaltung, FB IT- und Elektroindustrie/Angestellte, Frankfurt/M., Text: R. Rundnagel / D. Heims, 09/2010

3-D-Grafik eines Großraumbüros

Arbeitsblatt 63.1: Wichtige Aspekte einer ergonomischen Büroraumgestaltung

Aspekt	Maßnahmen (Beispiele)
Helligkeit	

Aufgaben

Aufgabe 1
Erklären Sie, was unter dem Begriff Arbeitsergonomie verstanden wird.

Aufgabe 2
Welche Folgen kann es für Mitarbeiter und Unternehmen haben, wenn die Arbeitsergonomie vom Arbeitgeber nicht ausreichend beachtet wird?

Aufgabe 3
Die Arbeitsergonomie hat für Computerarbeitsplätze eine große Bedeutung. Stellen Sie anhand eines selbst gewählten Beispiels dar, dass auch in der Produktion ergonomische Erwägungen eine wichtige Rolle spielen.

Aufgabe 4
a Recherchieren Sie, welche gesetzlichen Vorschriften für die ergonomische Gestaltung eines Arbeitsplatzes gelten.
b Ist es aus Ihrer Sicht ausreichend, wenn die Arbeitsplatzgestaltung den gesetzlichen Vorgaben genügt? Begründen Sie.

Aufgabe 5
Untersuchen Sie Ihren Computerarbeitsplatz in Ihrem Unternehmen nach ergonomischen Gesichtspunkten. Stellen Sie Ihre Ergebnisse und mögliche Verbesserungsvorschläge der Klasse vor.

Frau Linden fällt seit Längerem auf, dass die Fehlzeiten in der Produktion der Fly Bike Werke GmbH kontinuierlich steigen. Sie befürchtet, dass sie nicht nur krankheitsbedingt sind, sondern auch auf einer gewissen Arbeitsunzufriedenheit der Mitarbeiter beruhen.

Fly Bike Werke GmbH Fehlzeitenübersicht für 20XX zur jährlichen Erfassung von Urlaubs-, Kranken- und Fehltagen sowie Freizeitausgleich

Pers.-Nr.	Jan.	Febr.	März	April	Mai	Juni	Juli	Aug.	Sept.	Okt.	Nov.	Dez.
1105	3 UR			5 U			2 K	14 U		3 EK		11 U
1106		2 K			10 U	5 K			5 K 3 U			10 U
1107							10 U	3 K	2 K		5 K	12 U
1108		8 U					8 U			10 EK		8 U
1109							1 K 14 U		1 K	2 K		10 U

Legende:

Urlaub	Krankheit	Freizeitausgleich	Sonstige Fehlzeiten
Bezahlter Urlaub U – Erholungsurlaub UR – Resturlaub UB – Bildungsurlaub UM – Mutterschaftsurlaub Unbezahlter Urlaub UU – Unbezahlter Urlaub UE – Erziehungsurlaub	K – Krankheit/Kur EFZ – Entgeltfortzahlung BU – Betriebs-/Wegeunfall	GT – Gleittag/ Ausgleichstag	EK – Erkrankung des Kindes A – Arbeitsfreistellung

Hinweis: Alle festangestellten Mitarbeiter der Fly Bike Werke GmbH haben laut Tarifvertrag einen Urlaubsanspruch von 30 Arbeitstagen pro Jahr. Die Mitarbeiter dürfen nicht genommene Urlaubstage ins Folgejahr übernehmen.

Frau Linden trifft sich mit Herrn Rother zu einem Gespräch, um mögliche Ursachen für diese Fehlzeiten aufzudecken. Herr Rother hat bereits eine anonyme schriftliche Umfrage in seiner Abteilung veranlasst. Die Ergebnisse liegen vor.

NOTIZEN — Fly Bike Werke GmbH

- Alle Fahrradmodelle werden im Unternehmen zusammengebaut.
- Teilweise erfolgt der Zusammenbau in kleinen Arbeitsschritten.
- Meine langjährige Facharbeiterausbildung, Spezialisierung Feinmechanik, kann ich nicht einsetzen.

NOTIZEN — Fly Bike Werke GmbH

* Ich arbeite schon 10 Jahre am gleichen Arbeitsplatz.
* Zurzeit erledige ich kleine Aufgaben am Fließband, häufig nur eine Aufgabe in vielfachen Wiederholungen.
* Meine anderen Fertigkeiten sind nicht gefragt bzw. kann ich nicht einsetzen.
* Die Arbeit empfinde ich als langweilig und ich fühle mich unterfordert.

NOTIZEN — Fly Bike Werke GmbH

Ich komme mir vor wie das „Mädchen für alles".

Im Vertretungsfall darf ich am Fließband die Räder zusammenbauen, die Qualität kontrollieren oder auch Neubestellungen von Teilen durchführen.

Im Normalfall werde ich nur zur Wartung der Maschinen eingesetzt.

Die Vertretung meines Abteilungsleiters muss ich auch übernehmen, da sich sonst kein Mitarbeiter dazu bereit erklärt hat.

1 Um welche Form der Arbeitsorganisation handelt es sich hier?
2 Erläutern Sie diesen Ansatz und benennen Sie Vor- und Nachteile.
3 Ordnen Sie die in der Mitarbeiterbefragung gesammelten Kommentare den Vor- und Nachteilen zu.
4 Überlegen Sie sich Möglichkeiten, wie der geäußerten Unzufriedenheit entgegengewirkt werden kann. Nutzen Sie hierfür auch die Arbeitsblätter 64.1 und 64.2.

Arbeitsblatt 64.1: Arbeitsunzufriedenheit verhindern

Ideen, um Arbeitsunzufriedenheit bei Mitarbeitern zu verhindern
– Vorlieben der Mitarbeiter für bestimmte Tätigkeiten berücksichtigen

Arbeitsblatt 64.2: Formen der Arbeitsorganisation

Form der Arbeits-organisation	Vorteile (+) und Nachteile (–) dieser Form der Arbeitsorganisation
Job Rotation	

Aufgaben

Aufgabe 1
Nennen Sie die Ziele der Arbeitshumanisierung.

Aufgabe 2
Bei der Arbeitshumanisierung kann in horizontaler und in vertikaler Richtung vorgegangen werden. Nennen Sie jeweils ein Beispiel.

Aufgabe 3
Die Beutler GmbH hat 45 Beschäftigte. Im Laufe der Jahrzehnte sank die Anzahl der qualifizierten Mitarbeiter stets. Freie Stellen wurden mit kostengünstigen Mitarbeitern mit zum Teil geringen Qualifikationen besetzt. Zur Sicherung der Arbeitsabläufe erhielten die neuen Mitarbeiter deutlich verengte Arbeitsfelder und Handlungsspielräume. Seitdem verzeichnet das Unternehmen einen ständig ansteigenden Krankenstand, vor allem im Bereich des gering qualifizierten Personals.
a   Beschreiben Sie die Arbeitsorganisation der Beutler GmbH und deren Folgen.
b   Nehmen Sie Stellung zur folgenden Aussage: „Eine bessere Beachtung der Arbeitshumanisierung hätte die negative Entwicklung verhindern können."

Aufgabe 4
Die Produktivität der Arbeit ist für Unternehmen mit entscheidend für die Produktionskosten und damit für die Wettbewerbsfähigkeit. Diskutieren Sie die Umsetzbarkeit des Taylorismus mit allen Vorzügen und Gefahren für Unternehmen und Mitarbeiter.

Aufgabe 5
Damit eine Aufgabenbereicherung der einzelnen Mitarbeiter stattfinden kann, bedarf es einer genauen Einschätzung der individuellen Kompetenzen des Beschäftigten. Machen Sie Vorschläge, wie diese Kompetenzen für ein erfolgreiches Job Enrichment festgestellt werden können.

Aufgabe 6
a   Welche Branchen und unternehmerischen Bereiche eignen sich besonders für den Einsatz teilautonomer Arbeitsgruppen?
b   Welche dispositiven Tätigkeiten können in die Hände der teilautonomen Arbeitsgruppe gegeben werden?
c   Worauf ist bei der Teamzusammenstellung zu achten, um Gruppenkonflikte zu vermeiden?

Aufgabe 7
In Deutschland haben beschäftigte Eltern einen Rechtsanspruch auf Elternzeit. Damit auch Männer dieses Recht in Anspruch nehmen, hat die familienfreundliche Brauer OHG eine besondere Form der Arbeitszeitgestaltung eingeführt: Ausgewählte Arbeitsplätze sollen mit jeweils zwei oder mehreren geeigneten Mitarbeitern besetzt werden, die sogenannte Arbeitsteams bilden. Für die Aufgabenerfüllung des jeweiligen Arbeitsplatzes ist das Arbeitsteam gemeinsam verantwortlich. Dazu erstellen die Teammitglieder einen gemeinsamen Anwesenheitsplan für einen vorgegebenen Zeitraum. Bei der Aufteilung der Arbeitszeit soll berücksichtigt werden, dass jedem Arbeitsplatz eine wöchentliche Arbeitszeit von 35 Stunden zugrunde liegt.
a   Um welches Arbeitszeitmodell handelt es sich hierbei?
b   Betrachten Sie dieses Arbeitszeitmodell differenziert aus der Sicht des Unternehmens und der Mitarbeiter.

Aufgabe 8
Qualitativ hochwertige Produkte und möglichst niedrige Preise können die Nachfrage am Markt sichern. Damit diese Nachfrage gedeckt und die Produktionskosten niedrig gehalten werden, produzieren viele Unternehmen 24 Stunden am Tag. Dies setzt eine gute Personalplanung und Schichtarbeit voraus.
a   Beschreiben Sie den Unterschied zwischen Fest- und Wechselschichtsystemen.
b   Zeigen Sie die Folgen der Schichtsysteme für die Mitarbeiter auf.
c   Welche Folgen wären für die Mitarbeiter mit der Aussetzung von Schichtsystemen und entsprechend geringerer Maschinenauslastung verbunden?

Trotz einiger beachtlicher Erfolge auf dem Gebiet der Arbeitshumanisierung sind Fehlzeiten und Fluktuation bei der Fly Bike Werke GmbH noch nicht auf das branchenübliche Niveau gesunken – Anlass, über weitere personalwirtschaftliche Maßnahmen nachzudenken. Bei einem Treffen mit Frau Linden legt der Geschäftsführer Herr Peters ihr unvermittelt einen Artikel vor, auf den er im Internet gestoßen ist.

Ich Chef, Du nix

Authentisch

Seit mehr als 20 Jahren arbeitet K+S-Vorstandschef Norbert Steiner im selben Unternehmen. Neben Ehrgeiz und Expertise hat er sich vor allem seine Authentizität bewahrt – und die verlangt er auch von seinen Führungskräften.

Cholerisch

Fachlich brillant, menschlich schwierig – das ist Hewlett-Packard-Chef Léo Apotheker. Als SAP-Boss scheiterte er auch an den Mitarbeitern und dem autoritär-cholerischen Führungsstil.

Visionär

Karl-Heinz Streibich, CEO der Software AG, gibt seinen Mitarbeitern nicht nur Ziele für das nächste Jahr. Er gibt ihnen sogar ganz vorbildlich Ziele für die kommende Dekade.

Diktatorisch

Insidern zufolge verzeiht Ulrich Marseille (Marseille-Kliniken) Fehler nur selten und führt bisweilen diktatorisch Regime – inklusive öffentlicher Demontage in Besprechungen.

Umgänglich

Uneitel, umgänglich, loyal – so wird Lufthansa-Chef Christoph Franz von seinen Mitarbeitern geschildert. Franz höre stets zu und sei offen für Kritik.

Vorsichtig

Siemens-Chef Peter Löscher nahm die Unternehmensbereiche nach seinem Amtsantritt schnell an die kürzere Leine und überraschte mit hartem Durchgreifen. Doch nicht ohne die nötige Vorsicht: „Ich muss erst einmal die Menschen kennenlernen."

Konsequent

Vom inzwischen pensionierten GE-Boss Jack Welch stammt die sogenannte 20-70-10-Regel: Die besten 20 Prozent der Mitarbeiter gehören mit Boni belohnt, die mittleren 70 Prozent gefördert, die schlechtesten zehn Prozent gefeuert. Eine extreme Form der Leistungsbewertung – aber das Prinzip ist richtig.

Handfest

Als Johannes Teyssen bei Eon aufschlug, kündigte sich schnell ein neuer Führungsstil an. Er glänzte mit dem guten Draht zur Belegschaft und dem Bemühen zum „Wir"-Gefühl. Doch im Moment hat der Eon-Chef mit Umbau und Entlassungen zu kämpfen – und mit strategischen Fehlern, die er zugibt.

Distanziert

RWE-Vorstandschef Jürgen Großmann, der 2012 das Unternehmen verlässt, musste sich nicht zuletzt mit verärgerten Mitarbeitern herumschlagen. Das lag vor allem an seinen einsamen Entscheidungen und seinem ruppigen Führungsstil. Von „Lehmschicht" spricht er, wenn er seine Kollegen in der Führungsetage meint. Zitat: „Ein Spalier von Applaudierenden, das brauche ich nicht."

Gnadenlos

Kein Firmenlenker hat die gnadenlose Logik des Herrschens so verinnerlicht wie VW-Aufsichtsratschef Ferdinand Piëch. Sein Verhältnis zu Angestellten und Mitarbeitern war immer schwierig. Er selber dazu: „Sie gewinnen keinen Überlebenskampf mit Freundlichkeit."

Quelle: „Ich Chef, du nix: Wie Topmanager ihre Unternehmen führen" auf www.handelsblatt.com vom 19.08.2011; © Handelsblatt GmbH. Alle Rechte vorbehalten.

1 In einer Leitungssitzung möchte Herr Peters mit Frau Linden und den Abteilungsleitern ein einheitliches Führungskonzept vereinbaren. Die Führungskräfte in der Fly Bike Werke GmbH bevorzugen unterschiedliche Stile:
   – Oliver Thüne (Abteilungsleiter Einkauf/Logistik) pflegt einen informierenden Führungsstil.
   – Der Führungsstil von Marco Rother (Abteilungsleiter Produktion) ist konsultativ.
   – In Christoph Steffes' Abteilung (Verwaltung) herrscht ein demokratischer Führungsstil.
   – Ralf Gerland (Abteilungsleiter Vertrieb) führt seine Mitarbeiter mithilfe eines partizipativen Führungsstils.

   a Sie als Klasse sollen nun die Sitzung vorbereiten. Bilden Sie vier Gruppen und wählen Sie die Führungskraft aus, die Sie unterstützen möchten. Suchen Sie danach Argumente für den von Ihnen gewünschten Führungsstil bzw. Argumente gegen die anderen Prinzipien.

   b Simulieren Sie die Sitzung in Form eines Rollenspiels, zu dem jede Gruppe einen Vertreter („Abteilungsleiter") schickt. Der Lehrer („Herr Peters") moderiert das Gespräch.

   c Lassen Sie die Pro- und Kontra-Argumente durch vier unabhängige Protokollanten per Kartenabfrage sammeln.

   d Beschließen Sie in der Sitzung den gemeinsamen Führungsstil.

   e Systematisieren Sie die Ergebnisse der Kartenabfrage in Arbeitsblatt 65.1, indem Sie diese dem
      – eher autoritär geprägten Führungsstil bzw.
      – eher partizipativ geprägten Führungsstil
      zuordnen.

2 Der Artikel stellt verschiedene Möglichkeiten dar, ein Unternehmen zu führen. Herr Peters möchte seinen Abteilungsleitern Anhaltspunkte geben, wie sie ihr Führungsverhalten in Zukunft verbessern können.

   a Identifizieren Sie anhand der Aussagen des Artikels zunächst den von der jeweiligen Führungskraft bevorzugten Führungsstil.

   b Welcher Firmenchef leitet sein Unternehmen Ihrer Meinung nach besonders erfolgreich? Begründen Sie diese Ansicht.

Arbeitsblatt 65.1: Führungsstile

Erläutern Sie, was Führungsstile sind, und stellen Sie zwei Grundrichtungen gegenüber.

Erläuterung:

Merkmale des **autoritären** Führungsstils	Merkmale des **partizipativen** Führungsstils

Arbeitsblatt 65.2: Führungstechniken

Erläutern Sie, was Führungstechniken sind, und nennen und beschreiben Sie die klassischen Führungstechniken.

Erläuterung:

Führungstechnik	Erläuterung (stichpunktartig)
Management by Exception	

Aufgaben

Aufgabe 1

Mit welchen Führungsinstrumenten lässt sich das Verhalten von Mitarbeitern steuern? Beschreiben Sie auch kurz die Wirkungsweise der Führungsinstrumente.

Aufgabe 2

Personalführung ist wichtig, weil Mitarbeiter- und Unternehmensinteressen in der Praxis oft stark voneinander abweichen. Beschreiben Sie diesen Konflikt

a hinsichtlich der abzuliefernden Arbeitsleistung (quantitativ und qualitativ),

b hinsichtlich einer pünktlichen Arbeitsaufnahme,

c hinsichtlich der Bereitschaft zu Mehrarbeit, Nachtarbeit und Wochenenddiensten,

d hinsichtlich der Bereitschaft zum Beachten von Dienstanweisungen.

Aufgabe 3

Durch den Einsatz klassischer Führungstechniken kann der Lenkungsaufwand deutlich reduziert werden. Wieso fördern die Techniken meist auch die Arbeitszufriedenheit der Mitarbeiter?

Aufgabe 4

Viele Verhaltensweisen von Vorgesetzten lassen sich nur schwer einer Lehrbuchtechnik zuordnen. Betrachten Sie deshalb im Folgenden die humoristische Ergänzung aus der Büro-Erlebniswelt.

- **Management by Nilpferd:** Auftauchen, Maul aufreißen, wieder untertauchen!
- **Management by Känguru:** Mit leerem Beutel große Sprünge machen.
- **Management by Moses:** Volk in die Wüste schicken und auf Wunder warten.
- **Management by Dübel:** Lücke erkennen, schnell „reinquetschen" und sofort breit machen.
- **Management by Champignon:** Mitarbeiter im Dunkeln lassen, von Zeit zu Zeit mit Mist bestreuen und, wenn sich Köpfe zeigen, sofort absäbeln.
- **Management by Crocodile:** Bis zum Hals im Dreck stecken, aber das Maul groß aufreißen.
- **Management by Chromosom:** Führungsqualifikation ausschließlich durch Vererbung.
- **Management by Helicopter:** Über allem schweben, von Zeit zu Zeit auf den Boden kommen, viel Staub aufwirbeln und dann wieder ab in die Wolken.

Quelle: Verlags- und Trainingsgesellschaft mbH, Lüneburg; www.zeitzuleben.de

a Verstecken sich hinter diesen spöttischen Beschreibungen nicht doch auch Elemente klassischer Führungsstile? Zeigen Sie Gemeinsamkeiten auf.

b Welche der aufgezeigten Verhaltensweisen könnten für die Unternehmensführung durchaus auch eine positive Wirkung entfalten?

In der Fly Bike Werke GmbH findet gerade ein erster Informationsaustausch zwischen dem Geschäftsführer Herrn Peters und dem neugewählten Betriebsrat David Düsentrieb statt. Auf der Betriebsversammlung hat Herr Düsentrieb eine flammende Kandidatenrede zum Thema „Entgeltrückstand der Arbeitnehmer bei der Fly Bike Werke GmbH" gehalten und ist danach mit dem Traumergebnis von 95 % Zustimmung gewählt worden. Herr Peters möchte deshalb bei seinem neuen Verhandlungspartner sondieren, ob in dieser Frage zukünftig konfliktreiche Auseinandersetzungen zu erwarten sind.

Hans Peters:

Herr Düsentrieb, unsere Entgelte werden durch den aktuellen Tarifvertrag festgelegt.

Freiwillige Zulagen sind immer möglich – und mehr als angemessen.

David Düsentrieb:

Um für weitere Gespräche einen einheitlichen Informationsstand zu schaffen, vereinbaren Geschäftsführer und Betriebsrat, anhand zweier typischer Arbeitnehmer der Fly Bike Werke GmbH die Einkommensentwicklung näher zu beleuchten. Das Vorhaben erweist sich aber als schwierig, weil zwischenzeitlich eine Umstellung der Entlohnung auf das ERA-System erfolgte. Hier die Ergebnisse:

Heinz Glöckner
Komplettierung
angelernt
42 Jahre

heute:
– Grundentgelt EG 6: 2.132,50 €
– Leistungsentgelt: 344,30 €
– Belastungszulage: 56,74 €

vor 8 Jahren:
– Akkordlohn
– Normalleistung: 1 050 Stk./Monat
– Leistungsgrad: 120 %
– Vorgabezeit je Stk.: 7,68 Min.
– Akkordrichtsatz: 13,63 €

Kai Schimanski
Qualitätssicherung
Werkzeugmechaniker
37 Jahre

heute:
– Grundentgelt EG 9: 2.500,50 €
– Leistungsentgelt: 698,38 €

vor 8 Jahren:
– Stundenlohn
– Arbeitszeit: 184 Std. monatlich
– tarifl. Arbeitszeit: 164 Std. monatlich
– Stundenlohn: 15,50 €
– Überstundenzuschlag: 25 %

1 Berechnen Sie das Monatsentgelt für die beiden ausgewählten Mitarbeiter heute und vor acht Jahren. Erkennen Sie eine Lücke in der Einkommensentwicklung in der Fly Bike Werke GmbH, wenn gleichzeitig im Branchendurchschnitt die Einkommen in acht Jahren um 20 % stiegen?

2 Berechnen Sie den heutigen Reallohn im Vergleich zu den Einkommen vor acht Jahren, wenn zwischenzeitlich eine Preissteigerungsrate von 23,8 % zu verzeichnen war.

3 Das Leistungsentgelt ist immer an das Erreichen bestimmter Arbeitsergebnisse oder Erfolgskennzahlen geknüpft. Überlegen Sie zunächst am konkreten Fall, wofür den beiden Referenzmitarbeitern, Herrn Glöckner und Herrn Schimanski, eine Leistungszulage zugesprochen werden könnte.

Arbeitsblatt 66.1: Traditionelle Entgeltformen

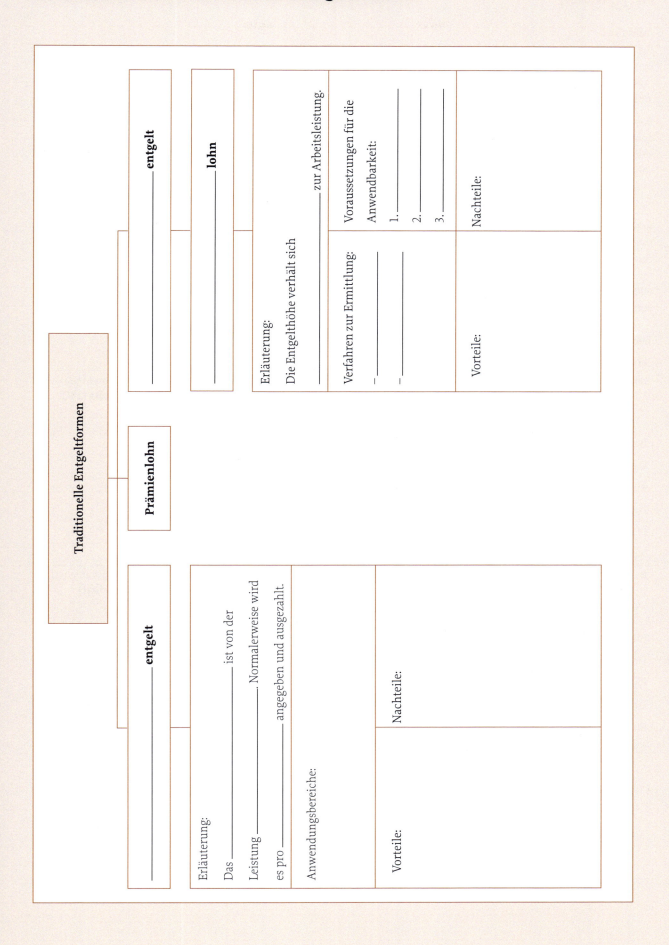

Aufgaben

Aufgabe 1

Die Fly Bike Werke GmbH will die Auswirkung eines neuen Leistungsentgelt-Ermittlungssystems in der Komplettierung prüfen. Die folgenden Daten (Tabelle 1) stehen zur Verfügung:

Das Leistungsentgelt soll im Durchschnitt 15 % des Grundentgelts aller Mitarbeiter betragen, es darf ferner bei keinem Mitarbeiter 30 % übersteigen. Bei der Berechnung sollen zu gleichen Teilen berücksichtigt werden:
- die geleistete Stückzahl (montierte Räder) und
- die Fehler-/Nacharbeitsquote.

Arbeitgeber und Betriebsrat haben dazu Minimalanforderungen vereinbart, bei deren Nichterfüllung keine Leistungszulage für dieses Merkmal gewährt wird: So werden für eine Leistungszulage mindestens 180 montierte Räder oder nicht mehr als 10 % Fehler-/Nachbearbeitungsquote verlangt.

Tabelle 1

Name	montierte Räder Mai in Stk.	von der QS nachgearbeitet in Stk.	Grundentgelt in €
Chris Breuer	243	65	2.786,00
Maria Cleber	187	12	2.445,00
Jean Riche	201	3	2.673,00
Kurt Einheim	178	22	2.786,00
Soerben Blaubart	226	15	2.280,00
Summe der Grundentgelte in €			
15 % der Summe der Grundentgelte in €			①

Tabelle 2

Ermittlungsblatt Leistungsentgelt Komplettierung					
Name	Überschreitung Minimalwert montierte Räder in Stück ③	Überschreitung Minimalwert montierte Räder in % ④	Überschreitung gesamt in %: ⑤	Leistungsentgelt je überschrittenem % ⑥	Leistungsentgelt I in € (Stückzahl) ⑦
Breuer	63	35			
Cleber	7				
Riche					
Einheim					
Blaubart					
Summe		⑤	→		②
Name	Nacharbeitsquote in %	Unterschreitung Maximalwert Nacharbeitsquote in %	Unterschreitung gesamt in %:	Leistungsentgelt je unterschrittenem %	Leistungsentgelt II (Nacharbeit)
Breuer					
Cleber					
Riche					
Einheim					
Blaubart					
Summe		→			②

a Nutzen Sie das vorliegende Ermittlungsblatt (Tabelle 2) und gehen Sie zur Errechnung des Leistungsentgelts wie folgt vor:
① Ermitteln Sie anhand der Grundentgelte zunächst die zur Verfügung stehende Verteilungssumme für die Leistungszulage.
② Teilen Sie die Verteilungssumme in zwei gleich große Teilsummen für stückzahlbezogenes und nacharbeitsbezogenes Entgelt und tragen Sie diese in die Summenzeilen ein.
③ Ermitteln Sie dann zunächst die Überschreitung der Minimalleistung bei den montierten Rädern in Stück.

④ Anschließend ermitteln Sie die Überschreitung in % des Minimalwertes für jeden Mitarbeiter.

⑤ Addieren Sie die Überschreitungen in % und notieren Sie die Summe in das Feld „Überschreitung gesamt in %".

⑥ Teilen Sie die Verteilsumme ② für das stückzahlbezogene Merkmal durch die Überschreitungen gesamt in % ⑤. Dadurch erhalten Sie das zu zahlende Leistungsentgelt je überschrittenem Prozentpunkt ⑥.

⑦ Multiplizieren Sie ④ mit ⑥ und ermitteln Sie so das Leistungsentgelt I.

Verfahren Sie beim Leistungsmerkmal Nacharbeit analog.

b Ermitteln Sie schließlich das auf jeden Mitarbeiter entfallende gesamte Leistungsentgelt durch Übertragung der Ergebnisse in die folgende Tabelle und prüfen Sie, ob die auf der Vorseite oben genannten Vorgaben eingehalten wurden.

Tabelle 3

Name	Grundentgelt in €	Leistungsentgelt I (Stückzahl) in €	Leistungsentgelt II (Nacharbeit) in €	Gesamtentgelt in €
Breuer				
Cleber				
Riche				
Einheim				
Blaubart				
Summe				

c Halten Sie das Modell für zweckmäßig oder können Sie einen Verbesserungsvorschlag machen?

Aufgabe 2

Die Kruse GmbH produziert Armaturenbretter für einen großen Automobilhersteller. Die Armaturenbretter werden von den Mitarbeitern im Akkord zusammengesetzt. Die Kruse GmbH berechnet deshalb das Entgelt für die Produktionsmitarbeiter nach dem Zeitakkord. (Bei den folgenden Berechnungen bitte nicht runden!)

a Folgende Daten sind den Lohnunterlagen des Mitarbeiters Herrn Schreier zu entnehmen:
- Grundlohn: 14,40 €/Std.
- Vorgabezeit: 4 Armaturenbretter/Std.
- Akkordzuschlag: 6 %

Wie viel verdient Herr Schreier bei einem Einzelauftrag von 15 Armaturenbrettern, wenn er bei der Erledigung des Auftrags genau die Vorgabezeit einhält?

b Ermitteln Sie den Wochenverdienst von Herrn Schreier bei folgenden Voraussetzungen: Herr Schreier arbeitet sieben Stunden/Tag und fünf Tage/Woche mit einem Leistungsgrad von 125 %.

c Wie viel würde Herr Schreier bei einem Leistungsgrad von 125 % verdienen, wenn sein Entgelt nach dem Stückgeldakkord ermittelt würde? Begründen Sie kurz Ihre Antwort.

Aufgabe 3

Entscheiden Sie, ob für die folgenden Tätigkeiten ein zeit- oder ein mengenabhängiges Entgelt sinnvoll ist:
a Montage von Herzschrittmachern, **b** Qualitätsprüfung, **c** Montage von Besen, **d** Wartungsarbeiten, **e** Erntearbeiten, **f** Teamleitung, **g** Steuerung einer Walzstraße

Aufgabe 4

Der Facharbeiter Fritz Schulze ist in einer Maschinenfabrik damit beschäftigt, eine bestimmte Art von Drehvorgang an verschiedenen Maschinenteilen vorzunehmen. Die Arbeit erfordert eine relativ hohe Präzision, da vorgegebene Toleranzgrenzen nur geringe Abweichungen von den aus der Zeichnung abzulesenden Abmessungen zulassen.

Fritz Schulze erhält im ERA-Tarifvertrag ein Entgelt von 15,30 € pro Stunde sowie eine Leistungszulage von 10 %. Seine wöchentliche Arbeitszeit beträgt 38 Stunden. Im Durchschnitt bearbeitet Fritz Schulze 3,5 Teile pro Stunde. Er möchte gerne wie früher wieder auf reinen Leistungslohn umgestellt werden, da er sich einen erheblichen Mehrverdienst erhofft. Er erinnert sich noch, dass die Vorgabezeit für seine Tätigkeit mit 15 Min./Stk. angesetzt war und er immer einen Leistungsgrad von 125 % erreichte.

a Berechnen Sie den Mehr-/Minderverdienst pro Woche im Leistungslohn gegenüber der aktuellen Vergütung. Verwenden Sie zur Berechnung des Leistungslohns die Formel des Stückzeitakkords.

b Die Betriebsleitung will wissen, wie sich die Umstellung auf die Lohnkosten ausgewirkt hat. Berechnen Sie dazu die Lohnkosten/Stk. vor und nach der Umstellung. Die Berechnung erfolgt ohne Berücksichtigung der Lohnnebenkosten.

c Die Geschäftsleitung will wissen, ob die von Schulze auszuführende Arbeit für eine Umstellung auf den Leistungslohn geeignet ist. Nennen und beschreiben Sie drei Anwendungsvoraussetzungen, die vor der Umstellung geprüft werden sollten.

Aufgabe 5

Welche Prämienart wird gewährt?

a Herr Hoch hat sein Umsatzziel von 800.000,00 € deutlich überschritten.

b Frau Leisner ist es gelungen, durch konsequente Einhaltung der Arbeitsschutzvorschriften in ihrer Abteilung die Verletzungsgefahr drastisch zu verringern.

c Schon wieder hat der Naturverband der Fly Bike Werke GmbH das Gütesiegel für nachhaltiges Industriemanagement verliehen.

d Herr Kurt hatte die Idee, ungenutzte Produktionsanlagen quartalsweise Fremdfirmen gegen eine entsprechende Nutzungsgebühr zu überlassen.

e Dem Vertrieb ist es durch geschickte Terminplanung und die Auswahl geeigneter Transportmittel gelungen, verkehrsbedingte Auslieferungsverzögerungen zu halbieren.

f Frau Michel hatte eine Idee, mit der sich Stanzreste fast völlig vermeiden lassen.

g In einem Vergleichstest belegte ein Fahrrad der Fly Bike Werke GmbH in allen Kategorien den ersten Platz.

h Dem Team der Arbeitsplanung ist es gelungen, durch eine Umstellung der Arbeitsgänge die Bearbeitungszeit um 10 % zu reduzieren.

Aufgabe 6

Durch die Umstellung auf ERA wurden die Entlohnungsarten für alle Mitarbeiter vereinheitlicht. Ergänzen Sie die folgende Tabelle, indem Sie die Entgeltbestandteile nennen und erläutern.

Entgeltbestandteil	Erläuterung
Grundentgelt	

Fly Bike Werke GmbH

Hausmitteilung

Absender	Empfänger	mit der Bitte um
[X] Geschäftsführung	[ ] Geschäftsführung	[ ] Kenntnisnahme
[ ] Zentralsekretariat	[ ] Zentralsekretariat	[X] Erledigung
[ ] Controlling	[ ] Controlling	[ ] Stellungnahme
[ ] Einkauf/Logistik	[ ] Einkauf/Logistik	
[ ] Produktion	[ ] Produktion	
[ ] Verwaltung	[X] Verwaltung	
[ ] Vertrieb	[ ] Vertrieb	
[ ] Frau/Herr	[ ] Frau/Herr	

Liebe Mitarbeiter,

irgendetwas stimmt mit unserer Personalbuchhaltung nicht. Diverse Mitarbeiter waren heute bei mir und haben sich über eine fehlerhafte Gehaltsabrechnung beschwert. Es wurde überwiegend zu wenig ausbezahlt. Da muss etwas bei der Umstellung auf unser neues EDV-System in der Personalbuchhaltung falsch gelaufen sein.

Prüfen Sie bitte die Abrechnung von Herrn Baumann, er fordert ungefähr 500,00 € nach, und finden Sie heraus, welche grundsätzlichen Fehler wir im System haben. Das muss schnellstens bereinigt werden!

H. Peters

Auszug aus der neu erstellten Personalstammdatei:

Personal-Nr. 1302			
Name	Baumann	Konfession	– – –
Vorname	Lars	Nationalität	deutsch
PLZ	26121	Bruttogehalt	2.430,00 €
Ort	Oldenburg	VL	26,00 €
Straße	Zur Waldesruh 4	VL-Sparbetrag	40,00 €
Telefon	0441 12679	Weihnachtsgeld	62,5 %
Bankverbindung	Landessparkasse Oldenburg	Urlaubsgeld	50,0 %
BLZ	280 501 00	Steuerfreibetrag	0,00
Kontonummer	664898	Eintritt	01.10.199X
Krankenkasse	Hamburg-Münchener Krankenkasse	Ausbildung	Industriekaufmann
Geburtsdatum	12.01.1972	Stelle	Sachbearbeiter Vertrieb
Familienstand	verheiratet	Gehaltsgruppe	G5
Kinder	keine	tägliche Arbeitszeit	7,70 Stunden
Steuerklasse	III	Urlaubstage	30 Werktage

Gehaltsabrechnung

Fly Bike Werke GmbH

| Personalnummer: 1302 | **Abrechnung:** September 2012 |

Lohnsteuermerkmale

Lars Baumann
Zur Waldesruh 4
26121 Oldenburg

Steuerklasse	Kinderfreibetrag	Konf.
III	0	rk

Sozialversicherungsmerkmale

KV [1]	PV [1]	RV	AV
14,6 %	1,95 %	19,6 %	3,0 %

[1] ohne Arbeitnehmerzuschläge

	EUR
Bruttoverdienst	2.430,00
+ Provisionen, Prämien	–
+ vermögenswirksame Leistungen	26,00
+ Sonderzahlungen (Urlaubsgeld, Weihnachtsgeld)	–
= sozialversichungspflichtiges Bruttoentgelt	2.456,00
– Steuerfreibetrag	–
= steuerpflichtiges Bruttoentgelt	2.456,00
– Lohnsteuer	118,50
– Solidaritätszuschlag	
– Kirchensteuer	10,66
– Krankenversicherung	358,68
– Pflegeversicherung	47,89
– Rentenversicherung	481,38
– Arbeitslosenversicherung	73,68
= Summe gesetzlicher Abzüge	1.090,79
– vermögenswirksame Leistungen	40,00
– Vorschuss September	
= **Auszahlungsbetrag**	1.325,21

Alle Eintragungen in der Lohnsteuerkarte genau prüfen!   Ordnungsmerkmale des Arbeitgebers

Lohnsteuerkarte 2010

AGS 05 314 000

Finanzamt Oldenburg
Lohnsteuerstelle   Nr. 7739   Geburtsdatum 12.01.1972

Bezirksamt Oldenburg
Bürgerbüro Oldenburg, 26121 Oldenburg

I. Allgemeine Besteuerungsmerkmale

| Steuer-klasse | Kinder unter 18 Jahren: Zahl der Kinderfreibeträge |

LARS BAUMANN
ZUR WALDESRUH 4

26121 OLDENBURG

III ---

Kirchensteuerabzug

(Datum) 20.09.2010

(Gemeindebehörde)
Bezirksamt Oldenburg

II. Änderungen der Eintragungen im Abschnitt I

Steuerklasse	Zahl der Kinder-freibeträge	Kirchensteuerabzug	Diese Eintragung gilt, wenn sie nicht widerrufen wird:	Datum, Unterschrift und Stempel der Behörde
			vom 20XX an	
			bis zum 20XX	

Monat von 2 427,00 € bis 2 456,99 €

Lohn/ Gehalt bis	Steuerklasse	Lohn-steuer	ohne Kinderfreibetrag			mit 0,5 Kinderfreibetrag			
			SolZ 5,5%	Kirchensteuer 8%	9%	SolZ 5,5%	Kirchensteuer 8%	9%	S 5
2 429,99	I	321,83	17,70	25,74	28,96	13,19	19,19	21,59	
	II	290,75	15,99	23,26	26,16	11,58	16,84	18,95	
	III	113,00	0,00	9,04	10,17	0,00	4,49	5,05	
	IV	321,83	17,70	25,74	28,96	15,41	22,42	25,22	
	V	581,16	31,96	46,49	52,30				
	VI	616,00	33,88	49,28	55,44				
2 432,99	I	322,58	17,74	25,80	29,03	13,23	19,25	21,65	
	II	291,50	16,03	23,32	26,23	11,61	16,90	19,01	
	III	113,66	0,00	9,09	10,22	0,00	4,53	5,09	
	IV	322,58	17,74	25,80	29,03	15,45	22,48	25,29	
	V	582,33	32,02	46,58	52,40				
	VI	617,00	33,93	49,36	55,53				
2 435,99	I	323,33	17,78	25,86	29,09	13,27	19,30	21,71	
	II	292,16	16,06	23,37	26,29	11,65	16,95	19,07	
	III	114,16	0,00	9,13	10,27	0,00	4,57	5,14	
	IV	323,33	17,78	25,86	29,09	15,49	22,54	25,35	
	V	583,16	32,07	46,65	52,48				
	VI	618,16	33,99	49,45	55,63				
2 438,99	I	324,08	17,82	25,92	29,16	13,31	19,36	21,78	
	II	292,91	16,11	23,43	26,36	11,69	17,00	19,13	
	III	114,83	0,00	9,18	10,33	0,00	4,61	5,18	
	IV	324,08	17,82	25,92	29,16	15,53	22,60	25,42	
	V	584,16	32,12	46,73	52,57				
	VI	619,16	34,05	49,53	55,72				
2 441,99	I	324,83	17,86	25,98	29,23	13,35	19,42	21,84	
	II	293,66	16,15	23,49	26,42	11,73	17,06	19,19	
	III	115,50	0,00	9,24	10,39	0,00	4,65	5,23	
	IV	324,83	17,86	25,98	29,23	15,57	22,66	25,49	
	V	585,16	32,18	46,81	52,66				
	VI	620,33	34,11	49,62	55,82				
2 444,99	I	325,58	17,90	26,04	29,30	13,38	19,47	21,90	
	II	294,41	16,19	23,55	26,49	11,77	17,12	19,26	
	III	116,00	0,00	9,28	10,44	0,00	4,70	5,29	
	IV	325,58	17,90	26,04	29,30	15,61	22,71	25,55	
	V	586,33	32,24	46,90	52,76				
	VI	621,33	34,17	49,70	55,91				
2 447,99	I	326,33	17,94	26,10	29,36	13,42	19,53	21,97	
	II	295,16	16,23	23,61	26,56	11,80	17,17	19,31	
	III	116,66	0,00	9,33	10,49	0,00	4,74	5,33	
	IV	326,33	17,94	26,10	29,36	15,65	22,77	25,61	
	V	587,33	32,30	46,98	52,85				
	VI	622,33	34,22	49,78	56,00				
2 450,99	I	327,08	17,98	26,16	29,43	13,47	19,59	22,04	
	II	295,91	16,27	23,67	26,63	11,84	17,23	19,38	
	III	117,33	0,00	9,38	10,55	0,00	4,78	5,38	
	IV	327,08	17,98	26,16	29,43	15,69	22,83	25,68	
	V	588,50	32,36	47,08	52,96				
	VI	623,50	34,29	49,88	56,11				
2 453,99	I	327,83	18,03	26,22	29,50	13,50	19,64	22,10	
	II	296,58	16,31	23,72	26,69	11,88	17,28	19,44	
	III	117,83	0,00	9,42	10,60	0,00	4,82	5,42	
	IV	327,83	18,03	26,22	29,50	15,73	22,89	25,75	
	V	589,50	32,42	47,16	53,05				
	VI	624,50	34,34	49,96	56,20				
2 456,99	I	328,58	18,07	26,28	29,57	13,54	19,70	22,16	
	II	297,33	16,35	23,78	26,75	11,92	17,34	19,51	
	III	118,50	0,00	9,48	10,66	0,00	4,86	5,47	
	IV	328,58	18,07	26,28	29,57	15,78	22,95	25,82	
	V	590,50	32,47	47,24	53,14				
	VI	625,66	34,41	50,05	56,30				

Hinweis: Die Lohnsteuerkarte 2010 ist die letzte auf Karton. Sie gilt auch noch im Jahr 2012. Ab 2013 wird sie durch ELSTAM (Elektronische Lohnsteuerabzugs-merkmale), eine Datenbank, abgelöst. Der Arbeitgeber kann dann die relevanten Daten online abfragen.

1 Wie sieht die korrekte Abrechnung für Herrn Baumann aus? Verwenden Sie das Schema auf der nächsten Seite.

Gehaltsabrechnung

Fly Bike Werke GmbH

Personalnummer: 1302	**Abrechnung:** September 2012

Lars Baumann
Zur Waldesruh 4
26121 Oldenburg

Lohnsteuermerkmale

Steuerklasse	Kinderfreibetrag	Konf.

Sozialversicherungsmerkmale

KV [1)	PV [1)	RV	AV

[1) ohne Arbeitnehmerzuschläge

	EUR
Bruttoverdienst	
+ Provisionen, Prämien	
+ vermögenswirksame Leistungen	
+ Sonderzahlungen (Urlaubsgeld, Weihnachtsgeld)	
= sozialversichungspflichtiges Bruttoentgelt	
– Steuerfreibetrag	
= steuerpflichtiges Bruttoentgelt	
– Lohnsteuer	
– Solidaritätszuschlag	
– Kirchensteuer	
– Krankenversicherung	
– Pflegeversicherung	
– Rentenversicherung	
– Arbeitslosenversicherung	
= Summe gesetzlicher Abzüge	
– vermögenswirksame Leistungen	
– Vorschuss September	
= **Auszahlungsbetrag**	

Arbeitsblatt 67.1: Schema einer Lohn- und Gehaltsabrechnung

Verbinden Sie die Begriffe der Gehaltsabrechnung mit den richtigen Erläuterungen durch Linien.

Gehaltsabrechnung	Erläuterungen
Bruttogehalt	Beitragssatz 1,95 % des SV-Bruttoentgelts (Kinderlose zahlen Zuschlag von 0,25 %), Arbeitgeber (AG) 50 %, Arbeitnehmer (AN) 50 % + 0,25 %-Punkte[1]
+ Prämien, Sonderzahlungen	Grundlage für die Berechnung der Sozialversicherungsbeiträge des AN/AG
+ vermögenswirksame Leistungen des Arbeitgebers	freiwillige oder tarifvertragliche Zahlungen des Arbeitgebers zur Vermögensbildung der Arbeitnehmer
= sozialversicherungspflichtiges Bruttoentgelt	arbeitsvertraglich festgelegtes monatliches Entgelt
− Steuerfreibetrag	Einkommensteuer abhängig Beschäftigter, die vom Arbeitgeber einbehalten wird
= steuerpflichtiges Bruttoentgelt	Beitragssatz 3,0 % des SV-Bruttoentgelts, AG 50 %, AN 50 %[1]
− Lohnsteuer	vor Fälligkeit durch den AN beanspruchte Gehaltsanteile
− Solidaritätszuschlag	Beitragssatz 14,6 %, Grundlage: sozialversicherungspflichtiges (SV) Bruttoentgelt, AG 50 % des Beitragssatzes, AN 50 % des Beitragssatzes + 0,9 %-Punkte[1]
− Kirchensteuer	Beitragssatz 19,6 % des SV-Bruttoentgelts, AG 50 %, AN 50 %
− Krankenversicherung	Sparrate, die vom Arbeitgeber einbehalten und an das Sparinstitut weitergeleitet wird
− Pflegeversicherung	prozentualer Zuschlag auf die Lohnsteuer für den Aufbau Ost
− Rentenversicherung	Bruttoentgelt minus gesetzliche Pflichtabgaben
− Arbeitslosenversicherung	Abzüge nur für Mitglieder von steuererhebenden Religionsgemeinschaften
= Nettoentgelt	Grundlage für die Berechnung der steuerlichen Abzüge
− vermögenswirksame Sparleistung des Arbeitnehmers	arbeits- oder tarifvertragliche Vergütungen, die über das vereinbarte Gehalt hinausgehen
− Vorschuss	Überweisungsbetrag an den AN
= Auszahlungsbetrag	Abzugsbeträge (nur) für das steuerpflichtige Bruttoentgelt

[1] Die Angaben zu den Beitragssätzen gelten für das Jahr 2012.

Arbeitsblatt 67.2: Steuerklassen und steuerliche Abzüge

Eine Steuerklassen-"Liebes- und Lebensgeschichte".
Geben Sie an, welche Steuerklasse jeweils zugeordnet wird oder gewählt werden sollte.

Rosi und Klaus sind beide berufstätig und unendlich verliebt – natürlich. Sie sind noch nicht verheiratet und wollen bald eine eigene Wohnung anmieten.
Steuerklasse Rosi: _____   Steuerklasse Klaus: _____

Es ist geschafft: Die Wohnung ist gemietet, bezogen und die Hochzeitsglocken haben schon geläutet. Die Bruttoentgelte? Beide bringen in etwa gleich viel oder besser gesagt wenig „nach Hause".
Steuerklasse Rosi: _____   Steuerklasse Klaus: _____

Die Jahre vergehen. Der Kinderwunsch ist „übermächtig" geworden. Der kleine Paul wird geboren und Rosi übernimmt für die nächsten Jahre die Erziehung von Paul – ohne einer Berufstätigkeit nachzugehen.
Steuerklasse Rosi: _____   Steuerklasse Klaus: _____

Die Mietwohnung wird mit Paul und der zweitgeborenen Paula etwas zu klein. Ein eigenes Haus muss her. Rosis Mutter übernimmt täglich für einige Stunden die Aufsicht über die Kinder. Rosi geht wieder halbtags arbeiten.
Steuerklasse Rosi: _____   Steuerklasse Klaus: _____

Das Haus wird gekauft, aber das Geld reicht nicht so ganz. Klaus hat jetzt einen Zweitjob angenommen. Mehr geht nicht.
Steuerklasse von Klaus für den Zweitjob: _____

Es funktioniert auf Dauer alles nicht. Nicht die Finanzierung für das Haus und die Ehe auch nicht. Klaus zieht aus. Das Haus wird verkauft. Die Ehe wird geschieden. Die Kinder bleiben (wohnen) bei ihrer Mutter und Klaus wohnt allein. Beide gehen ganztags arbeiten.
Steuerklasse Rosi: _____   Steuerklasse Klaus: _____

Hinweis: Die Geschichte ist natürlich frei erfunden und hat mit der Lebenswirklichkeit nur in Ausnahmefällen zu tun. Es geht tatsächlich nur um die Steuerklassen!

Während der Ehe haben Rosi und Klaus erhebliche Ausgaben getätigt. Ordnen Sie zu, ob die unten genannten Beispiele zu 1 = den Werbungskosten, 2 = den Sonderausgaben (beschränkt oder unbeschränkt abzugsfähig), 3 = den außergewöhnlichen Belastungen oder 4 = den Kosten der privaten Lebensführung ohne Auswirkung auf die Steuerbelastung gehören.

Ziffer	Beschreibung der Ausgaben (Beispiele)	Ziffer	Beschreibung der Ausgaben (Beispiele)
	Ausgaben für die Mietwohnung		Aufwendungen für Arbeitsmittel
	Kirchensteuer		Spenden an gemeinnützige Einrichtungen
	Beiträge zu Berufsverbänden		Kinderbetreuungskosten
	Aufwendungen für eine Berufsfortbildung		Fahrten zwischen Wohnung und Arbeitsstätte
	Krankenversicherung (Basisversorgung)		Krankheitskosten
	Kleidung für die Kinder		Haushaltshilfe (krankheitsbedingt)
	Schulgeld für die Kinder		Unterhaltsleistungen an geschiedenen Ehegatten

Aufgaben

Aufgabe 1

Stellen Sie bei den nebenstehenden Zahlungen fest, ob sie

1 vom Arbeitgeber allein,
2 anteilig vom Arbeitgeber und vom Arbeitnehmer,
3 vom Arbeitnehmer allein

zu tragen sind.

a Lohnsteuer
b Beitrag zur gesetzlichen Pflegeversicherung
c Lebensversicherungsprämie
d Beitrag zur gesetzlichen Unfallversicherung
e Solidaritätszuschlag
f private Altersvorsorge

Aufgabe 2

a Ordnen Sie den folgenden Fällen die richtige Steuerklasse zu.
b Welche Alternativen bestehen für Ehegatten bei der Steuerklassenwahl?

Fall	Steuerklasse
allein verdienender, verheirateter Angestellter mit einem Kind	
unverheiratete Frau, 34 Jahre alt, mit einem Kind (wohnt bei der Mutter)	
berufstätiger Ehemann mit Ehefrau in Steuerklasse V	
verheirateter Angestellter mit vier Kindern und nicht berufstätiger Ehefrau für seinen genehmigten Nebenjob	

Aufgabe 3

In einer einfachen Gehaltsabrechnung für Klaus Müller, einen unverheirateten, kirchensteuerpflichtigen und kinderlosen Arbeitnehmer, der 26 Jahre alt ist und in Nordrhein-Westfalen lebt und arbeitet, gelten im Januar 2012 folgende Berechnungen (Steuerklasse I, 0 Kinderfreibeträge):

Bruttogehalt		**3.200,00 €**
+ vermögenswirksame Leistungen (VL) des Arbeitgebers		13,00 €
+ Überstundenvergütung		187,00 €
= Bruttoentgelt		**3.400,00 €**
– Lohnsteuer (LSt)		580,33 €
– Solidaritätszuschlag (SolZ)	5,5 % der Lohnsteuer	31,42 €
– Kirchensteuer (KiSt)	9,0 % der Lohnsteuer	52,24 €
– Rentenversicherung	9,8 % des Bruttoentgelts	333,20 €
– Arbeitslosenversicherung	1,5 % des Bruttoentgelts	51,00 €
– Krankenversicherung	8,2 % des Bruttoentgelts	278,80 €
– Pflegeversicherung	1,225 % des Bruttoentgelts	41,65 €
= Nettoentgelt		**2.030,86 €**
– vermögenswirksame Sparrate des Arbeitnehmers		40,00 €
= Auszahlungsbetrag		**1.990,86 €**

a Nennen Sie drei mögliche Bestandteile des Bruttoentgelts eines Gehaltsempfängers.
b Welche gesetzlichen Pflichtabgaben sind von Gehaltsempfängern zu leisten?
c Wie wird der Auszahlungsbetrag für einen Gehaltsempfänger ermittelt?
d Wie hoch ist das Nettoentgelt von Klaus Müller in % seines Bruttoentgelts?
e Wie hoch sind die gesetzlichen Pflichtabgaben in € und in % des Bruttoentgelts?

Aufgabe 4

Die Personalkosten für Klaus Müller auf Basis nur dieser Gehaltsabrechnung aus Aufgabe 3 setzen sich für den Arbeitgeber wie folgt zusammen:

Bruttogehalt	**3.200,00 €**
+ vermögenswirksame Leistungen (VL) des Arbeitgebers	13,00 €
+ Überstundenvergütung	187,00 €
+ Arbeitgeberanteil zur Rentenversicherung	333,20 €
+ Arbeitgeberanteil zur Arbeitslosenversicherung	51,00 €
+ Arbeitgeberanteil zur Krankenversicherung	248,20 €
+ Arbeitgeberanteil zur Pflegeversicherung	33,15 €
= gesamte Personalkosten (aus dieser Gehaltsabrechnung)	**4.065,55 €**

Berechnen Sie das Nettoentgelt in % der Personalkostensumme unter Beachtung der Gehaltsabrechnung aus Aufgabe 3.

Aufgabe 5

Frau Maria Merzig, verheiratet, evangelisch, geboren am 17.04.1970, Steuerklasse IV, 1 Kinderfreibetrag, 2 Kinder, für die keine Steuerfreibeträge auf ihrer Steuerkarte eingetragen sind, wohnt und arbeitet in Berlin (West) und verdient im Monat 2.200,00 €. Der Arbeitgeber zahlt zusätzlich 26,00 € vermögenswirksame Leistungen. Frau Merzig hat einen Bausparvertrag abgeschlossen, die monatliche Sparrate beträgt 40,00 €.

a Erstellen Sie eine Gehaltsabrechnung für den Monat Februar 20XX für Frau Merzig.
Hinweis: LSt, KiSt und SolZ sind unter der Internetadresse http://www.abgabenrechner.de zu ermitteln. Die Sozialversicherungsbeiträge des aktuellen Jahres sind manuell zu berechnen.

b Wie hoch ist das Nettoentgelt von Maria Merzig in % ihres Bruttoentgelts?

c Begründen Sie die unterschiedliche Höhe des Nettoentgelts in % bei Klaus Müller (Aufgabe 3) und Maria Merzig.

d Ermitteln Sie die Summe der Personalkosten für den Arbeitgeber aufgrund dieser Gehaltsabrechnung.

e Warum ist der Arbeitgeberanteil zur Krankenversicherung in jedem Fall geringer als der Arbeitnehmeranteil? Warum gilt das bei der Pflegeversicherung nur in bestimmten Fällen?

f Geben Sie das Nettoentgelt von Frau Merzig in % der Personalkosten des Arbeitgebers an.

Aufgabe 6

Herr Krause, ein verheirateter Arbeitnehmer mit zwei Kindern (Ehefrau nicht berufstätig), der im Bundesland Sachsen wohnt und arbeitet, verdient regelmäßig monatlich 5.600,00 € brutto.

a Berechnen Sie alle Sozialversicherungsbeiträge des Arbeitnehmers für den Abrechnungsmonat Februar 20XX (siehe Recherche-Hinweis in Aufgabe 5a).

b Wer erhält vom Arbeitgeber die Sozialversicherungsbeiträge?

c Was versteht man unter einer Versicherungspflichtgrenze?

Aufgabe 7

Informieren Sie sich über die Leistungen der gesetzlichen Unfallversicherung. Bei welchen Verrichtungen sind Sie durch die gesetzliche Unfallversicherung geschützt?

Aufgabe 8

Bis zu welchem Zeitpunkt sind für einen Arbeitgeber die Sozialversicherungsbeiträge eines Abrechnungsmonats für seine Arbeitnehmer fällig?

Aufgabe 9

Bis wann muss ein Arbeitgeber die von seinen Arbeitnehmern einbehaltenen Steuern aus einem Abrechnungsmonat an das Betriebsstättenfinanzamt überweisen?

Aufgabe 10

Für gut verdienende Arbeitnehmer ist die Höhe der Beitragsbemessungsgrenzen in der Sozialversicherung eine wichtige Größe. Erläutern Sie deren Bedeutung für den Arbeitnehmer.

Aufgabe 11
Beantworten Sie die folgenden Fragen zum Thema Sozialversicherungen durch Ankreuzen.

1. Welche Personengruppe ist in keiner Sozialversicherung pflichtversichert?

a Arbeiter ☐
b Angestellte ☐
c Auszubildende ☐
d Rentner ☐
e Selbstständige ☐

2. Wodurch werden die Leistungen der Sozialversicherung finanziert?

a Steuern ☐
b Versicherungsbeiträge ☐
c freiwillige Vorsorge ☐
d allgemeine Staatsausgaben ☐
e Aktienfonds ☐

3. Welche der genannten Ereignisse werden durch die
gesetzliche Unfallversicherung abgedeckt?

a Freizeitunfall ☐
b Arbeitsunfähigkeit wegen Drogensucht ☐
c Berufskrankheit ☐
d Unfall durch Ausrutschen in der
eigenen Badewanne ☐
e allgemeine Alterserscheinungen
des Arbeitnehmers ☐

4. Wer zahlt für einen Arbeitslosen die Beiträge zur gesetzlichen Krankenversicherung?

a er selbst ☐
b seine private Versicherung ☐
c die Rentenversicherung ☐
d der bisherige Arbeitgeber
und der Arbeitslose 50/50 ☐
e Arbeitsagentur ☐

5. Welche Beiträge muss der Arbeitgeber nicht vom
Bruttolohn abziehen und dem Versicherungsträger
überweisen?

a gesetzliche Rentenversicherung ☐
b Arbeitslosenversicherung ☐
c gesetzliche Pflegeversicherung ☐
d Lebensversicherung ☐
e gesetzliche Krankenversicherung ☐

6. Ein Angestellter verdient 4.645,00 € brutto im Monat. In welcher Versicherungsart ist er pflichtversichert?

a Krankenversicherung ☐
b Lebensversicherung ☐
c Haftpflichtversicherung ☐
d Rentenversicherung ☐
e private Unfallversicherung ☐

Aufgabe 12
Ergänzen Sie die fehlenden Begriffe.

Die Höhe der Sozialversicherungsabgaben ist von den familiären Verhältnissen weitgehend unabhängig.

Maßgeblich ist allein die Höhe des _____ .

Nur bei der _____ spielt es eine Rolle, ob Kinder berücksichtigt werden müssen.

Kinderlose zahlen einen Zuschlag von _____ Prozentpunkten, wenn sie älter als _____ Jahre sind.

Aufgabe 13
Kreuzen Sie nur die richtigen Aussagen an.

	Bruttoentgelt – gesetzliche Pflichtabgaben = Nettoentgelt
	Vermögenswirksame Leistungen des Arbeitgebers sind abgabenfrei.
	Nettoentgelte und Auszahlungsbeträge sind in Gehaltsabrechnungen immer identische Beträge.
	Alle gesetzlichen Pflichtabgaben müssen an das Betriebsstättenfinanzamt des Unternehmens abgeführt werden.
	Für die Höhe der Steuerlast in einer Gehaltsabrechnung sind im Normalfall nur die Steuerklasse, die Anzahl der Kinder- freibeträge und bei Kirchensteuerpflicht der Ort der regelmäßigen Arbeitsstätte entscheidend, wenn keine Steuerfreibe- träge geltend gemacht werden können.
	Bruttogehalt = Bruttoentgelt
	Die Krankenkasse des Arbeitnehmers erhält alle Sozialversicherungsbeiträge des Arbeitgebers und des Arbeitnehmers, die sich aus seiner Gehaltsabrechnung ergeben.
	Vorschüsse vermindern ausschließlich den Auszahlungsbetrag in einer Gehaltsabrechnung.
	Eine Gehaltserhöhung in Höhe von 100,00 € erhöht das Nettoentgelt um mindestens 80,00 €.

Entgeltabrechnung erstellen, analysieren und buchen

In der Personalabteilung der Fly Bike Werke GmbH gibt es viel zu tun: Bei der Umstellung der Personalbuchhaltung auf ein neues EDV-System sind Probleme aufgetreten, die Gehaltsabrechnungen für den Monat Oktober sind fehlerhaft. Damit allen Mitarbeitern pünktlich ihre Gehälter ausbezahlt werden und die Zahlungen an das Finanzamt und die Sozialversicherungsträger termingerecht erfolgen, müssen die Gehaltsabrechnungen für diesen Monat teilweise manuell erstellt und gebucht werden.

1 Erstellen Sie die Gehaltsabrechnungen für die Mitarbeiter Evelyn Fee, Mert Özal und Markus Beck (Schema auf der nächsten Seite). In den Personalunterlagen von Frau Linden finden sich die folgenden Informationen zu Frau Fee:

Frau Fee ist verheiratet und hat zwei Kinder. Ihre Konfession ist katholisch. Ihr Ehemann verdient in etwa gleich viel. Die Kinderfreibeträge haben sie sich geteilt. Frau Fee ist 35 Jahre alt und verdient monatlich 2.027,50 € brutto. Im Oktober erhält sie 5 Überstunden zu je 15,20 € vergütet und 26,00 € vermögenswirksame Leistungen des Arbeitgebers. Auf ihrer Steuerkarte ist ein monatlicher Steuerfreibetrag in Höhe von 120,00 € eingetragen. Ihr Sparbeitrag für eine Bausparkasse beträgt 40,00 €. Im Rahmen eines Sonderverkaufs an das Personal hat sie Waren im Wert von 119,00 € inkl. Umsatzsteuer eingekauft, die mit dieser Gehaltsabrechnung einbehalten werden.

Monat von 1 617,00 € bis 1 625,99 €

Lohn/ Gehalt bis	Steuerklasse	Lohnsteuer	ohne Kinderfreibetrag SolZ 5,5%	Kirchensteuer 8%	9%	mit 0,5 Kinderfreibetrag SolZ 5,5%	Kirchensteuer 8%	9%	mit 1,0 Kinderfreibetrag SolZ 5,5%	Kirchensteuer 8%	9%	mit 1,5 Kinderfreibeträgen SolZ 5,5%	Kirchensteuer 8%	9%	mit 2,0 Kinderfreibeträgen SolZ 5,5%	Kirchensteuer 8%	9%	mit 2,5 Kinderfreibeträgen SolZ 5,5%	Kirchensteuer 8%	9%	mit 3,0 Kinderfreibeträgen SolZ 5,5%	Kirchensteuer 8%	9%
1 619,99	I	129,66	7,13	10,37	11,66	0,00	4,82	5,42	0,00	0,55	0,62	0,00	0,00	0,00	0,00	0,00	0,00	0,00	0,00	0,00	0,00	0,00	0,00
	II	102,75	4,35	8,22	9,24	0,00	3,05	3,43	0,00	0,00	0,00	0,00	0,00	0,00	0,00	0,00	0,00	0,00	0,00	0,00	0,00	0,00	0,00
	III	0,00	0,00	0,00	0,00	0,00	0,00	0,00	0,00	0,00	0,00	0,00	0,00	0,00	0,00	0,00	0,00	0,00	0,00	0,00	0,00	0,00	0,00
	IV	129,66	7,13	10,37	11,66	2,56	7,50	8,44	0,00	4,82	5,42	0,00	2,50	2,81	0,00	0,55	0,62	0,00	0,00	0,00	0,00	0,00	0,00
	V	320,33	17,61	25,62	28,82																			
	VI	351,00	19,30	28,08	31,59																			
1 622,99	I	130,33	7,16	10,42	11,72	0,00	4,86	5,47	0,00	0,58	0,65	0,00	0,00	0,00	0,00	0,00	0,00	0,00	0,00	0,00	0,00	0,00	0,00
	II	103,50	4,50	8,28	9,31	0,00	3,09	3,47	0,00	0,00	0,00	0,00	0,00	0,00	0,00	0,00	0,00	0,00	0,00	0,00	0,00	0,00	0,00
	III	0,00	0,00	0,00	0,00	0,00	0,00	0,00	0,00	0,00	0,00	0,00	0,00	0,00	0,00	0,00	0,00	0,00	0,00	0,00	0,00	0,00	0,00
	IV	130,33	7,16	10,42	11,72	2,70	7,56	8,50	0,00	4,86	5,47	0,00	2,54	2,85	0,00	0,58	0,65	0,00	0,00	0,00	0,00	0,00	0,00
	V	321,50	17,68	25,72	28,93																			
	VI	352,00	19,36	28,16	31,68																			
1 625,99	I	131,08	7,20	10,48	11,79	0,00	4,91	5,52	0,00	0,62	0,70	0,00	0,00	0,00	0,00	0,00	0,00	0,00	0,00	0,00	0,00	0,00	0,00
	II	104,16	4,63	8,33	9,37	0,00	3,14	3,53	0,00	0,00	0,00												

Monat von 1 860,00 € bis 1 865,99 €

Lohn/ Gehalt bis	Steuerklasse	Lohnsteuer	ohne Kinderfreibetrag SolZ 5,5%	Kirchensteuer 8%	9%	mit 0,5 Kinderfreibetrag SolZ 5,5%	Kirchensteuer 8%	9%	mit 1,0 Kinderfreibetrag SolZ 5,5%	Kirchensteuer 8%	9%	mit 1,5 Kinderfreibeträgen SolZ 5,5%	Kirchensteuer 8%	9%	mit 2,0 Kinderfreibeträgen SolZ 5,5%	Kirchensteuer 8%	9%	mit 2,5 Kinderfreibeträgen SolZ 5,5%	Kirchensteuer 8%	9%	mit 3,0 Kinderfreibeträgen SolZ 5,5%	Kirchensteuer 8%	9%
1 862,99	I	187,00	10,28	14,96	16,83	6,21	9,03	10,16	0,00	3,70	4,16	0,00	0,00	0,00	0,00	0,00	0,00	0,00	0,00	0,00	0,00	0,00	0,00
	II	158,83	8,73	12,70	14,29	1,10	6,92	7,78	0,00	2,06	2,31	0,00	0,00	0,00	0,00	0,00	0,00	0,00	0,00	0,00	0,00	0,00	0,00
	III	19,16	0,00	1,53	1,72	0,00	0,00	0,00	0,00	0,00	0,00	0,00	0,00	0,00	0,00	0,00	0,00	0,00	0,00	0,00	0,00	0,00	0,00
	IV	187,00	10,28	14,96	16,83	8,21	11,95	13,44	6,21	9,03	10,16	0,00	6,22	6,99	0,00	3,70	4,16	0,00	1,55	1,74	0,00	0,00	0,00
	V	398,66	21,92	31,89	35,87																			
	VI	429,00	23,59	34,32	38,61																			
1 865,99	I	187,75	10,32	15,02	16,89	6,24	9,08	10,22	0,00	3,74	4,20	0,00	0,00	0,00	0,00	0,00	0,00	0,00	0,00	0,00	0,00	0,00	0,00
	II	159,50	8,77	12,76			7,83			2,10	2,36													

Monat von 1 007,00 € bis 2 012,99 €

Lohn/ Gehalt bis	Steuerklasse	Lohnsteuer	ohne Kinderfreibetrag SolZ 5,5%	Kirchensteuer 8%	9%	mit 0,5 Kinderfreibetrag SolZ 5,5%	Kirchensteuer 8%	9%	mit 1,0 Kinderfreibetrag SolZ 5,5%	Kirchensteuer 8%	9%	mit 1,5 Kinderfreibeträgen SolZ 5,5%	Kirchensteuer 8%	9%	mit 2,0 Kinderfreibeträgen SolZ 5,5%	Kirchensteuer 8%	9%	mit 2,5 Kinderfreibeträgen SolZ 5,5%	Kirchensteuer 8%	9%	mit 3,0 Kinderfreibeträgen SolZ 5,5%	Kirchensteuer 8%	9%
2 009,99	I	220,75	12,14	17,66	19,86	7,95	11,56	13,01	0,00	5,87	6,60	0,00	1,30	1,46	0,00	0,00	0,00	0,00	0,00	0,00	0,00	0,00	0,00
	II	191,75	10,54	15,34	17,25	6,45	9,39	10,56	0,00	3,99	4,49	0,00	0,00	0,00	0,00	0,00	0,00	0,00	0,00	0,00	0,00	0,00	0,00
	III	39,00	0,00	3,12	3,51	0,00	0,00	0,00	0,00	0,00	0,00	0,00	0,00	0,00	0,00	0,00	0,00	0,00	0,00	0,00	0,00	0,00	0,00
	IV	220,75	12,14	17,66	19,86	10,01	14,56	16,38	7,95	11,56	13,01	5,46	8,66	9,74	0,00	5,87	6,60	0,00	3,40	3,82	0,00	1,30	1,46
	V	443,50	24,39	35,48	39,91																			
	VI	474,83	26,11	37,98	42,73																			
2 012,99	I	221,41	12,17	17,71	19,92	7,98	11,62	13,07	0,00	5,92	6,66	0,00	1,34	1,50	0,00	0,00	0,00	0,00	0,00	0,00	0,00	0,00	0,00
	II	192,41	10,58	15,39			11,44	10,62		4,03	4,54													

weitere Arbeitsaufträge
► übernächste Seite

Fly Bike Werke GmbH

	Evelyn Fee	Mert Özal	Markus Beck
Familienstand/Anzahl der Kinder		verheiratet/3	ledig/0
Alter		35	24
Steuerklasse		III	I
Kinderfreibeträge		1,5	–
Konfession		–	katholisch
Bruttogehalt/-lohn		1.836,50	1.596,50
Provision/Prämien		–	–
VL Arbeitgeber		26,00	26,00
Zulagen/Sonderzahlungen		–	–
sozialversicherungspflichtiges Bruttoentgelt			
Steuerfreibetrag		–	–
steuerpflichtiges Bruttoentgelt			
Lohnsteuer			
Solidaritätszuschlag			
Kirchensteuer			
Summe steuerliche Abzüge			
Krankenversicherung			
Pflegeversicherung			
Rentenversicherung			
Arbeitslosenversicherung			
Summe Sozialversicherungen			
Nettoentgelt			
Sparbeitrag Arbeitnehmer		26,00	40,00
Vorschuss[1]		–	
Summe sonstiger Abzüge			
Auszahlungsbetrag			

[1] auch Personalverkauf

2 Ermitteln Sie den Arbeitnehmeranteil für die Sozialversicherungen.

	RV in €	AV in €	KV in €	PV in €
Evelyn Fee				
Mert Özal				
Markus Beck				
Summen				

3 Ermitteln Sie den Arbeitgeberanteil für die Sozialversicherungen.

	RV in €	AV in €	KV in €	PV in €
Evelyn Fee				
Mert Özal				
Markus Beck				
Summen				

4 Ermitteln Sie für die Gehaltsempfänger die buchungsrelevanten Beträge.

	Bruttoentgelt und Zulagen	Sonstige tarifliche Leistungen	Steuern	SV (AN)	SV (AG)	Sonstige Abzüge	Auszahlungsbetrag
Evelyn Fee							
Mert Özal							
Markus Beck							
Summen							

5 Ordnen Sie die Summen den nachfolgenden Buchungen zu:

    a Buchung der SV-Vorauszahlung

Nr.	Soll	€	Haben	€
1.	2640 SV-Vorauszahlung		2800 Bankguthaben	

    b Buchung der Gehaltsabrechnung

Nr.	Soll	€	Haben	€
1.	6300 Gehälter		4830 Verbindlichkeiten gegenüber Finanzbehörden	
	6320 Sonstige tarifliche Leistungen		2640 SV-Vorauszahlung	
			4860 Verbindlichkeiten aus VL	
			2800 Bankguthaben	
			2650 Forderungen an Mitarbeiter	

    c Buchung des Arbeitgeberanteils zur Sozialversicherung

Nr.	Soll	€	Haben	€
1.	6410 AG-Anteil zur Sozialversicherung		2640 SV-Vorauszahlung	

    d Buchungen für die Überweisungen an die Institutionen

Nr.	Soll	€	Haben	€
1.	4830 Verbindlichkeiten gegenüber Finanzbehörden		2800 Bankguthaben	
2.	4860 Verbindlichkeiten aus VL		2800 Bankguthaben	

    e Nennen Sie die spätesten Überweisungstermine für Steuern und Sozialversicherungsbeiträge je Abrechnungsmonat.

Arbeitsblatt 68.1: Eine einfache Gehaltsabrechnung erstellen und buchen

Berechnen und buchen Sie nachfolgende einfache Gehaltsabrechnung für einen unverheirateten, kirchensteuerpflichtigen und kinderlosen Arbeitnehmer, der 26 Jahre alt ist und in Nordrhein-Westfalen lebt und arbeitet (Steuerklasse I, 0 Kinderfreibeträge) im Jahr 2012:

Bruttogehalt	**2.400,00 €**
+ vermögenswirksame Leistungen (VL) des Arbeitgebers	13,00 €
+ Überstundenvergütung	200,00 €
= Bruttoentgelt	**2.613,00 €**
– Lohnsteuer (LSt)	366,25 €
– Solidaritätszuschlag (SolZ)	5,5 % der Lohnsteuer
– Kirchensteuer (KiSt)	9,0 % der Lohnsteuer
– Rentenversicherung	9,8 % des Bruttoentgelts
– Arbeitslosenversicherung	1,5 % des Bruttoentgelts
– Krankenversicherung	8,2 % des Bruttoentgelts
– Pflegeversicherung	1,225 % des Bruttoentgelts
= Nettoentgelt	
– vermögenswirksame Sparrate des Arbeitnehmers	40,00 €
= Auszahlungsbetrag	

Buchung der SV-Vorauszahlung

Nr.	Soll	€	Haben	€

Buchung der Gehaltsabrechnung

Nr.	Soll	€	Haben	€

Buchung des Arbeitgeberanteils zur Sozialversicherung

Nr.	Soll	€	Haben	€

Buchung der Überweisungen an die Institutionen

Nr.	Soll	€	Haben	€

Aufgaben

Aufgabe 1

Ermitteln Sie die Werte und bilden Sie die Buchungssätze für die folgenden Geschäftsvorfälle:

Nr.	Geschäftsvorfälle	€
1.	Herr Abel erhält einen Vorschuss in bar. Der Vorschuss wird mit der nächsten Gehaltsabrechnung einbehalten.	200,00
2.	Frau Berger kauft Erzeugnisse im Personalverkauf, Nettowert der Waren 200,00 € zzgl. 19 % USt. Der Rechnungsbetrag wird mit der nächsten Gehaltsabrechnung einbehalten.	238,00
3.	Buchen Sie die SV-Vorauszahlung per Banküberweisung an die Krankenkasse.	?
4.	Buchen Sie die Gehaltsabrechnungen der folgenden zwei Mitarbeiter als Sammelbuchung (Auszahlung der Beträge an die Arbeitnehmer zum Monatsabschluss).	
	Gehaltsauszahlung für Herrn Abel: Bruttogehalt Steuerklasse III/2, ev., VL 26,00 €, Sparrate 40,00 €, Vorschusseinbehalt 200,00 €	**1.850,00**
	Gehaltsabrechnung für Frau Berger: Bruttogehalt Überstundenvergütung 150,00 €, Steuerklasse I/0, rk., 28 Jahre alt, VL 26,00 €, Sparrate 26,00 €, Einbehaltung des Rechnungsbetrages aus dem Personalverkauf	**2.270,00**
5.	Buchen Sie als Sammelbuchung den Arbeitgeberanteil zur Sozialversicherung der Arbeitnehmer für die Gehaltsabrechnungen der Mitarbeiter.	?
6.	Buchen Sie die Überweisung der Steuern und der Sparrate als Sammelbuchung für die Gehaltsabrechnungen der Mitarbeiter.	?
7.	Der Unfallversicherungsbeitrag wird an die Berufsgenossenschaft überwiesen.	300,00

	Bruttogehalt + Zulagen	Sonstige tarifliche Leistungen	Steuern	SV (AN)	SV (AG)	Sonstige Abzüge	Aus-zahlungs-betrag
Herr Abel							
Frau Berger							
Summen							

Monat von 1 875,00 € bis 1 877,99 €

Lohn/ Gehalt bis	Steuerklasse	Lohn-steuer	ohne Kinderfreibetrag			mit 0,5 Kinderfreibetrag			mit 1,0 Kinderfreibetrag			mit 1,5 Kinderfreibeträgen			mit 2,0 Kinderfreibeträgen			mit 2,5 Kinderfreibeträgen			mit 3,0 Kinderfreibeträgen		
			SolZ 5,5%	Kirchensteuer 8%	9%	SolZ 5,5%	Kirchensteuer 8%	9%	SolZ 5,5%	Kirchensteuer 8%	9%	SolZ 5,5%	Kirchensteuer 8%	9%	SolZ 5,5%	Kirchensteuer 8%	9%	SolZ 5,5%	Kirchensteuer 8%	9%	SolZ 5,5%	Kirchensteuer 8%	9%
1 877,99	I	190,41	10,47	15,23	17,13	6,38	9,29	10,45	0,00	3,90	4,39	0,00	0,00	0,00	0,00	0,00	0,00	0,00	0,00	0,00	0,00	0,00	0,00
	II	162,16	8,91	12,97	14,59	1,71	7,16	8,06	0,00	2,24	2,52	0,00	0,00	0,00	0,00	0,00	0,00	0,00	0,00	0,00	0,00	0,00	0,00
	III	21,16	0,00	1,69	1,90	0,00	0,00	0,00	0,00	0,00	0,00	0,00	0,00	0,00	0,00	0,00	0,00	0,00	0,00	0,00	0,00	0,00	0,00
	IV	190,41	10,47	15,23	17,13	8,39	12,21	13,73	6,38	9,29	10,45	0,00	6,46	7,26	0,00	3,90	4,39	0,00	1,72	1,94	0,00	0,00	0,00
	V	403,16	22,17	32,25	36,28																		
	VI	433,50	23,84	34,68	39,01																		

Monat von 2 445,00 € bis 2 447,99 €

Lohn/ Gehalt bis	Steuerklasse	Lohn-steuer	ohne Kinderfreibetrag			mit 0,5 Kinderfreibetrag			mit 1,0 Kinderfreibetrag			mit 1,5 Kinderfreibeträgen			mit 2,0 Kinderfreibeträgen			mit 2,5 Kinderfreibeträgen			mit 3,0 Kinderfreibeträgen		
			SolZ 5,5%	Kirchensteuer 8%	9%	SolZ 5,5%	Kirchensteuer 8%	9%	SolZ 5,5%	Kirchensteuer 8%	9%	SolZ 5,5%	Kirchensteuer 8%	9%	SolZ 5,5%	Kirchensteuer 8%	9%	SolZ 5,5%	Kirchensteuer 8%	9%	SolZ 5,5%	Kirchensteuer 8%	9%
2 447,99	I	326,33	17,94	26,10	29,36	13,42	19,53	21,97	9,16	13,33	14,99	2,56	7,50	8,44	0,00	2,50	2,81	0,00	0,00	0,00	0,00	0,00	0,00
	II	295,16	16,23	23,61	26,56	11,80	17,17	19,31	7,64	11,11	12,50	0,00	5,46	6,14	0,00	1,01	1,13	0,00	0,00	0,00	0,00	0,00	0,00
	III	116,66	0,00	9,33	10,49	0,00	4,74	5,33	0,00	0,89	1,00	0,00	0,00	0,00	0,00	0,00	0,00	0,00	0,00	0,00	0,00	0,00	0,00
	IV	326,33	17,94	26,10	29,36	15,65	22,77	25,61	13,42	19,53	21,97	11,26	16,38	18,43	9,16	13,33	14,99	7,13	10,37	11,66	2,56	7,50	8,44
	V	587,33	32,30	46,98	52,85																		
	VI	622,33	34,22	49,78	56,00																		

Aufgabe 2

Betrachten Sie die Grafik „Die kalte Progression". Wie viel € werden in diesem Beispiel allein durch den ansteigenden Einkommensteuertarif zusätzlich einbehalten?

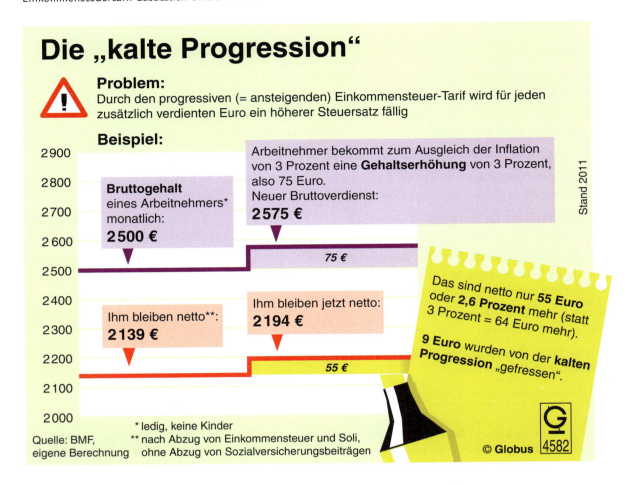

Aufgabe 3

Ein Pkw, der für einen neuen Mitarbeiter – auch zur privaten Nutzung – angeschafft wird, hat einen Listenpreis einschließlich Sonderausstattungen und 19 % Umsatzsteuer von 35.700,00 €. Der Pkw-Händler gewährt einen Kundenrabatt in Höhe von 15 % und zusätzlich 2 % Skonto bei Zahlung innerhalb von 10 Tagen.

a Ermitteln Sie den geldwerten Vorteil für den neuen Mitarbeiter nach der 1-%-Methode je Monat.

b Um wie viel % erhöht sich sein steuer- und sozialversicherungspflichtiges Bruttoentgelt im Monat, wenn er ohne Firmenwagen 2.400,00 € brutto verdient?

Aufgabe 4

Ermitteln Sie für Herrn Werner Klausen, verheiratet, evangelisch, geboren am 17.04.1969, 2 Kinder (10 und 8 Jahre alt) alle notwendigen Daten für eine **vollständige Gehaltsabrechnung mit den entsprechenden Buchungen und Auswertungen** für den Abrechnungsmonat November 2012 (Erstellungsdatum = 30.11.2012). Seine Ehefrau, römisch-katholisch, ist nicht berufstätig. Daten für die Gehaltsabrechnung für Herrn Klausen, der in Bonn wohnt und arbeitet, sind:

Bruttogehalt	3.600,00 €
Steuerfreibetrag/Monat	300,00 €
Vermögenswirksame Leistungen (VL) des Arbeitgebers	13,00 €
Überstundenvergütung	200,00 €
Vermögenswirksame Sparrate des Arbeitnehmers	40,00 €
Einbehaltung Barvorschuss	400,00 €

a Ergänzen Sie die fehlenden Ergebnisse:

aa die Steuerklasse des Arbeitnehmers = _____

ab die Anzahl der Kinderfreibeträge des Arbeitnehmers = _____

ac

Begriffe zur Gehaltsabrechnung	Beträge in €
Steuerpflichtiges Bruttoentgelt	
Sozialversicherungspflichtiges Bruttoentgelt	
Lohnsteuer	348,66
Solidaritätszuschlag	0,00
Kirchensteuer	6,61
Rentenversicherung	
Arbeitslosenversicherung	
Krankenversicherung	
Pflegeversicherung	
Summe gesetzliche Pflichtabgaben	
Nettoentgelt	
sonstige Abzüge	
Auszahlungsbetrag	

b Ermitteln Sie nachfolgende Werte:

Werteermittlung für die Buchungen und die Auswertung	Werte in € oder %
Sozialversicherungsvorauszahlung	
Überweisungsbetrag an die Finanzbehörde	
gesamte Personalkosten des Arbeitgebers (durch diese Gehaltszahlung)	
Nettoentgelt in % der gesamten Personalkosten für diese Gehaltszahlung	
Summe aller Abzüge	
Kirchensteuerbetrag für die evangelische Religionsgemeinschaft	

c Buchen Sie diese Gehaltsabrechnung.

Kontenplan für diese Aufgabe:
1600 Sonstige Finanzanlagen, 2640 SV-Vorauszahlung, 2650 Forderungen gegenüber Mitarbeitern, 2800 Guthaben bei Kreditinstituten (Bankguthaben), 4830 Sonstige Verbindlichkeiten gegenüber Finanzbehörden, 4860 Verbindlichkeiten aus vermögenswirksamen Leistungen, 6300 Gehälter, 6410 Arbeitgeberanteil zur Sozialversicherung

ca Sozialversicherungsvorauszahlung (Banklastschrift)
cb Gehaltsauszahlung (Banküberweisung)
cc Arbeitgeberanteil zur Sozialversicherung des Arbeitnehmers
cd Überweisung der Sparrate
ce Überweisung der Steuern an die Finanzbehörden

Dicke Luft im Zimmer des Geschäftsführers Hans Peters. Gerade ist Frau Dr. Schweif, die Firmenanwältin, eingetroffen – Herr Peters hatte sie quasi per „Notruf" schnellstmöglich einbestellt. Als sie wissen will, was denn so Dringliches vorgefallen sei, legt ihr ein immer noch aufgebrachter Herr Peters drei Schriftstücke vor:

Fly Bike Werke GmbH

Ordentliche Kündigung

Sehr geehrter Herr Sammer,   Oldenburg, 2. Oktober 20XX

hiermit kündigen wir das mit Ihnen bestehende Arbeitsverhältnis entsprechend den gesetzlichen Regelungen mit einer Frist von drei Monaten zum Monatsende. Die Kündigung wird zum 31. Januar des Folgejahres wirksam. Sie sind ab heute von der Arbeitsleistung freigestellt.

Unsere Kündigungsentscheidung basiert auf dem Umstand, dass Sie sich trotz mehrerer Abmahnungen, zuletzt am 24. August 20XX, über geltende Sicherheitsbestimmungen hinweggesetzt und z. B. die Zuschnittanlage ohne Funkenschutz betrieben haben, wobei der Funkenschlag einen Mitarbeiter leicht verletzte. Diese wiederholte Pflichtverletzung ist für uns auf Dauer untragbar.

Zur Sicherstellung Ihrer finanziellen Ansprüche melden Sie sich bitte umgehend persönlich bei der für Ihren Wohnort zuständigen Agentur für Arbeit (§ 38 SGB III).

H. Peters
Unterschrift Arbeitgeber

D. Sammer
Kenntnisnahme bestätigt

Dirk Sammer   Oldenburg, 3. Oktober 20XX
Rosenholzstr. 23
26121 Oldenburg

Fly Bike Werke GmbH
Herrn Hans Peters
Rostocker Str. 334
26121 Oldenburg

Meine Kündigung

Sehr „geehrter" Herr Peters,

mit dieser Kündigung kommen Sie nie durch, auch wenn der Betriebsrat nicht widersprochen hat. Die Gründe sind doch nur vorgeschoben, in Wirklichkeit geht es doch darum, mich als verdienten Mitarbeiter durch einen günstigeren Berufseinsteiger zu ersetzen.

Dass ich den Funkenschutz nicht benutzt habe, liegt einzig und allein daran, dass der Aufsatzmechanismus nicht funktioniert. Ich werde übermorgen vorbeikommen und Ihnen das demonstrieren.

Mit (nicht sehr) freundlichen Grüßen

Dirk Sammer

Fly Bike Werke GmbH

Außerordentliche Kündigung

Sehr geehrter Herr Sammer,　　　　　　　　　　　　　　Oldenburg, 5. Oktober 20XX

hiermit kündigen wir das mit Ihnen bestehende Arbeitsverhältnis fristlos mit dem heutigen Tag. Diese Kündigung ersetzt die ordentliche Kündigung vom 2. Oktober 20XX.

Nachdem Sie gestern trotz Freistellung und ohne Erlaubnis das Betriebsgelände betreten und mich im Bereich „Zuschnitt" vor allen Mitarbeitern unter anderem als „Niete" und „dreisten Lügner" beschimpft haben, ist ein Fortbestand des Arbeitsverhältnisses, und sei es auch nur für die Zeit bis zum Auslaufen der ordentlichen Kündigungsfrist, undenkbar geworden.

Hiermit wird Ihnen gleichzeitig ein Hausverbot ausgesprochen. Das nochmalige Betreten des Betriebsgeländes werden wir als Hausfriedensbruch zur Anzeige bringen.

Zur Sicherstellung Ihrer finanziellen Ansprüche melden Sie sich bitte umgehend persönlich bei der für Ihren Wohnort zuständigen Agentur für Arbeit (§ 38 SGB III).

H. Peters　　　　　　　　　　　*D. Sammer*
_____　　　_____
Unterschrift Arbeitgeber　　　Kenntnisnahme bestätigt

Nachdem Frau Dr. Schweif alle Dokumente gelesen hat, fügt Herr Peters ungefragt hinzu: *„Zugegeben, es gab hundert Gründe, Herrn Sammer loszuwerden. Er arbeitete sehr langsam, kam häufig zu spät und hatte veraltete Qualifikationen, weil er nicht an Fortbildungsveranstaltungen teilnehmen wollte. Außerdem hatte er ein Sehleiden, mit dem ihm das Ablesen der Instrumente immer schwerer fiel. Aber der laxe Umgang mit Sicherheitsvorschriften ist eben auch wahr ..."* „Gut, dass Sie mich gerufen haben", entgegnet Frau Dr. Schweif. „Diese Sache geht bestimmt vors Arbeitsgericht, und da sollten Sie über den – richtigen – Kündigungsgrund besser schon mal intensiv nachdenken."

1　Es wurde sowohl eine ordentliche wie auch eine außerordentliche Kündigung an Herrn Sammer gesandt. Definieren Sie diese Kündigungsarten auf dem Arbeitsblatt 69.1.

2　Welche Kündigungsanlässe geben die beiden Kündigungsschreiben an Herrn Sammer an?

3　Welche (weiteren) Kündigungsgründe ergänzt Herr Peters noch im mündlichen Gespräch mit der Rechtsanwältin (kursiver Text)? Vervollständigen Sie Arbeitsblatt 69.1.

4　Die Angabe von Kündigungsgründen führt sehr oft zu Missverständnissen, die die Situation zusätzlich belasten.

　a　Was sind Ihrer Meinung nach die häufigsten Mitarbeiterreaktionen auf den angegebenen Kündigungsgrund?

　b　Wie könnte Ihrer Meinung nach die Einsicht der Betroffenen gefördert werden?

　c　Eine Kündigung sollte immer das letzte Mittel sein. Welche Vorwarnaktionen (außer einer Abmahnung) wären für Sie noch denkbar?

Arbeitsblatt 69.1: Kündigungsarten und Kündigungsgründe

Arten der Kündigung

ordentliche Kündigung

Eine _____ gerechte Kündigung, d. h., das Arbeitsverhältnis endet nach Ablauf der vorgesehenen Kündigungs_____ .

außerordentliche Kündigung

Eine _____ lose Kündigung, d. h. eine Fortsetzung des Arbeitsverhältnisses ist für einen der Vertragspartner auch übergangsweise nicht mehr _____ .

Kündigungsgründe

Gründe:

• Absatzschwierigkeiten, z. B. das Ausbleiben von Kunden

• _____

• _____

Gründe:

• Krankheit unter gleichzeitiger negativer Gesundheitsprognose für die Zukunft bzw. sehr häufige Kurzerkrankungen bzw. eine krankheitsbedingte Minderung der Leistungsfähigkeit

• _____

• _____

• Tätlichkeiten, z. B. wird der Arbeitgeber durch seinen Angestellten körperlich angegriffen

• _____

Aufgaben

Aufgabe 1

Beurteilen Sie, ob in folgenden Fällen eine Personalfreisetzung unvermeidlich ist. Gehen Sie davon aus, dass in anderen Betriebsbereichen keine freien Stellen bestehen:

a Anstelle der manuellen Verpackung wird nun ein Verpackungsautomat eingesetzt, der vollautomatisch arbeitet.

b Das Zweigwerk in Nürnberg schließt, die Produktion wird ganz in das Hauptwerk nach Berlin verlagert.

c Es erfolgt eine Umstellung von konventionellen Werkzeugmaschinen auf CNC-Maschinen, für die der Belegschaft die notwendigen Programmierkenntnisse fehlen.

d Aufgrund einer tariflichen Arbeitszeit**verlängerung** sind nun einige Mitarbeiter überzählig.

e Die Verkaufszahlen für fast alle Produkte brechen konjunkturbedingt ein.

f Ein Produktionsmitarbeiter entwickelt eine starke Allergie gegen einen Produktbestandteil, mit dem er ständig in Berührung kommt.

g Das Unternehmen meldet Insolvenz an.

Aufgabe 2

Clara Weber, 43, arbeitete in einem kleinen Betrieb, der Werbeaufdrucke für Außenflächen (Autos, Fenster usw.) herstellt, als einzige kaufmännische „Allroundkraft". Ihre wichtigste Aufgabe war die Buchhaltung. Vor ein paar Wochen erhielt sie die niederschmetternde Diagnose, an einer erblichen Nervenerkrankung zu leiden, die eine umfangreiche und langwierige Behandlung in Spezialkliniken bedingt und bei der ein Behandlungserfolg schwer absehbar ist. Als sie ihrem Chef den Sachverhalt erläuterte und die vierte AU in Folge abgab, war dieser sehr freundlich und mitfühlend, entsprechend unvorbereitet traf sie die schriftliche Kündigung, die er ihr nur kurze Zeit später zustellte, da „sie auf Dauer nicht für die Stellenaufgaben zur Verfügung" stehe.

a Welcher Kündigungsanlass ist hier formuliert?

b Besteht während einer attestierten Krankheit („AU-Bescheinigung") für einen Arbeitnehmer Kündigungsschutz? Falls ja, recherchieren Sie bitte die entsprechende Regelung.

c Argumentieren Sie aus Arbeitgebersicht, wieso ein Fortbestand des Arbeitsverhältnisses mit Clara Weber nicht möglich ist.

d Wäre die Kündigung von Clara Weber bei gleicher medizinischer Lage auch in einem Großbetrieb möglich?

Aufgabe 3

Vergleichen Sie anhand der folgenden Zeitungsartikel die unterschiedliche Rechtsprechung bei sogenannten Bagatelldiebstählen.

Noch einmal: Kündigung wegen Bagatelldiebstahls …

Das Arbeitsgericht Radolfzell hatte dieser Tage über eine der derzeit so medienträchtigen Kündigungen wegen eines Bagatelldiebstahls zu entscheiden. Eine Altenpflegerin hatte sich in einem Seniorenheim von dem übergebliebenen Essen der Heimbewohner vier schwäbische Maultaschen genommen, um sich diese – wie sie behauptete – noch im Heim aufzuwärmen und zu essen, bevor sie abends zu einer Fortbildung musste. Dieses wurde dann entdeckt und ihr wurde wegen dieses Diebstahls fristlos gekündigt. Das Arbeitsgericht hat nun die Rechtmäßigkeit dieser Kündigung bestätigt.

Dies ist dann der Moment, in dem man mal darüber nachdenken sollte, worum es bei einer Kündigung wegen Diebstahls eigentlich geht. Es geht nämlich nicht um wirtschaftlichen Schaden, der wäre hier nämlich die eigentliche Bagatelle. Es geht vielmehr um die nur schwer zu reparierende Beschädigung des Vertrauensverhältnisses zwischen Arbeitgeber und -nehmer. Wie soll ich jemandem vertrauen, der mich bestiehlt? Dieses wird umso schlimmer, wenn man bedenkt, dass es im konkreten Fall sogar eine ausdrückliche Anweisung an das Personal gegeben hat, die Essensreste nicht selbst zu verzehren. Für das Personal war eine kostengünstige Extra-Verpflegung vorgesehen. Das heißt nichts anderes, als dass die Klägerin sich über eine ausdrückliche Anweisung hinweggesetzt hat, d. h. sich sehenden Auges in Schwierigkeiten begeben hat. Von eindeutiger Rechtslage zugunsten der Klägerin kann man also beim besten Willen nicht ausgehen.

stark gekürzt aus: http://www.rareuter.de/RA_Reuter/Blog/Einträge/2009/10/16_Noch_einmal__Kundigung_wegen_Bagatelldiebstahl_….html, Stand: 16.10.2009

Bäcker müssen weiterbeschäftigt werden

Im Fall des angeblichen Diebstahls von Brötchenaufstrich hat das Arbeitsgericht Dortmund auch die Kündigung des zweiten Bäckers für unwirksam erklärt. Die Bergkamener Bäckerei-Kette Westermann hatte dem 44-Jährigen sowie seinem 26-jährigen Kollegen Benjamin Lassek im Sommer vergangenen Jahres vorgeworfen, unerlaubt vom Kräuter-Öl-Aufstrich „Hirtenfladen" auf ihr Pausenbrötchen geschmiert zu haben. Er habe nur den Geschmack überprüfen wollen, sagte Lassak. Die Bäckerei kündigte dem Betriebsratsmitglied dennoch fristlos.

Im Fall des zweiten Beschäftigten betonte das Gericht am Dienstag zwar, dass grundsätzlich auch der Diebstahl geringwertiger Dinge eine fristlose Kündigung rechtfertige. Doch es müsse immer auch eine Interessenabwägung geben, die im vorliegenden Fall zugunsten des Klägers ausfalle. Das Gericht verwies dabei auf die mehr als 24-jährige Betriebszugehörigkeit des Mannes. Auch sei entscheidend, dass er selbst den Verzehr des belegten Brötchens zugegeben habe, obwohl sich der Verdacht nur noch gegen seinen Kollegen gerichtet habe. Dies deutete nach Auffassung der Kammer auf eine ehrliche Grundhaltung des Klägers hin …

FOCUS Online: http://www.focus.de/finanzen/karriere/arbeitsrecht/kuendigung/broetchen-prozess-baecker-muessen-weiterbeschaeftigt-werden_aid_378821.html

a In allen vorangehend genannten Fällen ist dem Arbeitgeber kein nennenswerter Sachschaden entstanden. Wie lautet die Begründung für diese verhaltensbedingten Kündigungen?

b In einem Fall wurde selbst das Aufladen des Privathandys im Büro als „Stromdiebstahl" abgemahnt. Wo sehen Sie die Grenze zwischen „Bagatelle" und „Arbeitgeberschädigung"? Lässt sich eine solche Grenze Ihrer Meinung nach überhaupt ziehen?

c Welche Maßnahmen würden Sie bei „Bagatelldiebstählen" für angemessen halten? Begründen Sie.

Als Bettina Lotto das Büro von Frau Linden betritt, bemerkt sie sofort, dass etwas Bedrückendes in der Luft liegt. Frau Linden schiebt wortlos das folgende Schreiben von Herrn Peters über den Schreibtisch.

Interne Mitteilung
Veruschka Linden

Fly Bike Werke GmbH

Betriebsbedingtes Kündigungsvorhaben – Sozialauswahl   Oldenburg, 25.01.20XX

Sehr geehrte Frau Linden,

Sie haben der Presse entnommen, wie es um die Auftragslage unserer Branche und die allgemeine Wirtschaftsentwicklung in Deutschland bestellt ist. Die Finanzkrise und der schwächer werdende Euro wirken sich direkt auf unser Unternehmen aus. Unsere Auftragslage hat sich im 5-Jahres-Rückblick fortlaufend verschlechtert und die Zukunftsprognose zeigt eine weiter rückläufige Umsatzentwicklung. Deshalb sind wir nun doch gezwungen, drei Mitarbeiter aus dem Bereich Produktion zu entlassen.

Bitte bereiten Sie die Kündigungsschreiben für Frau Rapsch, Herrn Riche und Herrn Einheim vor.

H. Peters
Geschäftsführer

Auf den fragenden Blick von Bettina schüttelt Frau Linden den Kopf und sagt: „Das wird sicher Ärger mit dem Betriebsrat geben!"

Liste der zur Disposition stehenden Mitarbeiter Abteilung Fertigung

Personal-Nr.	Mitar-beiter	Informationen
1122	Maria Cleber	Sie ist 46 Jahre alt, verheiratet und seit 7 Jahren im Unternehmen beschäftigt. Ihre drei Kinder sind zwischen 11 und 16 Jahren alt. Ihr Mann arbeitet in einer Führungsposition bei einem ortsansässigen mittelständischen Unternehmen. Die Familie tilgt einen Kredit für ihr neues Eigenheim.
1178	Carolin Rapsch	Sie ist seit 4 Jahren im Unternehmen tätig, 29 Jahre alt, geschieden und alleinerziehende Mutter von zwei minderjährigen Töchtern.
1179	Chris Breuer	Er ist 39 Jahre alt und seit 3 Jahren im Unternehmen. Er ist an einen Rollstuhl gefesselt und ein sehr zuverlässiger Mitarbeiter. Seine beruflichen Fähigkeiten gehen weit über das normale Maß hinaus.
1188	Jean Riche	Er ist 25 Jahre alt, ehemaliger Auszubildender und seit nunmehr 2 Jahren fest angestellt. Er kennt das Unternehmen „von der Pike auf". Als Schützling von Herrn Rother hat er nach vielen Rückschlägen die Ausbildung erfolgreich abgeschlossen.
1198	Heidemarie Bergmann	Frau Bergmann ist die dienstälteste Mitarbeiterin. Sie ist seit 21 Jahren im Unternehmen beschäftigt. Sie ist 58 Jahre alt und als sehr zuverlässig und fleißig bekannt.
1201	Kurt Einheim	Herr Einheim (35 Jahre alt) ist seit 18 Monaten im Unternehmen beschäftigt. Herr Gerland hat ihn als Verkäufer einer Obdachlosenzeitung in einer U-Bahn kennengelernt und wollte ihm eine Rückintegration in ein normales Leben ermöglichen. Nach anfänglichen Schwierigkeiten hat Herr Einheim nun wieder Vertrauen zu seiner Umwelt und nimmt am sozialen Leben teil. Sein Verhalten am Arbeitsplatz und gegenüber seinen Kollegen ist stets einwandfrei.

SOZIALAUSWAHL?

Unter Beachtung des Kündigungsschutzgesetzes (KSchG) ist eine Kündigung nur wirksam, wenn sie sozial gerechtfertigt ist.

Der Arbeitgeber muss im Falle von betriebsbedingten Kündigungen eine Auswahl unter seinen Mitarbeitern treffen. Diese Auswahl soll sozialen Gesichtspunkten entsprechen. Dabei geht man von vergleichbaren Arbeitnehmern aus, die sich gegenseitig ersetzen könnten. Arbeitnehmer sind vergleichbar, wenn sie im Unternehmen untereinander austauschbar sind. Dies bezieht sich auf personenbezogene Merkmale. Eine Einarbeitungszeit ändert nichts an der Austauschbarkeit. Dies gilt auch für Vollzeit- und Teilzeitbeschäftigung.

Anschließend erfolgt die eigentliche Auswahl. Besteht ein berechtigtes betriebliches Interesse, den Mitarbeiter weiter zu beschäftigen, wird dieser Mitarbeiter bei der Sozialauswahl ausgeschlossen.

Auszug – § 1 KSchG, Sozial ungerechtfertigte Kündigungen	Stichpunkte
(1) Die Kündigung des Arbeitsverhältnisses gegenüber einem Arbeitnehmer, dessen Arbeitsverhältnis in demselben Betrieb oder Unternehmen ohne Unterbrechung länger als sechs Monate bestanden hat, ist rechtsunwirksam, wenn sie sozial ungerechtfertigt ist.	Unwirksamkeit der Kündigung:
(2) Sozial ungerechtfertigt ist die Kündigung, wenn sie nicht durch Gründe, die in der Person oder in dem Verhalten des Arbeitnehmers liegen, oder durch dringende betriebliche Erfordernisse, die einer Weiterbeschäftigung des Arbeitnehmers in diesem Betrieb entgegenstehen, bedingt ist. [...]	Sozial ungerechtfertigte Kündigungsgründe:
(3) Ist einem Arbeitnehmer aus dringenden betrieblichen Erfordernissen im Sinne des Absatzes 2 gekündigt worden, so ist die Kündigung trotzdem sozial ungerechtfertigt, wenn der Arbeitgeber bei der Auswahl des Arbeitnehmers die Dauer der Betriebszugehörigkeit, das Lebensalter, die Unterhaltspflichten und die Schwerbehinderung des Arbeitnehmers nicht oder nicht ausreichend berücksichtigt hat; [...]	Kriterien der Sozialauswahl:
In die soziale Auswahl nach Satz 1 sind Arbeitnehmer nicht einzubeziehen, deren Weiterbeschäftigung, insbesondere wegen ihrer Kenntnisse, Fähigkeiten und Leistungen oder zur Sicherung einer ausgewogenen Personalstruktur des Betriebes, im berechtigten betrieblichen Interesse liegt. [...]	Nicht zu berücksichtigende AN:

1 Lesen Sie den obenstehenden Auszug aus dem Kündigungsschutzgesetz und fassen Sie stichwortartig zusammen, wann Kündigungen unwirksam sind.

2 Ermitteln Sie mithilfe der Entscheidungstabelle auf der Folgeseite, welche der zur Disposition stehenden Mitarbeiter aus dem Bereich Fertigung nach dem KSchG eine Kündigung erhalten sollten. Beurteilen Sie auf dieser Grundlage die Entscheidung von Herrn Peters.

Entscheidungstabelle

Kriterium	Maria Cleber	Carolin Rapsch	Chris Breuer	Jean Riche	Heidemarie Bergmann	Kurt Einheim
Punkte/ Entscheidung						

Das BAG (Bundesarbeitsgericht; Urteil vom 18.01.1990; Az: 2 AZR 357/89) hat folgendes Punktesystem anerkannt:
- Lebensalter: für jedes vollendete Lebensjahr bis maximal 55 – 1 Punkt/Lebensjahr
- Betriebszugehörigkeit: bis 10 Dienstjahre – 1 Punkt/Dienstjahr; ab dem 11. Dienstjahr – 2 Punkte/Dienstjahr (bis max. zum 55. Lebensjahr und max. 70 Punkte)
- Unterhaltspflicht für Ehegatten – 8 Punkte
- Unterhaltspflicht für jedes Kind – 4 Punkte

Je Kind werden bei der Fly Bike Werke GmbH 5 Punkte vergeben.

Arbeitsblatt 70.1: Kündigungsschutz für besondere Arbeitnehmergruppen

Gruppe	Merkmale
Elternzeit	
Schwerbehinderte	
	Bei diesen Personen ist eine ordentliche Kündigung während ihrer Amtszeit und innerhalb eines Jahres nach Beendigung der Amtszeit generell unzulässig. Aus wichtigem Grund kann jedoch eine außerordentliche Kündigung ausgesprochen werden, wenn der Betriebsrat dieser zugestimmt hat.

Aufgaben

Aufgabe 1

Erläutern Sie die Bedeutung und Funktionen einer Abmahnung im Rahmen einer verhaltensbedingten Kündigung.

Aufgabe 2

Bevor der Arbeitgeber eine Kündigung ausspricht, muss er eine Interessenabwägung vornehmen.

a Erklären Sie die Bedeutung einer Interessenabwägung.

b Nennen Sie jeweils drei Überlegungen, die im Rahmen der Interessenabwägung zugunsten des Arbeitgebers und zugunsten des Arbeitnehmers berücksichtigt werden können.

Aufgabe 3

Beantworten Sie die folgenden Fragen unter Heranziehung der einschlägigen Rechtvorschriften:

a Wann ist eine Kündigung unwirksam?

b Welche Gründe berechtigen den Arbeitgeber, eine ordentliche Kündigung auszusprechen?

c Welche Möglichkeiten hat der Betriebsrat eines Unternehmens, auf eine Kündigung zu reagieren?

d Welche Möglichkeiten hat der Arbeitnehmer, auf eine Kündigung zu reagieren?

Aufgabe 4

a Recherchieren Sie im Internet die neusten Meldungen der Unternehmen zum Thema „Stellenabbau in Deutschland". Stellen Sie Unternehmen, Branche, Anzahl der abgebauten Stellen und Gründe für den Stellenabbau gegenüber.

b Beschreiben Sie Maßnahmen, die Unternehmen im Vorfeld ergreifen könnten, um einen Stellenabbau in solcher Höhe zu verhindern.

c Welche Auswirkungen hat der Stellenabbau in Deutschland bezogen auf den internationalen Wettbewerb?

Aufgabe 5

a Betrachten Sie die folgenden Bilder und notieren Sie die Kernaussagen im Hinblick auf die Lage der Arbeitnehmer und Arbeitgeber im Unternehmen.

b Welche rechtlichen, sozialen und wirtschaftlichen Folgen ergeben sich für Arbeitnehmer, Arbeitgeber und Unternehmen aus den zu a) gemachten Aussagen?

c Nehmen Sie an, nur die Arbeitsleistung oder das Arbeitsentgelt wären eine Grundlage für Kündigungen. Beschreiben Sie die langfristigen persönlichen Folgen für die Mitarbeiter anhand der folgenden Beispiele:

– Edgar Heinerbusch, Elektriker, 59 Jahre alt, 3 Kinder im Alter von 11, 17 und 21 Jahren

– Verena Fischer, Fließbandarbeiterin, 27 Jahre alt, Behinderung Grad 40 (§ 68 ff. SGB IX)

Aufgabe 6

a Folgenden Mitarbeitern eines Unternehmens mit über 50 Mitarbeitern wird Ende September des Jahres 20X1 rechtswirksam betriebsbedingt gekündigt. Bis zu welchem Termin sind die Mitarbeiter noch im Betrieb beschäftigt?

– Frau Klein, 29 Jahre, Betriebszugehörigkeit seit 6 Jahren

– Herr Marcus, 32 Jahre, Betriebszugehörigkeit seit 10 Jahren

– Herr Markolous, 55 Jahre, seit 3 Monaten auf Probe (6 Monate Probezeit) angestellt

– Frau Daishaum, 48 Jahre, seit 18 Jahren im Betrieb angestellt

b Herr Nautus, 48 Jahre alt, seit 14 Jahren im Betrieb angestellt, möchte möglichst schnell seinen Arbeitgeber wechseln. Zu welchem Zeitpunkt könnte er ein neues Beschäftigungsverhältnis beginnen, wenn er am letzten Tag im September wirksam kündigt?

Aufgabe 7

Welche Kündigungsarten liegen in folgenden Fällen vor?

a Einem Arbeitnehmer wird gekündigt, weil er mehrfach ohne Erlaubnis des Arbeitgebers seinen Urlaub eigenmächtig verlängert hat.

b Einem Arbeitnehmer wird gekündigt, weil durch Rationalisierungsmaßnahmen der Aufgabenbereich seines Arbeitsplatzes weggefallen ist.

c Einem Arbeitnehmer wird gekündigt, weil er nach Verlust seines Führerscheins seine berufliche Tätigkeit (Kraftfahrer) nicht mehr ausüben kann und keine anderweitige Beschäftigungsmöglichkeit für ihn im Betrieb besteht.

Aufgabe 8

Herr Peters führt das Kündigungsgespräch mit der langjährigen Mitarbeiterin Frau Edith Lai. Frau Lai ist seit zehn Jahren für das Unternehmen tätig. Die neue Wirtschaftslage der Fly Bike Werke GmbH macht es erforderlich, über Umstrukturierungen nachzudenken, um Kosten einzusparen. Die Geschäftsleitung hat beschlossen, die Aufgaben der Abteilung EDV einem fremden Unternehmen zu übertragen, also Outsourcing zu betreiben. Die Kosteneinsparung ist erheblich und das fremde Unternehmen verfügt stets über die neusten Informationen in der Datenverarbeitungsbranche.

Herr Peters lädt Frau Lai per Hausmitteilung zu einem persönlichen Gespräch ein.

Stellen Sie das Gespräch in einem Rollenspiel nach.

Hausmitteilung

Fly Bike Werke GmbH

Absender	Empfänger	mit der Bitte um
☒ Geschäftsführung	☐ Geschäftsführung	☐ Kenntnisnahme
☐ Zentralsekretariat	☐ Zentralsekretariat	☒ Erledigung
☐ Controlling	☐ Controlling	☐ Stellungnahme
☐ Einkauf/Logistik	☐ Einkauf/Logistik	
☐ Produktion	☐ Produktion	
☐ Verwaltung	☐ Verwaltung	
☐ Vertrieb	☐ Vertrieb	
☐ Frau/Herr	☒ ~~Frau/Herr~~ Linden	

Frau Karin Hinsen aus der Komplettierung verlässt uns zum Ende des Monats. Sie wünscht ein qualifiziertes Arbeitszeugnis. Bitte verfassen Sie das Zeugnis und legen Sie es mir zur Unterschrift vor. Ich weiß, um diese Arbeit reißen Sie sich nicht, aber aufgrund der gesetzlichen Vorgaben (u. a. BGB § 630, GewO § 109 Abs. 2 und für Auszubildende BBiG § 16) sind wir hierzu verpflichtet.

H. Peters

1 Verfassen Sie ein Arbeitszeugnis für Karin Hinsen und nutzen Sie hierfür die nachfolgenden Informationstexte.

„ER HAT SICH BEMÜHT" BEDEUTET DAS AUS
Arbeitszeugnisse: Schlechte Formulierungen sind der sichere Weg aufs Abstellgleis

Die Bedeutung des Arbeitszeugnisses wächst in Zeiten hoher Arbeitslosigkeit. Dabei ist für den Laien die Aussage eines Arbeitszeugnisses nicht immer auf den ersten Blick klar. Ursache für die „zweideutige" Zeugnissprache ist eine Zwickmühle: Einerseits muss der Inhalt des Zeugnisses wahr sein, denn unwahre Zeugnisse können zur Haftung und damit zu Schadenersatzpflichten des Zeugnisausstellers führen. Andererseits muss das Zeugnis laut Bundesarbeitsgericht von „verständigem Wohlwollen" getragen sein und darf dem Arbeitnehmer sein weiteres Fortkommen nicht unnötig erschweren. Um diesen Konflikt zu lösen, müssen bei der Ausstellung des Arbeitszeugnisses zum Teil regelrechte Klimmzüge veranstaltet werden. Folgende allgemeine Hinweise dienen der Entschlüsselung von Arbeitszeugnissen:

- Sehr gute / gute Leistungen sind an Superlativen zu erkennen.
- „Normale Schmeicheleien" kaschieren dürftige Leistungen.
- Das Verschweigen wichtiger Eigenschaften und das Hervorheben unwichtiger Eigenschaften stehen für unzulängliche Leistungen des Arbeitnehmers.
- Im Text darf nichts unterstrichen, *kursiv* gedruckt oder **gefettet** werden. Ausrufe-, Frage- und Anführungszeichen sind ebenfalls unzulässig.
- Es ist haltbares Papier von guter Qualität zu benutzen. Das Zeugnis muss sauber und ordentlich geschrieben sein und darf keine Flecken, Radierungen, Verbesserungen, Durchstreichungen oder Ähnliches enthalten.
- Es muss mit einem ordnungsgemäßen Briefkopf ausgestattet sein, aus dem der Name und die Anschrift des Ausstellers erkennbar sind. Der Unterschrift ist ein Firmenstempel beizufügen.
- Es darf nicht geknickt sein, sondern muss als DIN-A4-Format verschickt werden.
- Fehlt ein Schlusssatz, ist dies negativ zu bewerten.

Für die Interpretation von Arbeitzeugnissen kommt erschwerend hinzu, dass größere Unternehmen die „Sprache" der Arbeitszeugnisse bewusst verwenden und dementsprechend auch beherrschen. In kleineren Unternehmen kann es dagegen durchaus vorkommen, dass Formulierungen uneinheitlich verwendet werden und der Aussagewert der „Zeugnisformulierungen" nicht bekannt ist. So kann ein durchweg positiv gemeintes Arbeitszeugnis durch die Zeugnissprache ins Gegenteil verkehrt werden.

Quelle: Autorentext

Aufbau und Inhalt eines qualifizierten Arbeitszeugnisses

1.	**Überschrift:** „Zeugnis"
2.	**Angaben zur Person des Arbeitnehmers:** Name, Geburtsdatum, Dauer der Beschäftigung, Berufsbezeichnung
3.	**Tätigkeitsbeschreibung:** Werdegang, Aufgaben, Verantwortung, Kompetenzen
4.	**Leistungsbeurteilung:** Fachwissen, Arbeitserfolg, Leistungsbereitschaft, Weiterbildung
5.	**Führungsbeurteilung:** Verhalten gegenüber Vorgesetzten, Mitarbeitern und Kunden, ggf. Führungsverhalten in leitender Position, Charakter/Persönlichkeit
6.	**Beendigung des Arbeitsverhältnisses:** auf Wunsch des Arbeitnehmers kann hier erwähnt werden, warum das Arbeitsverhältnis endet
7.	**Schlusssatz:** ggf. Dank, ggf. Bedauern über Weggang, ggf. Zukunftswünsche
8.	**Ausstellungsdatum, Unterschrift vom Vorgesetzten**

Informationen zu der ausscheidenden Mitarbeiterin

(Quellen: Personalakte, Rücksprache mit den Vorgesetzen)

Karin Hinsen
- Frau Karin Hinsen, geboren am 4. Februar 19XX, hat bei uns vom 1. Juni 20XX bis zum heutigen Tag in der Abteilung Produktion gearbeitet; insgesamt also drei Jahre.
- Frau Hinsen musste überdurchschnittlich lange eingearbeitet werden. Selbst nach drei Jahren kann diese Phase nicht als abgeschlossen betrachtet werden. Ihre Tätigkeiten beschränkten sich auf einfache Montagetätigkeiten wie das Eindrehen von Speichen in die Felge. Von komplexeren Montagetätigkeiten hatte sie bis zum Schluss keine Ahnung. Frau Hinsen erfasste auch die Materialbestände, allerdings kam es dabei überdurchschnittlich häufig zu Fehlern. Frau Hinsen war stets zu Mehrarbeit bereit, allerdings konnte man sie nicht allein einsetzen, da sie bereits kleinere Probleme nicht lösen konnte.
- Bei ihren Kolleginnen war sie sehr beliebt, da sie jederzeit zu einem Schichtwechsel bereit war oder kurzfristig einsprang.
- Ihr Verhalten gegenüber ihren Vorgesetzten war in Ordnung, da ist sie nicht weiter negativ aufgefallen.
- Erwähnenswert ist noch ein Ereignis: Vor einem Jahr gab es Mobbingversuche gegenüber einer neuen Auszubildenden. Frau Hinsen hat das beobachtet und frühzeitig ihren Vorgesetzten darüber informiert, sodass der die notwendigen Maßnahmen gegen das Mobbing einleiten konnte.
- Da Frau Hinsen aus privaten Gründen umzieht, verlässt sie das Unternehmen auf eigenen Wunsch.

Folgende Formulierungen stehen für die Bewertung nach Schulnoten:

Inhaltspunkt des Arbeitszeugnisses	sehr gut	gut	befriedigend	ausreichend	mangelhaft bis ungenügend
allgemeine Formulierungen	– stets – hervorragend – stets zur vollsten – außerordentlich – hohes Maß	– gut – bester Weise – stets zur vollen – zur vollsten	– vollen – jederzeit zufrieden – in jeder Hinsicht	– waren wir zufrieden – Erwartungen entsprochen	– stets bemüht – mit großem Fleiß – Eifer
Fachwissen	verfügt über ein hervorragendes und fundiertes Fachwissen auch in Randbereichen	verfügt über ein gut fundiertes Fachwissen	verfügt über solide Fachkenntnisse	verfügt über ein solides Basiswissen in seinem Arbeitsbereich	war stets bemüht, die anfallenden Aufgaben zu bewältigen
Arbeitserfolg	hat die ihm übertragenen Arbeiten stets zu unserer vollsten Zufriedenheit erledigt	hat die ihm übertragenen Arbeiten stets zu unserer vollen Zufriedenheit erledigt	hat die ihm übertragenen Arbeiten zu unserer vollen Zufriedenheit erledigt	hat die ihm übertragenen Arbeiten zu unserer Zufriedenheit erledigt	hat die ihm übertragenen Aufgaben im Großen und Ganzen zu unserer Zufriedenheit erledigt
Leistungsbereitschaft	ist stärkstem Arbeitsanfall jederzeit gewachsen	ist auch starkem Arbeitsanfall jederzeit gewachsen	ist starkem Arbeitsanfall gewachsen	ist starkem Arbeitsanfall im Wesentlichen gewachsen	ist dem üblichen Arbeitsanfall im Wesentlichen gewachsen
Verhalten	– Er/Sie ist als Vorbild anerkannt und hat positiven Einfluss auf die Kollegen. – Sein Verhalten war stets vorbildlich.	Sein Verhalten gegenüber Vorgesetzen, Kollegen und Kunden ist vorbildlich.	Sein Verhalten ist einwandfrei.	Sein Verhalten hat nie zur Kritik geführt.	– sucht immer das Gespräch – Nach Einzelanweisungen erledigt er …
Schlusssatz	Der Arbeitnehmer scheidet auf eigenen Wunsch aus unserem Unternehmen aus. Wir bedauern diese Entscheidung sehr, da wir einen wertvollen Mitarbeiter verlieren. Wir danken ihm für seine Mitarbeit und wünschen ihm weiterhin viel Erfolg und persönlich alles Gute.	Das Arbeitsverhältnis endet aus betriebsbedingten Gründen. Wir bedauern dies sehr, bedanken uns für die langjährige und erfolgreiche Tätigkeit und wünschen ihm für die Zukunft beruflich und privat alles Gute.	Der Arbeitnehmer scheidet auf eigenen Wunsch aus unserem Unternehmen aus. Wir danken ihm für seine Arbeit und wünschen ihm für die Zukunft alles Gute.	Der Arbeitnehmer scheidet auf eigenen Wunsch aus unserem Unternehmen aus. Wir wünschen ihm für die Zukunft alles Gute.	– Der Arbeitnehmer scheidet auf eigenen Wunsch aus unserem Unternehmen aus. Wir wünschen ihm für die Zukunft viel Erfolg. – Der Arbeitnehmer scheidet auf eigenen Wunsch aus unserem Unternehmen aus.

Quelle: Susanne Weber, Den besten Mitarbeiter finden – Bewerberflut zielsicher bewältigen, Cornelsen Verlag, 2007

Arbeitsblatt 71.1: Inhalte von einfachem und qualifiziertem Arbeitszeugnis

Welche Bestandteile muss das jeweilige Zeugnis enthalten?

Inhalte	einfaches Zeugnis	qualifiziertes Zeugnis
Leistungsbeurteilung	nein	ja
Personalien des Arbeitnehmers		
Weiterbildung		
Grund der Kündigung		
Gesamtbild bzgl. Charakter und Persönlichkeit		
Verhalten gegenüber Vorgesetzten, Kollegen und Kunden		
Angaben über die Art der Beschäftigung		
Arbeitsbefähigung, Arbeitsweise, Arbeitserfolg		
Angaben über die Dauer der Beschäftigung		
Fachwissen		

Aufgaben

Aufgabe 1
Was sind die rechtlichen Grundlagen des Arbeitszeugnisses?

Aufgabe 2
Welche Grundsätze muss ein Arbeitgeber beim Verfassen eines Arbeitszeugnisses berücksichtigen?

Aufgabe 3
Warum hat sich die in Arbeitszeugnissen übliche „Zeugnissprache" entwickelt?

Aufgabe 4
Wie beurteilen Sie die Verwendung der Zeugnissprache beim Verfassen der Arbeitszeugnisse aus Sicht der Arbeitnehmer? Begründen Sie Ihre Ansicht.

Aufgabe 5
Herr Kleiber ist der neue Personalverantwortliche der Frischwasser GmbH. Da er im Schreiben von Arbeitszeugnissen noch unerfahren ist, ringt er besonders in schwierigen Fällen immer wieder um die richtige Formulierung. Was könnte er schreiben, wenn ein Mitarbeiter
a häufig zu spät kam?
b oft trank?
c schnippisch gegenüber Vorgesetzten war?

Aufgabe 6
Was ist der Unterschied zwischen Schul- und Arbeitszeugnis?

Aufgabe 7
Was kann der Arbeitnehmer tun, wenn er mit dem Arbeitszeugnis unzufrieden ist?

Lernsituation 72

Zeitliche Erfolgsabgrenzung

Ein Industrieunternehmen hat seine GuV- und Bilanzwerte als vorläufige Jahresabschlusswerte für das Geschäftsjahr 20X2 bereits zusammengestellt. Folgende Werte wurden ermittelt:

Vorläufige Jahresabschlusswerte der Intersport GmbH ohne zeitliche Erfolgsabgrenzung	
Erträge	5.919.421,30 €
Aufwendungen	5.808.090,20 €
Eigenkapital	410.331,07 €
Fremdkapital	619.025,88 €
Vermögen	1.029.356,95 €

Eine zeitliche Erfolgsabgrenzung wurde im Laufe des Geschäftsjahres nicht durchgeführt. Folgende Belege sind für den Jahresabschluss 20X2 noch erfolgswirksam abzugrenzen.

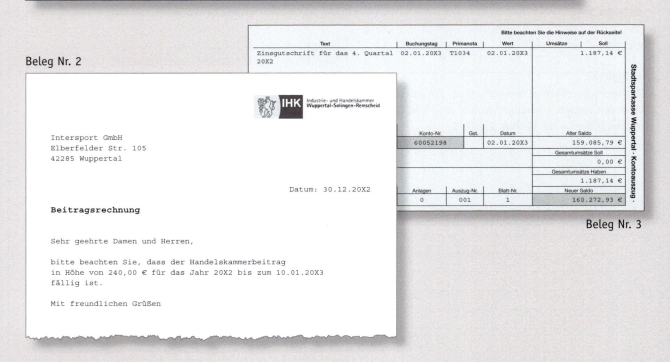

Beleg Nr. 1

Beleg Nr. 2

Beleg Nr. 3

Beleg Nr. 4

```
Finanzamt Wuppertal                42283 Wuppertal              01.10.20X2
                                   Unterdörnerstraße 96
Kraft-St.-Nummer 218 W-BP 178      Telefon: 0202 105-0
(Bitte bei Rückfragen angeben)     Telefax: 0202 105-204

Finanzamt Wuppertal
Postfach 1351    42283 Wuppertal
                                                    Bescheid
612/--/81939186    10.20X2   0,55 Euro           über Kraftfahrzeugsteuer

Firma
Intersport GmbH
Elberfelder Straße 105
42285 Wuppertal

Festsetzung
Diese Änderung Ihres bisherigen Bescheides beruht auf
§ 12 Abs. 2 Nr. 1 Kraftfahrzeugsteuergesetz.
Die Steuer wird für das Fahrzeug mit dem amtlichen Kennzeichen
W-BP 178 festgesetzt
für die Zeit ab 01.11.20X2 auf jährlich . . . . . . . . . . . . . . . . . .120,00 Euro
Abrechnung
nach dem Stand vom 01.11.20X2
Steuer für die Zeit vom 01.11.20X2 bis 31.10.20X3 . . . . . . . . . . . .120,00 Euro
bereits gezahlt . . . . . . . . . . . . . . . . . . . . . . . . . . . .0,00 Euro
zu wenig gezahlt . . . . . . . . . . . . . . . . . . . . . . . . . . .120,00 Euro
Bitte zahlen Sie
sofort . . . . . . . . . . . . . . . . . . . . . . . . . . . . . .120,00 Euro
künftig jährlich
spätestens bis 01.11. . . . . . . . . . . . . . . . . . . . . . . . .120,00 Euro
Die jeweils fälligen Beträge werden durch Lastschrift von dem Konto 60052198 bei SpK Wuppertal
(BLZ 350 500 00) eingezogen.
Grundlagen der Festsetzung
Fahrzeugart         Personenkraftwagen
Hubraum             1.998 cm
Erstzulassungsdatum 01.11.20X1
```

Bitte beachten Sie die Hinweise auf der Rückseite!

Text	Buchungstag	Primanota	Wert	Umsätze	Soll
Beitrag W-BP 178 Finanzamt Wuppertal Steuernr. 218/W-BP 178 Kraftfahrzeugsteuer	01.11.20X2	6215	01.11.20X2		− 120,00 €

Firma/Herr/Frau		Konto-Nr.	Gst.	Datum	Alter Saldo
		60052198		01.11.20X2	149.607,55 €
Intersport GmbH				Gesamtumsätze Soll	
Elberfelder Str. 105					− 120,00 €
42285 Wuppertal				Gesamtumsätze Haben	
					0,00 €
	Anlagen	Auszug-Nr.	Blatt-Nr.	Neuer Saldo	
	0	218	1	149.487,55 €	

Stadtsparkasse Wuppertal · Kontoauszug ·

Kontoauszug zum
Beleg Nr. 4

1 Erstellen Sie das **Grundbuch** für die zeitliche Erfolgsabgrenzung (vier Belege).

Beleg	Soll	€	Haben	€
1)				
2)				
3)				
4)				

2 Ermitteln Sie den Gewinn und die Jahresabschlusswerte nach der zeitlichen Erfolgsabgrenzung.

Jahresabschlusswerte der Intersport GmbH nach der zeitlichen Erfolgsabgrenzung	
Erträge	
Aufwendungen	
Gewinn	
Eigenkapital	
Fremdkapital	
Vermögen	

Arbeitsblatt 72.1: Zeitliche Erfolgsabgrenzung (am Geschäftsjahresende)

Zeitliche Erfolgsabgrenzung:

Aufwendungen oder _____ fallen in ein anderes Jahr als _____ oder Einzahlung

	Nachzahlungen:	Vorauszahlungen:
Zahlungszeitpunkte	Zahlung im neuen Jahr für das _____ Jahr	Zahlung im _____ Jahr für das _____ Jahr
Abgrenzungsgründe	Wir zahlen _____ / Unser Schuldner zahlt später	Wir zahlen _____ / Unser Schuldner zahlt _____
Abgrenzungskonto	Sonstige Forderungen	
Inhalt	Geld- _____	Leistungs- _____
Buchung		Aktive Jahresabgrenzung an Aufwandskonto
Erfolgsauswirkung	Aufwandserhöhung: / Ertrags _____ / Gewinn _____	_____ : Aufwands _____ : Ertrags / Gewinn _____
Bilanzauswirkung	Fremdkapitalmehrung / Vermögens- _____	Vermögens- _____ / Fremdkapital- _____

Arbeitsblatt 72.2: Zeitliche Erfolgsabgrenzung durch sonstige Forderungen (I)

Fall 1: Sonstige Forderungen ohne Betragsaufteilung

Unser Mieter hat die Dezembermiete bis zum 31.12.20X1 in Höhe von 800,00 € noch nicht überwiesen. Die Überweisung erfolgt am 03.01.20X2.

31.12.20X1	
altes Jahr: Ertrag	**neues Jahr: Einzahlung**
800,00 €	800,00 €

Kontenplan: 2690 Übrige sonstige Forderungen, 2800 Bankkonto, 5400 Nebenerlöse (hier Mieterträge), 8000 EBK, 8020 GuV-Konto, 8010 SBK

Grundbuch (altes Jahr):
1) 31.12.20X1: Ertragsbuchung im alten Jahr
2) 31.12.20X1: Abschluss des Ertragskontos über GuV-Konto
3) 31.12.20X1: Abschluss des Kontos Sonstige Forderungen über SBK

Nr.	Soll	€	Haben	€
1)				
2)				
3)				

Grundbuch (neues Jahr):
4) 01.01.20X2: Eröffnung des Kontos Sonstige Forderungen über EBK
5) 03.01.20X2: Eingang der Zahlung auf dem Bankkonto

Nr.	Soll	€	Haben	€
4)				
5)				

Arbeitsblatt 72.3: Zeitliche Erfolgsabgrenzung durch sonstige Forderungen (II)

Fall 2: Sonstige Forderungen mit Betragsaufteilung

Unser Schuldner zahlt uns für unser Darlehen in Höhe von 100.000,00 € 6 % Zinsen pro Jahr. Er zahlt nachträglich halbjährig am 01.02.20X2 und am 01.08.20X2 usw.

Berechnungen:

Ermittlung der Zinserträge für ein Jahr: _____

Ermittlung der Zinserträge für einen Monat: _____

Zinserträge für das alte Jahr (Zahlung am 01.02.20X2): _____

Zinserträge für das neue Jahr (Zahlung am 01.02.20X2): _____

31.12.20X1	
Ertrag altes Jahr: _____ €	Ertrag neues Jahr: _____ €
Einzahlung altes Jahr: 0,00 €	Einzahlung neues Jahr: _____ €

Kontenplan: 2690 Übrige Sonstige Forderungen, 2800 Bankkonto, 5710 Zinserträge, 8000 EBK, 8020 GuV-Konto, 8010 SBK

Grundbuch (altes Jahr):
1) 31.12.20X1: Ertragsbuchung im alten Jahr
2) 31.12.20X1: Abschluss des Ertragskontos über GuV-Konto
3) 31.12.20X1: Abschluss des Kontos Sonstige Forderungen über SBK

Nr.	Soll	€	Haben	€
1)				
2)				
3)				

Grundbuch (neues Jahr):
4) 01.01.20X2: Eröffnung des Kontos Sonstige Forderungen über EBK
5) 03.01.20X2: Eingang der Zahlung auf dem Bankkonto

Nr.	Soll	€	Haben	€
4)				
5)				

Arbeitsblatt 72.4: Zeitliche Erfolgsabgrenzung durch sonstige Verbindlichkeiten (I)

Fall 3: Sonstige Verbindlichkeiten ohne Betragsaufteilung

Die Gebühren für die Dezemberausgabe einer Fachzeitschrift in Höhe von 50,00 € zzgl. 3,50 € (7 %) Umsatzsteuer sind bis zum 31.12.20X1 noch nicht vom Verlag abgebucht worden. Die Abbuchung vom Geschäftskonto erfolgt am 03.01.20X2.

Hinweis: Die Buchung der Umsatzsteuer darf erst dann erfolgen, wenn ein Buchungsbeleg vorliegt!

31.12.20X1	
altes Jahr = Aufwand	**neues Jahr = Auszahlung**
_____ €	_____ €

Kontenplan: 2600 Vorsteuer, 2800 Bankkonto, 4890 Übrige Sonstige Verbindlichkeiten, 6810 Zeitungen und Fachliteratur, 8000 EBK, 8020 GuV-Konto, 8010 SBK

Grundbuch (altes Jahr):
1) 31.12.20X1: Aufwandsbuchung im alten Jahr
2) 31.12.20X1: Abschluss des Aufwandskontos über GuV-Konto
3) 31.12.20X1: Abschluss des Kontos Sonstige Verbindlichkeiten über SBK

Nr.	Soll	€	Haben	€
1)				
2)				
3)				

Grundbuch (neues Jahr):
4) 01.01.20X2: Eröffnung des Kontos Sonstige Verbindlichkeiten über EBK
5) 03.01.20X2: Abbuchung der Zahlung vom Bankkonto

Nr.	Soll	€	Haben	€
4)				
5)				

Arbeitsblatt 72.5: Zeitliche Erfolgsabgrenzung durch sonstige Verbindlichkeiten (II)

Fall 4: Sonstige Verbindlichkeiten mit Betragsaufteilung

Die Zinsen für unsere Darlehensschuld in Höhe von 60.000,00 € bei einem Zinssatz von 5 % zahlen wir nachträglich halbjährig jeweils am 01.03.20X2 und am 01.09.20X2 usw.

Berechnungen:

Ermittlung der Zinsaufwendungen für ein Jahr: _____

Ermittlung der Zinsaufwendungen für einen Monat: _____

Zinsaufwendungen für das alte Jahr (Zahlung am 01.03.20X2): _____

Zinsaufwendungen für das neue Jahr (Zahlung am 01.03.20X2): _____

31.12.20X1	
Aufwand altes Jahr: _____ €	Aufwand neues Jahr: _____ €
Auszahlung altes Jahr: 0,00 €	Auszahlung neues Jahr: _____ €

Kontenplan: 2800 Bankkonto, 4890 Übrige sonstige Verbindlichkeiten, 7510 Zinsaufwendungen, 8000 EBK, 8020 GuV-Konto, 8010 SBK

Grundbuch (altes Jahr):
1) 31.12.20X1 Aufwandsbuchung im alten Jahr
2) 31.12.20X1 Abschluss des Aufwandskontos über GuV-Konto
3) 31.12.20X1 Abschluss des Kontos Sonstige Verbindlichkeiten über SBK

Nr.	Soll	€	Haben	€
1)				
2)				
3)				

Grundbuch (neues Jahr):
4) 01.01.20X2 Eröffnung des Kontos Sonstige Verbindlichkeiten über EBK
5) 01.03.20X2 Zahlungsausgang vom Bankkonto

Nr.	Soll	€	Haben	€
4)				
5)				

Arbeitsblatt 72.6: Zeitliche Erfolgsabgrenzung durch aktive Jahresabgrenzung

Aktive Jahresabgrenzung mit Betragsaufteilung

Wir überweisen am 01.09.20X1 die KFZ-Steuer für einen Geschäftswagen in Höhe von 600,00 € für 12 Monate im Voraus.

31.12.20X1	
Aufwand altes Jahr: _____ €	Aufwand neues Jahr: _____ €
Auszahlung altes Jahr: _____ €	Auszahlung neues Jahr: 0,00 €

Kontenplan: 2900 Aktive Jahresabgrenzung, 2800 Bankkonto, 7030 KFZ-Steuer, 8000 EBK, 8020 GuV-Konto, 8010 SBK

Grundbuch (altes Jahr):
1) 01.09.20X1: Auszahlungsbuchung im alten Jahr
2) 31.12.20X1: Abgrenzung des Aufwands für das neue Jahr
3) 31.12.20X1: Abschluss des Aufwandskontos über GuV-Konto
4) 31.12.20X1: Abschluss des Kontos Aktive Jahresabgrenzung über SBK

Nr.	Soll	€	Haben	€
1)				
2)				
3)				
4)				

Grundbuch (neues Jahr):
5) 01.01.20X2: Eröffnung des Kontos Aktive Jahresabgrenzung über EBK
6) 01.01.20X2: Aufwandsbuchung im neuen Jahr

Nr.	Soll	€	Haben	€
5)				
6)				

Arbeitsblatt 72.7: Zeitliche Erfolgsabgrenzung durch passive Jahresabgrenzung

Passive Jahresabgrenzung mit Betragsaufteilung

Unser Mieter zahlt am 01.11.20X1 die Miete für unsere Lagerhalle für drei Monate im Voraus. Er überweist 3.600,00 € auf unser Bankkonto.

31.12.20X1	
Ertrag altes Jahr: _____ €	Ertrag neues Jahr: _____ €
Einzahlung altes Jahr: _____ €	Einzahlung neues Jahr: 0,00 €

Kontenplan: 2800 Bankkonto, 4900 Passive Jahresabgrenzung, 5400 Mieterträge, 8000 EBK, 8020 GuV-Konto, 8010 SBK

Grundbuch (altes Jahr):

1) 01.11.20X1: Einzahlungsbuchung im alten Jahr
2) 31.12.20X1: Abgrenzung des Ertrags für das neue Jahr
3) 31.12.20X1: Abschluss des Ertragskontos über GuV-Konto
4) 31.12.20X1: Abschluss des Kontos Passive Jahresabgrenzung über SBK

Nr.	Soll	€	Haben	€
1)				
2)				
3)				
4)				

Grundbuch (neues Jahr):

5) 01.01.20X2: Eröffnung des Kontos Passive Jahresabgrenzung über EBK
6) 01.01.20X2: Ertragsbuchung im neuen Jahr

Nr.	Soll	€	Haben	€
5)				
6)				

Aufgaben

Aufgabe 1

a Bilden Sie die Buchungssätze für das Geschäftsjahres-ende (vorbereitende Abschlussbuchungen) für die periodengerechte Erfolgsermittlung (Aufwand/Ertrag).

b Bilden Sie nach der Eröffnung der aktiven und passiven Bestandskonten die Buchungssätze für das neue Geschäftsjahr (Ausgaben/Einnahmen).

I. Altes Geschäftsjahr (Geschäftsjahresende)

Nr.	Datum	Geschäftsvorfall		Betrag in €
1)	31.12.	Der Handelskammerbeitrag für das letzte Vierteljahr kann erst im Januar bezahlt werden.		540,00
2)	31.12.	Aufgrund einer nicht gestellten Rechnung wurde die Gebühr (ohne Umsatzsteuer) für eine Fachzeitschrift für das abgelaufene Geschäftsjahr nicht bezahlt.		180,00
3)	31.12.	Die Zinsen für eine Hypothekenschuld (6 % von 200.000,00 €) zahlen wir halbjährlich nachträglich am 01.03. und am 01.09.		
4)	31.12.	Für die Lohnwoche vom 29.12. bis 04.01. sind 7.200,00 € Löhne zu zahlen (Zahltag 04.01.). Hiervon entfallen auf die Zeit vom 29.12. bis 31.12. 3.000,00 €.		3.000,00
5)	31.12.	Die Zinsgutschrift der Bank für die Zeit vom 01.10. bis 31.03. steht noch aus. Von den halbjährlichen Zinsen in Höhe von 4.200,00 € entfallen auf das alte Geschäftsjahr 2.100,00 €.		2.100,00
6)	31.12.	Eingangsrechnung: Die Provision unseres Handelsvertreters für Dezember wird erst im Januar überwiesen.	Provision (netto)	3.600,00
			+ 19 % Umsatzsteuer	684,00
			= Provision (brutto)	4.284,00

II. Neues Geschäftsjahr

Nach der Eröffnung der aktiven und passiven Bestandskonten sind folgende Buchungen vorzunehmen:

Nr.	Datum	Geschäftsvorfall		Betrag in €
1)	04.01.	Bankauszug (Lastschrift): Überweisung des Handelskammerbeitrags (siehe Fall I. 1)		540,00
2)	04.01.	Kontoauszug (Lastschrift): Die Löhne (siehe Fall I. 4) werden überwiesen.	brutto	7.200,00
			Steuern	800,00
			Sozialversicherungen	1.400,00
			Banküberweisung	5.000,00
3)	10.01.	Bankauszug (Lastschrift): Die Eingangsrechnung für die Fachzeitschrift ist eingetroffen; der Betrag wird unverzüglich überwiesen (siehe Fall I. 2).	Nettobetrag	180,00
			+ 7 % Umsatzsteuer	
			= Bruttobetrag	
4)	10.01.	Kontoauszug (Lastschrift): Die Provision für unseren Handelsvertreter wurde überwiesen (siehe Fall I. 6).		4.284,00
5)	01.03.	Bankauszug (Lastschrift): Überweisung der Hypothekenzinsen für die Zeit vom 01.09. bis 28.02. (siehe Fall I. 3).		
6)	31.03.	Kontoauszug: Zinsgutschrift der Bank (siehe Fall I. 5)		4.200,00

Aufgabe 2

Die Fly Bike Werke GmbH hat im Rahmen der zeitlichen Abgrenzung zur periodengerechten Erfolgsermittlung folgende Geschäftsvorfälle zu bearbeiten:

a Die Kfz-Steuer für mehrere Betriebsfahrzeuge ergibt sich wie folgt:

3 Dieselfahrzeuge	1.128,00 €
4 Benziner	536,00 €
Summe	**1.664,00 €**

Der Gesamtbetrag wurde am 29.09.20X1 für ein Jahr im Voraus für die Zeit vom 01.10.20X1 bis zum 30.09.20X2 bezahlt. Buchen Sie

aa die Banküberweisung am 29.09.20X1,

ab die zeitliche Abgrenzung am 31.12.20X1,

ac die Eröffnung des zeitlichen Abgrenzungspostens,

ad die Auflösung des zeitlichen Abgrenzungspostens,

ae am 29.09.20X1 so, dass eine Korrekturbuchung am 31.12.20X1 entfällt.

b Am 20.12.20X1 bezahlt die Fly Bike Werke GmbH die Gebäudefeuer- und Gebäudehaftpflichtversicherungsprämie für das nächste Geschäftsjahr in Höhe von 420,00 €. Buchen Sie

ba die Banküberweisung am 20.12.20X1,

bb die zeitliche Abgrenzung am 31.12.20X1,

bc die Eröffnung des zeitlichen Abgrenzungspostens,

bd die Auflösung des zeitlichen Abgrenzungspostens,

be am 20.12.20X1 so, dass eine Korrekturbuchung am 31.12.20X1 entfällt.

c Ein Mieter zahlt die Miete für den Monat Januar von 750,00 € bereits am 21.12.20X1 per Banküberweisung. Buchen Sie

ca die Bankgutschrift am 21.12.20X1,

cb die zeitliche Abgrenzung am 31.12.20X1,

cc die Eröffnung des zeitlichen Abgrenzungspostens,

cd die Auflösung des zeitlichen Abgrenzungspostens,

ce am 21.12.20X1 so, dass eine Korrekturbuchung am 31.12.20X1 entfällt.

d Die Abrechnung der Handelsvertreter für Provisionen des Monats Dezember über 5.000,00 € zzgl. 19 % Umsatzsteuer stehen am Ende des Geschäftsjahres noch aus. Buchen Sie

da die zeitliche Abgrenzung am 31.12.20X1,

db die Eröffnung des zeitlichen Abgrenzungspostens,

dc am 15.01.20X2 bei Banküberweisung.

e Die Zinsen für eine 8 %-ige Anleihe (Zinsperiode 30.09.20X1 bis 31.03.20X2) in Höhe von 100.000,00 € sind noch zu berücksichtigen. Die Zinsen werden uns erst am 31.03.20X2 für den gesamten Anlagezeitraum gutgeschrieben. Buchen Sie

ea die zeitliche Abgrenzung am 31.12.20X1,

eb die Eröffnung des zeitlichen Abgrenzungspostens,

ec am 31.03.20X2 bei Bankgutschrift.

Aufgabe 3

Der vorläufige Jahresabschluss eines Industrieunternehmens weist folgende Werte aus:

Vermögen	15.000.000,00 €	Aufwendungen	32.000.000,00 €
Schulden	7.000.000,00 €	Erträge	32.610.000,00 €

Bei der Ermittlung des endgültigen Abschlusses müssen noch die folgenden Geschäftsvorfälle berücksichtigt werden:

1 In den Mietaufwendungen für das Auslieferungslager ist ein Posten von 75.000,00 € für das 1. Halbjahr des folgenden Jahres enthalten.

2 An Lagerversicherungsprämien wurden bereits 17.000,00 € für das nächste Jahr bezahlt.

3 Für Darlehenszinsen sind noch 20.000,00 € zu berücksichtigen, die im neuen Jahr ausgezahlt werden.

4 Vertragsgemäß zahlt ein Mieter die Miete in Höhe von 10.000,00 € für November und Dezember im Januar.

5 An Beiträgen für die Berufsgenossenschaft sind noch 2.000,00 € für das alte Jahr zu berücksichtigen.

6 Im Zinsaufwand sind 5.000,00 € für das nächste Jahr enthalten.

7 Für das nächste Jahr wurden bereits 60.000,00 € an Kfz-Steuer und Kfz-Versicherungen bezahlt.

8 60.000,00 € Bonus + 19 % Umsatzsteuer an Kunden für das abgelaufene Jahr werden am 20.02. der nächsten Rechnungsperiode durch Überweisung bezahlt.

9 In den Zinserträgen sind 5.000,00 € für die neue Rechnungsperiode enthalten.

Erstellen Sie einen verkürzten Jahresabschluss und ermitteln Sie

a den Wert der aktiven Jahresabgrenzung,

b den Wert der passiven Jahresabgrenzung,

c den Wert der sonstigen Forderungen,

d den Wert der sonstigen Verbindlichkeiten,

e den periodengerechten Erfolg,

f das Eigenkapital am Ende der Rechnungsperiode,

g die Eigenkapitalrentabilität (das Eigenkapital am Anfang der Rechnungsperiode betrug 8.000.000,00 €, es gab keine Veränderungen während der Rechnungsperiode).

Aufgabe 4

Welche der unten stehenden Aussagen treffen zu auf

① aktive Jahresabgrenzung,

② passive Jahresabgrenzung,

③ sonstige Forderungen,

④ sonstige Verbindlichkeiten,

⑤ aktive und passive Jahresabgrenzung,

⑥ sonstige Forderungen und sonstige Verbindlichkeiten,

⑦ nicht auf ① – ⑥?

a	Sie mindert den Ertrag des alten Jahres.	
b	Die Zahlung für einen Aufwand des alten Jahres erfolgt im neuen Jahr.	
c	Sie mehrt den Aufwand des alten Jahres.	
d	Sie wird im neuen Jahr aufgelöst und mindert den Aufwand des neuen Jahres.	
e	Der Zahlungsvorgang für einen Aufwand oder Ertrag des alten Jahres liegt im neuen Jahr.	
f	Es ist eine Leistungsforderung des alten Jahres gegenüber dem neuen Jahr.	
g	Die Einnahme liegt im alten Jahr und der Ertrag im neuen Jahr.	
h	Sie mehrt den Ertrag des alten Jahres.	
i	Es ist eine Geldforderung des alten Jahres gegenüber dem neuen Jahr.	
j	Die Ausgabe erfolgt im neuen Jahr für einen Aufwand des alten Jahres.	
k	Sie wird gebildet für einen Aufwand des neuen Jahres, die Ausgabe erfolgt im neuen Jahr.	
l	Der Aufwand liegt im alten Jahr, die Ausgabe erfolgt im neuen Jahr.	

Aufgabe 5

Unser Geschäftspartner schuldet uns für den Monat Dezember eine Vermittlungsprovision in Höhe von 1.000,00 € netto zzgl. 19 % Umsatzsteuer. Die Rechnung wird erst am 02.01. des Folgejahres erstellt und an den Geschäftspartner geschickt, der sofort per Bankscheck bezahlt.

a Buchen Sie die Abgrenzung am 31.12.

b Buchen Sie die Zahlung am 03.01. des Folgejahres.

Fly Bike Werke GmbH

Hausmitteilung

Absender	Empfänger	mit der Bitte um
☐ Geschäftsführung	☐ Geschäftsführung	☐ Kenntnisnahme
☐ Zentralsekretariat	☐ Zentralsekretariat	☒ Erledigung
☒ Controlling	☐ Controlling	☐ Stellungnahme
☐ Einkauf/Logistik	☐ Einkauf/Logistik	
☐ Produktion	☐ Produktion	
☐ Verwaltung	☒ Verwaltung	
☐ Vertrieb	☐ Vertrieb	
☒ ~~Frau/Herr~~ *Steffes*	☐ Frau/Herr	

Liebe Mitarbeiter,

ich bitte um Bearbeitung des vorliegenden Sachverhaltes für unseren Jahresabschluss am 31.12. und entsprechende Buchung.

Herzliche Grüße

S. Steffes

UM

Uwe Molzen GmbH
Dachreparaturen aller Art
Drosselstraße 15 · 26121 Oldenburg

Uwe Molzen GmbH · Drosselstraße 15 · 26121 Oldenburg

Fly Bike Werke GmbH
Rostocker Str. 334
26121 Oldenburg

Wuppertal
19.12.20XX

Kostenvoranschlag für eine Dachreparatur

Höhe der Reparaturkosten:	14.280,00 € inkl. 19 % Umsatzsteuer
Ausführung der Reparatur:	vereinbarungsgemäß im März nächsten Jahres

---

Bestimmungen des Handelsgesetzbuchs zum Jahresabschluss

§ 249 HGB Rückstellungen

(1) Rückstellungen sind für ungewisse Verbindlichkeiten und für drohende Verluste aus schwebenden Geschäften zu bilden. Ferner sind Rückstellungen zu bilden für
  1. im Geschäftsjahr unterlassene Aufwendungen für Instandhaltung, die im folgenden Geschäftsjahr innerhalb von drei Monaten, oder für Abraumbeseitigung, die im folgenden Geschäftsjahr nachgeholt werden,
  2. Gewährleistungen, die ohne rechtliche Verpflichtung erbracht werden.
(2) Für andere als die in Absatz 1 bezeichneten Zwecke dürfen Rückstellungen nicht gebildet werden. Rückstellungen dürfen nur aufgelöst werden, soweit der Grund hierfür entfallen ist.

---

1 Buchen Sie den Kostenvoranschlag der Uwe Molzen GmbH (verwenden Sie dafür das Arbeitsblatt 73.1 auf der Folgeseite) und den Rechnungseingang nach erfolgter Reparatur.

Arbeitsblatt 73.1: Buchung von Rückstellungen

Fall 1 Die Fly Bike Werke GmbH erhält am 19.12. einen Kostenvoranschlag über eine Dachreparatur in Höhe von 12.000,00 € netto, die im März des folgenden Jahres ausgeführt werden soll.

		Buchungen im alten Jahr			
Nr.	Datum	Soll	€	Haben	€
1)	31.12.				
2)	31.12.	8020 GuV-Konto			
3)	31.12.			8010 SBK	

Fall 2a Die tatsächlichen Reparaturkosten belaufen sich am 10.03. des folgenden Jahres auf die veranschlagten 12.000,00 € netto und werden per Banküberweisung bezahlt.

		Buchungen im neuen Jahr			
Nr.	Datum	Soll	€	Haben	€
1)	02.01.	8000 EBK			
2)	10.03.				

Fall 2b Die tatsächlichen Reparaturkosten sind am 10.03. des folgenden Jahres um 1.000,00 € netto geringer als die veranschlagten 12.000,00 € netto und werden per Banküberweisung bezahlt.

		Buchungen im neuen Jahr			
Nr.	Datum	Soll	€	Haben	€
1)	02.01.	8000 EBK			
2)	10.03.				

Fall 2c Die tatsächlichen Reparaturkosten sind am 10.03. des folgenden Jahres um 2.000,00 € netto höher als die veranschlagten 12.000,00 € netto und werden per Banküberweisung bezahlt.

		Buchungen im neuen Jahr			
Nr.	Datum	Soll	€	Haben	€
1)	02.01.	8000 EBK			
2)	10.03.				

Arbeitsblatt 73.2: Rückstellungen

Für alle Rückstellungen gilt:	
Ihre wirtschaftliche Ursache liegt in einem Geschäftsjahr, in dem _____ _____	Die _____ und/oder die _____ der Zahlung muss geschätzt werden.

Rückstellungen gemäß § 249 HGB sind zu bilden:			
laut § 249 HGB, Abs. 1, Satz 1 für ungewisse _____	laut § 249 HGB, Abs. 1, Satz 1 für drohende _____ aus _____ Geschäften	laut § 249 HGB, Abs. 1, Satz 2, Nr. 1 für unterlassene Aufwendungen für _____ [1] oder für _____ [2]	laut § 249 HGB, Abs. 1, Satz 2, Nr. 2 für _____, die ohne rechtliche Verpflichtungen erbracht werden.

[1] nur soweit sie innerhalb von drei Monaten im Folgejahr nachgeholt werden
[2] nur soweit sie im Folgejahr nachgeholt werden

Rückstellungen bewirken im Jahr ihrer Bildung, dass		
die Aufwendungen _____	der Gewinn (und damit die Steuerbelastung) _____	das Fremdkapital _____
Buchung: _____ konto an _____		

Die Auflösung von Rückstellungen bewirkt im Auflösungsjahr:		
Aufwand = Rückstellung	Aufwand < Rückstellung	Aufwand > Rückstellung
Keine _____ Buchung, der Gewinn _____	_____ buchung, der Gewinn _____	_____ buchung, der Gewinn _____

Eine Rückstellung muss aufgelöst werden, wenn		

Aufgaben

Aufgabe 1

Ein Papier- und Folienhersteller (GmbH) hat im Rahmen der Jahresabgrenzung die nachfolgenden Sachverhalte zu Rückstellungen zu klären.
Führen Sie die Buchungen zur Bildung und Auflösung von Rückstellungen durch und ermitteln Sie die Auswirkung auf den Erfolg der ablaufenden Rechnungsperiode.

1a Wegen der Witterungsverhältnisse konnte eine umfangreiche Dachsanierung an einem vermieteten Gebäude im Dezember nicht mehr durchgeführt werden. Der Dachdeckermeister hatte die Kosten mit 45.000,00 € netto veranschlagt. Buchen Sie die Bildung der Rückstellung am 31.12.

1b Im März des Folgejahres kann die Dachsanierung durchgeführt werden. Nennen Sie die Buchungen für die Auflösung des Kontos „Rückstellungen", wenn der Rechnungsbetrag

  ba 45.000,00 € + 19 % Umsatzsteuer,
  bb 48.000,00 € + 19 % Umsatzsteuer,
  bc 43.000,00 € + 19 % Umsatzsteuer

  beträgt und durch Banküberweisung beglichen wird.

1c Dürfte die Rückstellung für Instandhaltung auch gebildet werden, wenn die Instandhaltung erst nach Ablauf der Frist von 3 Monaten innerhalb des folgenden Geschäftsjahres nachgeholt wird?

2a Ein langjähriger Kunde hat nach Ablauf der gesetzlichen Verjährungsfrist mangelhafte Overheadfolien (statische Aufladung bei der Stapelverarbeitung) reklamiert und schätzt den Schaden auf 800,00 €. Der Hersteller will sich der Haftung nicht entziehen. Bilden Sie eine Rückstellung.

2b Im Folgejahr werden nach einer Prüfung der Folien 800,00 € aus Kulanz an den Kunden per Bank überwiesen. Lösen Sie die Rückstellung auf.

3a Die Kosten für die Prüfung des Jahresabschlusses werden auf 12.000,00 € geschätzt. Buchen Sie den Vorgang.

3b Die tatsächlichen Aufwendungen laut Eingangsrechnung der Wirtschaftsprüfer betragen 13.500,00 € zzgl. 19 % Umsatzsteuer. Lösen Sie die Rückstellung auf und ermitteln Sie die Auswirkung auf den Erfolg.

4a Das Aufwandsrisiko eines anhängigen Gerichtsverfahrens (Mietkürzungen aufgrund eines nicht vertragsgemäßen Zustandes eines Mietobjektes) wird auf 5.000,00 € geschätzt. Bilden Sie die Rückstellung.

4b Der Prozess wird gewonnen. Die Rückstellung wird aufgelöst.

5a Für eine noch zu erwartende Jahresabschlusszahlung an die Berufsgenossenschaft für die gesetzliche Unfallversicherung ist eine Rückstellung in Höhe von 300,00 € zu bilden.

5b Die tatsächliche Abschlusszahlung beträgt 500,00 € (Banküberweisung).

6a Aufgrund der Erfahrungen in der Vergangenheit kann ein Hersteller mit einer gewissen Wahrscheinlichkeit mit der Inanspruchnahme von Garantieleistungen durch Kunden rechnen. Diese betrugen in den vergangenen Jahren durchschnittlich 1,5 % des Umsatzes. Die Umsatzerlöse in der laufenden Rechnungsperiode betragen 2.600.000,00 €.

6b An tatsächlichen Garantieleistungen werden in der folgenden Rechnungsperiode 30.000,00 € fällig, die alle durch Banküberweisungen ausgeglichen werden.

7a Eine Dachreparatur musste auf das neue Geschäftsjahr verschoben werden. Der Kostenvoranschlag des Dachdeckers betrug 20.000,00 € zzgl. 19 % Umsatzsteuer. Wie lautet die Buchung am 31.12.?

7b Wie ist zu buchen, wenn die Reparatur im Januar des Folgejahres ausgeführt wird und der Dachdecker eine Rechnung in Höhe von 24.000,00 € zzgl. 19 % Umsatzsteuer schickt?

7c Wie wäre zu buchen gewesen, wenn die Reparatur nur 16.000,00 € zzgl. 19 % Umsatzsteuer gekostet hätte?

Aufgabe 2

Entscheiden Sie, zu welcher Rückstellungsart gemäß
§ 249 HGB die unten stehenden Beispiele gehören:

a   ungewisse Verbindlichkeiten

b   drohende Verluste aus schwebenden Geschäften

c   unterlassene Aufwendungen für Instandhaltung oder
Abraumbeseitigung

d   Gewährleistungen ohne rechtliche Verpflichtung

1	Eine langfristig gemietete Lagerhalle kann wegen einer Betriebsverlegung nicht mehr genutzt werden.	
2	Die Höhe der Zahlungen für zukünftige Betriebsrenten ist nur auf Basis von mathematisch-statistischen Methoden abschätzbar.	
3	Ein unversicherter Fassadenschaden am Firmengebäude aus dem Monat Dezember soll im Folgejahr im Monat Februar repariert werden.	
4	Eine eventuelle Steuernachzahlung ist in ihrer Höhe nicht absolut sicher.	
5	Die Wiederbeschaffungskosten einer gekauften Ware sind bereits vor der Lieferung unter den vereinbarten Kaufpreis gesunken.	
6	Die üblicherweise notwendigen Gewährleistungsverpflichtungen im Rahmen der gesetzlichen Sachmängelhaftung für das abgelaufene Geschäftsjahr werden auf 25.000,00 € geschätzt.	
7	Die Kosten für die Prüfung des Jahresabschlusses durch eine Wirtschaftsprüfungsgesellschaft werden auf 25.000,00 € geschätzt.	
8	Das Prozessrisiko in einem Prozess gegen eine möglicherweise nicht ordnungsgemäß beratende Bank bei einer Kapitalanlage wird auf 30.000,00 € geschätzt.	
9	Für Kulanzgewährleistungen im Folgejahr sollen 15.000,00 € bereitgestellt werden.	

Aufgabe 3

Buchen Sie die folgenden Geschäftsvorfälle. Hinweis: In allen Fällen wird die zeitliche Erfolgsabgrenzung ausschließlich am 31.12. vorgenommen.

1   Am 05.01. zahlen wir die Lagermiete für Dezember durch Postüberweisung in Höhe von 600,00 €.

2   Banküberweisung für Gewerbesteuernachzahlung 12.000,00 €, es war eine Rückstellung von 15.000,00 € gebildet worden.

3a   Die Dezember-Miete von 3.000,00 € wird im Januar durch Verrechnungsscheck bezahlt. Buchung am 31.12.

3b   Buchung bei Zahlung am 10.01.

4a   Die Kfz-Steuer von 4.800,00 € wird am 01.09. durch Banküberweisung für ein Jahr im Voraus bezahlt. Buchung am 31.12.

4b   Buchung am 02.01. nach der Eröffnung.

5   Die Dezember-Miete von 2.000,00 € wird am 05.01. von unserem Mieter bar bezahlt. Buchung am 31.12.

6   Die Januar-Miete über 1.500,00 € für ein Lager wird von uns am 20.12. per Postüberweisung bezahlt. Buchung am 31.12.

7a   Die Miete für die Geschäftsräume für Dezember bis März über 10.000,00 € wird von uns vereinbarungsgemäß am 31.03. nachträglich durch Scheck bezahlt. Buchung am 31.12.

7b   Buchung am 31.03.

8   Ein Schuldner zahlt die Zinsen über 500,00 € für Januar am 15.12. bar. Buchung am 31.12.

9   Ein Mieter zahlt die Miete von 3.600,00 € für November bis Januar vertragsgemäß nach Ablauf des Quartals durch Bankscheck. Buchung am 31.12.

Aufgabe 4

Hinweis: Geben Sie nur die jeweils geforderten Buchungen an. Eröffnungs- und Abschlussbuchungen werden nicht verlangt.

a Am 01.09.20X1 wird die Kfz-Versicherungsprämie in Höhe von 720,00 € für den Zeitraum vom 01.09.20X1 bis zum 31.08.20X2 durch Banküberweisung bezahlt.

   aa Buchen Sie die Banküberweisung am 01.09.20X1.

   ab Buchen Sie die zeitliche Erfolgsabgrenzung am 31.12.20X1.

   ac Buchen Sie den Aufwand im neuen Jahr.

b Am 01.06.20X1 des laufenden Geschäftsjahres hat ein Mieter einer Lagerhalle seine laut Vertrag im Voraus zu zahlende Miete für die Zeit vom 01.06.20X1 bis zum 30.05.20X2 durch Banküberweisung in Höhe von 12.000,00 € bezahlt.

   ba Buchen Sie die Banküberweisung am 01.06.20X1.

   bb Buchen Sie die Abgrenzung am 31.12.20X1.

   bc Buchen Sie den Ertrag im neuen Jahr.

c Am 01.09.20X1 wurde ein Darlehen aufgenommen, für das am 31.08.20X2 1.200,00 € Zinsen rückwirkend für den gesamten Zeitraum zu zahlen sind.

   ca Buchen Sie die Abgrenzung am 31.12.20X1.

   cb Buchen Sie die Zahlung am 31.08.20X2.

d Unser Geschäftspartner schuldet uns für den Monat Dezember des Jahres 20X1 eine Vermittlungsprovision in Höhe von 1.000,00 € netto zzgl. 19 % USt. Die Rechnung wird erst am 02.01.20X2 erstellt und an den Geschäftspartner geschickt, der sofort per Bankscheck bezahlt.

   da Buchen Sie die Abgrenzung am 31.12.20X1.

   db Buchen Sie die Zahlung am 03.01.20X2.

e Eine Dachreparatur musste auf das neue Geschäftsjahr verschoben werden. Der Kostenvoranschlag des Dachdeckers betrug 50.000,00 € zzgl. 19 % Umsatzsteuer.

   ea Wie lautet die Buchung am 31.12.20X1?

   eb Wie ist zu buchen, wenn die Reparatur im Januar des Folgejahres (20X2) ausgeführt wird und der Dachdecker eine Rechnung in Höhe von 56.000,00 € zzgl. 19 % Umsatzsteuer schickt?

   ec Wie wäre zu buchen gewesen, wenn die Reparatur nur 44.000,00 € zzgl. 19 % Umsatzsteuer gekostet hätte?

Aufgabe 5

Die Fly Bike Werke GmbH erhält am 19.12.20X1 die unten stehende Mängelrüge. Sie hat kein Interesse, die Fahrräder bei der Matro AG abholen zu lassen und selbst nachzubearbeiten. Sie erkennen die Mängelrüge – nach internen Recherchen – inhaltlich voll an.

a Buchen Sie für diesen Vorgang eine Rückstellung am 31.12.20X1.

b Am 15.01.20X2 stellt die Matro AG für Nachbesserungen 1.200,00 € zzgl. 19 % Umsatzsteuer in Rechnung. Buchen Sie den Rechnungseingang.

Matro Großhandels AG · Altenessener Str. 611 · 45472 Essen

Fly Bike Werke GmbH
Rostocker Straße 334
26121 Oldenburg

Ihre Zeichen, Ihre Nachricht vom	Unsere Zeichen, unsere Nachricht vom	Telefon	Essen
	KU/FL	0201 34317-0	18.12.20X1

Mängelrüge
Fehlerhafte Montage: Schaltungen und Bremsen nicht eingestellt

Sehr geehrte Frau Ganser,

am 03.12.20X1 haben wir bei Ihnen u. a. 300 Mountain-Bikes Modell „Dispo" bestellt (siehe Anlage). Bei der unverzüglichen Prüfung Ihrer Lieferung am 16.12.20X1 haben wir folgende Fehler feststellen müssen:

Bei den ersten 10 der bis heute getesteten Mountain-Bikes mussten alle Schaltungen und Bremsen neu eingestellt werden, um die Fahrräder verkaufsfähig machen zu können. Je Fahrrad entstehen uns dabei Personalkosten in Höhe von 5,00 €. Sollten alle 300 Räder, die wir für unsere Frühlingsaktion bei Ihnen gekauft haben, diesen Mangel aufweisen, entstünden uns Gesamtkosten in Höhe von bis zu 1.500,00 € zzgl. 19 % Umsatzsteuer, die wir Ihnen ggf. in Rechnung stellen müssen. Sollten Sie diese Kosten nicht übernehmen wollen, bitten wir Sie, die Fahrräder bei uns abholen zu lassen und gegen eine mangelfreie Ersatzlieferung auszutauschen.

Wir erwarten umgehend Ihre Entscheidung.

Mit freundlichen Grüßen

Matro AG

Anlagen: Kopie Bestellung | Fotos der beschädigten Bikes | Kopie Lieferschein

1 Die Fly Bike Werke GmbH kauft eine neue Verpackungsmaschine. Als Auszubildende der Fly Bike Werke GmbH sollen Sie die Anschaffung der Maschine im Grund- und Hauptbuch buchen (Seite 175) und in der Anlagendatei (Seite 176) erfassen (bis zum Ende des Geschäftsjahres 20X8; planmäßige lineare Abschreibung, betriebsgewöhnliche Nutzungsdauer 13 Jahre).

Beleg Nr. 1

Maschinenbau Gerlach GmbH – *wir produzieren Werte*

Leimer Weg 27, 26121 Oldenburg, Tel.: 0441 600-0, Fax: 0441 600-12, Mail: maschinenbau@gerlach.de

Firma
Fly Bike Werke GmbH
Rostocker Straße 334
26121 Oldenburg

	Datum:	01.04.20X1
	Rechnungsnummer	412
	Lieferdatum	01.04.20X1

RECHNUNG

Produkte/Leistungen	Anzahl	Einzelpreis in €	Betrag in €
Verpackungsmaschine xp412	1,00	112.000,00	112.000,00
Lieferung	1,00	2.200,00	2.200,00
Montage	1,00	1.400,00	1.400,00
Steuereinheit zu xp412ST mit Einbau	1,00	4.500,00	4.500,00

Bei Zahlung innerhalb von 10 Tagen gewähren wir 3 % Skonto auf den Warenwert der Maschine. Die Zahlungsfrist beträgt 30 Tage.	Zwischensumme	120.100,00 €
	Steuersatz	19,00 %
	Umsatzsteuer	22.819,00 €
	Rechnungsbetrag	**142.919,00 €**

Zahlungsempfänger: Maschinenbau Gerlach GmbH
Konto-Daten: Landessparkasse Oldenburg, BLZ 280 501 00, Konto-Nr. 11244522

Maschinenbau Gerlach GmbH – *wir produzieren Werte*

Leimer Weg 27, 26121 Oldenburg, Tel.: 0441 600-0, Fax: 0441 600-12, Mail: maschinenbau@gerlach.de

Firma
Fly Bike Werke GmbH
Rostocker Straße 334
26121 Oldenburg

	Datum:	03.04.20X1
	Gutschriftsnummer	12
	Lieferdatum	01.04.20X1

GUTSCHRIFT

Produkte/Leistungen	%	Einzelpreis in €	Betrag in €
Gutschrift zur Verpackungsmaschine xp412	10,00	112.000,00	11.200,00

Gemäß Ihrer Mängelrüge gewähren wir einen Preisnachlass in Höhe von 10 % auf den Warenwert der Maschine.	Zwischensumme	11.200,00 €
	Steuersatz	19,00 %
	Umsatzsteuer	2.128,00 €
	Gutschriftsbetrag	**13.328,00 €**

Beleg Nr. 2

Beleg Nr. 3

Kontonummer 112326444		**Kontoauszug** Landessparkasse Oldenburg BLZ 28050100	Landessparkasse Oldenburg Auszug 112	Blatt 1
Buchungstag	Wert	Vorgang/Erläuterungen	Beträge in €	
10.04.20X1	10.04.20X1	Kontostand am 10.04.20X1 Überweisung Maschinenbau Gerlach GmbH Rechnungs-Nr. 412, abzüglich Gutschrift-Nr. 12 und 3 % Skonto Abzug auf den Maschinenwert	214.000,00 + 125.992,44 –	
		Kontostand am 10.04.20X1	88.007,56 +	

Fly Bike Werke GmbH, Oldenburg

Grundbuch:

1) Eingangsrechnung der Gerlach GmbH
2) Gutschrift der Gerlach GmbH
3) Rechnungsausgleich unter Abzug von 3 % Skonto vom Maschinenwert

Nr.	Soll	€	Haben	€
1)				
2)				
3)				

Hauptbuch (Auszug, nur Anlagenkonto):

S　　　　　　　　　　　　　　　　0760 Verpackungsmaschinen　　　　　　　　　　　　　　H

Anschaffungskosten: _____ €

Anlagendatei

| Inv.-Nr. 12124 | | | | | | Verpackungsmaschine XP412 |

Anschaffungsdatum: 01.04.20X1   Anschaff.-Kosten: _____ €

Konto-Nr. 0760	Kostenstelle: 1210	Standort: Produktion	Nutzungsdauer: _____	Abschreibung in % _____	lineare Abschreibung	
Datum	**Vorgang**	**Buchungstext**	**Anschaffungs-kosten (AK) in €**	**planmäßige Abschreibung in €**	**außerplan-mäßige Abschreibung in €**	**Buchwert in €**
		Verpackungs-maschine XP412				
	Zugang					
	Summe					

Jahr	**Historische AK in €**	**Zugang in €**	**Abgang in €**	**Umbuchung in €**	**Abschreibung (Geschäftsjahr) in €**	**Buchwert in €**
20X1						
20X2						
20X3						
20X4						
20X5						
20X6						
20X7						
20X8						
20X9						

Folgesituation

Die Verpackungsmaschine wird bis zum 30.06. im Jahr 20X9 genutzt. Aufgrund des technischen Fortschritts und eines überdurchschnittlichen Verschleißes kann die Maschine nicht mehr wirtschaftlich für die Lackierung von Fahrradrahmen genutzt werden. Die Maschine wird stillgelegt und anschließend ausgebaut. Die Maschine muss auf ihren Schrottwert in Höhe von 500,00 € außerplanmäßig abgeschrieben werden.

2 Führen Sie die auf Seite 176 abgedruckte Anlagendatei bis zum Verkauf der Verpackungsmaschine fort.

3 Buchen Sie im **Grundbuch**

    a die planmäßige Abschreibung im Geschäftsjahr 20X9,

    b die außerplanmäßige Abschreibung im Geschäftsjahr 20X9,

    c den Verkauf der Anlage zum Nettoschrottwert von 500,00 € zzgl. 19 % Umsatzsteuer gegen Barzahlung und

    d den Anlagenabgang.

Nr.	Soll	€	Haben	€
3a)				
3b)				
3c)				
3d)				

Berechnungen:

Arbeitsblatt 74.1: Übersicht: Bewertung im Anlagevermögen

Ermittlung der Anschaffungskosten	Ermittlung der Herstellungskosten
Anschaffungspreis + _____ – _____ + _____ = Anschaffungskosten	Materialeinzelkosten + Fertigungseinzelkosten + _____ + _____ + _____ = Mindestansatz nach HGB + _____ = Höchstansatz nach HGB

Werteveränderungen im Anlagevermögen

Wertminderung durch planmäßige Abschreibung nur für _____ Vermögensgegenstände	Wertminderung durch außerplanmäßige Abschreibung _____ Vermögensgegenstände möglich. Voraussetzung: _____ _____ Ausnahme: _____

Werterhöhung durch Zuschreibungen nur nach _____

_____ , wenn der Grund dafür weggefallen ist.

Höchstmöglicher Wert für Anlagegüter: fortgeführte Anschaffungs- oder Herstellungskosten

= _____

Anzahlungen

Erhaltene Anzahlungen = _____	Geleistete Anzahlungen = _____

Verkauf gebrauchter Anlagen

1. Buchung (Verkaufserlös) Verkaufsbuchung, z. B. 2400 Forderungen a. L. L. an _____ _____	2. Buchung (Buchwert) _____ an 0XXX Anlagenkonto

Anlagenspiegel im Jahresabschluss (Mindestangaben)

Anlagegüter (Bilanzposten)	Anschaffungs- oder Herstellungskosten	Zugänge					Buchwert zum Schluss des Geschäftsjahres
0	1	2	3	4	5	6	7
Berechnungen	AK oder HK	+					= Buchwert

Arbeitsblatt 74.2: Allgemeine Bewertungsgrundsätze

Gesetzliche Grundlage:

§ 252 HGB Allgemeine Bewertungsgrundsätze

(1) Bei der Bewertung der im Jahresabschluss ausgewiesenen Vermögensgegenstände und Schulden gilt insbesondere Folgendes:

1. Die Wertansätze in der Eröffnungsbilanz des Geschäftsjahres müssen mit denen der Schlussbilanz des vorhergehenden Geschäftsjahres übereinstimmen.
2. Bei der Bewertung ist von der Fortführung der Unternehmenstätigkeit auszugehen, sofern dem nicht tatsächliche oder rechtliche Gegebenheiten entgegenstehen.
3. Die Vermögensgegenstände und Schulden sind zum Abschlussstichtag einzeln zu bewerten.
4. Es ist vorsichtig zu bewerten, namentlich sind alle vorhersehbaren Risiken und Verluste, die bis zum Abschlussstichtag entstanden sind, zu berücksichtigen, selbst wenn diese erst zwischen dem Abschlussstichtag und dem Tag der Aufstellung des Jahresabschlusses bekanntgeworden sind; Gewinne sind nur zu berücksichtigen, wenn sie am Abschlussstichtag realisiert sind.
5. Aufwendungen und Erträge des Geschäftsjahres sind unabhängig von den Zeitpunkten der entsprechenden Zahlungen im Jahresabschluss zu berücksichtigen.
6. Die auf den vorhergehenden Jahresabschluss angewandten Bewertungsmethoden sind beizubehalten.

Nach welchem Grundsatz ist in den folgenden Fällen zu bewerten? (Tragen Sie die Ziffer des jeweiligen Grundsatzes in die 2. Spalte und die grundsatzkonformen Bilanzwerte in die 3. Spalte der folgenden Tabelle ein.)

Grundsätze

1 = Bilanzidentität	2 = Unternehmensfortführung	3 = Einzelbewertung
4 = Prinzip der Vorsicht	5 = Periodenabgrenzung	6 = Bewertungskontinuität

Bewertungsfall	Grundsatz	Bilanzwerte in €
a Der Vorrat eines Rohstoffes mit einem Bezugspreis von 12.000,00 € kann zum Bilanzstichtag wegen eines Preisverfalls für 8.000,00 € wiederbeschafft werden.		
b Ein Pkw wird seit seiner Anschaffung linear abgeschrieben. Die Nutzungsdauer beträgt 6 Jahre. Der Buchwert betrug zum Geschäftsjahresbeginn nach 3 vollständigen Nutzungsjahren 30.000,00 €.		
c In einem Insolvenzverfahren werden bei einem Konkurrenten Maschinen für 10.000,00 € versteigert. Vergleichbare Maschinen haben bei uns einen Buchwert von 45.000,00 €.		
d Die Dezembermiete für eine nicht selbst benötigte Lagerhalle soll erst im Januar mit dem Zahlungseingang in Höhe von 4.000,00 € erfasst werden.		
e Eine Forderung (5.000,00 €) gegenüber einem Mitarbeiter soll mit einer Gehaltsverbindlichkeit (3.000,00 €) verrechnet werden.		
f Im Jahresabschluss des Vorjahres hat ein Gebäude einen Buchwert von 230.000,00 €, in der Eröffnungsbilanz des Folgejahres soll das Gebäude (nach einem Gutachten) mit 200.000,00 € angesetzt werden.		

Arbeitsblatt 74.3: Kauf (auch) von Anlagegütern

Büroausstattung Scholle GmbH **RECHNUNG**

Datum:	01.09.20XX
Rechnungs-Nr.	1212
Liefer-Datum	01.09.20XX
Kunden-Nr.	4223

Büroausstattung Scholle GmbH, Weltweg 3, 26121 Oldenburg

Firma
Fly Bike Werke GmbH
Rostocker Straße 334
26121 Oldenburg

Rechnung Nr. 1212

Artikel	Produkte/Leistungen	Anzahl	Einzelpreis in €	Gesamt in €
44002	Kopiergerät Capon X-2020	5	1.200,00	6.000,00
44202	Sortiereinheit Capon X-2020	5	160,00	800,00
44402	Ersatztoner für Capon X-2020	10	85,00	850,00
24100	Kopierpapier weiß 500 Blatt	50	3,20	160,00
	Rechnungsbetrag netto			7.810,00
	19 % Umsatzsteuer			1.483,90
	Rechnungsbetrag brutto			9.293,90

Die Ware wurde frei Haus geliefert. Wir gewähren 2 % Skonto bei Zahlung innerhalb von 8 Tagen.
Zahlungsziel 30 Tage.

VIELEN DANK FÜR IHREN AUFTRAG!

a Buchen Sie den Einkauf bei
   1 Rechnungseingang und bei
   2 Rechnungsausgleich (unter Abzug von Skonto) durch Banküberweisung.

Grundbuch:

Nr.	Soll	€	Haben	€
1)				
2)				

b Ermitteln Sie die Anschaffungskosten für ein vollständiges Kopiergerät (mit Sortiereinheit).

Berechnungen:

Anschaffungskosten je Kopiergerät mit Sortiereinheit: _____ €

Arbeitsblatt 74.4: Aktivierte Eigenleistungen

Eine Maschinenfabrik ermittelt im Abrechnungsmonat Mai 20XX nachfolgende Werte in seinem BAB. In diesem Monat wurde für die eigene Nutzung eine Presse hergestellt, die so, wie sie benötigt wird, auf dem Beschaffungsmarkt nicht kurzfristig angeschafft werden konnte. Außerdem war Know-how und freie Kapazität im eigenen Unternehmen vorhanden.

Kosten der Maschinenfabrik im Mai 20XX

Gemeinkosten[1] (in €)

Material	Fertigung	Verwaltung	Vertrieb
630.000,00	800.000,00	237.300,00	122.000,00

[1] Alle Gemeinkosten gelten auch als angemessen für die Produktion der Presse.

Einzelkosten (keine Bestandsveränderungen)	€
Fertigungsmaterial	900.000,00
Fertigungslöhne	1.600.000,00
Sondereinzelkosten der Fertigung	25.000,00

Ermittlung der Herstellungskosten für die selbst hergestellte Presse	Werte des BAB		Presse
	€	%	€
1. Fertigungsmaterial			45.000,00
2. + Materialgemeinkosten			
3. = Materialkosten			
4. Fertigungslöhne			128.000,00
5. + Fertigungsgemeinkosten			
6. + Sondereinzelkosten der Fertigung			1.500,00
7. = Fertigungskosten			
8. Herstellungskosten (Mindestansatz nach HGB)			
9. + Verwaltungsgemeinkosten			
10. = Herstellungskosten (Höchstansatz nach HGB)			

Aktivierung der Presse (zum Höchstansatz nach HGB)

Grundbuch:

Nr.	Soll	€	Haben	€
1)				

LS 74

Bewertung im Anlagevermögen

Arbeitsblatt 74.5: Anzahlungen auf Sachanlagen

Die Fly Bike Werke GmbH hat am 17.05.20XX eine vollautomatische Rohrschweißanlage bestellt und die Anzahlungsrechnung (25 % des vereinbarten Kaufpreises) per Banküberweisung bezahlt. Die Anlage wird am 18.07.20XX geliefert. Gleichzeitig wird die Schlussrechnung zugestellt.

Schlussrechnung der Maschinenfabrik König GmbH vom 18.07.20XX (Auszug):

Schlussrechnung

Sehr geehrter Herr Peters,

vielen Dank für Ihre Bestellung vom 17.05.20XX. Die von Ihnen bestellte Rohrschweißanlage wurde heute an Sie ausgeliefert. Wir hoffen, dass die Anlage voll Ihren Erwartungen und unseren Vereinbarungen entspricht.

Hier unsere Schlussrechnung :

Schweißanlage Kuba 12	200.000,00 €
+ 19 % Umsatzsteuer	38.000,00 €
= gesamter Rechnungsbetrag	238.000,00 €
abzüglich Anzahlung	50.000,00 €
+ 19 % Umsatzsteuer	9.500,00 €
= Anzahlungsbetrag brutto	59.500,00 €
ausstehender Rechnungsbetrag	**178.500,00 €**

Den Anzahlungsbetrag haben wir bereits wie vereinbart von Ihnen erhalten. Wir danken Ihnen für Ihren Auftrag.

Mit freundlichen Grüßen

Maschinenfabrik König GmbH

Walter König

Buchen Sie die
1 Banküberweisung der Anzahlung nach Eingang der Anzahlungsrechnung vom 17.05.20XX,
2 den Rechnungseingang nach Lieferung der Schweißanlage (Schlussrechnung):
   a Kauf der Schweißanlage,
   b Verrechnung der Anzahlung und
3 die Überweisung der Restzahlung.

Grundbuch:

Nr.	Soll	€	Haben	€
1)				
2a)				
2b)				
3)				

182

Arbeitsblatt 74.6: Kauf, Inzahlunggabe und Abschreibung von Sachanlagen

Die Fly Bike Werke GmbH hat einen neuen Lkw angeschafft und einen gebrauchten Lieferwagen in Zahlung gegeben. Der Kauf, die Inzahlunggabe und der Rechnungsausgleich sind noch zu buchen.

```
           Auszug aus dem Kaufvertrag

MAN-23.5                                  14.06.20X1

Listenpreis                            384.000,00 €
Sonderausstattungen laut
  Vereinbarungen                         5.400,00 €
- Firmenrabatt                              12,50 %
Überführungskosten¹                        800,00 €
Zulassungskosten¹                          300,00 €
- Inzahlungnahme Lieferwagen            40.000,00 €
(alle Werte zzgl. 19% Umsatzsteuer)

Bei Zahlung des Rechnungsbetrages nach Abzug der Inzahlungnah-
me innerhalb von 8 Tagen wird auf den gesamten Differenzzah-
lungsbetrag ein Skonto von 2% gewährt.
───────────
¹ Kein Rabatt auf die Überführungs- und Zulassungskosten!
```

Buchen Sie im Grundbuch

1 die Neuanschaffung des Lkw bei Rechnungseingang auf Ziel,

2 die Inzahlunggabe des Lieferwagens,

3 den Anlagenabgang (Buchwert des Lieferwagens = 30.000,00 €) und

4 die Banküberweisung des offenen Rechnungsbetrags unter Abzug von Skonto.
(Hinweis: Alle Rechnungspositionen sind skontierfähig.)

Nr.	Soll	€	Haben	€
1)				
2)				
3)				
4)				

5 Ermitteln Sie die Anschaffungskosten für den MAN-23.5 nach der Banküberweisung.

6 Berechnen Sie den Abschreibungsbetrag für den neuen MAN-23.5 bei linearer Abschreibung im Jahr 20X1 (betriebsgewöhnliche Nutzungsdauer: 9 Jahre) und den Buchwert am Ende des ersten Nutzungsjahres.

Berechnungen:

Arbeitsblatt 74.7: Verkauf gebrauchter Anlagegüter

Die Fly Bike Werke GmbH will in ihrer Verwaltung mehrere Büros neu mit Büromöbeln ausstatten. Die alten Büromöbel werden an einen Büromöbelhandel verkauft. Laut Anlagendatei haben die verkauften Anlagegüter zum Verkaufszeitpunkt noch einen Buchwert von insgesamt 2.600,00 €.

Fly Bike Werke GmbH

FBW GmbH • Rostocker Str. 334 • 26121 Oldenburg

Herrn
Klaus Reimers Büromöbelhandel e.K.
Rostocker Str. 122
26121 Oldenburg

Kundennummer:	50009
Ihre Bestellung Nr.	844
Ihr Bestelldatum:	13.12.20XX
Unsere Lieferschein-Nr.:	844
Unser Lieferdatum:	13.12.20XX

Ihr FBW-Ansprechpartner:	Herr Baumann
Tel.:	0441 885-01

Rechnung-Nr.: 844   **Rechnungsdatum: 14.12.20XX**

Verkauf gebrauchter Büromöbel:

Anzahl	Artikelbezeichnung	Einzelpreis in €	Gesamtpreis in €
6	gebrauchte Schreibtische Flötotto Modell Dena	100,00	600,00
4	gebrauchte Aktenschränke Flötotto Modell Darin	200,00	800,00
6	gebrauchte Bürostühle Flötotto Modell Deser	30,00	180,00
		Nettorechnungsbetrag in €	1.580,00
		+19% Umsatzsteuer in €	300,20
		Bruttorechnungsbetrag in €	1.880,20

Die gebrauchten Büromöbel sind von Ihnen am 13.12.20X2 – wie vereinbart – bereits abgeholt worden.
Diese Rechnung ist zahlbar innerhalb von 8 Tagen ohne Abzug.

1 Buchen Sie
  a den Zielverkauf und
  b den Anlagenabgang.

Grundbuch:

Nr.	Soll	€	Haben	€
1a)				
1b)				

2 Um welchen Betrag wird sich der Gewinn der Fly Bike Werke durch diesen Geschäftsvorfall ändern?

Berechnungen:

☐ Gewinnzuwachs   oder   ☐ Gewinnrückgang: _____ €

Arbeitsblatt 74.8: Eine Anlagendatei führen

Die Fly Bike Werke GmbH hat am 01.08.20X1 ein neues Hochleistungskopiergerät angeschafft. Die Anschaffungskosten betrugen 24.000,00 €, die Nutzungsdauer beträgt laut AfA-Tabelle acht Jahre. Das Kopiergerät wird linear abgeschrieben.

Inv.-Nr. 1210						Kopiergerät Conan LX 2020
Anschaffungsdatum: _____				Anschaff.-Kosten: _____ €		
Konto-Nr. 0860	Kostenstelle: 24	Standort: Produktion	Nutzungsdauer: _____	Abschreibung in % _____	lineare Abschreibung	
Datum	Vorgang	Buchungstext	Anschaffungs- kosten (AK) in €	planmäßige Abschreibung in €	außerplan- mäßige Abschreibung in €	Buchwert in €
01.08.20X1		Conan LX3020				
31.12.20X1	Zugang					
31.12.20X1	Summe					
Jahr	Historische AK in €	Zugang in €	Abgang in €	Umbuchung in €	Abschreibung (Geschäftsjahr) in €	Buchwert in €
20X1						
20X2						
20X3						
20X4						
20X5						
20X6						
20X7						

1 Führen Sie die Anlagendatei bis zum 31.12. des Jahres 20X6.
2 Im Jahr 20X7 wird das Kopiergerät am 30.06. in defektem Zustand zum Schrottwert von 150,00 € zzgl. 19 % Umsatzsteuer gegen Barzahlung verkauft. Buchen Sie
  a die planmäßige und die außerplanmäßige Abschreibung im Geschäftsjahr 20X7,
  b den Verkauf des Kopiergerätes und
  c den Anlagenabgang.
3 Vervollständigen Sie die Anlagendatei für das Geschäftsjahr 20X7.

Grundbuch (Geschäftsjahr 20X7):

Nr.	Soll	€	Haben	€
b1)				
b2)				
b3)				

Arbeitsblatt 74.9: Daten für einen Anlagenspiegel ermitteln

Bis zum Jahre 20X0 wurden in der Wolf GmbH alle Fahrzeuge geleast, ab dem Geschäftsjahr 20X1 werden Fahrzeuge erstmals gekauft. Ermitteln Sie für das neue Sachkonto „Fuhrpark" im Bilanzposten „Betriebs- und Geschäftsausstattung" der Wolff GmbH die Werte des Anlagenspiegels für die Geschäftsjahre 20X1 bis 20X3. Beachten Sie ggf. die zeitanteilige Abschreibung im Kauf- und Verkaufsjahr. Tragen Sie die Ergebnisse Ihrer Berechnungen in der nachfolgenden Tabelle ein.

Abschreibungen	20X1	20X2	20X3
1. Pkw-Kombi			
2. Pkw			
3. Kleinlastwagen			
4. Pkw			
Abschreibung/Jahr			
Abschreibung/kumuliert			

Buchwerte am 31.12.	20X1	20X2	20X3
1. Pkw-Kombi			
2. Pkw			
3. Kleinlastwagen			
4. Pkw			
Summen Buchwerte			

Geschäftsjahr 20X1

Die Wolff GmbH hat am 01.03.20X1 erstmals Fahrzeuge erworben:
1. einen Pkw-Kombi, Anschaffungskosten 36.000,00 €,
2. einen Pkw für den Geschäftsführer, Anschaffungskosten 43.200,00 €.

Beide Fahrzeuge werden linear abgeschrieben, die Nutzungsdauer beträgt jeweils 6 Jahre.

Anlagenspiegel der Wolff GmbH, Köln, Geschäftsjahr 20X1

Anlagegüter (Bilanzposten)	Anschaffungs- oder Herstellungskosten	Zugänge	Abgänge	Umbuchungen	Zuschreibungen	Abschreibungen (kumuliert)	Abschreibungen (lfd. Jahr)	Buchwert zum Schluss des Geschäftsjahres	Buchwert (Vorjahr)
0	1	2	3	4	5	6	7	8	9
Fuhrpark									

Fortsetzung

Arbeitsblatt 74.9: Daten für einen Anlagenspiegel ermitteln

Geschäftsjahr 20X2

3. Im Geschäftsjahr 20X2 wird am 01.07. ein Kleinlastwagen für 72.000,00 € Anschaffungskosten erworben, der linear innerhalb von neun Jahren abgeschrieben werden soll. Der Dienstwagen des Geschäftsführers muss aufgrund eines Unfalls zusätzlich zur linearen Abschreibung außerplanmäßig um weitere 5.000,00 € abgeschrieben werden.

Anlagenspiegel der Wolff GmbH, Köln, Geschäftsjahr 20X2 (Werte in €)

Anlagegüter (Bilanzposten)	Anschaffungs- oder Herstellungskosten	Zugänge	Abgänge	Umbuchungen	Zuschreibungen	Abschreibungen (kumuliert)	Abschreibungen (lfd. Jahr)	Buchwert zum Schluss des Geschäftsjahres	Buchwert (Vorjahr)
0	1	2	3	4	5	6	7	8	9
Fuhrpark									

Geschäftsjahr 20X3

4. Mitte des Geschäftsjahres 20X3 (30.06.20X3) wird der Dienstwagen des Geschäftsführers zum Buchwert in Zahlung gegeben. Der Geschäftsführer erhält am 01.07.20X3 ein neues Fahrzeug. Die Anschaffungskosten betragen 60.000,00 €. Dieses Fahrzeug wird wieder linear innerhalb von sechs Jahren abgeschrieben.

Anlagenspiegel der Wolff GmbH, Köln, Geschäftsjahr 20X3 (Werte in €)

Anlagegüter (Bilanzposten)	Anschaffungs- oder Herstellungskosten	Zugänge	Abgänge	Umbuchungen	Zuschreibungen	Abschreibungen (kumuliert)	Abschreibungen (lfd. Jahr)	Buchwert zum Schluss des Geschäftsjahres	Buchwert (Vorjahr)
0	1	2	3	4	5	6	7	8	9
Fuhrpark									

Berechnungen:

Aufgaben

Werner Lippert Buchenstraße 3 40221 Düsseldorf

LIPPERT E.K.
BÜROAUSSTATTUNGEN

Fly Bike Werke GmbH
Rostocker Str. 334
26121 Oldenburg

Liefer-Datum 12.04.20XX
Rechnungs-Datum 12.04.20XX
Rechnung Nr.: 12
Bankverbindung: Postbank Essen, BLZ 360 100 10, Konto-Nr. 3709789910

Artikel Nr.	Menge	Artikelbezeichnung	Einzelpreis	Gesamtpreis
1256	10	PC-Office-Tische, grau	1.500,00 €	15.000,00 €
1259	10	Erweiterungen für PC-Office-Tische für Drucker, grau	120,00 €	1.200,00 €
		Zwischensumme		16.200,00 €
		– 10 % Jubiläumsrabatt		1.620,00 €
		Nettopreis		14.580,00 €
		+ 19 % Umsatzsteuer		2.770,20 €
		Bruttopreis		17.350,20 €

Lieferung und Aufstellung erfolgen am 12.04.20XX durch die Spedition Herget gegen gesonderte Rechnung.

Herget GmbH Colmar Str. 9 40221 Düsseldorf

Spedition Herget GmbH

Fly Bike Werke GmbH
Rostocker Str. 334
26121 Oldenburg

Rechnung Nr.: 123   Rechnungs-Datum 13.04.20XX

Wir lieferten und montierten am 12.04.20XX im Auftrag der Firma Werner Lippert Büroausstattungen, Düsseldorf, 10 PC-Office-Tische mit Erweiterungen für Drucker.

Gesamtpreis für den Transport einschließlich Transportversicherung und Montage	450,00 €
zzgl. 19 % Umsatzsteuer	85,50 €
Bruttorechnungsbetrag	535,50 €

Bankverbindung: Postbank Essen, BLZ 360 100 10, Konto-Nr.: 1234567770

Werner Lippert Buchenstraße 3 40221 Düsseldorf

LIPPERT E.K.
BÜROAUSSTATTUNGEN

Fly Bike Werke GmbH
Rostocker Str. 334
26121 Oldenburg

Informationen zur Gutschrift Nr. 02
Gutschrift-Datum 14.04.20XX
Bankverbindung: Postbank Essen, BLZ 360 100 10
Konto-Nr.: 3709789910

Ihre Mängelrüge vom 13.04.20XX

Wir möchten uns für die von Ihnen reklamierten Farbabweichungen entschuldigen. Ihre Mängelrüge haben wir sofort an unseren Hersteller weitergeleitet. Selbstverständlich sind wir bereit, Ihnen einen Preisnachlass in Höhe von 20 % auf den Bruttorechnungsbetrag zu gewähren. Bitte kürzen Sie den Bruttorechnungsbetrag unserer Rechnung Nr. 12 vom 12.04.20XX entsprechend.

Mit freundlichen Grüßen   Anlage
                    Gutschrift Nr. 02

Aufgabe 1

a Buchen Sie die drei Belege und die Überweisung an den Büroausstatter Werner Lippert e. K. unter Abzug von 2 % Skonto auf dessen Forderungsbetrag.

b Ermitteln Sie
ba die Anschaffungskosten je PC-Office-Tisch einschließlich Erweiterung,
bb die Höhe der Abschreibung für alle PC-Office-Tische mit Erweiterungen im Anschaffungsjahr (lineare Abschreibung, Nutzungsdauer 13 Jahre),
bc den Bilanzwert.

Aufgabe 2

Ein Industrieunternehmen erwirbt eine neu erstellte Lagerhalle mit Grundstück. Der (umsatzsteuerfreie) Kaufpreis beträgt 650.000,00 €. Vom Kaufpreis entfallen 130.000,00 € auf das Grundstück.

Die Grunderwerbsteuer beträgt 3,5 % vom Gesamtkaufpreis. Die Maklergebühr für die Vermittlung der Lagerhalle mit Grundstück beträgt 3 % vom Kaufpreis zzgl. 19 % Umsatzsteuer. Ein Notar berechnet für die Aufstellung und die Beurkundung des Kaufvertrags und die Eintragung des neuen Eigentümers in das Grundbuch 3 % des Kaufpreises zzgl. 19 % Umsatzsteuer. Das Grundbuchamt berechnet für die Eintragung des Eigentümerwechsels Gebühren in Höhe von 1.200,00 € (umsatzsteuerfrei).

Für die Finanzierung der Lagerhalle wird eine Grundschuld im Grundbuch eingetragen. Der Notar berechnet für die Beurkundung der Finanzierung und die Eintragung der Grundschuld im Grundbuch 2 % des Grundschuldbetrages in Höhe von 600.000,00 € zzgl. 19 % Umsatzsteuer. Das Grundbuchamt berechnet für den Eintrag der Grundschuld Gebühren in Höhe von 800,00 € (umsatzsteuerfrei).

Nach der Eigentumsübertragung lässt das Unternehmen einen Aufenthaltsraum mit Toilettenanlage nachträglich in die Lagerhalle einbauen. Der Gesamtpreis für diesen Umbau beträgt 12.000,00 € zzgl. 19 % Umsatzsteuer.

a Ermitteln Sie die Anschaffungskosten für das Grundstück und das Gebäude.

Anschaffungskosten (in €)	Grundstück	Gebäude
Kaufpreis		
Grunderwerbsteuer		
Maklergebühr		
Notargebühren		
Grundbuchamt		
Umbaukosten	kein Anteil	
Summen		

b Ermitteln und buchen Sie die Abschreibungen im ersten Nutzungsjahr. Die Nutzungsdauer der Lagerhalle beträgt 25 Jahre, der Eigentümerwechsel erfolgt im September.

c Wie hoch ist der Buchwert des Grundstücks und des Gebäudes am Ende des nachfolgenden vollständigen Geschäftsjahres?

Aufgabe 3

Auszug aus einer Eingangsrechnung über zwei Büroschreibtische für die Lohnbuchhaltung:

2	Büroschreibtische Modell „Rex", Einzelpreis 518,75 €	1.037,50 €
–	20 % Rabatt	207,50 €
=	Nettorechnungsbetrag	830,00 €
+	19 % Umsatzsteuer	157,70 €
=	**Bruttorechnungsbetrag**	**987,70 €**

Zahlungsbedingung: 3 % Skonto bei Zahlung innerhalb von 8 Tagen, Zahlungsziel 30 Tage

a Wie ist die Eingangsrechnung vom 01.07.20XX zu buchen?

b Die Rechnung wird innerhalb der Skontofrist ausgeglichen. Wie hoch ist der Überweisungsbetrag?

c Wie hoch sind die Anschaffungskosten je Schreibtisch?

d Buchen Sie den Rechnungsausgleich per Banküberweisung.

e Welche Abschreibungsbuchung ist am Jahresende 20XX vorzunehmen, wenn die betriebsgewöhnliche Nutzungsdauer 13 Jahre beträgt?

Aufgabe 4

Im Zusammenhang mit der Anschaffung eines Pkw wird folgende Aufstellung erstellt:

Autokauf im Autohaus	
Listenpreis (netto)	38.000,00 €
Sonderausstattungen (netto)	2.000,00 €
Sonderrabatt	10 %
Rechnungsbetrag des Autohauses	
Skonto (in Anspruch genommen)	2 %
Banküberweisungsbetrag an das Autohaus	

Überführungskosten (das Auto wird im Auftrag des Importeurs kostenpflichtig für den Käufer geliefert)	
Eingangsrechnung einer Spedition (netto)	500,00 €

Eigene Zulassungskosten (Barzahlungen)	
Gebühren (umsatzsteuerfrei)	30,00 €
Nummernschilder (brutto)	35,70 €
Tag der Zulassung	01.02.20XX

Erste Tankfüllung (Barzahlung inkl. Umsatzsteuer)	59,50 €

Banklastschriften	
Kfz-Steuer (für ein Jahr im Voraus)	600,00 €
Kfz-Versicherung (für ein Jahr im Voraus)	900,00 €

Nachträglicher Einbau eines Navigationssystems (Rechnungseingang ohne Skontoabzugsmöglichkeit)	
Gerätekosten (netto)	400,00 €
Einbaukosten (netto)	100,00 €

Betriebsgewöhnliche Nutzungsdauer	6 Jahre

a Buchen Sie die Rechnung des Autohändlers zzgl. 19 % Umsatzsteuer (Zielkauf).

b Wie hoch ist der Überweisungsbetrag an den Autohändler?

c Buchen Sie den Rechnungsausgleich per Banküberweisung.

d Buchen Sie die Rechnung der Spedition zzgl. 19 % Umsatzsteuer für die Überführung bei Zahlung gegen Bankscheck.

e Buchen Sie die Barzahlung der Zulassungskosten.

f Buchen Sie die Zahlung für die erste Tankfüllung.

g Buchen Sie die Banklastschriften für die Kfz-Steuer und die Kfz-Versicherung.

h Buchen Sie den Rechnungseingang für den Einbau des Navigationsgerätes.

i Mit welchem Wert muss der Pkw auf dem Anlagekonto aktiviert werden?

j Wie hoch wäre der lineare Abschreibungsbetrag im Jahr 20XX (Nutzungsdauer 6 Jahre)?

k Wie hoch wäre der Buchwert des Pkw am Ende des Jahres 20XX nach planmäßiger Abschreibung?

l Wie wäre im Jahresabschluss für das Jahr 20XX zu buchen, wenn der Zeitwert des Fahrzeugs laut Sachverständigengutachten am 31.12.20XX aufgrund einer dauerhaften Wertminderung nur noch 22.500,00 € betrüge?

Aufgabe 5

Anfang Januar 20XX wird eine neue Verpackungsmaschine angeschafft:

Anschaffungspreis	120.000,00 € zzgl. 19 % Umsatzsteuer
Bezugs- und Montagekosten	20.000,00 € zzgl. 19 % Umsatzsteuer
Gutschrift des Maschinenherstellers	12.000,00 € zzgl. 19 % Umsatzsteuer
Finanzierungskosten (Sparkassenkredit) im Anschaffungsjahr	2.000,00 €

Welche der nachfolgenden Aussagen ist richtig?

a   Die Anschaffungskosten setzen sich aus dem Anschaffungspreis, den Bezugs- und den Montagekosten zusammen und betragen 140.000,00 €.

b   Die Anschaffungskosten sind die Bezugs- und Montagekosten; sie betragen 20.000,00 €.

c   Die Anschaffungskosten sind die Summe aller Zahlungen, die im Zusammenhang mit der Anschaffung eines Anlagegutes im Anschaffungsjahr entstehen; sie betragen 130.000,00 €.

d   Die Anschaffungskosten ergeben sich aus dem Anschaffungspreis zuzüglich der Anschaffungsnebenkosten und abzüglich der Anschaffungspreisminderungen und erhöhen sich bei nachträglichen Anschaffungskosten; sie betragen 128.000,00 €.

e   Die Anschaffungskosten setzen sich zusammen aus dem Anschaffungspreis, den Bezugs- und Montagekosten und den Finanzierungskosten; sie betragen einschließlich Umsatzsteuer 154.320,00 €.

Aufgabe 6

Ein Kleinlaster mit einer betriebsgewöhnlichen Nutzungsdauer von neun Jahren, der linear abgeschrieben wird, wurde am 17.04.20X1 mit Anschaffungskosten von 54.000,00 € erworben. Am 04.02.20X4 soll der Kleinlaster für 40.000,00 € zzgl. 19 % Umsatzsteuer verkauft werden.

Ermitteln Sie unter Berücksichtigung der zeitanteiligen Abschreibung im Kauf- und Verkaufsjahr

a   die Gesamtabschreibung,

b   den Wertverlust in %,

c   den Buchwert zum Verkaufszeitpunkt,

d   Buchen Sie den Verkauf auf Ziel.

e   Buchen Sie den Anlagenabgang.

Aufgabe 7

Ein Unternehmen kauft Regale für die Rechnungsprüfung auf Ziel, der Listenpreis beträgt 2.400,00 € abzüglich 10 % Rabatt. Bei Zahlung innerhalb von 8 Tagen gewährt der Verkäufer auf diesen Betrag 2 % Skonto. Für die Lieferung (Verpackungskosten, Anlieferung und Aufstellung mit Entsorgung des Verpackungsmaterials) berechnet der Verkäufer einen Pauschalbetrag von 200,00 € zzgl. 19 % Umsatzsteuer, der nicht skontierfähig ist und bei Lieferung bar bezahlt werden muss.

a   Ermitteln Sie die Anschaffungskosten bei Rechnungseingang.

b   Buchen Sie den Rechnungseingang der Regallieferung.

c   Buchen Sie die Barzahlung der Lieferung

d   Buchen Sie den Rechnungsausgleich innerhalb der Skontofrist per Banküberweisung.

e   Nach Anerkennung einer Mängelrüge überweist der Verkäufer 261,80 €. Buchen Sie den Zahlungseingang.

f   Ermitteln Sie die endgültigen Anschaffungskosten.

Aufgabe 8

Ein Industrieunternehmen schließt mit einem Hersteller von Spezialfahrzeugen einen Kaufvertrag über einen Lkw. Der Lkw erhält einen Spezialaufbau mit Fahrzeugkrananlage. Der Gesamtpreis beträgt 600.000,00 €. Die Produktion des Fahrzeuges erfolgt nach Abschluss des Kaufvertrages und einer darin vertraglich vereinbarten Anzahlung in Höhe von 200.000,00 € zzgl. 19 % Umsatzsteuer.

a   Buchen Sie die Banküberweisung der Anzahlung.

b   Buchen Sie die Restzahlung nach Lieferung des Lkw bei Rechnungseingang und Rechnungsausgleich per Banküberweisung.

Aufgabe 9

Ein Kunde, der bereits häufig durch Zahlungsverzögerungen in Erscheinung getreten ist, tätigt eine Großbestellung über 200.000,00 € zzgl. 19 % Umsatzsteuer für Erzeugnisse aus dem normalen Produktionsprogramm. Der Auftrag des Kunden soll nur dann angenommen werden, wenn er eine Anzahlung von 80 % leistet. Der Kunde ist mit dieser Kaufvertragsvereinbarung einverstanden.

a   Buchen Sie den Zahlungseingang für die Anzahlung des Kunden bei Banküberweisung.

b   Buchen Sie die Restzahlung des Kunden nach der Lieferung bei Rechnungsstellung und beim Rechnungsausgleich per Banküberweisung.

Aufgabe 10

Erstellen Sie eine Aufstellung für eine Schlussrechnung, wenn der Kaufpreis einer Maschine 250.000,00 € zzgl. 19% Umsatzsteuer beträgt und eine Anzahlung in Höhe von 50% geleistet wurde.

Aufgabe 11

Eine Maschinenfabrik erstellt für die eigene Fertigung eine Blechpresse für Maschinengehäuse. Gemäß den Aufzeichnungen der Betriebsbuchhaltung sind für die Herstellung der Presse folgende Kosten entstanden:

- Materialeinzelkosten: 12.000,00 €
- Sondereinzelkosten der Fertigung: 2.000,00 €
- Fertigungseinzelkosten: 16.000,00 €

Nachfolgende angemessene Zuschlagssätze sind für den Herstellungszeitraum ermittelt worden:

- Materialgemeinkostenzuschlagssatz: 16%
- Fertigungsgemeinkostenzuschlagssatz: 80%
- Verwaltungsgemeinkostenzuschlagssatz: 8%
- Vertriebsgemeinkostenzuschlagssatz 12%

a Ermitteln Sie die Herstellungskosten der Blechpresse, wenn alle erlaubten Kosten berücksichtigt werden sollen.

b Buchen Sie die Fertigstellung der Blechpresse und aktivieren Sie die Blechpresse.

Ermittlung der Herstellungskosten: Blechpresse	€
1. Materialeinzelkosten	
2.	
3. = Materialkosten	
4.	
5. + Fertigungsgemeinkosten	
6.	
7. =	
8. = Herstellungskosten (ansatz nach HGB)	
9. + Verwaltungsgemeinkosten	
10.	
11. = Herstellungskosten (Höchstansatz nach HGB)	

Aufgabe 12

Eine Möbelfabrik erstellt in Eigenleistung ein Regalsystem für die Verwaltung. Die Arbeiten werden im Dezember begonnen und im Februar des nächsten Jahres abgeschlossen. Durch verschiedene Rationalisierungsmaßnahmen, die im neuen Jahr die Gemeinkosten erheblich senken konnten, sind unterschiedliche Zuschlagssätze zu berücksichtigen. Wertansatz: alle entstandenen (erlaubten) Kosten.

a Ermitteln Sie die Herstellungskosten im Geschäftsjahr 20X1.

b Welche Buchung ist am Geschäftsjahresende 20X1 notwendig?

c Ermitteln und buchen Sie die Herstellungskosten im neuen Geschäftsjahr und aktivieren Sie die Regale bei Fertigstellung Ende Februar 20X2.

Ermittlung der HK: Regalsystem	Dez. 20X1 (€)	Jan./Febr. 20X2 (€)
1. MEK		
2. + MGK		
3. =		
4.		
5. + FGK		
6.		
7. = FK		
8. = (ansatz nach HGB)		
9. + VwGK		
10. = HK (Höchstansatz nach HGB)		

Kostenarten	Dezember 20X1	Januar, Februar 20X2
Materialeinzelkosten	2.000,00 €	4.000,00 €
Materialgemeinkostenzuschlagssatz	25%	20%
Fertigungslöhne	3.000,00 €	6.000,00 €
Sondereinzelkosten der Fertigung	1.500,00 €	–
Fertigungsgemeinkostenzuschlagssatz	80%	70%
Verwaltungsgemeinkostenzuschlagssatz	9%	8%

Aufgabe 13

Ein Industrieunternehmen kauft einen neuen Lkw auf Ziel.

		€
	Listenpreis	250.000,00
+	Sonderausstattungen	20.000,00
−	12,5 % Rabatt	
+	Überführung und Zulassung (kein Rabatt!)	2.500,00
=	Nettorechnungsbetrag	
+	19 % Umsatzsteuer	
=	Bruttorechnungsbetrag	

a Ermitteln Sie die Anschaffungskosten.

b Buchen Sie den Rechnungseingang.

c Der Lkw-Verkäufer nimmt einen gebrauchten Lkw in Zahlung. Der Buchwert des Lkw beträgt zum Inzahlunggabezeitpunkt 3.500,00 €. Der Inzahlunggabepreis beträgt 4.600,00 € zzgl. 19 % Umsatzsteuer.
   ca Buchen Sie die Inzahlunggabe.
   cb Buchen Sie den Anlagenabgang.

d Buchen Sie die Banküberweisung des Differenzbetrages an den Lkw-Verkäufer.

e Der Kauf des neuen Lkw erfolgt am 08.07.20X1, die betriebsgewöhnliche Nutzungsdauer beträgt laut AfA-Tabelle 9 Jahre.
   ea Ermitteln Sie den linearen Abschreibungsbetrag für das erste Nutzungsjahr.
   eb Buchen Sie die lineare Abschreibung im ersten Nutzungsjahr.

f Ermitteln Sie den Buchwert des Lkw zum 25.09.20X7.

g Buchen Sie
   ga den Verkauf des ehemals neuen (jetzt gebrauchten) Lkw auf Ziel am 25.09.20X7, bei einem Nettoverkaufserlös von 22.000,00 € zzgl. 19 % Umsatzsteuer,
   gb und den Anlagenabgang.

Aufgabe 14

Der Anlagenspiegel einer mittelgroßen GmbH (Ausschnitt) weist im Geschäftsjahr 20X1 unten stehende Werte (in €) auf. Ermitteln Sie

a den Buchwert des Bilanzpostens Grundstücke und Gebäude für 20X1,

b die kumulierten Abschreibungen für die technischen Anlagen und Maschinen im Jahr 20X1,

c die Anschaffungs- oder Herstellungskosten der Betriebs- und Geschäftsausstattung im Jahr 20X1.

Anlagegüter (Bilanzposten)	Anschaffungs- oder Herstellungskosten	Zugänge	Abgänge	Umbuchungen	Zuschreibungen	Abschreibungen (kumuliert)	Abschreibungen (lfd. Jahr)	Buchwert zum Schluss des Geschäftsjahres	Buchwert (Vorjahr)
0	1	2	3	4	5	6	7	8	9
Grundstücke und Gebäude	800.000,00	40.000,00	60.000,00	0,00	30.000,00	220.000,00	20.000,00		620.000,00
TA und Maschinen	400.000,00	20.000,00	40.000,00	0,00	20.000,00		40.000,00	220.000,00	270.000,00
BGA		40.000,00	0,00	0,00	0,00	220.000,00	48.000,00	420.000,00	458.000,00

Bewertung im Umlaufvermögen

Fly Bike Werke GmbH

Hausmitteilung

Absender	Empfänger	mit der Bitte um
[X] Geschäftsführung	[ ] Geschäftsführung	[ ] Kenntnisnahme
[ ] Zentralsekretariat	[ ] Zentralsekretariat	[ ] Erledigung
[ ] Controlling	[X] Controlling	[X] Stellungnahme
[ ] Einkauf/Logistik	[ ] Einkauf/Logistik	
[ ] Produktion	[ ] Produktion	
[ ] Verwaltung	[ ] Verwaltung	
[ ] Vertrieb	[ ] Vertrieb	
[ ] Frau/Herr	[X] Frau/Herr *Steffes*	

Lieber Herr Steffes,

heute habe ich vom Verkauf ein interessantes Angebot der Cycle-Tools-Import GmbH zur Kenntnis bekommen. 15% Preissenkung auf den Listenpreis – das gab es bei Fahrradbekleidung noch nie. Meine Frage: Hat diese Preissenkung Auswirkungen auf den Wert unserer Lagerbestände für diese Waren? Falls ja, mit welchem Wertverlust wird unsere Erfolgsrechnung belastet?

Herzliche Grüße

Hans Peters

Ermitteln Sie für die im Angebot angegebenen Artikel

1 im Rahmen einer Bezugskalkulation die aktuellen Einstandspreise (Wiederbeschaffungskosten),

2 die Anschaffungskosten der zurzeit im Lager vorhandenen Textilien nach dem Verfahren der permanenten (gleitenden) Durchschnittswertermittlung,

3 den möglichen Bilanzwert der zurzeit im Lager vorhandenen Textilien,

4 die notwendigen Wertkorrekturen für die im Lager vorhandenen Textilien.

Nutzen Sie zur Bearbeitung Arbeitsblatt 75.1.

CYCLE-TOOLS-IMPORT GMBH

Cycle-Tools-Import GmbH – Am Sandtorkai 30 – 20457 Hamburg

Fly Bike Werke GmbH
Rostocker Str. 334
26121 Oldenburg

Ihr Zeichen, Ihre Nachricht vom	Unser Zeichen, unsere Nachricht vom	Telefon, Name	Datum
	web	040 37823372 Herr Weeseler	22.12.20XX

Preissenkung

Sehr geehrte Damen und Herren,

da sich unsere Bezugskosten reduziert haben, können wir Ihnen ab sofort Vergünstigungen anbieten. Unsere aktuellen Listenpreise für nachfolgende Textilien konnten wir sogar um ca. 15 % senken – auf Dauer!
Diese Preise gelten ab sofort für alle Ihre Bestellungen.

Artikel Nr.	Artikelbezeichnung	neuer Preis je Stück
10110	Shorts STEFF superfast	14,70 €
10120	Shirts STEFF superfast	10,15 €

Unsere Lieferungs- und Zahlungsbedingungen sind unverändert geblieben. Wir gewähren 15 % Rabatt. Bei Zahlung innerhalb von 10 Tagen 3 % Skonto oder Zahlung innerhalb von 30 Tagen. Die Bezugskosten betragen 0,10 € je Stück.

Wir hoffen, dass Sie wieder verstärkt diese Textilien bei uns einkaufen werden.

Mit freundlichen Grüßen

Arbeitsblatt 75.1: Anschaffungskosten für Handelswaren ermitteln

Bezugskalkulation Textilien pro Stück					
		Artikel Nr. 10110 Shorts STEFF superfast		Artikel Nr. 10120 Shirts STEFF superfast	
		%	€	%	€
	Listenpreis				
−	Rabatt				
=	Zieleinkaufspreis				
−	Skonto				
=	Bareinkaufspreis				
+	Bezugskosten				
=	Einstandspreis (Anschaffungskosten)				

Bestände/Einkäufe/Verkäufe Textilien 20XX							
Artikel Nr. 10110 Shorts STEFF superfast				Artikel Nr. 10120 Shirts STEFF superfast			
	Menge	Anschaffungskosten pro Stück	Anschaffungskosten gesamt (in €)		Menge	Anschaffungskosten pro Stück	Anschaffungskosten gesamt (in €)
Bestand am 01.01.20XX	620	14,10 €		Bestand 01.01.20XX	400	9,60 €	
Verkäufe bis 31.03.20XX	500			Verkäufe bis 05.04.20XX	150		
Bestand am 31.03.20XX				Bestand am 05.04.20XX			
Einkauf 01.04.20XX	2 000	14,20 €		Einkauf 06.04.20XX	2 600	9,78 €	
Bestand am 01.04.20XX				Bestand am 06.04.20XX			
Verkäufe bis 16.06.20XX	1 600			Verkäufe bis 15.05.20XX	1 600		
Bestand am 16.06.20XX				Bestand am 15.05.20XX			
Einkauf 17.06.20XX	1 750	14,40 €		Einkauf 16.05.20XX	1 750	9,70 €	
Bestand am 17.06.20XX				Bestand am 16.05.20XX			
Verkäufe bis 30.09.20XX	2 050			Verkäufe bis 30.08.20XX	2 650		
Bestand am 30.09.20XX				Bestand am 30.08.20XX			
Einkauf 01.10.20XX	2 500	14,60 €		Einkauf 01.09.20XX	2 000	9,70 €	
Bestand am 01.10.20XX				Bestand am 01.09.20XX			
Verkäufe bis 31.12.20XX	1 800			Verkäufe bis 31.12.20XX	1 800		
Bestand am 31.12.20XX				Bestand am 31.12.20XX			

Arbeitsblatt 75.2: Bewertung im Umlaufvermögen

Zum Umlaufvermögen gehören nach dem Bilanzgliederungsschema des HGB			
_____	_____	_____	_____

Wie im Anlagevermögen gilt auch im Umlaufvermögen beim Kauf das _____

Bewertung eingekaufter Vorräte

Beim Kauf eines Vorrats (Bezugskalkulation):

	Listeneinkaufspreis
–	
=	
–	
=	Bareinkaufspreis
+	
=	_____ (= Anschaffungskosten)

Ermittlung der Anschaffungskosten gleichartiger Vorräte am Geschäftsjahresende:

→ Einzelbewertung

oder

→ _____

    → _____ Durchschnitt

    → _____ Durchschnitt

oder

→ _____

    → Lifo = _____

    → _____ = First _____

Der Bilanzwert von Vorräten sinkt, wenn ein _____ oder ein _____ unter den ermittelten Anschaffungskosten liegt = _____ Niederstwertprinzip.

Bewertung von Forderungen in Abhängigkeit von der Wahrscheinlichkeit von Zahlungseingängen:

Einwandfreie Forderungen	_____ Forderungen	_____ Forderungen
• Zahlungseingang erscheint sicher • keine Abschreibung	• Zahlungseingang ist _____ • Eine Abschreibung muss _____ werden.	• Zahlungseingang wird nicht mehr _____ • Eine Abschreibung ist im _____ notwendig.

Bewertung von Wertpapieren des Umlaufvermögens am Geschäftsjahresende

Keine _____ Abschreibung, da die Nutzung von Wertpapieren _____ .	Außerplanmäßige Abschreibungen sind Pflicht, wenn der _____ (Wiederbeschaffungskosten) geringer ist als die _____ .

Arbeitsblatt 75.3: Bewertung von Vorräten (I)

Ein Industrieunternehmen hat für ein Fremdbauteil folgende Lagerbewegungen ermittelt (siehe Tabelle unten).

1 Berechnen Sie die Anschaffungskosten nach dem
   a Verfahren der permanenten (gleitenden) Durchschnittswertermittlung,
   b Lifo-Verfahren und
   c Fifo-Verfahren.

2 Ermitteln Sie den Bilanzwert für dieses Fremdbauteil, wenn die Wiederbeschaffungskosten zum Jahresabschlusszeitpunkt 5,30 € je Stück betragen.

Bestände, Einkäufe, Verbrauch	Menge in Stück	Anschaffungskosten je Stück in € (gerundet)	Wert in € nach gleitendem Durchschnitt	Wert in € nach LiFo	Wert in € nach FiFo
Anfangsbestand	2500	4,20			
Einkauf 1	4500	4,50			
Bestand 1					
Verbrauch 1	2000				
Bestand 2					
Verbrauch 2	4000				
Bestand 3					
Einkauf 2	3500	5,20			
Bestand 4					
Verbrauch 3	4000				
Bestand 5					
Einkauf 3	6000	5,50			
Bestand 6					
Verbrauch 4	5500				
Endbestand					

Arbeitsblatt 75.4: Bewertung von Vorräten (II)

1 Ermitteln Sie die Anschaffungskosten des Endbestandes eines Fremdbauteils nach dem Verfahren der permanenten (gleitenden) Durchschnittswertermittlung und dem Lifo-Verfahren.

Bestände, Verbräuche, Einkäufe	Gleitender Durchschnitt			Lifo		
	Menge in Stück	Anschaffungskosten je Stück (in €)[1]	Anschaffungskosten: Bestände, Einkäufe, Verbräuche (in €)	Menge in Stück	Anschaffungskosten je Stück (in €)	Anschaffungskosten: Bestände, Einkäufe, Verbräuche (in €)
Bestand 01.01.20XX	400	9,60		400	9,60	
Verbrauch bis 05.04.20XX	150			150		
Bestand am 05.04.20XX						
Einkauf am 06.04.20XX	2600	10,20		2600	10,20	
Bestand am 06.04.20XX						
Verbrauch bis 15.05.20XX	1600			1600		
Bestand am 15.05.20XX						
Einkauf am 16.05.20XX	1750	12,50		1750	12,50	
Bestand am 16.05.20XX						
Verbrauch bis 30.08.20XX	2600			2600		
Bestand am 30.08.20XX						
Einkauf am 01.09.20XX	2200	14,60		2200	14,60	
Bestand am 01.09.20XX						
Verbrauch bis 31.12.20XX	1800			1800		
Bestand am 31.12.20XX						

[1] Runden Sie immer kaufmännisch auf zwei Nachkommastellen.

2 Der Lieferer dieses Fremdbauteils hat nachhaltig seine Preise gesenkt. Welche Buchung ist vorzunehmen, wenn die Wiederbeschaffungskosten für dieses Fremdbauteil zum Jahresabschluss 10,20 €/Stück betragen und das Unternehmen seine Vorräte stets nach dem Verfahren der permanenten (gleitenden) Durchschnittswertermittlung bewertet?

Soll	€	Haben	€

Arbeitsblatt 75.5: Geleistete Anzahlungen bei Vorräten

Die Fly Bike Werke GmbH bestellt bei einem Fremdbauteilehersteller 2 000 Kettenschaltungen für die Produktion eines neuen Fahrradmodells zu einem Kaufpreis von 45,00 € zzgl. 19 % Umsatzsteuer je Schaltung. Da die Kettenschaltungen nach besonderen Spezifikationen der Fly Bike Werke GmbH angefertigt werden müssen, verlangt der Hersteller ein Drittel des Kaufpreises als Anzahlung. Die Restzahlung ist bei Lieferung ohne jeden Abzug fällig.

1 Ermitteln Sie vorab die erwarteten Daten in der Schlussabrechnung des Herstellers (Vorschau):

Kaufpreis für 2 000 Schaltungen		
+ 19 % Umsatzsteuer		
= gesamter Rechnungsbetrag		
Anzahlung		
+ 19 % Umsatzsteuer		
= Anzahlungsbetrag brutto		
ausstehender Rechnungsbetrag		

2 Buchen Sie
  a die Banküberweisung der Anzahlung nach Eingang der Anzahlungsrechnung mit 19 % USt,
  b den Rechnungseingang nach Lieferung der Kettenschaltungen (Schlussrechnung):
    ba Kauf der Kettenschaltungen (bestandsorientierte Buchungstechnik),
    bb Verrechnung der Anzahlung,
  c die Überweisung der Restzahlung.

Grundbuch:

Nr.	Soll	€	Haben	€
2a)				
2ba)				
2bb)				
2c)				

Arbeitsblatt 75.6: Bewertung von Erzeugnissen

Die Fly Bike Werke GmbH hat im Abrechnungsmonat Dezember 20X1 400 neuartige Trekkingmodelle produziert und auf Lager genommen. Die Räder sollen in der verkaufsarmen Zeit nach dem Jahreswechsel in einer Sonderaktion dem Fahrradhandel angeboten werden.

Gemeinkostenzuschlagssätze laut BAB des Abrechnungsmonats Dezember 20X1, in dem die Trekkingmodelle produziert wurden:

Materialgemeinkostenzuschlagssatz	14,5 %
Fertigungsgemeinkostenzuschlagssatz I	420,0 %
Fertigungsgemeinkostenzuschlagssatz II	270,0 %
Verwaltungsgemeinkostenzuschlagssatz	6,5 %

Einzelkosten für die 400 neuartigen Trekkingmodelle:

Materialeinzelkosten	48.000,00 €
+ Materialgemeinkosten	
= **Materialkosten**	
Fertigungseinzelkosten Stufe I	2.000,00 €
+ Fertigungsgemeinkosten Stufe I	
+ Fertigungseinzelkosten Stufe II	6.400,00 €
+ Fertigungsgemeinkosten Stufe II	
+ Sondereinzelkosten der Fertigung	2.000,00 €
= **Fertigungskosten**	
Herstellungskosten (Mindestansatz)	
+ Verwaltungsgemeinkosten	
= **Herstellungskosten (Höchstansatz)**	

In der Inventur zum 31.12.20X1 wird festgestellt, dass bei zwei Rädern der Rahmen nicht ordnungsgemäß geschweißt wurde. Diese beiden Fahrräder sind Ausschuss und können nicht verkauft werden (Schrottwert = 20,00 € je Fahrrad). Ermitteln Sie den Bilanzwert der verkaufsfähigen Fahrräder, wenn die Herstellungskosten zum Mindestansatz nach HGB bewertet werden sollen.

Berechnungen:

Bilanzwert der verkaufsfähigen Fahrräder: _____ €

Arbeitsblatt 75.7: Abschreibungen auf Forderungen (I): Entstehung und Ausfall einer Forderung im laufenden Jahr

Buchen Sie die folgenden Vorgänge im Grund- und Hauptbuch.

1 08.06.20XX Verkauf von Erzeugnissen auf Ziel an den Kunden Werner Krause OHG, Bonn: Nettoerzeugniswert 20.000,00 €, Umsatzsteuer 3.800,00 €.

2 10.07.20XX Eingang eines Schreibens vom Amtsgericht Bonn: Über das Vermögen der Werner Krause OHG ist das Insolvenzverfahren eröffnet worden. Etwaige Ansprüche sollen bis zum 22.08. angemeldet werden.

3 12.10.20XX Beschluss des Amtsgerichtes Bonn: Das Insolvenzverfahren über das Vermögen der Werner Krause OHG, Bonn, ist abgeschlossen. Auf die ungesicherten Forderungen entfällt eine Quote von 5,0 %. Dem Beschlussschreiben liegt als Anlage ein Verrechnungsscheck bei.

Grundbuch:

Nr.	Datum	Soll	€	Haben	€
1)	08.06.20XX				
2)	10.07.20XX				
3)	12.10.20XX				

Hauptbuch:

| S | 2400 Forderungen a. L. L. | H | | S | 4800 Umsatzsteuer | H |

| S | 2470 Zweifelhafte Forderungen | H | | S | 2800 Bankguthaben | H |
| | | | | 8000 | 20.000,00 | |

| S | 5000 Umsatzerlöse für eigene Erzeugnisse | H | | S | 6950 Abschreibungen auf Forderungen | H |

Nebenrechnungen (Werte in €):

	Nettowerte	Umsatzsteuer	Bruttowerte
ursprüngliche Forderung			
– Zahlung			
= Ausfall			
Buchungsbeträge	Abschreibung =	Steuerberichtigung =	Zahlung =

Arbeitsblatt 75.8: Abschreibungen auf Forderungen (II): Entstehung und Ausfall einer Forderung in verschiedenen Jahren

Buchen Sie die folgenden Vorgänge im Grund- und Hauptbuch (altes Jahr 20X1).

1 08.10.20X1   Verkauf von Erzeugnissen auf Ziel an den Kunden Walter Wolf KG, Bonn: Nettoerzeugniswert 16.000,00 €, Umsatzsteuer 3.040,00 €.

2 19.11.20X1   Eingang eines Schreibens vom Amtsgericht Bonn: Über das Vermögen der Walter Wolf KG ist das Insolvenzverfahren eröffnet worden. Etwaige Ansprüche sollen bis zum 12.12. angemeldet werden.

3 28.12.20X1   Eingang eines Schreibens vom Amtsgericht Bonn: Das Insolvenzverfahren über das Vermögen der Walter Wolf KG ist noch nicht abgeschlossen. Der mit der Durchführung beauftragte Insolvenzverwalter schätzt die Insolvenzquote auf etwa 10 %.

Hinweis: Im Jahresabschluss ist die Nettoforderung auf ihren wahrscheinlichen Wert abzuschreiben. Eine Umsatzsteuerberichtigung darf zu diesem Zeitpunkt nicht erfolgen. Die Umsatzsteuerberichtigung erfolgt erst, wenn der tatsächliche Forderungsausfall endgültig feststeht.

Grundbuch:

Nr.	Datum	Soll	€	Haben	€
1)	08.10.20X1				
2)	19.11.20X1				
3)	28.12.20X1				

Hauptbuch:

| S | 2400 Forderungen a. L. L. | H | | S | 4800 Umsatzsteuer | H |

| S | 2470 Zweifelhafte Forderungen | H | | S | 5000 Umsatzerlöse für eigene Erzeugnisse | H |

| S | 6950 Abschreibungen auf Forderungen | H |

Schließen Sie am 31.12.20X1 die Bestands- und Erfolgskonten ab.

Grundbuch: Abschlussbuchungen

Nr.	Datum	Soll	€	Haben	€
4)	31.12.20X1				
5)	31.12.20X1				
6)	31.12.20X1				
7)	31.12.20X1				

Hauptbuch:

| S | 8020 GuV-Konto | H | | S | 8010 SBK | H |

Fortsetzung

Arbeitsblatt 75.8: Abschreibungen auf Forderungen (II): Entstehung und Ausfall einer Forderung in verschiedenen Jahren

Buchen Sie den nachfolgenden Vorgang im Grund- und Hauptbuch (neues Jahr 20X2). Eröffnen Sie zuerst die notwendigen Bestandskonten im neuen Jahr.

Grundbuch: Eröffnungsbuchungen

Nr.	Datum	Soll	€	Haben	€
1)	01.01.20X2				
2)	01.01.20X2				

3   12.04.20X2   Beschluss des Amtsgerichts Bonn: Das Insolvenzverfahren über das Vermögen der Walter Wolf KG, Bonn, ist abgeschlossen. Auf die ungesicherten Forderungen entfällt eine Quote von 5,0 %. Dem Beschlussschreiben liegt als Anlage ein Verrechnungsscheck bei.

Grundbuch: Zahlungseingang

Nr.	Datum	Soll	€	Haben	€
3)	12.04.20X2				

Hauptbuch:

S	2470 Zweifelhafte Forderungen	H		S	4800 Umsatzsteuer	H

S	6990 Periodenfremde Aufwendungen	H		S	2800 Bankguthaben	H
				8000	50.000,00	

Nebenrechnungen (Werte in €):

	Nettowerte	Umsatzsteuer	Bruttowerte
ursprüngliche Forderung			
Abschreibung am 31.12.20X1		kein Wert	kein Wert
tatsächlicher Ausfall am 12.04.20X2			
Buchungsbeträge	periodenfremder Aufwand im neuen Jahr =	Steuerberichtigung =	Zahlung =

Aufgaben

Aufgabe 1

Einzelbewertung von Handelswaren mit Buchungen (bestandsorientiert):

a Einkauf von Waren am 10.11.20XX auf Ziel: Listenpreis je Stück 25,00 €, Einkaufsmenge 1 000 Stück, Rabatt 30%, Kosten der Lieferung 0,50 € je Stück

Kalkulationsschema	%	Betrag in €
Warenwert (Listeneinkaufspreis)		
– Sofortrabatt	30%	
+ Bezugskosten		
= Nettorechnungsbetrag		
+ Umsatzsteuer		
= **Bruttorechnungsbetrag**		

 aa Berechnen Sie die Anschaffungskosten bei Rechnungseingang je Stück.

 ab Buchen Sie die Eingangsrechnung.

b Nach Prüfung der Waren bei Wareneingang wird Folgendes festgestellt:
 • 10 Stück fehlen.
 • 40 Stück sind beschädigt und für den Weiterverkauf nicht mehr geeignet.
 • 100 Stück sind verschmutzt und können nur mit einem Preisnachlass weiterverkauft werden.

 Nach einer Mängelrüge erlässt der Warenverkäufer für die fehlenden und beschädigten Waren den Kaufpreis völlig und schreibt auch die anteiligen Lieferkosten gut. Für die verschmutzten Waren gewährt er einen Preisnachlass in Höhe von 50% auf den Warenwert (nicht auf die Kosten der Lieferung).

 ba Berechnen Sie die durchschnittlichen Anschaffungskosten nach der Lieferantengutschrift je Stück.

 bb Buchen Sie den Eingang der Lieferantengutschrift.

c Der Rechnungsbetrag nach Abzug der Gutschrift wird innerhalb der Skontofrist unter Abzug von 3% Skonto vom Bankkonto überwiesen.

 ca Berechnen Sie die Anschaffungskosten nach der Banküberweisung unter Skontoabzug je Stück.

 cb Buchen Sie den Rechnungsausgleich.

 cc Stellen Sie alle Buchungen (Geschäftsvorfälle 1 bis 3) auf den notwendigen Konten dar (Bankkonto: Anfangsbestand 34.000,00 €).

d Die 100 Stück an verschmutzten Waren werden zum Sonderpreis von 20,00 € je Stück zzgl. Umsatzsteuer an einen Kunden auf Ziel verkauft.

 da Buchen Sie den Warenverkauf.

 db Berechnen Sie den Rohgewinn oder Rohverlust in Euro aus dem Verkauf dieser Waren.

 dc Ermitteln Sie die Anschaffungskosten der noch vorhandenen Waren.

e Weitere 700 Stück werden zum Einstandspreis + 27% Handlungskostenzuschlagssatz[1] + 20% Gewinnzuschlagssatz zzgl. Umsatzsteuer an einen anderen Kunden gegen Bankscheck verkauft.

 [1] Handlungskostenzuschlagssatz = prozentualer Zuschlag auf den Einstandspreis einer Ware, der die Kosten des Industrieunternehmens (beim Einkauf, der Lagerung und dem Verkauf) decken soll.

 ea Buchen Sie den Warenverkauf.

 eb Berechnen Sie den Gewinn oder Verlust in Euro aus dem Verkauf dieser Waren.

f Angaben lt. Inventur für diese Waren: Fehlmenge: 10 Stück; Wiederbeschaffungskosten: 15,20 €

 fa Ermitteln Sie den Bilanzwert für die noch vorhandene Ware.

 fb Welche Buchung ist zum Jahresabschluss notwendig?

 fc Begründen Sie Ihre Bewertungsentscheidung.

Aufgabe 2

Einzelbewertung von Rohstoffen:
Kauf von 16 000 kg Stahlblechen zu 2,30 €/kg (Listenpreis). Der Lieferer gewährt 12% Rabatt und 2% Skonto. Eine Spedition liefert die Stahlbleche zum Preis von 1.500,00 €.

a Berechnen Sie den Bezugspreis/Einstandspreis für diesen Rohstoff.

b Ermitteln Sie den Inventurwert für die am 31.12.20XX noch vorhandenen Stahlbleche mit einem Gewicht von 3 450 kg, wenn die Wiederbeschaffungskosten für derartige Bleche am 31.12.20XX 2,05 € je kg betragen.

Aufgabe 3

Ermitteln Sie den Wert des Lagerbestandes in nachfolgender Tabelle

a   nach dem Fifo-Verfahren,

b   nach dem Lifo-Verfahren.

Hinweis: Alle Zwischenergebnisse sind kaufmännisch auf zwei Nachkommastellen zu runden.

Lager- bewegungen	Menge in kg	First in first out		Last in first out	
		Preis in €	Wert in €	Preis in €	Wert in €
AB	800	2,00		2,00	
Zugang	1 200	2,20		2,20	
Bestand					
Zugang	500	2,50		2,50	
Bestand					
Abgang	700				
Bestand					
Zugang	1 000	2,60		2,60	
Bestand					
Abgang	1 200				
Bestand					
Abgang	500				
Bestand					

Aufgabe 4

Ermitteln Sie den Wert des Endbestandes (Anschaffungskosten) für Fremdbauteile nach dem jährlichen (gewogenen) Durchschnittsverfahren.

Bestände/Einkäufe	Menge in Stück	Anschaffungskosten je Stück in €	Anschaffungskosten gesamt
01.01.20XX Anfangsbestand	780	16,80	
Einkauf 02.02.20XX	560	17,40	
Einkauf 16.05.20XX	390	16,90	
Einkauf 01.08.20XX	740	16,92	
Einkauf 30.11.20XX	890	17,10	
Summe			
31.12.20XX Endbestand	440		

Aufgabe 5

Durchschnittsbewertung von Rohstoffen:

Ein Rohstoff wird während eines Geschäftsjahres ständig neu bestellt. Die Einstandspreise je kg sind der folgenden Tabelle zu entnehmen:

Einkäufe	Menge in kg	Einstandspreise
14.03.20XX	11 000	22,10 € je kg
19.08.20XX	21 500	19,80 € je kg
22.10.20XX	16 000	20,00 € je kg
14.11.20XX	25 000	19,70 € je kg

a   Berechnen Sie den jährlichen (gewogenen) Durchschnittswert für eine Inventurmenge von 18 550 kg.

b   Ermitteln Sie den Inventurwert zum 31.12.20XX, wenn die Wiederbeschaffungskosten zurzeit 19,20 € je kg betragen.

Aufgabe 6

Einzelbewertung von Fremdbauteilen mit Buchungen (bestandsorientiert):

Ein Industrieunternehmen kauft 200 Stück eines Fremdbauteils zum Listenpreis von 9,60 €.

Lieferantenrabatt 10 %, Skonto 2 %, Transportkosten (nicht skontierfähig) 0,30 € je Stück.

Buchen und berechnen Sie

a   den Rechnungseingang,

b   einen nachträglichen Preisnachlass in Höhe von 15 % auf den Wert (Zieleinkaufspreis) der Fremdbauteile,

c   den Rechnungsausgleich (nach Preisnachlass unter Abzug von Skonto),

d   die Anschaffungskosten der am 31.12. noch im Lager befindlichen 25 Stück.

Aufgabe 7

Ermitteln Sie den Wert des Lagerbestandes eines Rohstoffes am 31.12. (Anschaffungskosten) in der folgenden Tabelle nach dem Verfahren der permanenten (gleitenden) Durchschnittswertermittlung.

Bestände, Verbräuche, Einkäufe	Menge (in Stück)	Anschaffungskosten je Stück in €[1]	Anschaffungskosten: Bestände, Einkäufe, Verbräuche (in €)
Bestand am 01.01.20XX	520	20,16	
Verbrauch bis 01.02.20XX	500		
Bestand am 01.02.20XX			
Einkauf am 02.02.20XX	1900	21,10	
Bestand am 02.02.20XX			
Verbrauch bis 15.05.20XX	1700		
Bestand am 15.05.20XX			
Einkauf am 16.05.20XX	2300	22,10	
Bestand am 16.05.20XX			
Verbrauch bis 31.07.20XX	2050		
Bestand am 31.07.20XX			
Einkauf am 01.08.20XX	2000	23,60	
Bestand am 01.08.20XX			
Verbrauch bis 29.11.20XX	1400		
Bestand am 29.11.20XX			
Einkauf am 30.11.20XX	1500	24,00	
Bestand am 30.11.20XX			
Verbrauch bis 31.12.20XX	1070		
Bestand am 31.12.20XX			

[1] Auf zwei Nachkommastellen kaufmännisch runden!

Aufgabe 8

a Entstehung und Ausfall einer Forderung in einem Geschäftsjahr

08.11.20X1	Verkauf von Erzeugnissen auf Ziel an den Kunden Walter GmbH, Bonn: Nettoerzeugniswert 50.000,00 € + 19% Umsatzsteuer.
29.11.20X1	Eingang eines Schreibens des Amtsgerichts Bonn: Über das Vermögen der Walter GmbH ist das Insolvenzverfahren eröffnet worden. Etwaige Ansprüche sollen bis zum 12.12. angemeldet werden.
23.12.20X1	Eingang eines Schreibens des Amtsgerichts Bonn: Das Insolvenzverfahren über das Vermögen der Walter GmbH ist abgeschlossen. Der mit der Durchführung beauftragte Insolvenzverwalter überweist eine Insolvenzquote in Höhe von 35%.

Buchen Sie die Vorgänge im Grundbuch.

b Entstehung und Ausfall einer Forderung in verschiedenen Jahren

12.10.20X1	Verkauf von Erzeugnissen auf Ziel an den Kunden Peter Wolf KG, Bonn: Nettoerzeugniswert 32.000,00 € + 19% Umsatzsteuer.
30.11.20X1	Eingang eines Schreibens des Amtsgerichts Bonn: Über das Vermögen der Peter Wolf KG ist das Insolvenzverfahren eröffnet worden. Etwaige Ansprüche sollen bis zum 12.12. angemeldet werden.
28.12.20X1	Eingang eines Schreibens des Amtsgerichts Bonn: Das Insolvenzverfahren über das Vermögen der Peter Wolf KG ist noch nicht abgeschlossen. Der mit der Durchführung beauftragte Insolvenzverwalter schätzt eine Insolvenzquote von ca. 35%.

Buchen Sie die Vorgänge im Grundbuch.

c Alternative A

12.04.20X2 (nach Aufstellung des Jahresabschlusses für 20X1)	Beschluss des Amtsgerichts Bonn: Das Insolvenzverfahren über das Vermögen der Peter Wolf KG, Bonn ist abgeschlossen. Auf die ungesicherten Forderungen entfällt eine Quote von 15,0%. Anlage: Verrechnungsscheck.

Buchen Sie den Zahlungseingang nach der Alternative A im Grundbuch.

d Alternative B

12.04.20X2 (nach Aufstellung des Jahresabschlusses für 20X1)	Beschluss des Amtsgerichts Bonn: Das Insolvenzverfahren über das Vermögen der Peter Wolf KG, Bonn ist abgeschlossen. Auf die ungesicherten Forderungen entfällt eine Quote von 55,0%. Anlage: Verrechnungsscheck.

Buchen Sie den Zahlungseingang nach der Alternative B im Grundbuch.

Aufgabe 9

Aktien, die ein Unternehmen am 14.09.20X1 zur kurzfristigen Geldanlage erworben hat, zeigen folgende Wertentwicklung (angegeben sind die jeweils notwendigen Anschaffungskosten = Kurswert + Anschaffungsnebenkosten wie z. B. Bankgebühren):

Datum	€
14.09.20X1:	112,00
24.09.20X1:	124,89
29.11.20X1:	148,12
15.12.20X1:	120,09
31.12.20X1:	98,20

a Ermitteln Sie den Bilanzwert der Aktien, wenn das Unternehmen am 31.12.20X1 700 Aktien besitzt.

b Mit wie viel € wird der Gewinn des Unternehmens beeinflusst?

c Im Folgejahr (20X2) liegen noch 100 dieser Aktien im Depot des Unternehmens, der Kaufpreis beträgt zum Zeitpunkt der Bilanzaufstellung 135,00 €.

   ca Wie hoch ist deren Bilanzwert?

   cb Mit wie viel € wird der Gewinn des Unternehmens im Folgejahr durch diese Aktien beeinflusst?

Aufgabe 10

Bilden Sie aus Sicht eines Verkäufers alle Buchungssätze
zu den angegebenen Geschäftsvorfällen (ohne Abschluss-
und Eröffnungsbuchungen).

a	14.11.20X1:	Verkauf von Erzeugnissen auf Ziel an den Kunden Korf GmbH, Nettoerzeugniswert 15.000,00 €, Umsatzsteuer 2.850,00 €, Rechnungsbetrag 17.850,00 €
b	18.11.20X1:	Verkauf von Handelswaren auf Ziel an den Kunden H. Weber KG, Nettowarenwert 25.000,00 €, Umsatzsteuer 4.750,00 €, Rechnungsbetrag 29.750,00 €
c	28.11.20X1:	Eröffnung des Insolvenzverfahrens über das Vermögen der Korf GmbH
d	09.12.20X1:	Die H. Weber KG beantragt ein Insolvenzverfahren.
e	16.12.20X1:	Abschluss des Insolvenzverfahrens über das Vermögen der Korf GmbH. Der Insolvenzverwalter überweist 5.950,00 € auf das Bankkonto.
f	30.12.20X1:	Der Insolvenzverwalter der H. Weber KG schätzt die Insolvenzquote auf 20 %, der Abschluss des Verfahrens wird im ersten Quartal des neuen Jahres erwartet.
g	04.02.20X2:	Das Insolvenzverfahren der H. Weber KG ist abgeschlossen. Der Insolvenzverwalter hat eine Insolvenzquote von letztlich nur 5 % ermittelt, die an die Gläubiger per Banküberweisung ausgezahlt wird.

Aufgabe 11

Eine Aktiengesellschaft mit umfangreichen Liquiditätsreserven erwirbt 10 000 Aktien einer anderen börsennotierten Aktiengesellschaft in der Hoffnung auf erhebliche Kurssteigerungen. Die Anschaffungskosten betragen 220,00 € je Aktie gegen Banklastschrift.

a Wie hoch ist der Anschaffungswert der Aktien im Kaufjahr?

b Wie hoch ist der Bilanzwert am Geschäftsjahresende, wenn der Zeitwert auf 270,00 € je Aktie gestiegen ist?

c Wie hoch ist der Bilanzwert im Folgejahr, wenn der Zeitwert auf 200,00 € je Aktie gesunken ist?

d Welche Buchungen sind jeweils notwendig?

Aufgabe 12

Die Fly Bike Werke GmbH hat im September 20X1 Fahrräder an die Sachsenrad GmbH verkauft. Der Bruttorechnungsbetrag betrug 24.160,68 €.

a Buchen Sie die beiden nachfolgenden Belege.

b Ermitteln Sie den Betrag, mit dem der Forderungsausfall den Erfolg der Fly Bike Werke GmbH beeinflusst.

c Ermitteln Sie die endgültige Umsatzsteuerlast aus dem gesamten Vorgang.

2

Amtsgericht Dresden · Postfach 19 45 · 01067 Dresden

Amtsgericht Dresden

Fly Bike Werke GmbH
Rostocker Straße 334
26121 Oldenburg

Ihre Zeichen, Ihre Nachricht vom	Unsere Zeichen, unsere Nachricht vom	Telefon, Name	Datum
30.10.20X1	Da/He	0351 412165, He	28.11.20X1

Beschluss über das Vermögen des Gemeinschuldners Sachsenrad GmbH Ihre Forderung lt. Anmeldung vom 30. Oktober 20XX

Gemeinschuldner:	Sachsenrad GmbH, Bayreuther Straße 20, 01277 Dresden
Gläubiger:	Fly Bike Werke GmbH, Rostocker Straße 334, 26121 Oldenburg
angemeldete Forderung:	24.160,68 €
Beweisstück:	Lieferschein und Rechnung vom 20. September 20X1

Das Insolvenzverfahren ist abgeschlossen. Auf Ihre Forderung entfällt eine Quote von 13 %, das entspricht 3.140,89 €.

Amtsgericht Dresden
Dresden, 28. November 20XX

Hettwer

Hettwer, Just. Angestellte

1

Amtsgericht Dresden · Postfach 19 45 · 01067 Dresden

Amtsgericht Dresden

Fly Bike Werke GmbH
Rostocker Straße 334
26121 Oldenburg

Ihre Zeichen, Ihre Nachricht vom	Unsere Zeichen, unsere Nachricht vom	Telefon, Name	Datum
	Da/He	0351 412165, He	25.10.20X1

Eröffnung des Insolvenzverfahrens über das Vermögen der: Sachsenrad GmbH, Bayreuther Straße 20, 01277 Dresden

Sehr geehrte Damen und Herren,

die Prüfung der Unterlagen des Gemeinschuldners hat ergeben, dass Sie als Gläubiger in Betracht kommen.

Wir fordern Sie auf, etwaige Ansprüche bis zum 07. November 20X1 anzumelden.

Amtsgericht Dresden
Dresden, 25. Oktober 20XX

Hettwer

Hettwer, Just. Angestellte

Die Fly Bike Werke GmbH hat bei ihrer Hausbank, der Landessparkasse Oldenburg, einen Ratenkredit über 200.000,00 € beantragt. Die Landessparkasse Oldenburg unterbreitet folgendes Angebot:

Landessparkasse zu Oldenburg
Berliner Platz 1
26123 Oldenburg
BLZ: 280 501 00

Landessparkasse zu Oldenburg · Berliner Platz 1 · 26123 Oldenburg

Fly Bike Werke GmbH
Herrn Peters
Rostocker Str. 334
26121 Oldenburg

22.12.20X1

Kreditangebot

Sehr geehrter Herr Peters,

nach unserer Prüfung der Kreditantragsunterlagen der Fly Bike Werke GmbH machen wir Ihrem Unternehmen gerne nachfolgendes Kreditangebot:

Abzahlungsdarlehen über 200.000,00 €, Disagio 5 %, Nominalzinssatz 4,25 %, Kreditlaufzeit 10 Jahre, Tilgung jährlich 10 % der Darlehenssumme, Effektivzinssatz 5,45 %, Zins- und Tilgungszahlungen jeweils zum 31.12. jedes Jahres.

Weitere Fragen beantworten wir gerne.

Mit freundlichen Grüßen

Landessparkasse Oldenburg

ppa. Dr. Klein

Die Fly Bike Werke GmbH nimmt das Kreditangebot der Landessparkasse Oldenburg an. Die Kreditauszahlung erfolgt zum 01.01.20X2. Buchen Sie
1 die Kreditauszahlung gegen Bankgutschrift,
2 die Zinszahlung am 31.12.20X2,
3 die Tilgungszahlung am 31.12.20X2 und
4 die planmäßige Abschreibung des Disagios am 31.12.20X2.

Grundbuch:

Nr.	Soll	€	Haben	€
1)				
2)				
3)				
4)				

Aufgaben

Aufgabe 1

Ein Industriebetrieb kauft Rohstoffe in den USA mit 90 Tagen Ziel. Die Eingangsrechnung über 180.000,00 USD wird am 20.11.20XX gleichzeitig mit der Lieferung gebucht (Kurs: 1 € = 1,35 USD). Die Einfuhrumsatzsteuer in Höhe von 19 % der Rechnungssumme wird per Banküberweisung bezahlt. Am 31.12.20XX beträgt der Wechselkurs: 1 € = 1,25 USD.

Buchen Sie

a den Rechnungseingang in € bei bestandsorientierter Buchungstechnik,

b die Zahlung der Einfuhrumsatzsteuer,

c die Kursveränderung des USD am 31.12.

	Soll	€	Haben	€
a				
b				
c				

Aufgabe 2

Ein Industrieunternehmen nimmt am Jahresanfang ein Darlehen zum Umbau des Verwaltungsgebäudes in Höhe von 100.000,00 € auf, das mit einer Grundschuld abgesichert wird. Im Vertrag wird ein Disagio in Höhe von 7,5 % vereinbart. Die Zinsen für das Darlehen werden jährlich rückwirkend in Höhe von 5 % der restlichen Darlehenssumme bezahlt. Die Tilgung erfolgt jeweils am Jahresende in Höhe von 10 % der Darlehenssumme.

a Ermitteln Sie

aa den Auszahlungsbetrag des Darlehens,

ab die Zinsen für das erste Jahr,

ac die Tilgung am Ende des ersten Jahres.

b Buchen Sie

ba die Auszahlung des Darlehens als Bankgutschrift,

bb die Banküberweisung der Zinsen,

bc die Tilgungszahlung per Banküberweisung,

bd die teilweise Auflösung des Disagios am Jahresende.

	Soll	€	Haben	€
ba				
bb				
bc				
bd				

Aufgabe 3

Am 29.12.20XX reklamiert ein langjähriger Kunde eine Handelswarenlieferung, die am 28.12.20XX eingetroffen ist. Der Nettowarenwert beträgt 15.000,00 €. Laut Aussage des Kunden muss die gesamte Lieferung bereits vor der Übergabe – bei Frei-Haus-Lieferung durch das Industrieunternehmen selbst – beschädigt worden sein und kann nicht mehr verwendet werden. Der Kunde stellt die gesamte Lieferung zur Abholung bereit. Bis zum Geschäftsjahresende kann keine Prüfung der Reklamation erfolgen, da die Ware erst im Folgejahr beim Kunden abgeholt werden kann.

a Welche Bedeutung hat diese Reklamation für die Bilanz des Verkäufers zum 31.12.20XX, wenn er davon ausgehen muss, dass der Kunde wahrscheinlich recht hat und die Ware damit wertlos geworden ist?

b Geben Sie die notwendige Buchung an.

Einen Jahresabschluss erstellen

Bei dem Zulieferer für die Fahrradindustrie Möller GmbH in Köln hat man es eilig. Der Jahresabschluss muss jetzt dringend erstellt und dann beim elektronischen Bundesanzeiger eingereicht werden. Bis jetzt liegen nach Umbuchung der Unterkonten nur die Salden der Kontenarten vor – Bewertungsentscheidungen sind bereits berücksichtigt.

Konto Nr.	Kontenbezeichnung	Soll	Konto Nr.	Kontenbezeichnung	Haben
0200	Konzessionen und Lizenzen	20.000,00 €	3000	Gezeichnetes Kapital	1.500.000,00 €
0510	Bebaute Grundstücke	420.000,00 €	3100	Kapitalrücklage	250.000,00 €
0530	Betriebsgebäude	650.000,00 €	3200	Gewinnrücklagen	360.000,00 €
0540	Verwaltungsgebäude	502.000,00 €	3310	Gewinnvortrag	2.000,00 €
0700	Technische Anlagen und Maschinen (Sammelkonto)	860.000,00 €	3400	Jahresüberschuss/Jahresfehlbetrag	€
0800	Betriebs- und Geschäftsausstattung (Sammelkonto)	460.000,00 €	3900	Sonstige Rückstellungen	18.000,00 €
			4250	Langfristige Bankverbindlichkeiten	800.000,00 €
0900	Geleistete Anzahlungen auf Sachanlagen	5.000,00 €	4400	Verbindlichkeiten aus Lieferungen und Leistungen	234.700,00 €
1500	Wertpapiere des Anlagevermögens	12.000,00 €	4800	Umsatzsteuer	16.800,00 €
2000	Rohstoffe	24.000,00 €	4900	Passive Jahresabgrenzung	12.300,00 €
2010	Vorprodukte/Fremdbauteile	114.000,00 €			
2020	Hilfsstoffe	14.000,00 €			
2030	Betriebsstoffe	22.000,00 €			
2100	Unfertige Erzeugnisse	34.000,00 €			
2200	Fertige Erzeugnisse	8.900,00 €			
2400	Forderungen aus Lieferungen und Leistungen	115.000,00 €			
2700	Wertpapiere des Umlaufvermögens	78.000,00 €			
2800	Bankguthaben	89.600,00 €			
2880	Kasse	2.200,00 €			
2900	Aktive Jahresabgrenzung	4.600,00 €			
6000	Aufwendungen für Rohstoffe	1.850.000,00 €	5000	Umsatzerlöse für eigene Erzeugnisse	12.120.000,00 €
6010	Aufwendungen für Vorprodukte/Fremdbauteile	3.278.000,00 €	5100	Umsatzerlöse für Waren	463.000,00 €
			5200	Bestandserhöhung Erzeugnisse	24.000,00 €
6020	Aufwendungen für Hilfsstoffe	65.000,00 €	5300	Aktivierte Eigenleistungen	32.000,00 €
6030	Aufwendungen für Betriebsstoffe	32.600,00 €	5400	Nebenerlöse (Mieterträge)	15.000,00 €
6050	Energie	463.000,00 €	5410	Sonstige Erlöse aus Anlagenabgängen	24.000,00 €
6080	Aufwendungen für Waren	231.500,00 €			
62/63	Löhne und Gehälter	4.360.000,00 €	5710	Zinserträge	5.200,00 €
6400	Soziale Abgaben	959.200,00 €	5780	Erträge aus Wertpapieren des Umlaufvermögens	4.200,00 €
6520	Abschreibungen auf Sachanlagen	341.000,00 €			
6700	Mieten/Pachten	200.000,00 €	5800	Außerordentliche Erträge	22.000,00 €
6800	Aufwendungen für Kommunikation	320.000,00 €			
6900	Versicherungsbeiträge	112.000,00 €			
6950	Abschreibungen auf Forderungen	23.600,00 €			
6969	Anlagenabgänge	26.000,00 €			
7020	Grundsteuer	24.000,00 €			
7030	Kfz-Steuer	5.700,00 €			
7400	Abschreibungen auf Finanzanlagen	12.300,00 €			
7510	Zinsaufwendungen	42.000,00 €			
7600	Außerordentliche Aufwendungen	46.000,00 €			
7700	Gewerbeertragsteuer	24.000,00 €			
7710	Körperschaftsteuer	52.000,00 €			

1 Erstellen Sie für die Möller GmbH eine GuV-Rechnung und eine Bilanz nach HGB. Nutzen Sie dazu das Arbeitsblatt 77.1 auf der folgenden Seite.

2 Welcher Größenklasse für Kapitalgesellschaften ist diese GmbH (25 Mitarbeiter) zuzuordnen?

3 Bis wann muss der Jahresabschluss beim elektronischen Bundesanzeiger eingereicht werden?

Arbeitsblatt 77.1: Vereinfachte Gewinn- und Verlustrechnung und Bilanz nach HGB

GuV (Gesamtkostenverfahren) nach § 275 HGB (Werte in €)

1.	Umsatzerlöse	
2.	Erhöhung oder Verminderung des Bestandes an fertigen und unfertigen Erzeugnissen	
3.	andere aktivierte Eigenleistungen	
4.	sonstige betriebliche Erträge	
5.	Materialaufwand	
6.	Personalaufwand	
7.	Abschreibungen	
8.	sonstige betriebliche Aufwendungen	
9.	Erträge aus Beteiligungen	
10.	Erträge aus anderen Wertpapieren und Ausleihungen des Finanzanlagevermögens	
11.	sonstige Zinsen und ähnliche Erträge	
12.	Abschreibungen auf Finanzanlagen und auf Wertpapiere des Umlaufvermögens	
13.	Zinsen und ähnliche Aufwendungen	
14.	Ergebnis der gewöhnlichen Geschäftstätigkeit	
15.	außerordentliche Erträge	
16.	außerordentliche Aufwendungen	
17.	außerordentliches Ergebnis	
18.	Steuern vom Einkommen und vom Ertrag	
19.	sonstige Steuern	
20.	Jahresüberschuss /Jahresfehlbetrag	

Aktiva   **Bilanz nach § 266 HGB (Werte in €)**   **Passiva**

A. Anlagevermögen

    I. Immaterielle Vermögensgegenstände

    II. Sachanlagen

    III. Finanzanlagen

B. Umlaufvermögen

    I. Vorräte

    II. Forderungen und sonstige Vermögensgegenstände

    III. Wertpapiere

    IV. Kassenbestand, Bundesbankguthaben, Guthaben bei Kreditinstituten und Schecks

C. Rechnungsabgrenzungsposten

A. Eigenkapital

    I. Gezeichnetes Kapital

    II. Kapitalrücklage

    III. Gewinnrücklagen

    IV. Gewinnvortrag/Verlustvortrag

    V. Jahresüberschuss/ Jahresfehlbetrag

B. Rückstellungen

C. Verbindlichkeiten

D. Rechnungsabgrenzungsposten

Arbeitsblatt 77.2: Ergebnisse einer Gewinn- und Verlustrechnung nach HGB ermitteln

Gewinn- und Verlustrechnung in Tsd. €	20X1	20X2
1. Umsatzerlöse	5.500	6.200
2. Erhöhung des Bestands an fertigen und unfertigen Erzeugnissen	200	50
3. andere aktivierte Eigenleistungen	12	48
4. sonstige betriebliche Erträge	250	230
5. Materialaufwand: a) Aufwendungen für Roh-, Hilfs- und Betriebsstoffe und für bezogene Waren b) Aufwendungen für bezogene Leistungen	2.300 120	2.500 240
Rohergebnis		
6. Personalaufwand: a) Löhne und Gehälter b) soziale Abgaben und Aufwendungen für Altersversorgung und für Unterstützung	1.200 240	1.250 250
7. Abschreibungen: a) auf immaterielle Vermögensgegenstände des Anlagevermögens und Sachanlagen b) auf Vermögensgegenstände des Umlaufvermögens, ...	260 5	360 8
8. sonstige betriebliche Aufwendungen	124	150
Betriebsergebnis		
9. Erträge aus Beteiligungen	50	60
10. Erträge aus anderen Wertpapieren und Ausleihungen des Finanzanlagevermögens	12	13
11. sonstige Zinsen und ähnliche Erträge	12	10
12. Abschreibungen auf Finanzanlagen und auf Wertpapiere des Umlaufvermögens	220	480
13. Zinsen und ähnliche Aufwendungen	164	270
Finanzergebnis		
14. Ergebnis der gewöhnlichen Geschäftstätigkeit		
15. außerordentliche Erträge	40	12
16. außerordentliche Aufwendungen	860	430
17. außerordentliches Ergebnis		
Ergebnis vor Steuern		
18. Steuern vom Einkommen und vom Ertrag	328	367
19. sonstige Steuern[1]	32	34
20. Jahresüberschuss/Jahresfehlbetrag = Ergebnis nach Steuern		

[1] Die Position 19. „sonstige Steuern" kann auch in der Position 8. „sonstige betriebliche Aufwendungen" aufgeführt werden.

Arbeitsblatt 77.3: Eine Bilanz nach § 266 HGB aufstellen

Eine GmbH hat folgende Bilanzwerte ermittelt. Erstellen Sie eine Bilanz für eine kleine GmbH nach § 266 HGB.

Konto Nr.	Kontenbezeichnung	Soll	Konto Nr.	Kontenbezeichnung	Haben
0300	Geschäfts- oder Firmenwert	200.000,00 €	3000	Gezeichnetes Kapital	2.000.000,00 €
0510	Bebaute Grundstücke	120.000,00 €	3100	Kapitalrücklage	125.000,00 €
0530	Betriebsgebäude	650.000,00 €	3200	Gewinnrücklagen	62.000,00 €
0540	Verwaltungsgebäude	302.000,00 €	3310	Gewinnvortrag	3.400,00 €
0700	Technische Anlagen und Maschinen (Sammelkonto)	505.000,00 €	3400	Jahresüberschuss/Jahresfehlbetrag	
			3900	Sonstige Rückstellungen	8.000,00 €
0800	Betriebs- und Geschäftsausstattung (Sammelkonto)	422.000,00 €	4250	Langfristige Bankverbindlichkeiten	220.000,00 €
0900	Geleistete Anzahlungen auf Sachanlagen	14.200,00 €	4400	Verbindlichkeiten aus Lieferungen und Leistungen	124.000,00 €
1600	Sonstige Finanzanlagen	44.000,00 €	4800	Umsatzsteuer	9.600,00 €
2000	Rohstoffe	22.000,00 €	4900	Passive Jahresabgrenzung	8.900,00 €
2010	Vorprodukte/Fremdbauteile	78.000,00 €			
2020	Hilfsstoffe	6.800,00 €			
2030	Betriebsstoffe	8.900,00 €			
2100	Unfertige Erzeugnisse	12.600,00 €			
2200	Fertige Erzeugnisse	24.200,00 €			
2400	Forderungen aus Lieferungen und Leistungen	98.000,00 €			
2700	Wertpapiere des Umlaufvermögens	25.800,00 €			
2800	Bankguthaben	46.800,00 €			
2880	Kasse	6.500,00 €			
2900	Aktive Jahresabgrenzung	2.100,00 €			

Aktiva   vereinfachte Bilanz nach § 266 HGB (Werte in €)   **Passiva**

A. Anlagevermögen
    I. Immaterielle Vermögensgegenstände _____
    II. Sachanlagen _____
    III. Finanzanlagen _____

B. Umlaufvermögen
    I. Vorräte _____
    II. Forderungen und sonstige Vermögensgegenstände _____
    III. Wertpapiere _____
    IV. Kassenbestand, Bundesbankguthaben, Guthaben bei Kreditinstituten und Schecks _____

C. Rechnungsabgrenzungsposten
_____

A. Eigenkapital
    I. Gezeichnetes Kapital _____
    II. Kapitalrücklage _____
    III. Gewinnrücklagen _____
    IV. Gewinnvortrag/Verlustvortrag _____
    V. Jahresüberschuss/Jahresfehlbetrag _____

B. Rückstellungen _____

C. Verbindlichkeiten _____

C. Rechnungsabgrenzungsposten _____

Arbeitsblatt 77.4: Eine Gewinn- und Verlustrechnung aufstellen

Eine GmbH hat nachfolgende GuV-Werte ermittelt. Erstellen Sie eine GuV in Staffelform nach § 275 HGB (Gesamtkosten-verfahren). Benutzen Sie dazu die Tabelle auf der folgenden Seite.

6000	Aufwendungen für Rohstoffe	980.000,00 €	5000	Umsatzerlöse für eigene Erzeugnisse	5.120.000,00 €
6010	Aufwendungen für Vorprodukte/Fremd-bauteile	1.235.000,00 €	5100	Umsatzerlöse für Waren	49.200,00 €
			5200	Bestandserhöhung Erzeugnisse	4.000,00 €
6020	Aufwendungen für Hilfsstoffe	45.900,00 €	5300	Aktivierte Eigenleistungen	3.000,00 €
6030	Aufwendungen für Betriebsstoffe	13.600,00 €			
6050	Energie	245.600,00 €	5400	Nebenerlöse	3.000,00 €
6080	Aufwendungen für Waren	24.600,00 €	5410	Sonstige Erlöse aus Anlagenabgängern	24.200,00 €
62/63	Löhne und Gehälter	1.410.000,00 €	5710	Zinserträge	14.500,00 €
6400	Soziale Abgaben	310.200,00 €	5780	Erträge aus Wertpapieren des Umlauf-vermögens	2.000,00 €
6520	Abschreibungen auf Sachanlagen	441.000,00 €	5800	Außerordentliche Erträge	8.000,00 €
6700	Mieten/Pachten	120.000,00 €			
6800	Aufwendungen für Kommunikation	85.600,00 €			
6900	Versicherungsbeiträge	36.000,00 €			
6950	Abschreibungen auf Forderungen	9.800,00 €			
6969	Anlagenabgänge	24.200,00 €			
7020	Grundsteuer	9.000,00 €			
7030	Kfz-Steuer	1.200,00 €			
7400	Abschreibungen auf Finanzanlagen	3.600,00 €			
7510	Zinsaufwendungen	44.000,00 €			
7600	Außerordentliche Aufwendungen	2.000,00 €			
7700	Gewerbeertragsteuer	24.000,00 €			
7710	Körperschaftsteuer	52.000,00 €			

Fortsetzung

Arbeitsblatt 77.4: Eine Gewinn- und Verlustrechnung aufstellen

Gewinn- und Verlustrechnung	20XX
1. Umsatzerlöse	
2. Erhöhung des Bestands an fertigen und unfertigen Erzeugnissen	
3. andere aktivierte Eigenleistungen	
4. sonstige betriebliche Erträge	
5. Materialaufwand: a) Aufwendungen für Roh-, Hilfs- und Betriebsstoffe und für bezogene Waren b) Aufwendungen für bezogene Leistungen	
Rohergebnis	
6. Personalaufwand: a) Löhne und Gehälter b) soziale Abgaben und Aufwendungen für Altersversorgung und für Unterstützung	
7. Abschreibungen: a) auf immaterielle Vermögensgegenstände des Anlagevermögens und Sachanlagen b) auf Vermögensgegenstände des Umlaufvermögens, …	
8. sonstige betriebliche Aufwendungen	
Betriebsergebnis	
9. Erträge aus Beteiligungen	
10. Erträge aus anderen Wertpapieren und Ausleihungen des Finanzanlagevermögens	
11. sonstige Zinsen und ähnliche Erträge	
12. Abschreibungen auf Finanzanlagen und auf Wertpapiere des Umlaufvermögens	
13. Zinsen und ähnliche Aufwendungen	
Finanzergebnis	
14. Ergebnis der gewöhnlichen Geschäftstätigkeit	
15. außerordentliche Erträge	
16. außerordentliche Aufwendungen	
17. außerordentliches Ergebnis	
Ergebnis vor Steuern	
18. Steuern vom Einkommen und vom Ertrag	
19. sonstige Steuern[1]	
20. Jahresüberschuss/Jahresfehlbetrag = Ergebnis nach Steuern	

[1] Die Position 19. „sonstige Steuern" kann auch in der Position 8. „sonstige betriebliche Aufwendungen" aufgeführt werden.

Arbeitsblatt 77.5: Eigenkapitalausweis einer GmbH

Eine GmbH ermittelt in ihrer Bilanz vor der Ergebnisverwendung folgendes Eigenkapital:

Gezeichnetes Kapital:	1.200.000,00 €	Gewinnvortrag:	5.800,00 €
Kapitalrücklage:	320.000,00 €	Jahresüberschuss:	215.000,00 €
Gewinnrücklagen:	67.600,00 €		

In der Gesellschafterversammlung wird folgende Ergebnisverwendung vorgeschlagen:
- Unter Einbeziehung des Gewinnvortrages sollen vor der Gewinnverteilung lt. Gesellschaftsvertrag 50.800,00 € in die Gewinnrücklagen eingestellt werden.
- Die Gesellschafter verteilen den Restgewinn im Verhältnis ihrer Kapitalanteile (Einlagen).
- Alle Gewinnanteile der Gesellschafter werden auf volle 1.000,00 € abgerundet.
- Der unverteilte Gewinnrest wird auf das neue Geschäftsjahr vorgetragen.

a Berechnen Sie den Vorschlag über die Gewinnverteilung für die GmbH für den Fall, dass die Gesellschafter folgendes Kapital gezeichnet haben:

Gesellschafter	Einlagen	Anteile	Gewinnanteil in €	Gewinn- auszahlung in €	Gewinnvortrag in €
Albert	450.000,00 €				
Bertram	500.000,00 €				
Celler	250.000,00 €				
Summe					

b Stellen Sie das Eigenkapital der GmbH
ba vor der Ergebnisverwendung,
bb nach teilweiser Ergebnisverwendung und
bc nach vollständiger Ergebnisverwendung dar.

	ba vor der EV	**bb** nach teilweiser EV	**bc** nach vollständiger EV
Gezeichnetes Kapital			
Kapitalrücklage			
Gewinnrücklagen			
Gewinn-/Verlustvortrag (Vorjahr)			
Jahresüberschuss			
Bilanzgewinn			
Gewinn-/Verlustvortrag (Berichtsjahr)			
Summe Eigenkapital			
Verbindlichkeiten gegenüber Gesellschaftern			
Summe			

Arbeitsblatt 77.6: Eigenkapitalausweis einer Aktiengesellschaft

Eine Aktiengesellschaft weist in der Bilanz vor der Ergebnisverwendung folgende Werte aus:

A. Eigenkapital

Gezeichnetes Kapital:	4.000.000,00 €
Kapitalrücklage:	250.000,00 €
Gewinnrücklagen:	250.000,00 €
Gewinnvortrag:	35.000,00 €
Jahresüberschuss:	300.000,00 €

In der Hauptversammlung werden folgende Beschlüsse gefasst:

1   25 % des Jahresüberschusses zzgl. des Gewinnvortrages werden in die Gewinnrücklagen eingestellt.
2   Die auszuzahlende Dividende[1] soll 6 % des gezeichneten Kapitals betragen (gezeichnetes Kapital = 100 %).
3   Der unverteilte Gewinnrest soll auf das neue Geschäftsjahr vorgetragen werden.
4   Eine Kapitalerhöhung im Verhältnis 10 (alte Aktien) zu 1 (neue Aktien) soll durchgeführt werden.
    – Der Nennwert aller Aktien beträgt 10,00 €.
    – Der Ausgabekurs der jungen Aktien beträgt 20,00 €.

Weisen Sie das Eigenkapital der AG nach der Ergebnisverwendung und nach der Kapitalerhöhung aus:

A. Eigenkapital	nach der Ergebnisverwendung (Werte in €)	nach der Kapitalerhöhung (Werte in €)
I. Gezeichnetes Kapital		
II. Kapitalrücklage		
III. Gewinnrücklagen		
IV. Gewinnvortrag		

Berechnungen:

---

[1] Dividendenzahlungen unterliegen einer Abgeltungssteuer in Höhe von 25 %, die die Aktiengesellschaft einbehält und an das Finanzamt abführt.

Aufgaben

Aufgabe 1

a   Wer könnte sich für einen Jahresabschluss eines deutschen Unternehmens interessieren?

b   Ist nachfolgende Personengesellschaft (Industrieunternehmen) offenlegungspflichtig, wenn in drei aufeinander folgenden Jahresabschlüssen folgende Größenmerkmale erreicht werden:

   1   Die Bilanzsumme übersteigt 75 Millionen €.
   2   Die Umsatzerlöse übersteigen 120 Millionen €.
   3   Das Unternehmen beschäftigt durchschnittlich mehr als 4 500 Arbeitnehmer.

c   Warum sind Banken und Versicherungen stets offenlegungspflichtig?

Aufgabe 2

Welche Bestandteile der Rechenschaftslegung bieten dem Interessenten Informationen über

a   die Höhe des Eigenkapitals,

b   den Gewinn des abgelaufenen Geschäftsjahres,

c   die voraussichtliche Entwicklung des Unternehmens in dem Geschäftsjahr, das auf den veröffentlichten Jahresabschluss folgt,

d   die durchschnittliche Anzahl der Arbeitnehmer.

Aufgabe 3

a   In welche Größenklasse ist eine Kapitalgesellschaft einzuordnen, wenn sie die folgenden Daten für zwei aufeinander folgende Berichtsjahre erreicht?

Bilanzsumme	Umsatzerlöse	Ø Arbeitnehmerzahl
bis 15,0 Mio. €	36,5 Mio. €	270

b   Fassen Sie die gesetzlichen Erleichterungen für kleine und mittelgroße Kapitalgesellschaften in nachfolgender Übersicht zusammen:

Erleichterungen	Kleine Kapitalgesellschaften	Mittelgroße Kapitalgesellschaften
Aufstellungsfristen		
Bilanzgliederung		
GuV-Posten		
Anhang		
Lagebericht		
Bestandteile der Offenlegung		
Prüfpflicht durch externe Abschlussprüfer		

Aufgabe 4

a   Berechnen und erläutern Sie den Wert und die Entstehung einer stillen Rücklage im Bilanzposten Grundstücke, wenn ein 1953 zum Preis von 2,00 €/m² gekauftes, 4 000 m² großes Grundstück am 31.12.20XX gemäß Gutachten einen Zeitwert von 320,00 €/m² besitzt.

b   Vergleichen Sie stille Rücklagen und offene Rücklagen unter den Gesichtspunkten Bildung, Steuerbelastung, Gewinnausschüttung und Kreditwürdigkeit aus der Sicht einer Kapitalgesellschaft.

Aufgabe 5

Zwei Kapitalgesellschaften erzielten Aufwendungen und Erträge gemäß der folgenden Aufstellung. Berechnen Sie die verschiedenen Ergebnisgrößen.

Aufwendungen und Erträge in €	Unternehmen A	Unternehmen B
Betriebliche Erträge	2.400.000,00	6.300.000,00
Betriebliche Aufwendungen	1.800.000,00	6.800.000,00
Finanzerträge	210.000,00	42.000,00
Finanzaufwendungen	321.000,00	652.000,00
Außerordentliche Erträge	86.000,00	1.350.000,00
Außerordentliche Aufwendungen	122.000,00	145.000,00
Steuern	242.000,00	46.000,00

	Ergebnisgrößen in €	Unternehmen A	Unternehmen B
a)	Betriebsergebnis		
b)	Finanzergebnis		
c)	Außerordentliches Ergebnis		
d)	Betriebsgewöhnliches Ergebnis		
e)	Ergebnis vor Steuern		
f)	Ergebnis nach Steuern		

Aufgabe 6

Am 25.03.20X3 treffen die Gesellschafter der Rollo GmbH, Walter Rollo, Klaus Rollo und Erika Werner, geb. Rollo, den folgenden Beschluss über die Gewinnverteilung des Geschäftsjahres 20X2 (Werte siehe Posten der Bilanz vor der Ergebnisverwendung).

Gesellschafterbeschluss: „Unter Einbeziehung des Gewinnvortrages aus dem Geschäftsjahr 20X1 werden 20.000,00 € in die Gewinnrücklagen eingestellt. Wie üblich erhalten alle Gesellschafter vom Restgewinn einen Gewinnanteil, der dem Anteil ihrer Einlage am Stammkapital der Gesellschaft entspricht. Alle Gewinnanteile werden auf volle 1.000,00 € abgerundet. Der unverteilte Gewinnrest wird als Gewinnvortrag auf das Geschäftsjahr 20X3 vorgetragen."

a Berechnen Sie die Gewinnanteile der Gesellschafter.

Gesellschafter	Einlagen in €	Anteile	Gewinnanteil 20X2 in €	unverteilte Gewinnreste in €
Walter Rollo	300.000,00			
Klaus Rollo	250.000,00			
Erika Werner	50.000,00			
Summen	**600.000,00**			

b Geben Sie die nachfolgenden Bilanzwerte der Rollo GmbH nach dem Gesellschafterbeschluss und vor der Gewinnauszahlung an:

Posten der Bilanz 20X2	vor der Ergebnisverwendung (€)	nach der Ergebnisverwendung (€)
Gezeichnetes Kapital	600.000,00	
Kapitalrücklage	200.000,00	
Gewinnrücklagen	60.000,00	
Gewinnvortrag	5.000,00	
Jahresüberschuss	138.000,00	

Aufgabe 7

In der Klaus & Unger OHG ist ein Jahresgewinn in Höhe von 120.000,00 € ermittelt worden. Vor der Aufstellung der Bilanz (Bilanz nach vollständiger Ergebnisverwendung) muss der Gewinn noch verteilt werden.
Regelungen aus dem Gesellschaftsvertrag zur Gewinnverteilung:

- Die Gesellschafter Klaus und Unger erhalten vorab ein monatliches Arbeitsentgelt in Höhe von 2.000,00 €.
- Frau Lange, die nur halbtags arbeitet, erhält ein Arbeitsentgelt in Höhe von 1.000,00 € je Monat.
- Die Kapitalanteile (vom Geschäftsjahresbeginn) werden mit 4% verzinst.
- Der Restgewinn wird nach Köpfen verteilt.

Ermitteln Sie

a den Gesamtgewinn je Gesellschafter,
b die Kapitalanteile je Gesellschafter am Geschäftsjahresende, wenn laut Gesellschafterbeschluss alle Arbeitsentgelte und die Hälfte des darüber hinausgehenden Gewinns an die Gesellschafter ausgezahlt werden,
c das Eigenkapital der Klaus & Unger OHG nach der Gewinnverteilung und nach der beschlossenen Auszahlung von Gewinnanteilen.

Gesellschafter der OHG	Kapitalanteile am 01.01.20XX in €	Arbeitsentgelte 01.01. bis 31.12.20XX in €	Verzinsung Kapitalanteile in €	Restgewinn in €	Gesamtgewinn in €	Kapitalanteile am 31.12.20XX in €
Albert Klaus	300.000,00					
Walter Unger	200.000,00					
Karin Lange	100.000,00					
Summen	**600.000,00**				**120.000,00**	

Aufgabe 8

Der Möbelhersteller Müller KG muss für seinen Jahresabschluss noch das Eigenkapital nach vollständiger Ergebnisverwendung ermitteln. Nur die Vollhafter Müller und Paul erhalten vorab ein Arbeitsentgelt in Höhe von jeweils 2.500,00 € pro Monat. Die Verzinsung der Kapitalanteile ist im Gesellschaftsvertrag für alle Gesellschafter mit 5% geregelt. Der Restgewinn wird im Verhältnis der Kapitalanteile verteilt. Die Teilhafter Klein und Wolpert erhalten ihren Gesamtgewinn vollständig ausgezahlt. Die Vollhafter Müller und Paul entnehmen von ihrem Gewinn nur das Arbeitsentgelt und 80 % ihres darüber hinausgehenden Gewinnanteils.

Ermitteln Sie das Eigenkapital der KG nach der Gewinnverteilung und der Auszahlung von Gewinnanteilen. Der zu verteilende Gewinn des Geschäftsjahres beträgt 240.000,00 €.

Gesellschafter der KG	Kapitalanteile am 01.01.20XX in €	Arbeitsentgelte 01.01. bis 31.12.20XX in €	Verzinsung Kapitalanteile in €	Restgewinn in €	Gesamtgewinn in €	Kapitalanteile am 31.12.20XX in €
Claudia Müller	350.000,00					
Werner Paul	450.000,00					
Ines Klein	150.000,00					
Susanne Wolpert	50.000,00					
Summen	**1.000.000,00**				**240.000,00**	

SB → S. 303 ff. | Lernfeld 8, Kapitel 6

Einen Jahresabschluss auswerten

Herr Sommer, Geschäftsführer der Highlight GmbH, Bonn, hat fast alle Jahresabschlusswerte vorliegen. In der nächsten Woche muss er den Jahresabschluss in der Gesellschafterversammlung vorstellen und erläutern.

1 Erstellen Sie die Strukturbilanz (Arbeitsblatt 78.1).
2 Ermitteln Sie alle Ergebnisse der GuV-Rechnung (Arbeitsblatt 78.2).
3 Ermitteln Sie alle Kennzahlen und deren Veränderung (Arbeitsblätter 78.3 bis 78.6).

Arbeitsblatt 78.1: Bilanz und Strukturbilanz der Highlight GmbH, Bonn

Bilanz der Highlight GmbH, Bonn, zum 31.12.20X2 (in €)

Aktiva	Vorjahr (20X1)	Berichtsjahr (20X2)
A. Anlagevermögen		
I. Immaterielle Vermögensgegenstände	50.000,00	40.000,00
II. Sachanlagen	4.406.250,00	4.322.600,00
III. Finanzanlagen		
B. Umlaufvermögen		
I. Vorräte	462.600,00	698.200,00
II. Forderungen und sonstige Vermögensgegenstände	423.720,00	396.200,00
III. Wertpapiere	2.000,00	6.500,00
IV. Kassenbestand, Bundesbankguthaben, Guthaben bei Kreditinstituten und Schecks	80.580,00	106.350,00
	5.425.150,00	5.569.850,00

Passiva	Vorjahr (20X1)	Berichtsjahr (20X2)
A. Eigenkapital		
I. Gezeichnetes Kapital	1.500.000,00	1.500.000,00
II. Kapitalrücklage	50.000,00	50.000,00
III. Gewinnrücklagen	50.000,00	70.000,00
IV. Gewinnvortrag	250,00	750,00
V. Jahresüberschuss	172.600,00	215.000,00
B. Rückstellungen	2.300,00	54.000,00
C. Verbindlichkeiten	3.650.000,00	3.680.100,00
	5.425.150,00	5.569.850,00

Strukturbilanz der Highlight GmbH, Bonn, zum 31.12.20X2 für die Auswertung (in €)

Aktiva	Vorjahr (20X1)	Berichtsjahr (20X2)
Anlagevermögen		
Umlaufvermögen		
davon – Vorräte		
– Forderungen[1]		
– flüssige Mittel[2]		
Gesamtvermögen		

Passiva	Vorjahr (20X1)	Berichtsjahr (20X2)
Eigenkapital[3]		
davon – Gewinnrücklagen		
Fremdkapital		
davon – langfristig[4]		
– kurzfristig[5]		
Gesamtkapital		

1 Alle Forderungen sind kurzfristig.
2 Einschließlich Wertpapiere des Umlaufvermögens.
3 Das Eigenkapital des Vorvorjahres (20X0) betrug 1.700.150,00 €; das Gesamtkapital des Vorvorjahres (20X0) betrug 5.387.000,00 €.
4 Im Berichtsjahr sind 75 % der Verbindlichkeiten langfristig; im Vorjahr waren 80 % der Verbindlichkeiten langfristig.
5 Einschließlich aller Rückstellungen.

Arbeitsblatt 78.2: Ergebnisse der GuV-Rechnung der Highlight GmbH, Bonn

	Vorjahr 20X1 (in €)	Berichtsjahr 20X2 (in €)
Umsatzerlöse	19.249.000,00	23.980.000,00
Bestandserhöhung unfertige und fertige Erzeugnisse	79.305,00	45.000,00
Aktivierte Eigenleistungen	23.240,00	41.509,00
Sonstige betriebliche Erträge	218.000,00	52.000,00
Materialaufwand	10.009.480,00	12.757.360,00
Personalaufwand	6.737.150,00	8.105.240,00
Abschreibungen (auf Anlagen)	528.750,00	518.712,00
Sonstige betriebliche Aufwendungen	1.732.410,00	2.110.240,00
Betriebsergebnis		
Sonstige Zinsen und ähnliche Erträge	14.300,00	17.700,00
Sonstige Zinsen und ähnliche Aufwendungen (Fremdkapitalzinsen)	327.455,00	345.657,00
Finanzergebnis		
Ergebnis der gewöhnlichen Geschäftstätigkeit		
Außerordentliches Ergebnis	0,00	0,00
Ergebnis vor Steuern		
Steuern	76.000,00	84.000,00
Jahresüberschuss (Gewinn)		

Arbeitsblatt 78.3: Kennzahlenanalyse I: Vermögens- und Kapitalstruktur der Highlight GmbH, Bonn

Kennzahlen: Formeln[1]	Kennzahlen: Ergebnisse		Kennzahlen: Veränderung	
	Vorjahr	Berichtsjahr	%-Punkte	%
Vermögensstruktur				
Anlagenintensität (Anlagenquote) $\dfrac{\text{Anlagevermögen} \cdot 100}{\text{Gesamtvermögen}}$				
Umlaufintensität (Anteil des Umlaufvermögens) $\dfrac{\text{Umlaufvermögen} \cdot 100}{\text{Gesamtvermögen}}$				
Vorratsquote $\dfrac{\text{Vorräte} \cdot 100}{\text{Gesamtvermögen}}$				
Forderungsquote $\dfrac{\text{Forderungen} \cdot 100}{\text{Gesamtvermögen}}$				
Kapitalstruktur				
Eigenkapitalquote $\dfrac{\text{Eigenkapital}^{2} \cdot 100}{\text{Gesamtkapital}^{2}}$				
Fremdkapitalquote $\dfrac{\text{Fremdkapital}^{2} \cdot 100}{\text{Gesamtkapital}^{2}}$				
Verschuldungsgrad $\dfrac{\text{Fremdkapital}^{2} \cdot 100}{\text{Eigenkapital}^{2}}$				
Grad der Selbstfinanzierung $\dfrac{\text{Gewinnrücklagen} \cdot 100}{\text{Gesamtkapital}^{2}}$				

[1] Alle Kennzahlen in der Schreibweise wie im Prüfungskatalog der AKA, Nürnberg.

[2] Hinweis: In der Bilanzanalyse → Eigen-, Fremd- und Gesamtkapital am Geschäftsjahresende.

Arbeitsblatt 78.4: Kennzahlenanalyse II: Anlagendeckung und Liquidität der Highlight GmbH, Bonn

Kennzahlen: Formeln		Kennzahlen: Ergebnisse		Kennzahlen: Veränderung	
		Vorjahr	Berichtsjahr	%-Punkte	%
Anlagendeckung					
Deckungsgrad I	$\dfrac{\text{Eigenkapital}[1] \cdot 100}{\text{Anlagevermögen}}$				
Deckungsgrad II	$\dfrac{(\text{Eigenkapital}[1] + \text{langfrist. FK}) \cdot 100}{\text{Anlagevermögen}}$				
Liquidität					
Liquidität 1. Grades	$\dfrac{\text{flüssige Mittel} \cdot 100}{\text{kurzfristiges Fremdkapital}}$				
Liquidität 2. Grades	$\dfrac{(\text{flüssige Mittel} + \text{Forderungen}) \cdot 100}{\text{kurzfristiges Fremdkapital}}$				
Liquidität 3. Grades	$\dfrac{\text{Umlaufvermögen} \cdot 100}{\text{kurzfristiges Fremdkapital}}$				

[1] Hinweis: In der Bilanzanalyse → Eigenkapital am Geschäftsjahresende.

Arbeitsblatt 78.5: Kennzahlenanalyse III: Cashflow-Kennzahlen und Rentabilität der Highlight GmbH, Bonn

Kennzahlen: Formeln	Kennzahlen: Ergebnisse		Kennzahlen: Veränderung	
	Vorjahr	Berichtsjahr	%-Punkte	%
Cashflow-Kennzahlen				
Cashflow Jahresüberschuss + Abschreibungen auf Anlagen +/– Veränderung der langfristigen Rückstellungen = Cashflow				
Cashflow-Umsatzverdienstrate $\dfrac{\text{Cashflow} \cdot 100}{\text{Umsatzerlöse}}$				
Rentabilität				
Eigenkapitalrentabilität $\dfrac{\text{Gewinn} \cdot 100}{\text{Eigenkapital}^{[1]}}$				
Gesamtkapitalrentabilität $\dfrac{(\text{Gewinn} + \text{Fremdkapitalzinsen}) \cdot 100}{\text{Gesamtkapital}^{[2]}}$				
Umsatzrentabilität $\dfrac{\text{Gewinn} \cdot 100}{\text{Umsatzerlöse}}$				

[1] Hinweis: Die Highlight GmbH setzt in der Rentabilitätsanalyse als Eigenkapital folgenden Durchschnittswert an: (AB + EB) : 2

[2] Hinweis: Die Highlight GmbH setzt in der Rentabilitätsanalyse als Gesamtkapital folgenden Durchschnittswert an: (AB + EB) : 2

Arbeitsblatt 78.6: Kennzahlenanalyse IV: Umschlagshäufigkeiten und ROI der Highlight GmbH, Bonn

	Kennzahlen: Formeln	Kennzahlen: Ergebnisse		Kennzahlen: Veränderung	
		Vorjahr	Berichtsjahr	%-Punkte	%
Umschlagshäufigkeiten des Kapitals					
Umschlagshäufigkeit des Eigenkapitals	$\dfrac{\text{Umsatzerlöse}}{\text{Eigenkapital}[1]}$				
Umschlagshäufigkeit des Gesamtkapitals	$\dfrac{\text{Umsatzerlöse}}{\text{Gesamtkapital}[2]}$				
durchschnittliche Kapitalumschlagshäufigkeit (Eigenkapital)	$\dfrac{360}{\text{Umschlagshäufigkeit des Eigenkapitals}}$				
Umschlagshäufigkeiten der Forderungen					
Umschlagshäufigkeit der Forderungen	$\dfrac{\text{Umsatzerlöse}}{\text{Forderungsbestand}}$				
durchschnittliche Kreditdauer	$\dfrac{360}{\text{Umschlagshäufigkeit der Forderungen}}$				
ROI/Return on Investment (des Eigenkapitals)					
ROI	$\dfrac{\text{Gewinn} \cdot 100}{\text{Umsatzerlöse}} \cdot \dfrac{\text{Umsatzerlöse}}{\text{Eigenkapital}[1]}$				

[1] Hinweis: Die Highlight GmbH setzt bei den Umschlagshäufigkeiten als Eigenkapital folgenden Durchschnittswert an: (AB + EB) : 2

[2] Hinweis: Die Highlight GmbH setzt bei den Umschlagshäufigkeiten als Gesamtkapital folgenden Durchschnittswert an: (AB + EB) : 2

Arbeitsblatt 78.7: Kennzahlen zur Auswertung von Bilanz und GuV-Rechnung

Daten zur Auswertung:

Aktiva	Strukturbilanz (Werte in %)		Passiva
Anlagevermögen	800.000,00	Eigenkapital	1.000.000,00
Umlaufvermögen	703.200,00	Fremdkapital	503.200,00
davon: – Vorräte	158.000,00	davon: – langfristig	300.000,00
– kurzfristige Forderungen	331.800,00	– kurzfristig	203.200,00
– flüssige Mittel	213.400,00		
Summe Vermögen	**1.503.200,00**	**Summe Kapital**	**1.503.200,00**

Werte aus der GuV-Rechnung (in €)

Umsatzerlöse	5.500.000,00	betriebliche Aufwendungen gesamt	5.163.000,00
Materialaufwand	2.640.000,00	betriebliche Erträge gesamt	5.550.000,00
Personalaufwand	1.375.000,00	Finanzergebnis (darin enthalten 12.000,00 € Fremdkapitalzinsen)	48.000,00
Abschreibungen	302.500,00	außerordentliches Ergebnis	0,00
sonstige betriebliche Aufwendungen	845.500,00	Jahresüberschuss nach Steuern	250.000,00

Berechnung der Kennzahlen:

Kennzahl	Formel	Berechnungen, Ergebnisse
Anlagenintensität	$\dfrac{\text{Anlagevermögen} \cdot 100}{\text{Gesamtvermögen}}$	$\dfrac{800.000,00 \cdot 100}{1.503.200,00} = 53,22\,\%$
Umlaufintensität		
Vorratsquote		
Eigenkapitalquote		
Fremdkapitalquote		
Deckungsgrad I		
Deckungsgrad II		
Liquidität 1. Grades		
Liquidität 2. Grades		
Liquidität 3. Grades		
Eigenkapitalrentabilität[1]		
Gesamtkapitalrentabilität[2]		
Umsatzrentabilität		

[1] Eigenkapital am Jahresanfang: 750.000,00 €
[2] Gesamtkapital am Jahresanfang: 1.246.800,00 €

Aufgaben

Aufgabe 1
Ergebnisse der Intersport GmbH Bonn zum 31.12.20X1:

Aktiva	Bilanz der Intersport GmbH, Bonn, zum 31.12.20X1 (Werte in €)		Passiva
A. Anlagevermögen		**A. Eigenkapital**	
I. Sachanlagen	840.000,00	I. Gezeichnetes Kapital	600.000,00
II. Finanzanlagen	210.000,00	II. Kapitalrücklage	200.000,00
B. Umlaufvermögen		III. Gewinnrücklagen	60.000,00
I. Vorräte	1.050.000,00	IV. Gewinnvortrag	5.000,00
II. Forderungen und sonstige Vermögensgegenstände	1.680.000,00	V. Jahresüberschuss	138.000,00
		B. Rückstellungen	445.000,00
III. Wertpapiere	42.000,00	**C. Verbindlichkeiten**	2.730.000,00
IV. Kassenbestand, Bundesbankguthaben, Guthaben bei Kreditinstituten und Schecks	356.000,00		
	4.178.000,00		4.178.000,00

Bonn, 24.03.20X2 *Walter Hermsen, Klaus Hermsen*

Gewinn- und Verlustrechnung der Intersport GmbH, Bonn, zum 31.12.20X1

		€
1.	Umsatzerlöse	9.200.000,00
4.	sonstige betriebliche Erträge	276.000,00
5.	Materialaufwand	7.406.000,00
6.	Personalaufwand	1.047.100,00
7.	Abschreibungen	128.800,00
8.	sonstige betriebliche Aufwendungen	506.000,00
10.	Erträge aus anderen Wertpapieren und Ausleihungen des Finanzanlagevermögens	10.500,00
11.	sonstige Zinsen und ähnliche Erträge	50.000,00
12.	Abschreibungen auf Finanzanlagen und auf Wertpapiere des Umlaufvermögens	4.000,00
13.	Zinsen und ähnliche Aufwendungen	147.200,00
14.	Ergebnis der gewöhnlichen Geschäftstätigkeit	
15.	außerordentliche Erträge	3.000,00
16.	außerordentliche Aufwendungen	6.000,00
17.	außerordentliches Ergebnis	
18.	Steuern vom Einkommen und vom Ertrag	110.400,00
19.	sonstige Steuern	46.000,00
20.	Jahresüberschuss	

Informationen aus dem Anhang zur Bilanz und zur GuV-Rechnung der Intersport GmbH, Bonn, zum 31.12.20X1 (Auszüge)
– Gesamtbetrag der Verbindlichkeiten mit einer Restlaufzeit von mehr als einem Jahr: 300.000,00 €
– Gesamtbetrag der Verbindlichkeiten mit einer Restlaufzeit bis zu einem Jahr: 2.430.000,00 €
– Alle Forderungen haben eine Restlaufzeit bis zu einem Jahr.
– Die Rückstellungen für Pensionen betragen 385.000,00 €.

a Ermitteln Sie aus den Ergebnissen der Intersport GmbH für 20X1 die nachfolgenden Werte in € vor der Ergebnisverwendung.

Aktiva	Strukturbilanz (Werte in €)		Passiva
Anlagevermögen		Eigenkapital	
Umlaufvermögen		davon:	
davon:		– Gewinnrücklagen	
– Vorräte		Fremdkapital	
– kurzfristige Forderungen		davon:	
– flüssige Mittel[1]		– langfristig[2]	
		– kurzfristig	
Summe Vermögen		**Summe Kapital**	

[1] einschließlich Wertpapiere des Umlaufvermögens
[2] einschließlich Pensionsrückstellungen (alle anderen Rückstellungen sind kurzfristiges Fremdkapital)

b Ein Brancheninformationsdienst hat für das Geschäftsjahr 20X1 durchschnittliche Kennzahlen der Branche veröffentlicht.
　ba Berechnen Sie die entsprechenden Kennzahlen für die Intersport GmbH im Geschäftsjahr 20X1 auf Basis der unter **a** ermittelten Werte und der Jahresabschlussergebnisse.
　bb Vergleichen Sie die Kennzahlen der Intersport GmbH mit den Branchendurchschnittswerten. Analysieren Sie die Ergebnisse im Hinblick auf die wirtschaftliche Situation der Intersport GmbH zum Geschäftsjahresende 20X1.

Kennzahl	Branchendurchschnitt	Intersport GmbH
Eigenkapitalquote	14,5 %	
Anlagenintensität	15,7 %	
Deckungsgrad II	129,6 %	
Liquidität 2. Grades	78,7 %	
Eigenkapitalrentabilität[1]	4,2 %	
Gesamtkapitalrentabilität[2]	3,2 %	
Umsatzrentabilität	1,4 %	
Grad der Selbstfinanzierung	1,2 %	

[1] Eigenkapital am Jahresanfang: 865.000,00 €
[2] Gesamtkapital am Jahresanfang: 4.200.000,00 €

Aufgabe 2

Ein Industrieunternehmen (GmbH) ermittelt am Geschäftsjahresende folgende Werte (alphabetische Aufzählung):

Bilanz- und GuV-Werte	Zuordnung[1]	Beträge
Abschreibungen		40.000,00 €
Aufwendungen für die Inanspruchnahme von Rechten und Diensten sowie für Kommunikation		20.000,00 €
Betriebliche Steuern		45.000,00 €
Betriebs- und Geschäftsausstattung		120.000,00 €
Flüssige Mittel		80.000,00 €
Forderungen aus Lieferungen und Leistungen		120.000,00 €
Fremdinstandhaltung		50.000,00 €
Gewinnrücklagen		50.000,00 €
Gezeichnetes Kapital		450.000,00 €
Grundstücke und Gebäude		400.000,00 €
Langfristige Bankverbindlichkeiten (Darlehen)		240.000,00 €
Löhne und Gehälter, soziale Aufwendungen		1.020.000,00 €
Materialaufwand		4.750.000,00 €
Provisionserträge		150.000,00 €
Rückstellungen		80.000,00 €
Technische Anlagen und Maschinen		250.000,00 €
Umsatzerlöse für eigene Erzeugnisse		5.850.000,00 €
Verbindlichkeiten aus Lieferungen und Leistungen		180.000,00 €
Vorräte		80.000,00 €
Zinsaufwendungen (Fremdkapitalzinsen)		30.000,00 €
Zinserträge		5.000,00 €

[1] Abkürzungen siehe Aufgabenstellung unten

Ermitteln Sie:

Anlagevermögen (AV)	€
Umlaufvermögen (UV)	€
Gesamtvermögen	€
Eigenkapital einschließlich Jahresüberschuss (EK)	€
Fremdkapital (FK)	€
Gesamtkapital	€
Erträge (E)	€
Aufwendungen (A)	€
Jahresüberschuss	€
Gesamtkapitalrentabilität (GK am Jahresanfang: 950.000,00 €)	%
Eigenkapitalrentabilität (EK am Jahresanfang: 500.000,00 €)	%

Aufgabe 3
Ein Unternehmen veröffentlicht folgende Jahresabschlusswerte in €:

Aktiva	Strukturbilanz (Werte in €)	Passiva	
Anlagevermögen	800.000,00	Eigenkapital[1]	500.000,00
Umlaufvermögen	1.600.000,00	davon: – Gewinnrücklagen	50.000,00
davon: – Vorräte	500.000,00	Fremdkapital[2]	1.900.000,00
– kurzfristige Forderungen	720.000,00	davon: – langfristig	700.000,00
– flüssige Mittel	380.000,00	– kurzfristig	1.200.000,00
Summe Vermögen	**2.400.000,00**	**Summe Kapital**	**2.400.000,00**

[1] Eigenkapital am Jahresanfang: 350.000,00 €
[2] Fremdkapital am Jahresanfang: 1.800.000,00 €

Werte aus der GuV-Rechnung (in €):

Umsatzerlöse	5.500.000,00
Fremdkapitalzinsen	65.000,00
Jahresüberschuss	150.000,00

Ermitteln Sie für dieses Unternehmen die Kennzahlen zur Vermögens-, Finanz- und Ertragslage.
Hinweis: Alle Kennzahlen sind ggf. auf eine Nachkommastelle kaufmännisch zu runden.

Aufgabe 4
Ermitteln Sie die fehlenden Werte sowie
a die Liquidität 1. Grades,
b die Liquidität 2. Grades,
c den Deckungsgrad I,
d den Deckungsgrad II,
e die Eigenkapitalquote,
f die Fremdkapitalquote,
g die Vorratsquote,
h den Verschuldungsgrad,
i den Grad der Selbstfinanzierung.

Aktiva	Vorjahr (in Tsd. €)	Berichtsjahr (in Tsd. €)
Sachanlagen	5.500	5.000
Finanzanlagen	4.500	4.000
Summe des Anlagevermögens		
Vorräte	2.000	1.900
Forderungen	2.500	2.200
flüssige Mittel	500	900
Summe des Umlaufvermögens		
Gesamtvermögen		

Passiva	Vorjahr (in Tsd. €)	Berichtsjahr (in Tsd. €)
gezeichnetes Kapital	5.000	5.000
Gewinnrücklagen	500	450
Summe Eigenkapital		
langfristige Rückstellungen	500	450
langfristige Verbindlichkeiten	4.500	6.080
Summe langfristiges Fremdkapital		
kurzfristige Rückstellungen	50	70
kurzfristige Verbindlichkeiten	4.450	1.950
Summe kurzfristiges Fremdkapital		
Gesamtkapital		

Aufgabe 5

Analysieren Sie anhand der folgenden Bilanz die Entwicklung der wirtschaftlichen Lage dieses Industrieunternehmens.

Aktiva	Bilanz einer Industrie-GmbH 31.12.20X2 (Werte in €)				Passiva	
	Vorjahr (20X1)	Berichtsjahr (20X2)			Vorjahr (20X1)	Berichtsjahr (20X2)
A. Anlagevermögen			A. Eigenkapital			
I. Sachanlagen	6.000.000,00	7.800.000,00	I. Gezeichnetes Kapital		1.200.000,00	1.200.000,00
II. Finanzanlagen	1.200.000,00	3.000.000,00	II. Kapitalrücklage		1.200.000,00	1.200.000,00
B. Umlaufvermögen			III. Gewinnrücklagen		300.000,00	750.000,00
I. Vorräte	600.000,00	1.410.000,00	IV. Jahresüberschuss		900.000,00	315.000,00
II. Forderungen und sonstige Vermögens-gegenstände	3.300.000,00	1.800.000,00	B. Rückstellungen davon:		900.000,00	1.335.000,00
davon: Forderungen mit einer Restlaufzeit von mehr als einem Jahr	300.000,00		mit einer Restlaufzeit bis zu einem Jahr		150.000,00	300.000,00
			C. Verbindlichkeiten davon:		7.500.000,00	10.200.000,00
III. Flüssige Mittel	900.000,00	990.000,00	mit einer Restlaufzeit bis zu einem Jahr		3.600.000,00	4.200.000,00
	12.000.000,00	15.000.000,00			12.000.000,00	15.000.000,00

Friedberg, 10.05.20X3 *Hans Berger*

Hinweise zur Auswertung:

	Vorjahr	Berichtsjahr
Umsatzerlöse	22.500.000,00 €	30.000.000,00 €
Fremdkapitalzinsen	390.000,00 €	540.000,00 €

Aktiva	Strukturbilanz (Werte in €)			Passiva	
	Vorjahr	Berichtsjahr		Vorjahr	Berichtsjahr
Anlagevermögen			Eigenkapital		
Umlaufvermögen			davon:		
davon:			– Gewinnrücklagen		
– Vorräte			Fremdkapital		
– kurzfristige Forderungen			davon:		
– langfristige Forderungen			– langfristig		
– flüssige Mittel			– kurzfristig		
Summe Vermögen			**Summe Kapital**		

a Ermitteln Sie folgende Kennzahlen sowohl für das Vor- als auch für das Berichtsjahr und beurteilen Sie diese:

1 Eigenkapitalquote
2 Fremdkapitalquote
3 Anlagenintensität
4 Umlaufintensität

5 Deckunggrad I und II
6 Liquidität 1., 2. und 3. Grades
7 Eigenkapitalrentabilität (EK 20X1: 3.150.000,00 €)

8 Gesamtkapitalrentabilität (GK 20X1: 11.500.000,00 €)
9 Umsatzrentabilität

b Erläutern Sie anhand Ihrer Ergebnisse unter a die Entwicklung des Unternehmens.
c Prüfen Sie, ob der Jahresabschluss der GmbH rechtzeitig erfolgte und wer den Jahresabschluss zu unterzeichnen hat.

Aufgabe 6

Ermitteln Sie die fehlenden Werte und beurteilen Sie die
Unternehmensentwicklung:

	Geschäftsjahr 20X1	Geschäftsjahr 20X2	Geschäftsjahr 20X3
Eigenkapital (EK)	400.000,00 €	450.000,00 €	550.000,00 €
Forderungen	130.000,00 €	120.000,00 €	160.000,00 €
Gesamtkapital (GK)	1.000.000,00 €	1.000.000,00 €	1.100.000,00 €
Umsatzerlöse	4.500.000,00 €	5.250.000,00 €	5.800.000,00 €
Umschlagshäufigkeit des EK			
Umschlagshäufigkeit des GK			
durchschnittliche Kapitalumschlagsdauer des EK			
durchschnittliche Kapitalumschlagsdauer des GK			
Umschlagshäufigkeit der Forderungen			
durchschnittliche Kreditdauer			

Aufgabe 7

Ein Industrieunternehmen hat seine Ergebnisse in den
letzten drei Jahren stetig verbessern können:

	Geschäftsjahr 20X1	Geschäftsjahr 20X2	Geschäftsjahr 20X3
Jahresüberschuss (+)/Jahresfehlbetrag (−)	− 120.000,00 €	+ 240.000,00 €	+ 360.000,00 €
Abschreibungen auf Anlagen	450.000,00 €	470.000,00 €	490.000,00 €
Veränderung der langfristigen Rückstellungen: − Erhöhung (+) − Minderung (−)	− 20.000,00 €	+ 20.000,00 €	+ 40.000,00 €
Cashflow			
Umsatzerlöse	4.500.000,00 €	5.200.000,00 €	5.600.000,00 €
Cashflow-Umsatzverdienstrate			

a Ermitteln Sie für alle Geschäftsjahre
   aa den Cashflow und
   ab die Cashflow-Umsatzverdienstrate.

b Im Jahr 20X4 soll eine Großinvestition in Höhe von
   3.260.000,00 € getätigt werden. Wie viel Prozent dieser Investition kann aus dem Cashflow der letzten
   drei Jahre finanziert werden, wenn in Jahren mit Gewinnen nur 50 % ausgeschüttet wurden?

SB → S. 303 ff. | Lernfeld 8, Kapitel 6

Budgetierung: Soll-Ist-Vergleich und Branchenvergleich von Kennzahlen

Nachdem bei der Bergischen Metall GmbH alle Bewertungsentscheidungen getroffen wurden, ist jetzt auch der Jahresabschluss für das abgelaufene Geschäftsjahr aufgestellt. Herr Schlinkmann, der Geschäftsführer, benötigt die Analyse der vollständigen Bilanz und der GuV des aktuellen Geschäftsjahres für die Abteilungsleiterkonferenz in der kommenden Woche. Zu diesem Zweck sind die unten aufgeführten Kennzahlen zu ermitteln, zu beurteilen und mit den Sollwerten (Budgetwerten) zu vergleichen. Außerdem sind die Ergebnisse der Bergischen Metall GmbH mit den entsprechenden Branchendurchschnittswerten zu vergleichen.

Kennzahl	Sollwerte der Bergischen Metall GmbH	Branchendurchschittswerte
Anlagenintensität	52 %	45 %
Umlaufintensität	48 %	55 %
Eigenkapitalquote	55 %	45 %
Fremdkapitalquote	45 %	55 %
Deckungsgrad I	105 %	105 %
Deckungsgrad II	175 %	165 %
Liquidität 1. Grades	132 %	110 %
Liquidität 2. Grades	285 %	185 %
Liquidität 3. Grades	400 %	300 %
Eigenkapitalrentabilität	25 %	28 %
Gesamtkapitalrentabilität	18 %	15 %
Umsatzrentabilität	4 %	5 %

Aktiva	Bilanz der Bergischen Metall GmbH zum 31.12.20XX (Werte in €)	Passiva	
A. Anlagevermögen		**A. Eigenkapital**	
I. Immaterielle Vermögensgegenstände	–	I. Gezeichnetes Kapital	200.000,00
II. Sachanlagen	429.435,50	II. Kapitalrücklage	100.000,00
III. Finanzanlagen	–	III. Gewinnrücklagen	60.000,00
B. Umlaufvermögen		IV. Gewinnvortrag	9.526,45
I. Vorräte	133.968,00	V. Jahresüberschuss	100.841,14
II. Forderungen und sonstige Vermögensgegenstände	178.524,63	**B. Rückstellungen**	800,00
III. Wertpapiere	–	**C. Verbindlichkeiten**	422.739,65
IV. Kassenbestand, Bundesbankguthaben, Guthaben bei Kreditinstituten und Schecks	151.979,11		
	893.907,24		893.907,24

1 Ermitteln Sie für die Bergische Metall GmbH alle nachfolgenden Kennzahlen, vergleichen Sie diese mit den Sollwerten und den Branchendurchschnittswerten und beurteilen Sie die Lage des Unternehmens. Nutzen Sie hierfür die Arbeitsblätter 79.1 bis 79.3.

Arbeitsblatt 79.1: Strukturbilanz und Kennzahlen der Bergischen Metall GmbH

Strukturbilanz für die Auswertung:

Aktiva	Strukturbilanz (Istwerte in €)		Passiva
Anlagevermögen		Eigenkapital	
Umlaufvermögen		Fremdkapital	
davon:		davon:	
– kurzfristige Forderungen		– langfristig	320.000,00
– flüssige Mittel		– kurzfristig	
Summe Vermögen		**Summe Kapital**	

Auswertung der Bilanz (Istwerte):
Hinweis: Bitte alle Kennzahlen ganzzahlig kaufmännisch runden.

Vermögensstruktur

	Berechnung	Ergebnis
Anlagenintensität		
Umlaufintensität		

Kapitalstruktur

	Berechnung	Ergebnis
Eigenkapitalquote		
Fremdkapitalquote		

Anlagedeckungsgrade

	Berechnung	Ergebnis
Deckungsgrad I		
Deckungsgrad II		

Liquiditätskennzahlen

	Berechnung	Ergebnis
Liquidität 1. Grades		
Liquidität 2. Grades		
Liquidität 3. Grades		

Arbeitsblatt 79.2: Auswertung der GuV-Rechnung der Bergischen Metall GmbH

GuV-Rechung der Bergischen Metall GmbH zum 31.12.20XX (Werte in €)	
1. Umsatzerlöse	4.697.922,87
2. Erhöhung oder Verminderung des Bestandes an fertigen oder unfertigen Erzeugnissen	–
3. andere aktivierte Eigenleistungen	–
4. sonstige betriebliche Erträge	18.800,00
5. Materialaufwand	3.065.538,96
Rohergebnis	
6. Personalaufwand	1.021.250,31
7. Abschreibungen	55.000,00
8. sonstige betriebliche Aufwendungen	413.711,88
Betriebsergebnis	
9. Erträge aus Beteiligungen	–
10. Erträge aus anderen Wertpapieren und Ausleihungen des Finanzanlagevermögens	–
11. sonstige Zinsen und ähnliche Erträge	14.587,14
12. Abschreibungen auf Finanzanlagen und auf Wertpapiere des Umlaufvermögens	–
13. Zinsen und ähnliche Aufwendungen	14.800,00
Finanzergebnis	
14. Ergebnis der gewöhnlichen Geschäftstätigkeit	
15. außerordentliche Erträge	–
16. außerordentliche Aufwendungen	–
17. außerordentliches Ergebnis	
Ergebnis vor Steuern	
18. Steuern vom Einkommen und vom Ertrag	52.000,00
19. sonstige Steuern	8.167,72
20. Jahresüberschuss (Gewinn)	

Auswertung der GuV-Rechnung

Rentabilitätskennzahlen		
	Berechnung	Ergebnis
Eigenkapitalrentabilität[1] (Unternehmerrentabilität)		
Gesamtkapitalrentabilität[2] (Unternehmensrentabilität)		
Umsatzrentabilität		

[1] Bezogen auf das Eigenkapital vom Jahresanfang (ohne Jahresüberschuss).
[2] Das Gesamtkapital des Vorjahres betrug 782.400,00 €.

Hinweis: Bitte alle Kennzahlen **ganzzahlig** kaufmännisch runden.

Arbeitsblatt 79.3: Soll-Ist- und Branchenvergleich bei der Bergischen Metall GmbH

Vergleich: Sollwerte – Istwerte (Soll-Ist-Vergleich)

Kennzahl	Sollwerte	Istwerte	Abweichung in %
Anlagenintensität	52 %		
Umlaufintensität	48 %		
Eigenkapitalquote	55 %		
Fremdkapitalquote	45 %		
Deckungsgrad I	105 %		
Deckungsgrad II	175 %		
Liquidität 1. Grades	132 %		
Liquidität 2. Grades	285 %		
Liquidität 3. Grades	400 %		
Eigenkapitalrentabilität	25 %		
Gesamtkapitalrentabilität	18 %		
Umsatzrentabilität	4 %		

Vergleich: Branchendurchschnittswerte – Istwerte (Branchenvergleich)

Kennzahl	Branchendurch-schnittswerte	Istwerte	Abweichung in %
Anlagenintensität	45 %		
Umlaufintensität	55 %		
Eigenkapitalquote	45 %		
Fremdkapitalquote	55 %		
Deckungsgrad I	105 %		
Deckungsgrad II	165 %		
Liquidität 1. Grades	110 %		
Liquidität 2. Grades	185 %		
Liquidität 3. Grades	300 %		
Eigenkapitalrentabilität	28 %		
Gesamtkapitalrentabilität	15 %		
Umsatzrentabilität	5 %		

Arbeitsblatt 79.4: Soll-Ist-Vergleich: Aussagen zur Bilanz der Wolff GmbH

Stellen Sie für die Wolff GmbH fest, ob die unten stehenden Aussagen zutreffen.

Bilanz der Wolff GmbH, Leipzig, zum 31.12.20XX (Werte in €)

Aktiva	Sollwert	Istwert	Passiva	Sollwert	Istwert
A. Anlagevermögen			A. Eigenkapital		
I. Immaterielle Vermögensgegenstände	–	–	I. Gezeichnetes Kapital	400.000,00	400.000,00
II. Sachanlagen	420.000,00	380.000,00	II. Kapitalrücklage	100.000,00	100.000,00
III. Finanzanlagen	100.000,00	75.000,00	III. Gewinnrücklagen	50.000,00	50.000,00
B. Umlaufvermögen			IV. Gewinnvortrag	250,00	250,00
I. Vorräte	325.000,00	380.000,00	V. Jahresüberschuss	125.000,00	100.000,00
II. Forderungen und sonstige Vermögensgegenstände	225.000,00	247.000,00	B. Rückstellungen	48.250,00	69.300,00
III. Wertpapiere	–	–	C. Verbindlichkeiten	420.000,00	440.000,00
IV. Kassenbestand, Bundesbankguthaben, Guthaben bei Kreditinstituten und Schecks	73.500,00	77.550,00			
	1.143.500,00	1.159.550,00		1.143.500,00	1.159.550,00

Strukturbilanz für die Auswertung

Aktiva	Sollwert	Istwert	Passiva	Sollwert	Istwert
Anlagevermögen			Eigenkapital		
Umlaufvermögen			Fremdkapital		
davon			davon		
– Forderungen			– langfristig		
– flüssige Mittel			– kurzfristig	132.250,00	117.700,00

Aussagen zur Einhaltung von Budgetwerten (Sollwerten) der Wolff GmbH	trifft zu	trifft nicht zu
1. Der Gewinn des aktuellen Geschäftjahres liegt um 25 % unter den Sollwerten.		
2. Die Quote des Umlaufvermögens liegt über dem Sollwert.		
3. Die Eigenkapitalquote liegt mit rund 56 % nur knapp unter dem Sollwert.		
4. Der Deckungsgrad I liegt mit 13,06 Prozentpunkten über dem Sollwert.		
5. Die Liquidität I ist mit 18,29 % besser als budgetiert.		
6. Die Liquidität III unterschreitet den Sollwert erheblich.		
7. Die Anlagenintensität ist höher als geplant.		
8. Die Fremdkapitalquote ist um 2,97 Prozentpunkte schlechter als budgetiert.		
9. Das eingesetzte Eigenkapital der Wolff GmbH beträgt 650.250,00 €.		
10. Die Vorräte liegen über 15 % oberhalb des Sollwertes.		

Falls Sie eine Aussage als nicht zutreffend bewerten, geben Sie bitte nachfolgend den zutreffenden Wert an.

1.	2.	3.	4.	5.
6.	7.	8.	9.	10.

Arbeitsblatt 79.5: Soll-Ist-Vergleich: Aussagen zur GuV-Rechnung der Kolm GmbH

Stellen Sie für die Kolm GmbH fest, ob die unten stehenden Aussagen zutreffen.

GuV-Rechung der Kolm GmbH, Augsburg, zum 31.12.20XX (Werte in €)		
	Sollwert	Istwert
1. Umsatzerlöse	7.000.000,00	7.250.000,00
4. sonstige betriebliche Erträge	50.000,00	42.000,00
5. Materialaufwand	3.800.000,00	4.200.000,00
Rohergebnis		
6. Personalaufwand	1.500.000,00	1.610.000,00
7. Abschreibungen	75.000,00	82.000,00
8. sonstige betriebliche Aufwendungen	1.000.000,00	1.050.000,00
Betriebsergebnis		
11. sonstige Zinsen und ähnliche Erträge	64.200,00	72.600,00
13. Zinsen und ähnliche Aufwendungen	22.000,00	12.000,00
Finanzergebnis		
14. Ergebnis der gewöhnlichen Geschäftstätigkeit		
15. außerordentliche Erträge	10.000,00	2.000,00
16. außerordentliche Aufwendungen	–	25.500,00
17. außerordentliches Ergebnis		
Ergebnis vor Steuern		
18. Steuern vom Einkommen und vom Ertrag	254.520,00	135.485,00
19. sonstige Steuern	29.000,00	30.000,00
20. Jahresüberschuss		

Aussagen zur Einhaltung von Budgetwerten (Sollwerten) der Kolm GmbH	trifft zu	trifft nicht zu
1. Die Umsatzerlöse liegen um rund 3,6 % über Soll.		
2. Das Rohergebnis liegt rund 5,1 % unter dem Sollwert.		
3. Die Personalkostensteigerung beträgt rund 7,3 %.		
4. Die Planüberschreitung bei den Abschreibungen beruht ausschließlich auf dem Kauf eines Pkw mit Anschaffungskosten von 36.000,00 € zum Geschäftsjahresbeginn (lineare Abschreibung; Nutzungsdauer: 6 Jahre).		
5. Die geplante Umsatzrentabilität beträgt rund 5 %.		
6. Die realisierte Eigenkapitalrentabilität (bezogen auf das eingesetzte Eigenkapital in Höhe von 900.000,00 €) beträgt über 25 %.		
7. Die Wirtschaftlichkeit bezogen auf das realisierte Betriebsergebnis beträgt rund 1,1.		
8. Das geplante neutrale Ergebnis beträgt 52.200,00 €.		
9. Die Nichterreichung des geplanten Jahresüberschusses ist im Wesentlichen (> 50 %) auf die gestiegenen Personalkosten zurückzuführen.		
10. Die Einkommen- und Ertragsteuern betragen 35 % des Ergebnisses vor Steuern.		

Falls Sie eine Aussage als nicht zutreffend bewerten, geben Sie bitte nachfolgend den zutreffenden Wert an.

1.	2.	3.	4.	5.
6.	7.	8.	9.	10.

Aufgaben

Aufgabe 1

Ermitteln Sie für die Kalle AG in einem Soll-Ist-Vergleich

a die Abweichungen in € und in %,

b die Wirtschaftlichkeit des Betriebs auf Basis des Betriebsergebnisses

    ba nach Sollwerten,

    bb nach Istwerten.

Soll-Ist-Vergleich: Betriebsergebnis der Kalle AG zum 31.12.20XX				
Ertrags- und Aufwandsarten	Sollwerte in €	Istwerte in €	Abweichung in €	Abweichung in %
1. Umsatzerlöse	9.200.000,00	8.833.795,00		
2. Erhöhung oder Verminderung des Bestandes an fertigen oder unfertigen Erzeugnissen	–	–		
3. andere aktivierte Eigenleistungen	–	–		
4. sonstige betriebliche Erträge	72.000,00	124.022,00		
5. Materialaufwand	4.140.000,00	3.975.207,75		
Rohergebnis	5.132.000,00	4.982.609,25		
6. Personalaufwand	2.420.000,00	2.399.200,00		
7. Abschreibungen	160.000,00	152.400,00		
8. sonstige betriebliche Aufwendungen	1.900.000,00	2.112.300,00		
Betriebsergebnis	652.000,00	318.709,25		

Aufgabe 2

Der neue Geschäftsführer der Kerner Metallbau GmbH hat für die nächsten 5 Jahre ein starkes Wachstum der Gesellschaft mit entsprechend positiven Ergebnissen prognostiziert. Für die Entwicklung des Betriebsergebnisses wurden die folgenden Zahlen als Sollwerte vorgegeben:

Sollwerte (in €)	20X1	20X2	20X3	20X4	20X5
Betriebliche Erträge	5.000.000,00	5.200.000,00	5.400.000,00	5.600.000,00	5.800.000,00
Betriebliche Aufwendungen	4.800.000,00	4.900.000,00	5.000.000,00	5.050.000,00	5.200.000,00
Betriebsergebnis					

Leider entwickelte sich das Unternehmen nicht so positiv wie geplant:

Istwerte (in €)	20X1	20X2	20X3	20X4	20X5
Betriebliche Erträge	4.950.000,00	5.100.000,00	5.250.000,00	5.400.000,00	5.300.000,00
Betriebliche Aufwendungen	4.850.000,00	4.970.000,00	5.080.000,00	5.250.000,00	5.350.000,00
Betriebsergebnis					

Ermitteln Sie die Abweichungen beim Betriebsergebnis in € und %:

Soll-/Ist-Vergleich	20X1	20X2	20X3	20X4	20X5
Abweichung in € (+/–)					
Abweichung in % (+/–)					

Aufgabe 3
Die Relox GmbH hat für ihre Bilanzkennzahlen 20XX Sollwerte vorgegeben.

Bilanz der Relox GmbH, Köln, zum 31.12.20XX (Werte in €)

Aktiva	Sollwerte	Istwerte
A. Anlagevermögen		
I. Immaterielle Vermögensgegenstände	150.000,00	140.000,00
II. Sachanlagen	6.000.000,00	5.800.000,00
III. Finanzanlagen	150.000,00	100.000,00
B. Umlaufvermögen		
I. Vorräte	500.000,00	600.000,00
II. Forderungen und sonstige Vermögensgegenstände	360.000,00	340.000,00
III. Wertpapiere	15.000,00	5.000,00
IV. Kassenbestand, Bundesbankguthaben, Guthaben bei Kreditinstituten und Schecks	194.000,00	392.000,00
	7.369.000,00	7.377.000,00

Passiva	Sollwerte	Istwerte
A. Eigenkapital		
I. Gezeichnetes Kapital	2.500.000,00	2.500.000,00
II. Kapitalrücklage	500.000,00	500.000,00
III. Gewinnrücklagen	50.000,00	50.000,00
IV. Gewinnvortrag	5.000,00	3.000,00
V. Jahresüberschuss	280.000,00	250.000,00
B. Rückstellungen	54.000,00	54.000,00
C. Verbindlichkeiten	3.980.000,00	4.020.100,00
	7.369.000,00	7.377.000,00

a Ermitteln Sie die Strukturbilanz für das Geschäftsjahr 20XX.

Strukturbilanz der Relox GmbH, Köln, zum 31.12.20XX für die Auswertung (Werte in €)

Aktiva	Sollwerte	Istwerte
Anlagevermögen		
Umlaufvermögen		
davon – Vorräte		
– Forderungen[1]		
– flüssige Mittel[2]		
Gesamtvermögen		

Passiva	Sollwerte	Istwerte
Eigenkapital		
davon – Gewinnrücklagen		
Fremdkapital		
davon – langfristig[3]		
– kurzfristig[4]		
Gesamtkapital		

1 Alle Forderungen sind kurzfristig.
2 Einschließlich Wertpapiere des Umlaufvermögens.
3 Im Berichtsjahr sind 75 % der Verbindlichkeiten langfristig; im Vorjahr waren 80 % der Verbindlichkeiten langfristig.
4 Einschließlich aller Rückstellungen.

b Ermitteln Sie die Soll- und Istkennzahlen für das Geschäftsjahr 20XX und berechnen Sie die Abweichungen zwischen Soll- und Istwerten (auf dieser und der folgenden Seite).

Kennzahlen: Formeln	Kennzahlen: Ergebnisse		Kennzahlen: Abweichungen	
	Sollwerte	**Istwerte**	**%-Punkte**	**%**
Vermögensstruktur				
Anlagenintensität (Anlagenquote) $\dfrac{}{\text{Gesamtvermögen}} \cdot 100$				
Umlaufintensität (Anteil des Umlaufvermögens) $\dfrac{}{\text{Gesamtvermögen}} \cdot 100$				
Vorratsquote $\dfrac{}{\text{Gesamtvermögen}} \cdot 100$				
Forderungsquote $\dfrac{}{\text{Gesamtvermögen}} \cdot 100$				
Kapitalstruktur				
Eigenkapitalquote $\dfrac{}{\text{Gesamtkapital}} \cdot 100$				
Fremdkapitalquote $\dfrac{}{\text{Gesamtkapital}} \cdot 100$				
Verschuldungsgrad $\dfrac{}{\text{Eigenkapital}} \cdot 100$				
Grad der Selbstfinanzierung $\dfrac{}{\text{Gesamtkapital}} \cdot 100$				

	Kennzahlen: Formeln	Kennzahlen: Ergebnisse		Kennzahlen: Abweichungen	
		Sollwerte	Istwerte	%-Punkte	%
Anlagendeckung					
Deckungsgrad I	$\dfrac{\quad}{\text{Anlagevermögen}} \cdot 100$				
Deckungsgrad II	$\dfrac{\quad}{\text{Anlagevermögen}} \cdot 100$				
Liquidität					
Liquidität 1. Grades	$\dfrac{\quad}{\text{kurzfristiges Fremdkapital}} \cdot 100$				
Liquidität 2. Grades	$\dfrac{\quad}{\text{kurzfristiges Fremdkapital}} \cdot 100$				
Liquidität 3. Grades	$\dfrac{\quad}{\text{kurzfristiges Fremdkapital}} \cdot 100$				

Unternehmensergebnisse präsentieren

Herr Dr. Müller hat wieder einmal sehr viel zu tun. Nächste Woche ist die nächste Gesellschafterversammlung. Leider ist es dieses Mal kein mehr oder weniger informelles Treffen, bei dem er über die aktuelle Lage der Gesellschaft referieren soll, sondern der Tag der Ergebnisse. Den Jahresabschluss haben seine Mitarbeiter in der Buchhaltung in Zusammenarbeit mit einem Steuerberater fertiggestellt. Diesen aber den Gesellschaftern vorzustellen und zu erläutern – das ist seine Aufgabe als Geschäftsführer. Natürlich kann er nicht nur mit absoluten Zahlen „um sich werfen": Präsentieren ist angesagt! Dazu braucht er dringend übersichtliche und aussagefähige Tabellen und Grafiken, aus denen seine Zuhörer schnell die wesentlichen Informationen entnehmen können. Aussagefähig werden die Werte aber nur, wenn man sie in sinnvollen Vergleichen und im Zeitablauf darstellt. Das beginnt schon mit den Werten der Bilanz.

Vermögenswerte der GmbH = Aktiva der Bilanz (Werte in €)

	20X1	20X2	20X3	20X4
A. Anlagevermögen				
I. Immaterielle Vermögensgegenstände	–	–	–	–
II. Sachanlagen	574.706,75	406.250,00	642.600,00	713.268,00
III. Finanzanlagen	–	–	–	–
B. Umlaufvermögen				
I. Vorräte	146.000,00	262.600,00	378.200,00	313.906,00
II. Forderungen und sonstige Vermögensgegenstände	142.419,20	243.720,00	296.200,00	332.632,60
III. Wertpapiere	–	–	–	–
IV. Kassenbestand, Bundesbankguthaben, Guthaben bei Kreditinstituten und Schecks	166.231,00	61.705,00	116.800,00	95.776,00
C. Rechnungsabgrenzungsposten		3.125,00	6.200,00	7.192,00
	1.029.356,95	977.400,00	1.440.000,00	1.462.774,60

Kapitalwerte der GmbH = Passiva der Bilanz (Werte in €)

	20X1	20X2	20X3	20X4
A. Eigenkapital				
I. Gezeichnetes Kapital	300.000,00	300.000,00	400.000,00	440.000,00
II. Kapitalrücklage	–	–	100.000,00	100.000,00
III. Gewinnrücklagen	–	50.000,00	50.000,00	38.000,00
IV. Gewinnvortrag	–	250,00	750,00	885,00
V. Jahresüberschuss	111.331,07	72.600,00	127.850,00	133.831,50
B. Rückstellungen	–	2.300,00	54.000,00	52.920,00
C. Verbindlichkeiten	618.025,88	550.000,00	703.100,00	750.058,10
D. Rechnungsabgrenzungsposten	–	2.250,00	4.300,00	3.698,00
	1.029.356,95	977.400,00	1.440.000,00	1.462.774,60

1 Erstellen Sie für Herrn Dr. Müller die für die Präsentation benötigten Tabellen und Grafiken manuell oder mit einem Tabellenkalkulationsprogramm.

2 Erläutern Sie aus Sicht der Gesellschaft kurz die Ergebnisse der Tabellen und Grafiken.

Hinweis: Die in den Basistabellen fehlenden Werte sind der Bilanz oder den ausgewählten GuV-Werten zu entnehmen bzw. selbst zu berechnen.

Teil I: Präsentation der Bilanzwerte

1. Entwicklung des Jahresüberschusses der GmbH im Soll-Ist-Vergleich

Jahresüberschuss	20X1	20X2	20X3	20X4
Istwerte (€)				
Sollwerte (€)	100.000,00	110.000,00	120.000,00	130.000,00

Darstellung in einem Liniendiagramm:

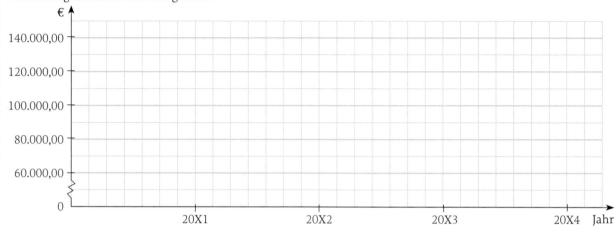

2. Entwicklung des Eigenkapitals der GmbH (Angaben in €)

	20X1	20X2	20X3	20X4
Gez. Kapital				
+ Kapitalrücklage				
+ Gewinnrücklagen				
+ Gewinnvortrag				
+ Jahresüberschuss				
= **Eigenkapital**				

Darstellung in einem Säulendiagramm:

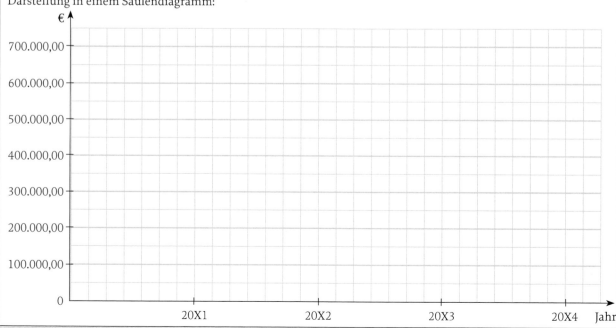

3. Entwicklung von Anlage- und Umlaufvermögen der GmbH

Vermögen	20X1	20X2	20X3	20X4
Anlagevermögen (€)				
Umlaufvermögen (€)				

Darstellung in einem Balkendiagramm:

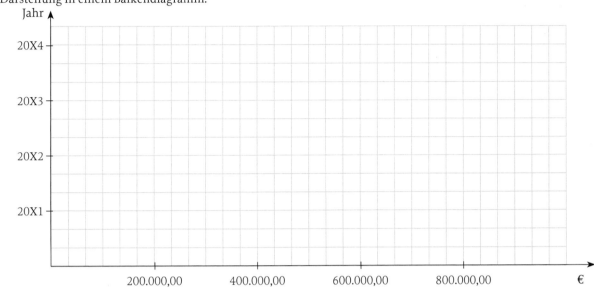

4. Deckungsgrad I der GmbH im Zeitablauf

Kapital/Vermögen	20X1	20X2	20X3	20X4
Eigenkapital (€)				
Anlagevermögen (€)				
Deckungsgrad I (%)				

Darstellung in einem Flächendiagramm:

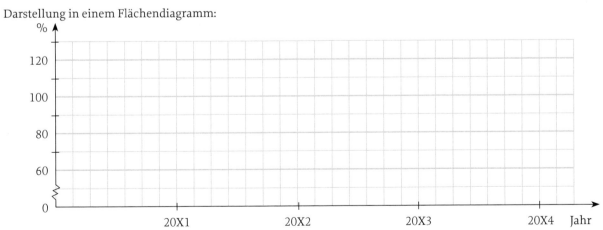

Teil II: Präsentation von GuV- und Bilanzwerten

Entwicklung der Rentabilitätskennziffern der GmbH

Ausgewählte GuV- und Bilanzwerte

GuV-/Bilanzwerte	20X1	20X2	20X3	20X4
Umsatzerlöse (€)	5.892.921,30	6.675.200,00	7.933.795,60	8.622.847,70
Fremdkapitalzinsen (€)	25.000,00	28.600,00	40.674,00	41.609,50
Jahresüberschuss (€)	111.331,07	72.600,00	127.850,00	133.831,50
Ø Eigenkapital (€)	300.000,00	350.250,00	550.750,00	578.885,00
Ø Gesamtkapital (€)	918.025,88	904.800,00	1.312.150,00	1.385.561,10
Eigenkapitalrentabilität (%)				
Gesamtkapitalrentabilität (%)				
Umsatzrentabilität (%)				

Darstellung in einem Liniendiagramm:

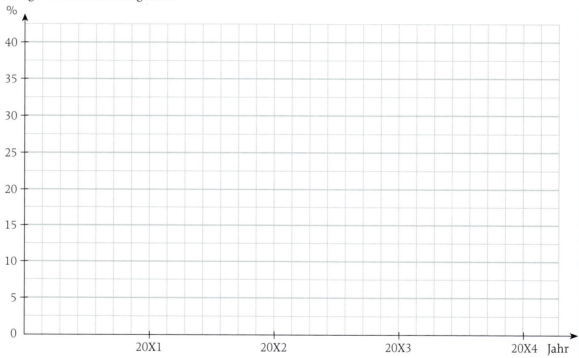

Teil III: Präsentation von Daten zur Umsatz- und Preisentwicklung

1. Umsatz der GmbH nach Erzeugnisgruppen im Jahr 20X4

Warengruppen	Erzeugnisgruppe 1	Erzeugnisgruppe 2	Erzeugnisgruppe 3	Erzeugnisgruppe 4
Umsatz in €	1.745.432,00	1.991.948,90	1.195.169,30	3.027.762,30
Umsatz in %				

Hinweis: Prozentzahlen ganzzahlig runden.

Darstellung in einem Kreisdiagramm:

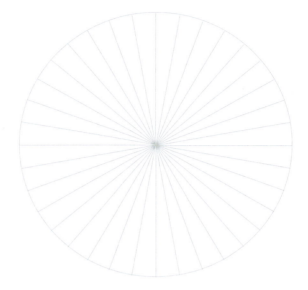

2. Preisentwicklung im Einkauf für ein Fremdbauteil (durchschnittliche Einstandspreise der GmbH) auf Basis von Indexzahlen (20X1 = 100)

Jahre	20X1	20X2	20X3	20X4
Ø Einstandspreise je Stück (€)	3,80	3,99	4,33	4,83
Indexzahl	100			

Hinweis: Indexzahlen auf eine Nachkommastelle kaufmännisch runden.

Darstellung in einem Liniendiagramm:

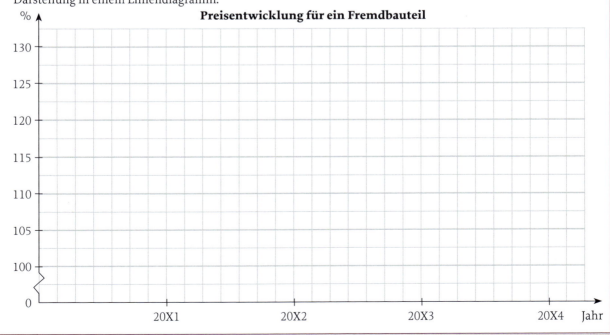

SB → S. 328 ff. | Lernfeld 9, Kapitel 1.2

Bedürfnis, Bedarf, Nachfrage

Vlad Adler, Auszubildender der Fly Bike Werke GmbH, hat von seinem Ausbilder Herrn Steffes ein Lob für seine sehr gute Arbeit erhalten. Außerdem hat Herr Steffes ihm eine Prämie von 100,00 € in Aussicht gestellt. Nun überlegt Herr Adler, welchen Wunsch er sich von diesem zusätzlichen Geld erfüllen kann.

1 Führen Sie ein Partnerinterview zu den folgenden Fragen durch. Werten Sie das Partnerinterview in der Klasse aus, gehen Sie dabei insbesondere auf Gemeinsamkeiten und Unterschiede der geäußerten Wünsche ein.

   a Welche Wünsche würde Ihr(e) Partner(in) sich mit 100,00 € erfüllen?

   b Welche Wünsche könnten er/sie sich mit 100,00 € noch nicht erfüllen?

   c Gibt Ihr(e) Partner(in) monatlich das gesamte Geld aus oder hält er/sie es für sinnvoll, immer eine kleine Reserve zu haben?

   d Für die Erfüllung welcher Wünsche würde Ihr(e) Partner(in) eine Zeit lang sparen?

2 Werten Sie Ihr Partnerinterview aus, indem Sie aus Ihren Antworten die Eigenschaften von Bedürfnissen systematisieren. Nutzen Sie dazu die folgende Übersicht.

Eigenschaften von Bedürfnissen

Bedürfnisse ...		
Beispiele: Jeder Mensch ... – kleidet sich unterschiedlich. – hat einen anderen Musikgeschmack.	**Beispiel:** Ist der Wunsch nach einem Kleinwagen erfüllt, folgt das Bedürfnis nach einem Mittelklassewagen.	**Beispiel:** Bedürfnis nach Fortbewegung: – Laufen – Reiten – Boot – Pferdewagen – Fahrrad – Auto

Arbeitsblatt 81.1: Einteilung von Bedürfnissen nach der Art ihrer Befriedigung

	Kollektivbedürfnisse
Erläuterung:	Erläuterung:
Beispiele:	Beispiele:

Arbeitsblatt 81.2: Einteilung von Bedürfnissen nach ihrer Dringlichkeit

Grundbedürfnisse		
Existenzbedürfnisse	Kulturbedürfnisse	
Erläuterung:	Erläuterung:	Erläuterung:
Beispiele:	Beispiele:	Beispiele:

Arbeitsblatt 81.3: Einteilung von Bedürfnissen nach ihrer Konkretheit

	Immaterielle Bedürfnisse
Erläuterung:	Erläuterung:
Beispiele:	Beispiele:

Arbeitsblatt 81.4: Einteilung von Bedürfnissen nach dem Grad der Bewusstheit

Offene Bedürfnisse	
Erläuterung:	Erläuterung:
Beispiel: Vlad Adler braucht eine neue Festplatte für seinen Computer, da die alte defekt ist.	Beispiel: Herr Adler sieht in der Werbung, dass man nur „in" ist, wenn man das Herrenparfüm der Marke Tino Apfelsino benutzt.

Arbeitsblatt 81.5: Zusammenhang zwischen Bedürfnissen, Bedarf und Nachfrage

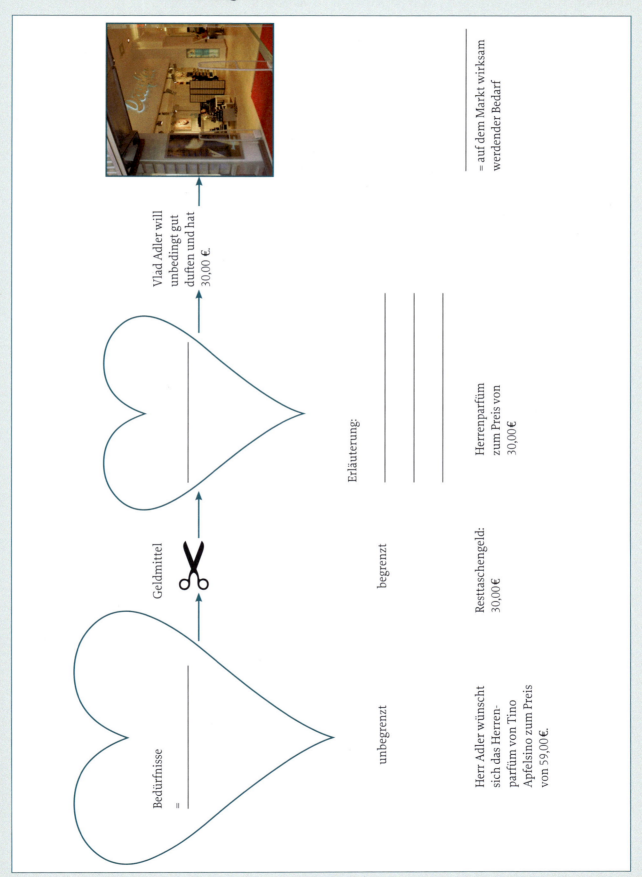

Bedürfnisse =

Geldmittel

Vlad Adler will unbedingt gut duften und hat 30,00 €.

= auf dem Markt wirksam werdender Bedarf

unbegrenzt

begrenzt

Erläuterung:

Herr Adler wünscht sich das Herrenparfüm von Tino Apfelsino zum Preis von 59,00 €.

Resttaschengeld: 30,00 €

Herrenparfüm zum Preis von 30,00 €

Aufgaben

Aufgabe 1
Argumentieren Sie, zu welchen Bedürfnisarten folgende Wünsche zählen. Geben Sie zu jedem Beispiel mindestens drei Bedürfnisarten an.

Bedürfnis nach:
a Kartoffeln
b einer eigenen Jacht
c Reis
d einer Villa mit eigenem Dienstpersonal
e einer Urlaubsreise an die Ostsee
f einem Farbfernseher

Aufgabe 2
Finden Sie je drei Beispiele dafür, dass Bedürfnisse individuell unterschiedlich und unbegrenzt sind.

Aufgabe 3
Zeigen Sie am Beispiel des Bedürfnisses nach Kommunikation, wie sich dieses Bedürfnis historisch mit den Möglichkeiten der Produktion und dem zugrunde liegenden technischen Fortschritt verändert hat.

Aufgabe 4
Diskutieren Sie, ob die Befriedigung von einzelnen Kollektivbedürfnissen wieder zum einzelnen Bürger zurückdelegiert werden kann.

a Wenn ja, warum könnte dies geschehen?
b In welchem Umfang könnte dies geschehen?
c Mit welchen Konsequenzen?

Aufgabe 5
Zeigen Sie an einem Beispiel, wie es zu Konflikten zwischen Individual- und Kollektivbedürfnissen kommen kann.

Aufgabe 6
Klären Sie, mit welchen Mitteln Hersteller und Handel versuchen, latente Bedürfnisse zu wecken, und nennen Sie drei Beispiele aus Ihrem Alltag.

Aufgabe 7
Herr Adler benötigt neue Winterreifen für sein Auto.

a Welches Bedürfnis steckt dahinter?
b Welchen Bedarf hat er?
c Wo wird er nachfragen?

Aufgabe 8
Erklären Sie, wie aus einem Luxusbedürfnis ein Kultur- bzw. Existenzbedürfnis werden kann.

Aufgabe 9
Während Grundbedürfnisse weitestgehend gleich sind, unterscheiden sich die Wahlbedürfnisse. Finden Sie Beispiele dafür, dass sich die Wahlbedürfnisse von Mensch zu Mensch, abhängig von den folgenden Faktoren, unterscheiden:

a Altersstufe
b Umweltbedingungen
c zivilisatorischer und technischer Fortschritt
d wirtschaftspolitische Verhältnisse
e kulturelle Bedingungen, geprägt durch Sitten, Bräuche, Einfluss bestimmter Religionen

Aufgabe 10
Ordnen Sie zu, in welchem der folgenden Beispiele es sich um Bedürfnisse (BÜ), Bedarf (BA) oder Nachfrage (N) handelt und begründen Sie.

a Herr Wurzel wünscht sich seit Langem eine Urlaubsreise rund um die Welt. Leider fehlt ihm dazu das nötige Kleingeld.

b Der 10-jährige Peter möchte seine Modelleisenbahnlandschaft vergrößern und bekommt dafür von seinem Onkel, der sich in den Preisen heute nicht mehr auskennt, 50,00 € geschenkt.

c Frau Lange geht in ein Schuhgeschäft, entdeckt ein geniales Paar Schuhe, probiert es an, geht zur Kasse und bezahlt die 199,00 €.

d Der 18-jährige Marcus borgt sich von seiner Freundin Annabell Geld für einen Kinobesuch am Wochenende.

e Die 17-jährige Maria braucht dringend einen neuen DVD-Player, hat aber wie so oft kein Geld mehr und findet auch niemanden mehr zum Anpumpen.

f Frau Baumbach steht an der Kasse der WERE Supermarkt OHG. In ihrem Korb befinden sich 1 kg Biokartoffeln und zwei Päckchen Edeltofu. Sie hat schon ihre Kreditkarte zum Bezahlen gezückt.

SB → S. 330 f. | Lernfeld 9, Kapitel 1.3

Güter

In der Fly Bike Werke GmbH werden zurzeit zwölf verschiedene Fahrradmodelle produziert. Fahrradanhänger und Fahrradbekleidung ergänzen die eigene Produktion als Handelswaren. Vlad Adler ist zurzeit in der Abteilung Einkauf der Fly Bike Werke GmbH eingesetzt. Seine Aufgabe ist es, die Handelswaren zum richtigen Bestellzeitpunkt einzukaufen. Dazu bestehen entsprechende Rahmenverträge mit den ausgewählten Lieferanten.

Nach Feierabend geht Herr Adler regelmäßig in der WERE Supermarkt OHG einkaufen. Hier finden die Kunden eine Fülle von Angeboten, um ihre unterschiedlichsten Bedürfnisse zu befriedigen. Sowohl Nahrungsmittel als auch Non-Food-Artikel werden angeboten, seit dem letzten Jahr kann man auch Reisen buchen.

In seiner Freizeit fährt Herr Adler gern Rad. Natürlich hat er ein Fahrrad gekauft, das in seinem Ausbildungsbetrieb, der Fly Bike Werke GmbH, hergestellt wurde. Im Urlaub plant er, den Elbe-Radweg zu erkunden. Freunde haben ihm von der landschaftlichen Schönheit erzählt, die man auf dieser Fahrradtour erleben kann. Die notwendigen Übernachtungen organisiert er selbst über das Internet.

1 Zählen Sie die Mittel zur Bedürfnisbefriedigung aus der Lernsituation auf, auf die folgende Merkmale zutreffen:
   a   Sie sind begrenzt vorhanden.
   b   Sie sind von Natur aus nicht konsumreif.
   c   Sie sind in Wirtschaftskreisläufe einbezogen.
   d   Ihre Herstellung verursacht Kosten.
   e   Sie werden in Geld bewertet, haben also einen Preis.
2 Erklären Sie, welchen Nutzen diese Güter jeweils stiften und für wen.
3 Finden Sie das Gut bzw. die Güter, für welche(s) die genannten Merkmale nicht zutreffen.
4 Erläutern Sie, welche grundsätzliche Einteilung nach Güterarten Sie hier treffen würden.
5 Schreiben Sie eine Kurzgeschichte, in der möglichst alle in Arbeitsblatt 82.1 dargestellten Güterarten enthalten sind.

Arbeitsblatt 82.1: Einteilung der wirtschaftlichen Güter

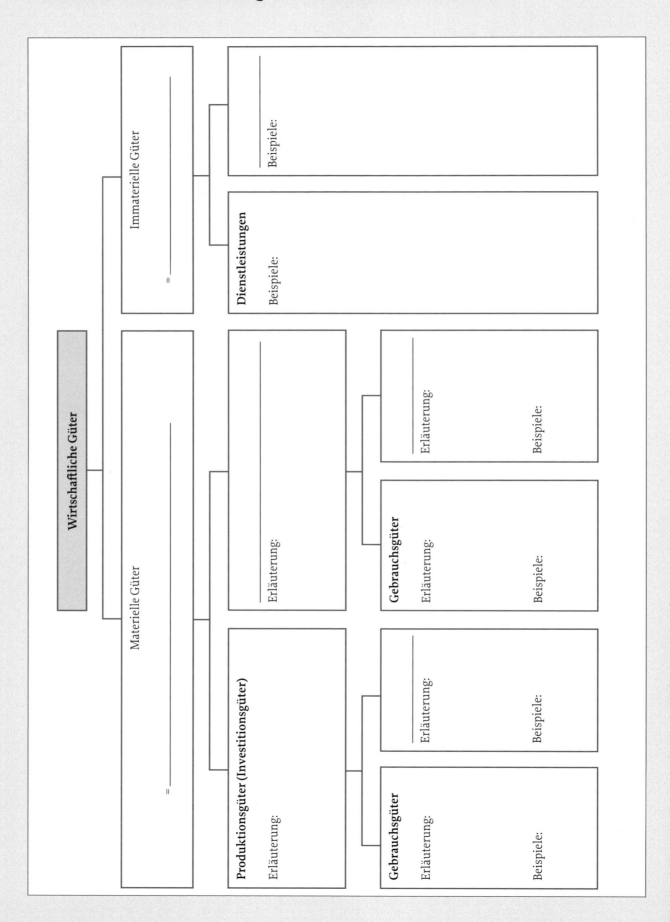

Arbeitsblatt 82.2: Wirtschaftliche Güter rund um die Fly Bike Werke

Die Fly Bike Werke GmbH stellt Fahrräder für private Kunden her. Darüber hinaus vertreibt sie z. B. Fahrradbekleidung. Die Hobbyradler genießen das Fahren an frischer Luft und in der freien Natur. Liebevoll halten sie ihre „Drahtesel" mit Pflegemitteln sauber und mit Öl fit. Ein Kunde der Fly Bike Werke GmbH ist ein privater Radsportverein. Die Rennräder werden von den Profiradsportlern zum Gelderwerb genutzt.

Als neues Angebot ist in den letzten Jahren die Vermittlung von Fahrradreisen dazugekommen.

Übertragen Sie die im Text angesprochenen Beispiele für Güter in die Tabelle. Kreuzen Sie dann die jeweils zutreffenden Güterarten an.

	Freies Gut	Wirtschaftliches Gut	Sachgut	Dienstleistung	Gebrauchsgut	Verbrauchsgut	Konsumgut	Produktionsgut
Fahrräder für private Kunden		X	X		X		X	

Aufgaben

Aufgabe 1
Finden Sie Beispiele für freie Güter.

Aufgabe 2
Diskutieren Sie, inwieweit freie Güter in Zukunft zu wirtschaftlichen Gütern werden können.

Aufgabe 3
Viele Menschen sind der Meinung, dass wir in einer Überflussgesellschaft leben, und leugnen die Knappheit der Güter. Nehmen Sie dazu Stellung.

Aufgabe 4
Ordnen Sie, wo möglich, allen Güterarten Beispiele aus Ihrer Branche zu.

Aufgabe 5
Erklären Sie, wie sich die heutige Güterwelt im Vergleich zu der vorherigen Generation gewandelt hat.

Aufgabe 6
Recherchieren Sie in Ihrer Familie, welche Güter, mit denen Ihr Haushalt heute ausgestattet ist, noch vor zwanzig Jahren unbekannt waren.

Aufgabe 7
Zeigen Sie am Beispiel Ihres Haushaltes, wie Sie Rechte als Mittel zur Bedürfnisbefriedigung nutzen.

Aufgabe 8
Erläutern Sie, weshalb ein Gut sowohl Konsumgut als auch Produktionsgut sein kann.

Aufgabe 9
Finden Sie heraus, wie sich die Ausstattung Ihres Ausbildungsbetriebes mit Produktionsgütern in den letzten zehn Jahren verändert hat.

Aufgabe 10
Klären Sie, welche Dienstleistungen Ihr Ausbildungsbetrieb regelmäßig nutzt.

Aufgabe 11
Güter können auch in öffentliche und private Güter eingeteilt werden. Öffentliche Güter werden der Allgemeinheit vom Staat angeboten und haben oft keinen Preis.
a　Finden Sie Argumente dafür, dass diese Güter durchgängig kostenpflichtig oder grundsätzlich kostenfrei angeboten werden.
b　Teilen Sie Ihre Klasse in zwei Gruppen und wählen Sie einen Mitschüler bzw. eine Mitschülerin zum Moderator. Stellen Sie eine Diskussionsrunde in einem Rollenspiel nach, in dem die unterschiedlichen Standpunkte diskutiert werden.

Aufgabe 12
Lösen Sie folgendes Rätsel. Das Lösungswort zeigt Güter, die zur Verwendung durch andere Güter ergänzt werden müssen. (Hinweise: ä, ö, ü – ein Buchstabe; senkrecht ergibt sich nur in der markierten Spalte ein Lösungswort)

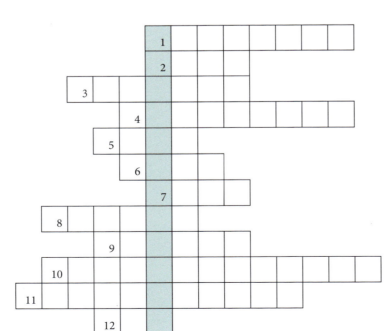

1　Ein Komplementärgut zum Hemd ist die ...
2　Ein Substitutionsgut zur Heizung ist der ...
3　Unabhängige Güter sind z. B. Computer und ein Schlaginstrument.
4　Ein Substitutionsgut zur Clementine ist die ...
5　Ein Komplementärgut zum Bilderrahmen ist das ...
6　Ein Substitutionsgut zur Kartoffel ist der ...
7　Ein Komplementärgut zum Computer ist die ...
8　Ein Substitutionsgut zur Margarine ist die ...
9　Ein Komplementärgut zum Auto ist das ...
10　Güter, die sich gegenseitig ergänzen können, nennt man ...güter.
11　Güter, die keinen Bezug zueinander haben, nennt man ...güter.
12　Unabhängige Güter sind z. B. Taschenlampe und Zeitmesser.

SB → S. 331 f. | Lernfeld 9, Kapitel 1.4

Ökonomisches Prinzip

Vlad Adler wird entsprechend seinem Ausbildungsplan in den letzten Wochen in den Abteilungen Einkauf und Vertrieb eingesetzt. In beiden Abteilungen ist bekannt, dass die monatliche Produktion an Fahrrädern im Durchschnitt bei 300 Stück liegt. Von Herrn Thüne, der die Abteilung Einkauf/Logistik leitet, und von Herrn Gerland, dem Vertriebsleiter, bekommt Herr Adler folgende Aufgaben:

Herr Thüne:

*„Herr Adler, analysieren Sie die **Umsatzentwicklung** der Monatsproduktion und machen Sie Optimierungsvorschläge!"*

Herr Gerland:

*„Herr Adler, analysieren Sie die **Kostenentwicklung** der Monatsproduktion und machen Sie Optimierungsvorschläge!"*

1 Vergleichen Sie die Aufgaben, die Vlad Adler in den beiden Abteilungen gestellt bekommt.
  a Welche Ziele werden in der jeweiligen Abteilung angestrebt?
  b Mit welchen Mitteln versuchen der Einkauf bzw. der Vertrieb, diese Ziele zu erreichen?

Arbeitsblatt 83.1: Minimal- und Maximalprinzip

Beispiel: Der Einkauf hat die Aufgabe, die Baugruppen und Teile für 300 Fahrräder einzukaufen.

Dabei wird er versuchen, _____
_____
_____ .

Gegebene/feststehende Größe (Ziel):

_____

Gesuchte/variable Größe (Mittel):

_____

Der Einkauf hat in diesem Beispiel also die Aufgabe, ein

gegebenes _____

mit _____

_____ zu erreichen.

Man nennt das hier angewendete Prinzip:

_____

Beispiel: Der Vertrieb hat die Aufgabe, die 300 Fahrräder zu verkaufen.

Dabei wird er versuchen, _____
_____
_____ .

Gegebene/feststehende Größe (Mittel):

_____

Gesuchte/variable Größe (Ziel):

_____

Der Vertrieb hat in diesem Bespiel also die Aufgabe, mit

gegebenen _____

ein _____

_____ zu erreichen.

Man nennt das hier angewendete Prinzip:

_____

Aufgaben

Aufgabe 1
Ein Metallbaumeister, der über ein Lager mit Metallteilen verfügt, erhält einen Auftrag: Er soll 20 Feuerschalen fertigen. Begründen Sie, nach welchem ökonomischen Prinzip er die Feuerschalen fertigen wird.

Aufgabe 2
Ein Fuhrunternehmer verfügt über 10 Lkws. Klären Sie am Beispiel Benzin und Kilometerleistung, wie er seine Lkws
a nach dem Maximalprinzip und
b nach dem Minimalprinzip
fahren lassen kann.

Aufgabe 3
Peter Sommer ist Gastwirt und Winzer. In diesem Jahr hat er 5 000 kg Trauben geerntet, die anschließend zu Wein verarbeitet werden sollen. Erläutern Sie, nach welchem ökonomischen Prinzip der Winzer handeln wird.

Aufgabe 4
Die Fly Bike Werke GmbH benötigt für ihr Vertriebsbüro ein Multifunktionscenter. Vlad Adler vergleicht mehrere Angebote über ein Multifunktionscenter MFC 9160. Er wählt schließlich das Angebot mit dem günstigsten Preis. Begründen Sie, nach welchem ökonomischen Prinzip gehandelt wurde.

Aufgabe 5
Frau Adler, Vlads Mutter, möchte heute den Wochenendeinkauf der Familie erledigen. Am Sonntag soll es Rinderrouladen geben. Sie vergleicht die Angebote verschiedener Fleischereien und entscheidet sich für die Fleischerei Wagner. Klären Sie, warum.

SB → S. 339 ff. | Lernfeld 9, Kapitel 2.1

Markt

261

Hans Adler, der Vater des Auszubildenden Vlad Adler, steht am Stand der Molkerei Glückliche Kühe auf dem Wochenmarkt in Oldenburg, an dem Milch, Butter, Käse, Joghurt und Margarine verkauft werden. Er möchte die Margarine Biogold erwerben. Dabei versucht er mit der Verkäuferin um den Preis zu feilschen.

Am Nebenstand hat Gernot Weber seine Trödelwaren aufgebaut und ist gerade damit beschäftigt, einer älteren Kundin eine alte Kaffeemaschine zu verkaufen.

Auf dem Nachhauseweg vom Markt fällt Herrn Adler ein, dass er ja noch in dieser Woche zu einem Immobilienmakler gehen wollte, weil seine Frau Marina

ihre derzeitige Wohnung zu ungemütlich findet. Und um einen Ausbildungsplatz für die 14-jährige Tochter Maja will sich die Familie Adler auch langfristig kümmern. Außerdem sollte Herr Adler noch zur Bank gehen und Britische Pfund für einen Kurztrip nach London umtauschen ...

Vor lauter Grübeln hätte Herr Adler fast noch einen Unfall gebaut. Das wäre es noch gewesen, kurz vor Weihnachten mit dem Autohändler Seppel März um ein neues „Gebrauchtes" handeln zu müssen.

1   Klären Sie chronologisch, wer in dieser Geschichte etwas anbietet oder plant, es zu tun.
2   Ordnen Sie den Tätigkeiten aus Auftrag 1 die richtigen Marktarten zu.
3   Vervollständigen Sie den Lückentext:

Den Treffpunkt von Angebot und Nachfrage nach einem bestimmten Gut oder einer Gütergruppe nennt man

_____. Marktteilnehmer, die ein bestimmtes Gut verkaufen

(= _____), kommunizieren mit Kunden, die ein bestimmtes Gut kaufen wollen

(= _____). Der Markt ist im Zusammenspiel von Angebot und Nachfrage

der Ort der _____. Märkte sind nicht an einen bestimmten

_____ gebunden. Nachfrager und Anbieter können alle Wirtschaftssubjekte

sein, also _____ und _____

_____ oder auch der _____.

---

4   Gestalten Sie in Ihrer Klasse im Rollenspiel die Situation auf einem Flohmarkt nach, indem 3–4 Schüler als Anbieter auftreten und die anderen die „Trödelwaren" nachfragen.

Arbeitsblatt 84.1: Funktionen des Marktes

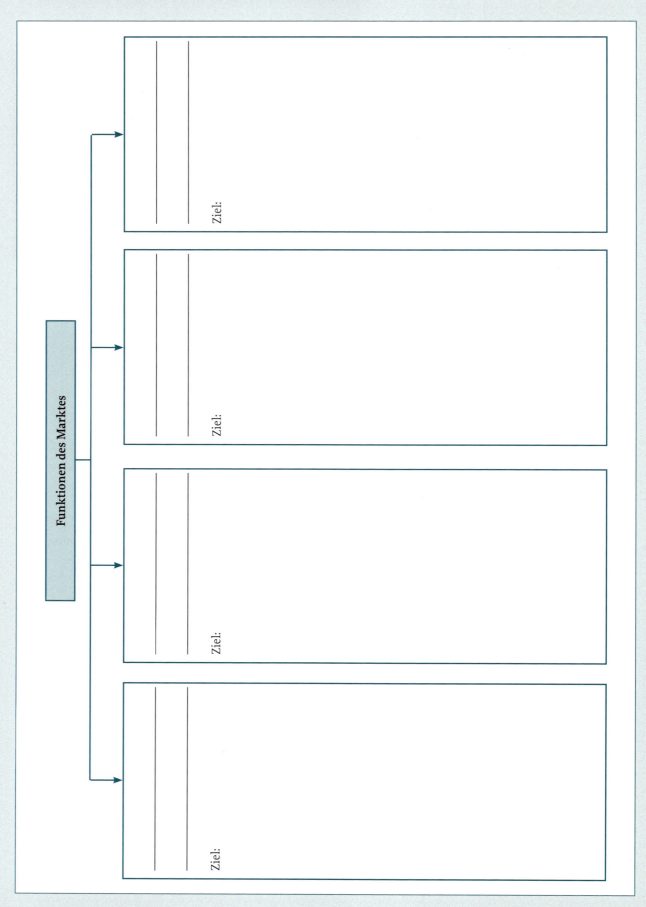

Arbeitsblatt 84.2: Faktoren der Nachfrage

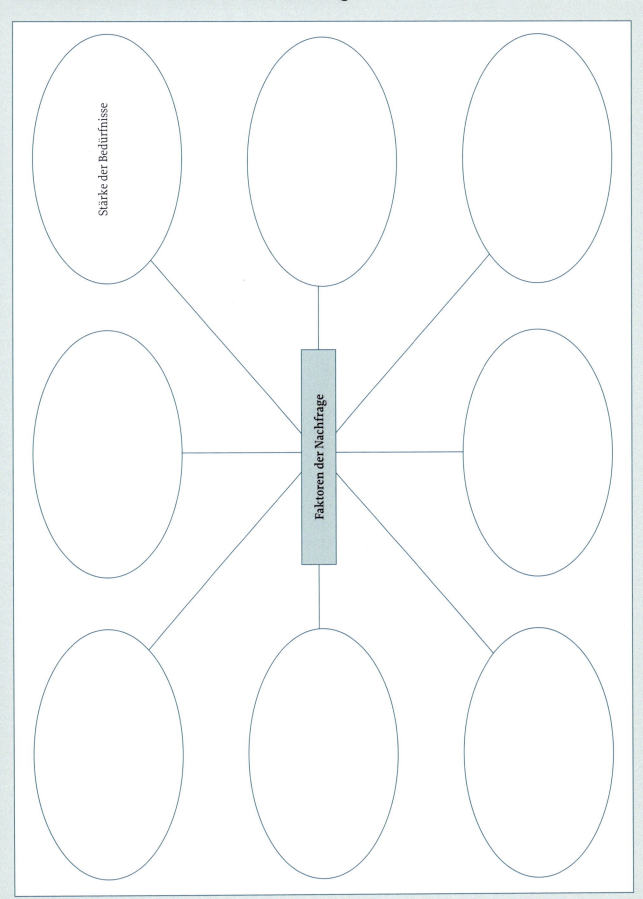

Arbeitsblatt 84.3: Faktoren des Angebots

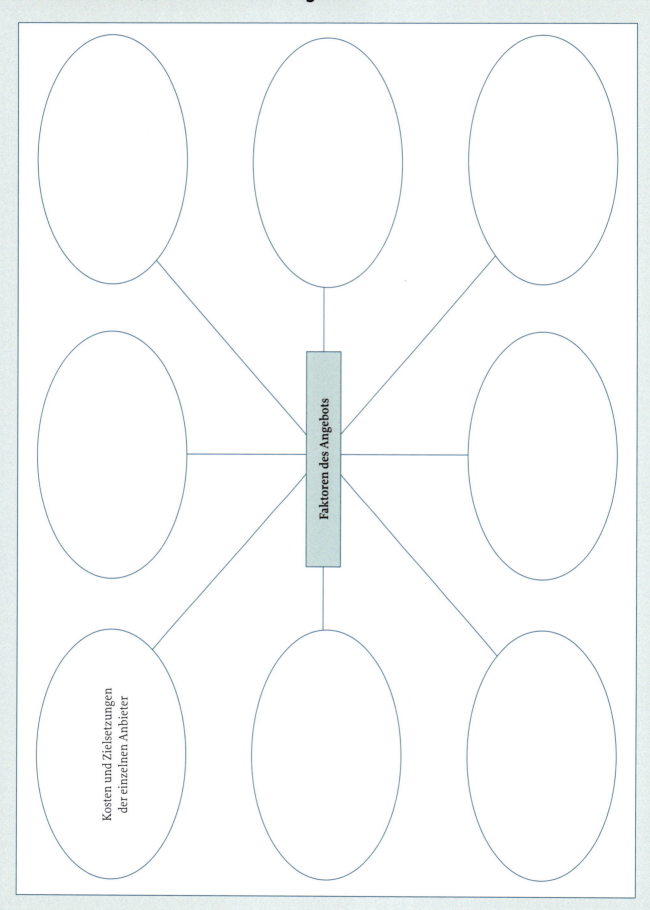

Faktoren des Angebots

Kosten und Zielsetzungen der einzelnen Anbieter

Arbeitsblatt 84.4: Marktformen

	Ein Nachfrager	Wenige Nachfrager	Viele Nachfrager
Ein Anbieter	Marktform: Beispiel:	Marktform: Beispiel:	Marktform: Beispiel:
Wenige Anbieter	Marktform: Beispiel:	Marktform: Beispiel:	Marktform: Beispiel:
Viele Anbieter	Marktform: Beispiel:	Marktform: Beispiel:	Marktform: Beispiel:

Arbeitsblatt 84.5: Marktversagen

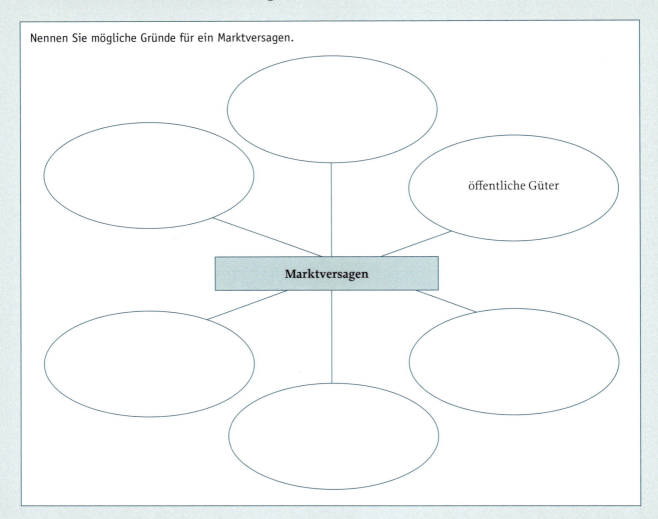

Nennen Sie mögliche Gründe für ein Marktversagen.

öffentliche Güter

Marktversagen

Aufgaben

Aufgabe 1
Ordnen Sie folgende Beispiele den Marktarten zu:
a Die Fly Bike Werke GmbH kauft einen neuen
   Schweißroboter.
b Zum Kauf des Schweißroboters nimmt die Fly Bike
   Werke GmbH einen Kredit über 10.000,00 € bei der
   Deutschen Bank 24 AG Oldenburg auf.
c Frau Marina Adler ist bei der Bremer Union Versiche-
   rungs-AG beschäftigt, Herr Hans Adler ist als Heizungsbaumeister in einer Klima- und Anlagenbau
   GmbH in Oldenburg tätig.
d Die Fly Bike Werke GmbH benötigt ein Grundstück
   zum Bau einer neuen Lagerhalle.

Aufgabe 2
Finden Sie jeweils fünf Beispiele für Konsum- und
Produktionsgütermärkte.

Aufgabe 3
Ordnen Sie Ihren Ausbildungsbetrieb in die Marktarten
ein.

Aufgabe 4
Beschreiben Sie die Märkte, die Sie als privater Verbraucher regelmäßig nutzen.

Aufgabe 5
Bestimmen Sie, welche Marktform in Ihrer Branche vor-
herrschend ist.

Aufgabe 6
Erläutern Sie, welche negativen Auswirkungen ein Mono-
pol haben kann.

In der Fly Bike Werke GmbH können die Mitarbeiter sowohl die Fahrräder, die im Unternehmen erzeugt werden, als auch die Handelswaren mit Personalrabatt erwerben. Auch Vlad Adler kann als Auszubildender diese Angebote nutzen. Er besitzt bereits ein älteres Fahrrad, das in der Fly Bike Werke GmbH hergestellt wurde, wünscht sich aber seit Längerem ein neues Mountain-Bike. Er hat schon eine bestimmte Summe gespart, möchte aber seine Geldmittel für den Kauf des neuen Rades noch aufstocken, indem er sein „Gebrauchtes" im Internet verkauft. Dazu möchte er sich einen Überblick verschaffen, welchen Preis er erzielen könnte. Er schaut sich entsprechende Gesuche und Angebote auf einem Internetportal an.

http://angebote.eco.de/_F0QQsonmdZGesucheList=943765 — Mountain-Bike 26...

Anzeigen für „Mountain-Bike 26 Zoll" in Deutschland – Gesuche

Suche MTB z.B. Cube Acid Ich suche zum Wintertraining ein MTB, z.B. Cube Acid Stevens bis 350,00 €, das Fahrrad sollte Hydraulikbremsen haben.	350,00 €	06.04.20XX
Suche CUBE AMS 130 SL 26 ZOLL Suche dringend ein Cube Ams 130 Sl in 26 Zoll.	VB	05.04.20XX
Suche MTB Hardtail Rahmen sollte für die Größe von 175 cm bis 180 cm ausgelegt sein.	600,00 € VB	05.04.20XX
Suche Giant Fahrrad auch mehrere	100,00 €	05.04.20XX
Suche gebrauchtes Herrenrad gebrauchtes Herrenfahrrad gesucht	100,00 €	05.04.20XX
26–28"-Fahrrad gesucht Günstiges Fahrrad gesucht, bitte alles anbieten.	VB	03.04.20XX
Suche MTB oder Trekkingrad Suche gebrauchtes MTB oder Trekkingrad mit Nexus- oder Alfine-Nabenschaltung.	VB	03.04.20XX

http://angebote.eco.de/_F0QQsonmdZangeboteList=236584 — Mountain-Bike 26...

Anzeigen für „Mountain-Bike 26 Zoll" in Deutschland – Angebote

Mountain-Bike Buffalo 26" nur 2-mal gefahren	50,00 € VB	Heute, 13:37
Mountain-Bike 26 Zoll Verkaufe Fahrrad 26 Zoll, MTB, voll gefedert.	180,00 €	Heute, 13:04
Texon Mountain-Bike Aluminium 26 ZOLL Marke: TEXO Gang : 24 Größe : 26 ZOLL	80,00 €	Heute, 12:19
Steppenwolf Timba Mountain-Bike, 26-er Steppenwolf Timber Mountain-Bike, 26-er mit Avid-Scheibenbremse.	800,00 € VB	Heute, 12:06
Rickse Tattoon Mountain-Bike 26" Nabendynamo 7-Gang-Schaltung, gute Geländebereifung	100,00 €	Heute, 11:36

1 Zeichnen Sie unter Berücksichtigung der folgenden Fragen eine Grafik.
– Wie viele Bieter/Nachfrager sind bereit, einen geringen/hohen Preis zu zahlen? Bedenken Sie dabei, dass die Bieter mit hohen Geboten selbstverständlich auch für einen geringeren Preis kaufen würden.
– Wie viele Anbieter gibt es demgegenüber, die bereit wären, ihr Fahrrad zu einem geringen/hohen Preis zu verkaufen? Bedenken Sie dabei, dass Anbieter mit einem niedrigen Angebot selbstverständlich auch für einen höheren Preis verkaufen würden.

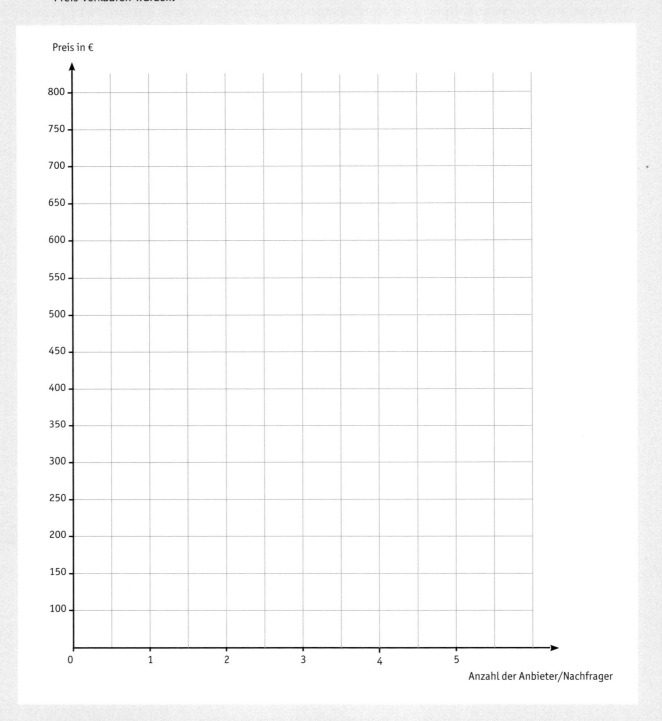

Arbeitsblatt 85.1: Funktionen des Marktpreises

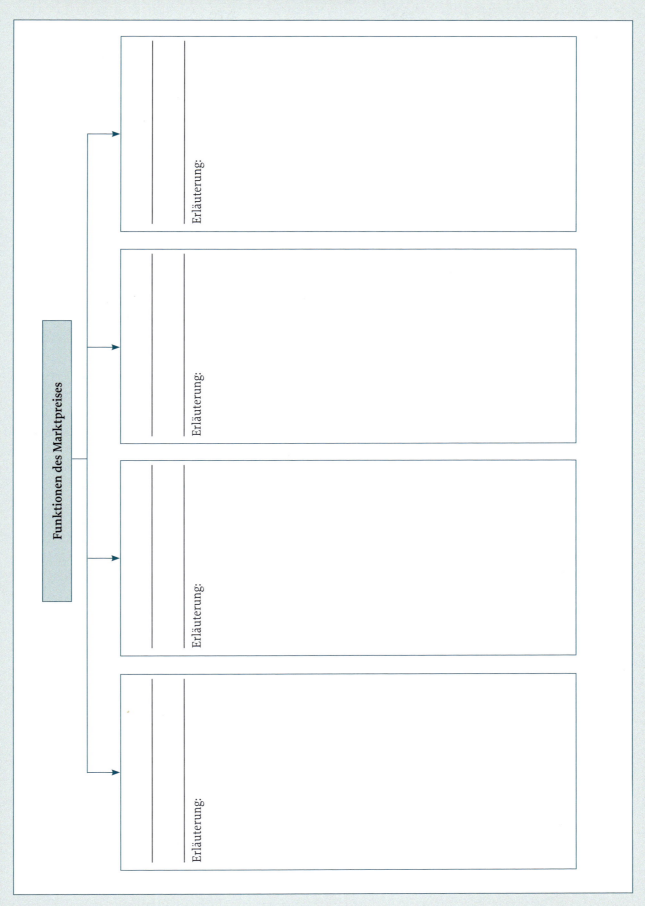

Arbeitsblatt 85.2: Preisbildung

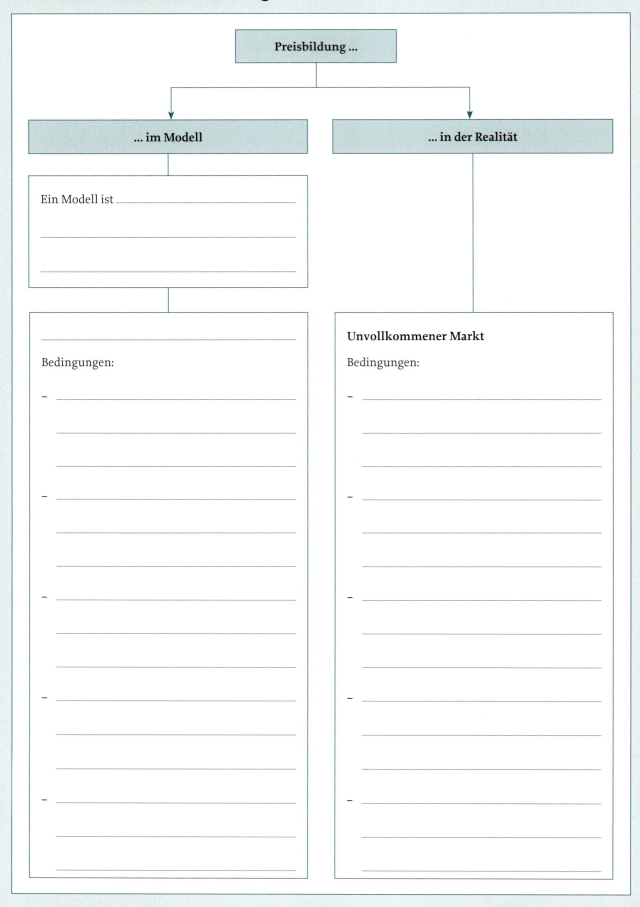

Preisbildung ...

... im Modell

Ein Modell ist _____

_____

_____

_____

Bedingungen:

- _____

_____

_____

- _____

_____

_____

- _____

_____

_____

- _____

_____

_____

- _____

_____

_____

... in der Realität

Unvollkommener Markt

Bedingungen:

- _____

_____

_____

- _____

_____

_____

- _____

_____

_____

- _____

_____

_____

- _____

_____

_____

Aufgaben

Aufgabe 1

Auf dem Marktplatz von Oldenburg bietet die Molkerei Glückliche Kühe ihre Margarine Biogold an. Doch die Bürger von Oldenburg schauen auf den Preis. Nicht jeder ist bereit, hohe Preise für Margarine zu zahlen. Die Zahlungsbereitschaft der Bürger ist unterschiedlich groß:

a Klären Sie, welche Beziehung zwischen Preis und nachgefragter Menge aus der nebenstehenden Tabelle abgeleitet werden kann.

b Begründen Sie, ob ein solches Nachfrageverhalten als normal angesehen werden kann.

c Ergänzen Sie den Lückentext, indem Sie klären, welche Beziehungen demnach zwischen dem Ziel privater Haushalte, dem Preis von Gütern und der nachgefragten Gütermenge bestehen.

Nachfragetabelle für die Margarine Biogold (Gesamtnachfragetabelle auf dem Wochenmarkt in Oldenburg)

Preis in €/kg	Nachfragemenge in kg/Monat
6,00	100
5,90	110
5,80	120
5,75	125
5,70	130
5,60	140
5,50	150

Ziel privater Haushalte: _____ . Das erfordert, _____

Mengen zu _____ Preisen zu kaufen.

Wenn der Preis eines Gutes sinkt, werden die Konsumenten bei sonst unveränderten Bedingungen eine

_____ Menge des Gutes nachfragen. Wenn der Preis eines Gutes

_____ , werden Konsumenten bei sonst unveränderten Bedingungen eine geringere

Menge des Gutes nachfragen.

d Zeichnen Sie die Nachfragemengen in die Grafik ein und verbinden Sie die Punkte miteinander zu einer Nachfragekurve.

Preis in €

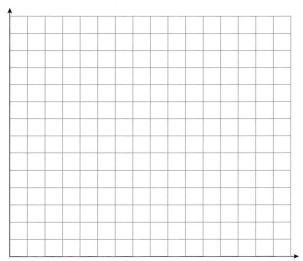

Menge in kg

e Erläutern Sie, was die Nachfragekurve ausdrückt.

Aufgabe 2

Die Molkerei Glückliche Kühe hat Marktstände in Oldenburg, in Schwanewede und in Ritterhude, auf denen die Margarine Biogold angeboten wird. Auf den einzelnen Marktständen stellt sich der Zusammenhang von Preis und angebotener Menge wie folgt dar:

Angebotstabelle für die Margarine Biogold (auf den Teilmärkten der Molkerei Glückliche Kühe)

Preis in €/kg	Angebot in Oldenburg in kg	Angebot in Schwanewede in kg	Angebot in Ritterhude in kg	Gesamtangebotsmenge in kg (pro Monat)
6,00	50	55	45	
5,90	45	53	42	
5,80	40	40	40	
5,75	35	30	35	
5,70	30	25	30	
5,60	25	22	28	
5,50	23	20	22	

a Ermitteln Sie die Gesamtangebotsmenge für die Margarine Biogold.

b Klären Sie, zu welchen Preisen die Anbieter am liebsten ihre Produkte auf dem Markt verkaufen würden, welche Zielsetzung sie also verfolgen.

c Erläutern Sie, welche Beziehung zwischen erzielbarem Verkaufspreis und angebotener Gütermenge besteht.

d Erklären Sie, in welchem Verhältnis (proportional/unproportional) die angebotene Menge zum erzielbaren Verkaufspreis steht.

e Stellen Sie den Zusammenhang zwischen Preis und angebotener Menge im Koordinatensystem rechts grafisch dar.

f Begründen Sie den typischen Verlauf der Angebotskurve vom wirtschaftlichen Standpunkt her.

 Preis in €

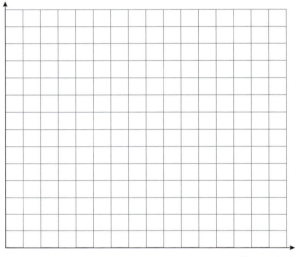

Menge in kg

Aufgabe 3

Lösen Sie die folgenden Aufgaben zur Preisbildung im Modell des vollkommenen Marktes.

a Klären Sie, an welchem Punkt sich der Markt im Gleichgewicht befindet, indem Sie den folgenden Text ergänzen:

Im _____ von _____

und _____ befindet sich der Markt im Gleichgewicht.

Dort entsprechen sich die angebotenen und nachgefragten _____ und dort

entsprechen sich auch die Preiserwartungen der _____

und _____. Der Preis in diesem Schnittpunkt heißt Marktpreis oder

Gleichgewichtspreis.

b Vervollständigen Sie die Tabelle für die Margarine Biogold:

Preis in €/kg	Nachfragemenge in kg (pro Monat)	Gesamtangebotsmenge in kg/Monat	Absetzbare Menge	Erzielter Umsatz
6,00	100	150		
5,90	110	140		
5,80	120	120		
5,75	125	100		
5,70	130	85		
5,60	140	75		
5,50	150	65		

c Kennzeichnen Sie, wann der größte Umsatz erzielt wird:

Wenn der Markt im _____ ist, führt das zum größten Umsatz. Das bedeutet:

höchste Produktion, höchste Beschäftigung, höchste Einkommen, höchste Steuereinnahmen des Staates usw.

d Ergänzen Sie den folgenden Lückentext:

Oberhalb des Schnittpunktes von Angebots- und Nachfragekurve übersteigt _____

_____. Es besteht ein Angebots-

überhang. Die Anbieter, die nicht auf ihren Waren sitzen bleiben wollen, werden _____

_____ und so stellt sich

wieder ein Marktgleichgewicht ein.

Unterhalb des Schnittpunktes von Angebots- und Nachfragekurve übersteigt _____

_____.

Es besteht ein _____.

Die Anbieter werden _____

_____ und so stellt sich wieder ein

Marktgleichgewicht ein.

Aufgabe 4

Für Bananen sind folgende Werte bekannt, die Auskunft über das Nachfrage- und Anbieterverhalten geben:

Nachfrager	Preis in €:	0,99	1,59	1,99	2,99
	Menge/Stk.:	5	4	3	0
Anbieter	Preis in €:	0,99	1,59	1,99	2,99
	Menge/Stk.:	1	2	3	4

a Klären Sie, bei welchem Preis der maximale Umsatz erzielt wird und wie viel € er beträgt.

b Zeichnen Sie die Nachfrage- und Angebotskurve in das Diagramm rechts und ermitteln Sie aus der grafischen Darstellung den Marktpreis.

c Folgende Situation tritt ein: Die Nachfrage bleibt gleich, das Angebot erhöht sich. Zeichnen Sie diese Situation in das Diagramm ein.

d Erläutern Sie, welcher neue Marktpreis sich gebildet hat und warum.

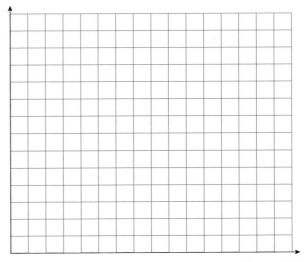

Preis in €

Menge in kg

Wirtschaftssubjekte und Wirtschaftskreislauf

Am Beispiel des privaten Haushaltes der Familie Adler und der Fly Bike Werke GmbH werden Gemeinsamkeiten und Unterschiede zwischen den beiden Wirtschaftssubjekten „Haushalte" und „Unternehmen" erkennbar.

In der **Familie Adler** leben und arbeiten sechs Menschen zusammen: Hans Adler (43 Jahre), ist als Heizungsbaumeister in einer Klima- und Anlagenbau GmbH in Oldenburg beschäftigt, Marina Adler arbeitet bei der Bremer Versicherung AG, Vlad Radomir Adler ist Auszubildender zum Industriekaufmann bei der Fly Bike Werke GmbH, Maja und Willi Adler gehen noch zur Schule und Opa Walter Adler ist Rentner. Ihr Haushalt ist mit aller notwendigen Haushaltstechnik ausgestattet. Da ihr Einkommen begrenzt ist, müssen sie nach dem Wirtschaftlichkeitsprinzip handeln. Ziel ist es, mit dem verfügbaren Einkommen eine maximale Bedürfnisbefriedigung zu erreichen, was bei der Vielfalt der verschiedenen Wünsche der sechs Familienmitglieder nicht immer leicht ist.

Ihre Einnahmen erzielen Hans und Marina, indem sie ihre Arbeitskraft an die Klima- und Anlagenbau GmbH bzw. die Bremer Versicherung AG verkaufen. Im Gegenzug fließt ihnen Lohn als Einkommen zu. Sie verwenden das Geld, um ihren regelmäßigen Konsum abzudecken: z. B. Miete, Energie, Nahrung, Kleidung.

Marina ist eine gute Hausfrau, Hausarbeit macht ihr Spaß. Sie kocht, backt, macht sauber usw. Hans ist eifriger Hobbygärtner. Seine Kürbisse sind regelmäßig die größten in der Gartenanlage. Aber beide produzieren natürlich ausschließlich für den Eigenbedarf.

In der **Fly Bike Werke GmbH** arbeiten 40 Mitarbeiter zusammen, von denen zwölf Arbeiter, 26 Angestellte und drei Auszubildende sind. Die Fly Bike Werke GmbH ist mit modernsten Maschinen und Anlagen zur Fahrradproduktion ausgestattet. Die Umsatzzahlen sind gut, trotz allem muss das Unternehmen nach dem Wirtschaftlichkeitsprinzip handeln, denn die Konkurrenz auf dem Absatzmarkt ist hart. Die Fly Bike Werke GmbH versucht einen maximalen Gewinn zu erwirtschaften, um diesem Konkurrenzdruck standzuhalten und am wirtschaftlichen Fortschritt in der Branche teilnehmen zu können.

Ihre Einnahmen erzielt die Fly Bike Werke GmbH in Form von Erlösen aus dem Verkauf der City-Räder, Mountain-Bikes, Rennräder, Jugendräder und Trekkingräder. Darüber hinaus vertreibt sie als Handelswaren Fahrradbekleidung, Fahrradzubehör und Fahrradanhänger. Als Dienstleistungsangebot ist in den letzten Jahren die Vermittlung von Fahrradreisen dazugekommen.

Die Einnahmen werden für Investitionen verwendet. Die Fly Bike Werke GmbH hat zum Beispiel erst kürzlich einen neuen Schweißroboter gekauft.

Die Fly Bike Werke GmbH produziert ausschließlich für den Fremdbedarf und verkauft die Fahrräder und das Fahrradzubehör auf dem Absatzmarkt. Familien, wie die Familie Adler, kaufen und konsumieren die Waren.

1 Welche drei Gemeinsamkeiten von privaten Haushalten und Unternehmen können Sie aus dem Text ableiten?

Arbeitsblatt 86.1: Die Wirtschaftssubjekte im Wirtschaftskreislauf

Erarbeiten Sie die Unterschiede zwischen privaten Haushalten, Unternehmen und Staat, indem Sie folgende Tabelle vervollständigen:

Merkmale	Private Haushalte	Unternehmen	Staat
Ziel			
Einnahmenbildung			
Einnahmenverwendung			
Art der Produktion	für		für

Arbeitsblatt 86.2: Der erweiterte Wirtschaftskreislauf

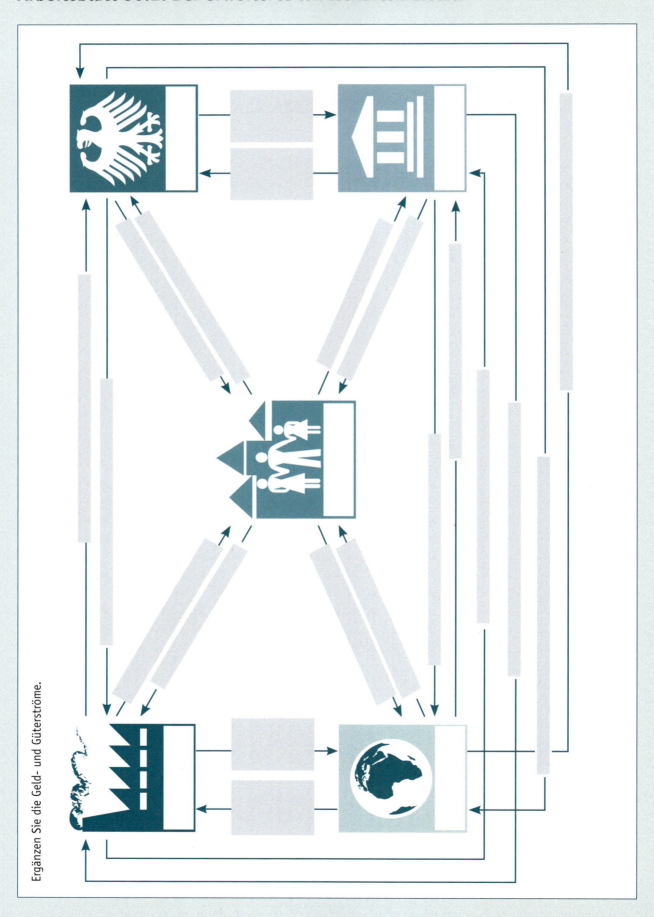

Ergänzen Sie die Geld- und Güterströme.

Aufgaben

Aufgabe 1
Nennen Sie die Modellvoraussetzungen des einfachen Wirtschaftskreislaufs.

Aufgabe 2
Ergänzen Sie die Geld- und Güterströme im einfachen Wirtschaftskreislauf.

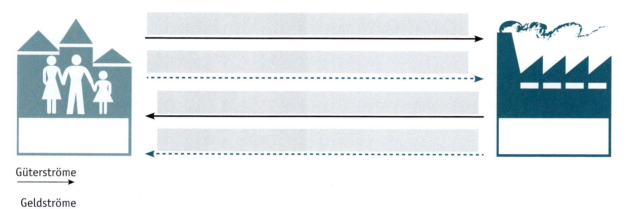

Güterströme →

Geldströme ----►

Aufgabe 3
Erklären Sie, warum Geld- und Güterströme im Wirtschaftskreislauf gleich groß sind.

Aufgabe 4
Erläutern Sie die Bedeutung des Sparens der privaten Haushalte für den erweiterten Wirtschaftskreislauf.

Aufgabe 5
Zeigen Sie, inwieweit auch der erweiterte Wirtschaftskreislauf Modellcharakter besitzt.

Aufgabe 6
Erläutern Sie die Umverteilungsfunktion des Staates im erweiterten Wirtschaftskreislauf.

Aufgabe 7
Verdeutlichen Sie die Rolle der Banken im Wirtschaftskreislauf.

Aufgabe 8
Klären Sie, welche historischen Vorbilder es für das gegenwärtige Kreislaufmodell gibt.

Aufgabe 9
Erläutern Sie den Zusammenhang zwischen Wirtschaftskreislauf und Volkswirtschaftlicher Gesamtrechnung.

Aufgabe 10
Erstellen Sie anhand folgender Zahlen ein Kreislaufmodell:

Konsum der privaten Haushalte (C_H)	2.100 GE
Konsum des Staates (C_S)	450 GE
Einkommen aus unselbstständiger Arbeit der Staatsbediensteten (Y_H)	600 GE
Einkommen aus unselbstständiger Arbeit und Einkommen aus Unternehmertätigkeit und Vermögen (Y_U)	3.000 GE
Sparen der privaten Haushalte (S)	600 GE
Steuern der privaten Haushalte (T_H)	900 GE
Steuern der Unternehmen (T_U)	450 GE
Bruttoinvestitionen (I_{br})	780 GE
Abschreibungen der Unternehmen (D)	300 GE
Importe der Unternehmen von Sachgütern, Dienstleistungen, Faktorleistungen (M)	930 GE
Exporte von Sachgütern, Dienstleistungen, Faktorleistungen (X)	1.050 GE

Vlad Adler hat auf dem Dachboden seiner Eltern einen Kassettenrekorder und Kassetten gefunden. Auf einer Kassette entdeckt er das Lied „Bruttosozialprodukt" der Neue-deutsche-Welle-Band Geier Sturzflug. Er nimmt es mit in die Berufsschule, wo es für heiße Diskussionen unter seinen Klassenkameraden sorgt. Die Auszubildenden Herr Adler, Frau Püschel, Herr Kern und Frau Elflein vertreten unterschiedliche Positionen.

Bruttosozialprodukt (1983)

Geier Sturzflug

Wenn früh am Morgen die Werkssirene dröhnt
und die Stechuhr beim Stechen lustvoll stöhnt,
in der Montagehalle die Neonsonne strahlt
und der Gabelstaplerfahrer mit der Stapelgabel prahlt,
ja, dann wird wieder in die Hände gespuckt;
wir steigern das Bruttosozialprodukt!
Ja, jetzt wird wieder in die Hände gespuckt!

Die Krankenschwester kriegt 'nen Riesenschreck:
Schon wieder ist ein Kranker weg!
Sie operierten grade noch sein Bein,
und schon kniet er sich wieder mächtig 'rein!
Ja, jetzt wird wieder in die Hände gespuckt;
wir steigern das Bruttosozialprodukt!
Ja, jetzt wird wieder in die Hände gespuckt!

Wenn sich Opa am Sonntag auf sein Fahrrad schwingt
und heimlich in die Fabrik eindringt,
dann hat Oma Angst, dass er zusammenbricht,
denn Opa fährt heute wieder Sonderschicht!
Ja, jetzt wird wieder in die Hände gespuckt;
wir steigern das Bruttosozialprodukt!
Ja ja ja, jetzt wird wieder in die Hände gespuckt!

An Weihnachten liegen alle rum und sagen Pu-hu-hu!
Der Abfalleimer geht schon nicht mehr zu.
Die Gabentische werden immer bunter,
und am Mittwoch kommt die Müllabfuhr und holt den ganzen Plunder
und sagt: "Jetzt wird wieder in die Hände gespuckt!
Wir steigern das Bruttosozialprodukt!
Ja ja ja, jetzt wird wieder in die Hände gespuckt!"

Wenn früh am Morgen die Werkssirene dröhnt
und die Stechuhr beim Stechen lustvoll stöhnt,
dann hat einen nach dem anderen die Arbeitswut gepackt,
und jetzt singen sie zusammen im Arbeitstak-tak-tak-tak-tak-takt:
"Ja, jetzt wird wieder in die Hände gespuckt;
wir steigern das Bruttosozialprodukt!
Ja ja ja, jetzt wird wieder in die Hände gespuckt,
wir steigern das Bruttosozialprodukt!
Ja ja ja, jetzt wird wieder in die Hände gespuckt,
wir steigern das Bruttosozialprodukt!"

Rollenkarte
Herr Adler

„Also, ich finde das Lied einfach witzig, obwohl der Begriff Bruttosozialprodukt vielleicht nicht mehr zeitgemäß ist."

Rollenkarte
Herr Kern

„BIP als Wohlstandsindikator, das bedeutet für mich quantitatives Wachstum um jeden Preis. Mensch und Umwelt werden dabei doch zu Nebensächlichkeiten."

Rollenkarte
Frau Püschel

„BIP, BSP, Bruttonationaleinkommen – da blickt doch überhaupt keiner durch. Und dann soll ich das auch noch als Wohlstandsindikator verstehen."

Rollenkarte
Frau Elflein

„Ich habe letztens im Fernsehen einen Beitrag zum Happy-Planet-Index gesehen. Das ist ein Maß für die ökologische Effizienz der Erzeugung von Zufriedenheit unter Einbeziehung von Lebenszufriedenheit, Lebenserwartung und ökologischem Fußabdruck. Fand ich einfach gut."

1 Gestalten Sie in der Klasse eine Diskussionsrunde zu dem Liedtext der Gruppe Geier Sturzflug.
a Bilden Sie dazu vier Gruppen. Jede Gruppe erarbeitet Pro- und Kontra-Argumente für ihre Position.
b Bestimmen Sie einen Schüler zum Moderator, der die Diskussion leitet.
c Führen Sie die Diskussion durch.

Arbeitsblatt 87.1: Entstehungsrechnung, Verwendungsrechnung, Verteilungsrechnung

Entstehungsrechnung	Verwendungsrechnung	Verteilungsrechnung
= Bruttowertschöpfung (unbereinigt)	private Konsumausgaben	= Volkseinkommen

Arbeitsblatt 87.2: Bedeutung der Volkswirtschaftlichen Gesamtrechnung

Nennen Sie die Gründe dafür, dass die Volkswirtschaftliche Gesamtrechnung ein so wichtiges volkswirtschaftliches Analyseinstrument ist.

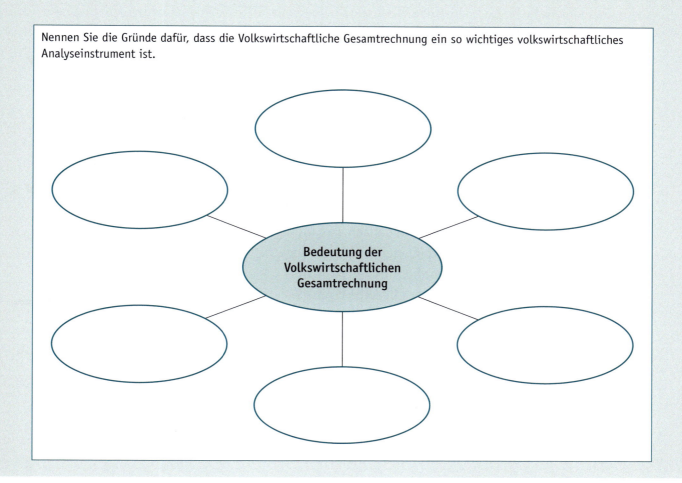

Aufgaben

Aufgabe 1
Erläutern Sie, was das Bruttoinlandsprodukt misst und welches Problem sich daraus ergibt. Gehen Sie dabei auf die Begriffe nominales und reales BIP ein.

Aufgabe 2
Zeigen Sie Güter und Dienstleistungen auf, die in der Volkswirtschaft erbracht werden, im BIP aber nicht enthalten sind.

Aufgabe 3
Klären Sie die Rolle staatlicher Dienstleistungen im BIP und welche Probleme damit verbunden sind.

Aufgabe 4
Zeigen Sie auf, was Vorleistungen sind und wie die amtliche Statistik diese misst.

Aufgabe 5
Setzen Sie sich damit auseinander, dass das BIP als Wohlstandsindikator gilt.

Aufgabe 6
Beschreiben Sie den Zusammenhang zwischen der Entstehungsrechnung und den drei Sektoren der volkswirtschaftlichen Arbeitsteilung einerseits und der Verwendungsrechnung und dem Modell des Wirtschaftskreislaufs andererseits.

Aufgabe 7
Recherchieren Sie im Internet, welche neuen Konzepte es gibt, um den Wohlstand einer Nation zu messen.

Aufgabe 8
Finden Sie die aktuellen Werte der Entstehungs-, Verwendungs- und Verteilungsrechnung auf der Internetseite des Statistischen Bundesamtes und bewerten Sie diese.

Aufgabe 9
Ermitteln Sie die Entwicklung des BIP in den letzten Jahrzehnten und erläutern Sie, welches langfristige Muster Sie erkennen können.

Lernsituation **88**

SB → S. 362 ff. | Lernfeld 9, Kapitel 4   **Wirtschaftsordnung**

„Jeder Mensch ist stets darauf bedacht, die ersprießlichste Anwendung allen Kapitals, über das er zu verfügen hat, ausfindig zu machen. Tatsächlich hat er nur seinen eigenen Vorteil und nicht den der Gesellschaft im Auge; aber natürlich, oder vielmehr notwendigerweise, führt ihn die Erwägung seines eigenen Vorteils gerade dahin, dass er diejenige Kapitalbenutzung vorzieht, die zugleich für die Gesellschaft höchst ersprießlich ist (...)

Allerdings strebt er in der Regel nicht danach, das allgemeine Wohl zu fördern, und weiß auch nicht, um wie viel er es fördert. Indem er die einheimische Erwerbstätigkeit der fremden vorzieht, hat er nur seine eigene Sicherheit im Auge, und indem er diese Erwerbstätigkeit so leitet, dass ihr Produkt den größten Wert erhalte, verfolgt er lediglich seinen eigenen Gewinn und wird in diesem wie in vielen anderen Fällen von einer unsichtbaren Hand geleitet, einen Zweck zu fördern, den er in keiner Weise beabsichtigt hatte. Auch ist es eben nicht ein Unglück für die Gesellschaft, dass dies nicht der Fall war. Verfolgt er sein eigenes Interesse, so fördert er das der Gesellschaft weit wirksamer, als wenn er dieses wirklich zu fördern beabsichtigt. (...)

In welchem Zweig der heimischen Erwerbstätigkeit er sein Kapital anlegen kann und bei welchem das Erzeugnis den größten Wert zu haben verspricht, das kann offenbar jeder Einzelne je nach Ortsverhältnissen weit besser beurteilen, als es irgendein Staatsmann oder Gesetzgeber für ihn tun könnte. Ein Staatsmann, der sich's einfallen ließe, Privatleuten darüber Vorschriften zu geben, auf welche Weise sie ihre Kapitalien anlegen sollen, würde sich nicht allein eine unnötige Fürsorge aufladen, sondern sich auch eine Autorität anmaßen, die keinem Senate oder Staatsrate, geschweige denn einem einzelnen Mann überlassen werden könnte, und die nirgends so gefährlich sein würde als in der Hand eines Mannes, der töricht und dünkelhaft genug wäre, um sich für fähig zu halten, sie auszuüben."

Quelle: Adam Smith, Eine Untersuchung über Natur und Wesen des Volkswohlstandes, Jena 1924

1   Klären Sie, was Adam Smith unter der „unsichtbaren Hand" verstand.
2   Diskutieren Sie die Möglichkeit, die Wirtschaft der Bundesrepublik in der heutigen Zeit nach den Vorstellungen von Adam Smith umzugestalten.
   a   Bilden Sie dazu eine Pro- und eine Kontra-Gruppe.
   b   Gehen Sie in der Diskussion darauf ein, welche Maßnahmen dazu erforderlich wären und welche Resultate sich einstellen würden.

Arbeitsblatt 88.1: Wirtschaftsordnung

Wirtschaftsordnung

_____

_____

regelt z. B.:

• _____

_____

_____

_____

• _____

_____

_____

_____

• _____

_____

_____

• _____

_____

_____

_____

Theoretisches Modell

_____

_____

Realtypische Wirtschaftsordnung

_____

_____

Arbeitsblatt 88.2: Soziale Marktwirtschaft

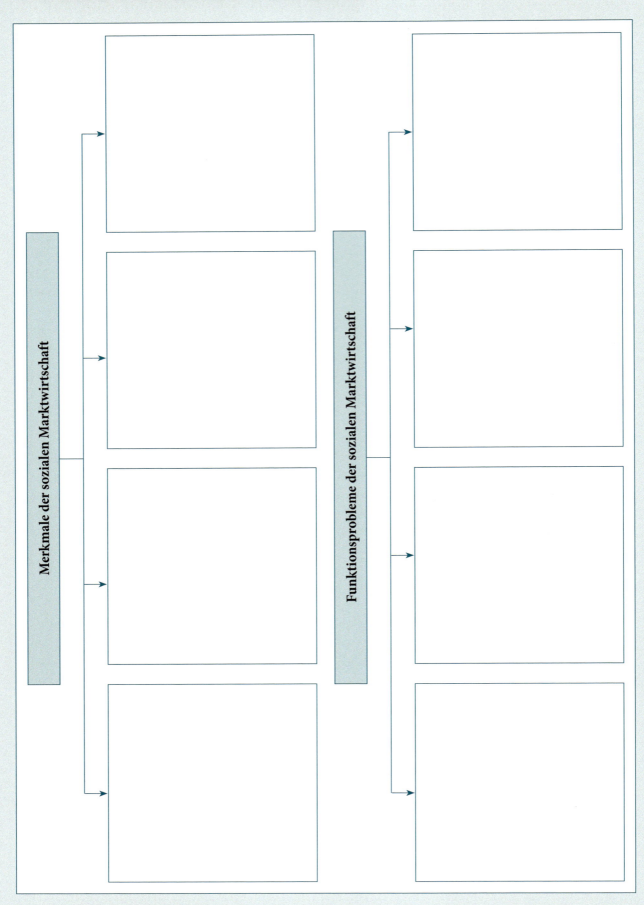

Aufgaben

Aufgabe 1
Stellen Sie dar, welche grundlegenden Aufgaben eine Wirtschaftsordnung hat.

Aufgabe 2
Ein bedeutender Politiker der deutschen Nachkriegsgeschichte gilt als „geistiger Vater der Marktwirtschaft". Gesucht sind sein Name sowie der Name seines Staatssekretärs, der das wissenschaftlich begründete Konzept entworfen hat.

Aufgabe 3
Prüfen Sie die folgenden Aussagen und stellen Sie fest, ob sie jeweils richtig (**r**) oder falsch (**f**) sind:

- Im Grundgesetz der Bundesrepublik Deutschland ist die soziale Marktwirtschaft als Wirtschaftsordnung vorgeschrieben. ☐

- Im Grundgesetz für die Bundesrepublik Deutschland sind Artikel enthalten, die die Wirtschaftsordnung beeinflussen. ☐

- Das Grundgesetz spricht sich grundsätzlich gegen die Einführung einer Zentralverwaltungswirtschaft als Wirtschaftsordnung aus. ☐

- In der sozialen Marktwirtschaft muss der Staat zur Sicherung des Wettbewerbs Monopole verhindern. ☐

- Weitere bestimmende Merkmale der sozialen Marktwirtschaft sind:
  - Tarifautonomie von Gewerkschaften und Arbeitgeberverbänden ☐
  - Gesetze und Regeln zum Schutz des Verbrauchers ☐
  - unbeschränktes Recht auf Eigentum ☐
  - Eingriffe des Staates in das Marktgeschehen ☐
  - Beschäftigungsgarantie des Staates ☐
  - staatliche Sozialpolitik ☐

Aufgabe 4
Die soziale Marktwirtschaft ist von bestimmten Prinzipien geprägt.
a Erläutern Sie, welches Prinzip sich hinter dem Ausspruch „Einer für alle, alle für einen" verbirgt.
b Erläutern Sie den Inhalt des Subsidiaritätsprinzips.

Aufgabe 5
Gestalten Sie eine PowerPoint-Präsentation zu je einem Nachteil der sozialen Marktwirtschaft nach folgenden Maßgaben:
- kurze Problemdarstellung
- Ursachenanalyse
- aktuelle Konzepte zur Problemlösung
- eigene Position

Der Vertriebsleiter der Fly Bike Werke GmbH, Herr Gerland, verfolgt seit vielen Jahren die Börsenentwicklung. Er legt Geld in einem Investmentfonds an, der an der Deutschen Börse notiert ist. Durch die Börseninformationen kann er abschätzen, wie sich der Kurs entwickelt und ob und wie viel Dividende er zu erwarten hat.

Mit Interesse hat Herr Gerland die Pläne verfolgt, dass sich Deutsche Börse und NYSE Euronext zusammenschließen wollen.

Er ist von den Vorteilen eines solchen Zusammenschlusses überzeugt: globale Präsenz, innovative Produkte, operative Effizienz, höhere Kapitaleffizienz und noch mehr Technologie- und Marktinformationslösungen. Mit Enttäuschung reagiert er deshalb auf die Information, dass der Zusammenschluss durch die EU-Kommission verboten wurde:

Die EU-Kommission legte am Mittwoch ihr Veto gegen einen Zusammenschluss von Deutscher Börse und NYSE Euronext ein. „Ungeachtet der von den Unternehmen angebotenen Abhilfemaßnahmen ist die Europäische Kommission zu der Einschätzung gelangt, der Zusammenschluss behindere in erheblichem Maße effektiven Wettbewerb", teilte die Deutsche Börse mit. Gegen das Nein aus Brüssel könnten die Konzerne vor dem Europäischen Gerichtshof klagen.

Die Brüsseler Prüfer rund um EU-Wettbewerbskommissar Joaquín Almunia stießen sich vor allem an der Marktmacht des angestrebten Börsenriesen im europäischen Derivatehandel. Deutsche und New Yorker Börse würden zusammen mehr als 90 Prozent der börslich gehandelten Derivate in Europa auf sich vereinen. ▪

Quelle: http://www.ftd.de/unternehmen/finanzdienst leister/:wettbewerbsentscheid-eu-kommission-verbietet-boersenhochzeit/60162575.html, Stand: 01.02.2012

1 Recherchieren Sie im Internet, welche Argumente der Deutsche-Börse-Chef Reto Francioni für den Zusammenschluss mit der NYSE Euronext anführt und wie demgegenüber die EU-Kommission ihr Verbot des Börsenzusammenschlusses begründet.

2 Gestalten Sie in Ihrer Klasse eine Diskussionsrunde.

a Bilden Sie dazu zwei Gruppen und wählen Sie einen Moderator.

b Eine Gruppe erarbeitet die Pro-Argumente für eine Fusion, die andere Gruppe die Kontra-Argumente gegen den Zusammenschluss.

c Führen Sie die Diskussion unter Anleitung Ihres Moderators durch.

Arbeitsblatt 89.1: Aufgaben und Funktionen des Wettbewerbs

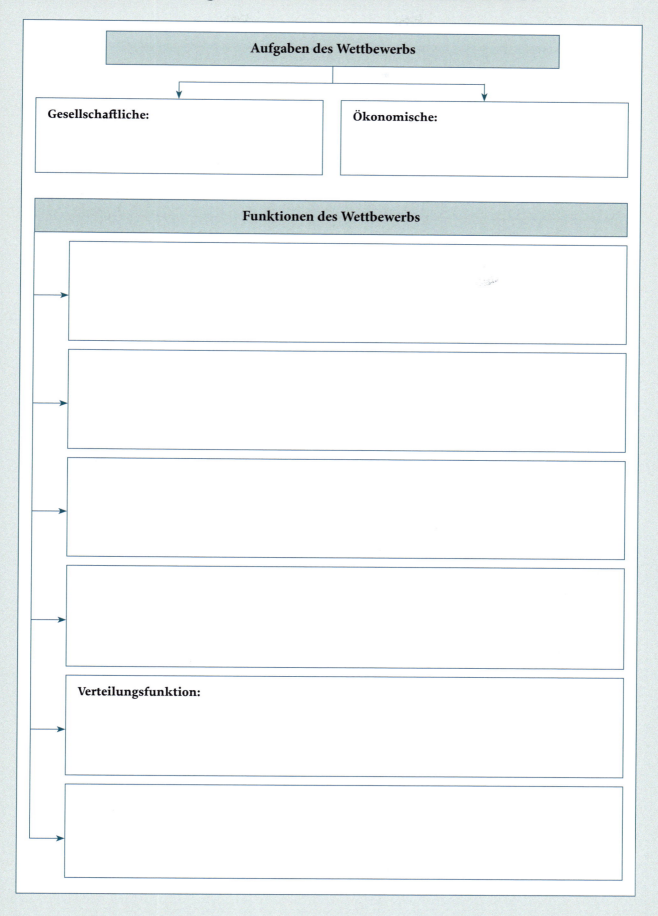

Aufgaben des Wettbewerbs

Gesellschaftliche:

Ökonomische:

Funktionen des Wettbewerbs

Verteilungsfunktion:

Arbeitsblatt 89.2: Kooperation und Konzentration

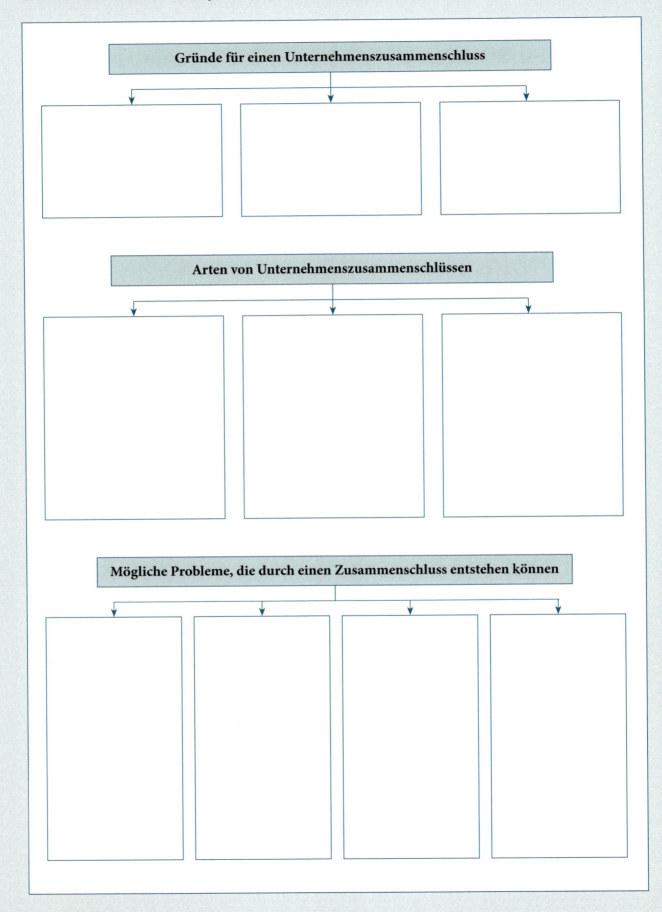

Gründe für einen Unternehmenszusammenschluss

Arten von Unternehmenszusammenschlüssen

Mögliche Probleme, die durch einen Zusammenschluss entstehen können

Arbeitsblatt 89.3: Kooperations- und Konzentrationsformen

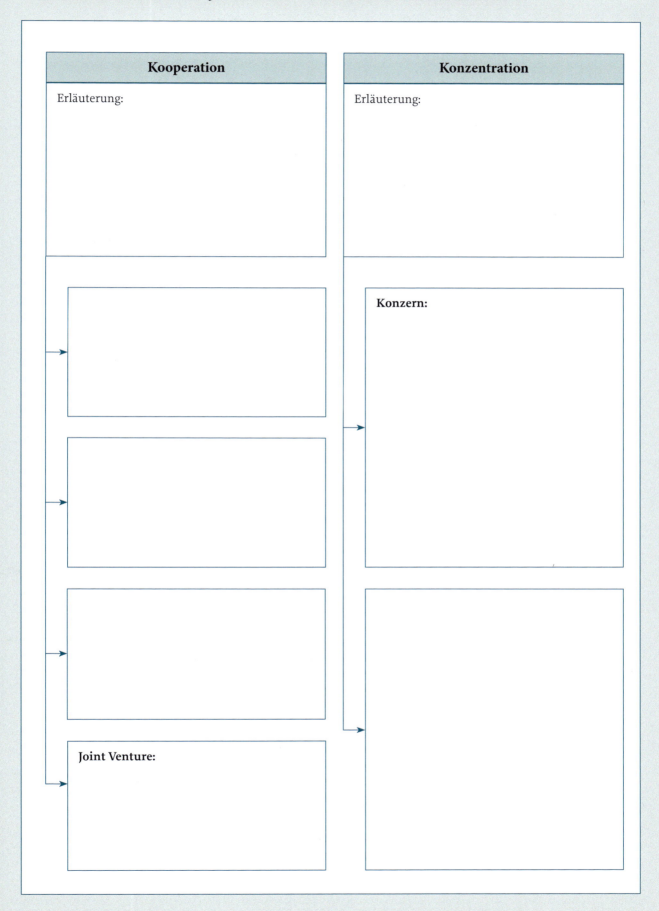

Kooperation	Konzentration
Erläuterung:	Erläuterung:

Joint Venture:

Konzern:

Arbeitsblatt 89.4: Staatliche Wettbewerbspolitik

Staatliche Wettbewerbspolitik hat das Ziel, _____

_____

_____ , um so das Funktionieren des _____ zu sichern. Sie ist

ein Bereich der _____ .

Wirtschaftspolitisches Handeln findet innerhalb von drei Handlungsfeldern statt:

Ordnungspolitik, Strukturpolitik und Prozesspolitik. Die Wettbewerbspolitik gehört zur _____

_____ . Ihre Aufgabe ist es demnach,

_____ für _____

_____ zu schaffen.

Zielsetzungen der Wettbewerbspolitik im Einzelnen	
Funktionsfähiger Wettbewerb	Erläuterung:
	Erläuterung:

Arbeitsblatt 89.5: Institutionen und Gesetze zum Schutz des Wettbewerbs

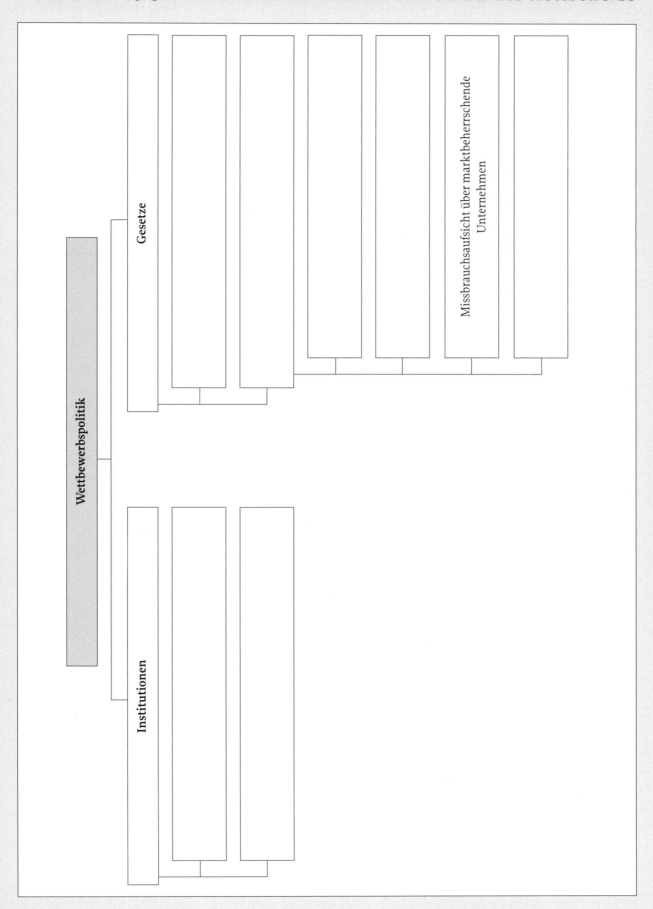

Aufgaben

Aufgabe 1
Erklären Sie wettbewerbsbeschränkende Strategien, die Unternehmen nutzen, um Kunden von der Konkurrenz abzuziehen.

Aufgabe 2
Nennen Sie Beispiele für horizontale, vertikale und anorganische Unternehmenszusammenschlüssen.

Aufgabe 3
Erläutern Sie, was unter einem Unterordnungskonzern und einem Gleichordnungskonzern verstanden wird.

Aufgabe 4
Zeigen Sie die wesentlichen Inhalte des Gesetzes gegen Wettbewerbsbeschränkungen auf.

Aufgabe 5
Recherchieren Sie im Internet Informationen zu den Aufgaben und Tätigkeiten des Bundeskartellamtes.

Aufgabe 6
Nennen und erläutern Sie Schwerpunkte der EU-Wettbewerbspolitik.

Aufgabe 7
Suchen Sie in Zeitungen und im Internet nach Beispielen, welche Unternehmenszusammenschlüsse in der letzten Zeit erlaubt und welche untersagt wurden.

Aufgabe 8
Erstellen Sie eine Liste von Gründen für die Erlaubnis bzw. Untersagung der von Ihnen gefundenen Beispiele aus Aufgabe 7.

Aufgabe 9
Ergänzen Sie folgende Tabelle zu den Vor- und Nachteilen von Unternehmenszusammenschlüssen:

	für Unternehmen	für Verbraucher	für Arbeitnehmer
Vorteile			

	für Unternehmen	für Verbraucher	für Arbeitnehmer
Nachteile			

Ziele und Maßnahmen gesamtwirtschaftlicher, regionaler und sektoraler Strukturpolitik

Die Fly Bike Werke GmbH hat ihren Firmensitz in Oldenburg. Die Universitätsstadt ist das wirtschaftliche, administrative und kulturelle Zentrum der Weser-Ems-Region.

In Oldenburg stehen für Unternehmensprojekte vielfältige Förderprogramme der Europäischen Union (EU), des Bundes, des Landes und der Stadt Oldenburg zur Verfügung. Die Förderung kann in Form von zinsgünstigen Darlehen, Bürgschaften, Beratung und Zuschüssen erfolgen und kommt für Investitionen, die Schaffung von zusätzlichen Arbeitsplätzen, Umweltmaßnahmen, erneuerbare Energien, Innovationen, Messebeteiligungen, Schulungen, Beratungen oder Qualifizierungsmaßnahmen infrage.

Niedersachsen erhält in der aktuellen Programmperiode 2007–2013 rund 2,7 Mrd. € an EU-Fördermitteln aus dem Europäischen Fonds für regionale Entwicklung (EFRE), dem Europäischen Sozialfonds (ESF), dem Europäischen Landwirtschaftsfonds für die Entwicklung des ländlichen Raums (ELER) und dem Europäischen Fischereifonds (EFF).

EU-Mittel 2007–2013 für Niedersachsen (in Mio. €)			
	Ziel 1	Ziel 2	Gesamt
Europäischer Fonds für Regionalentwicklung	589	638	1.227
Europäischer Sozialfonds	210	237	447
Fonds zur Förderung der Entwicklung des ländlichen Raums	284	691	975
Europäischer Fischereifonds	13	12	25
gesamt	1.077	1.572	2.674

Quelle: http://www.niedersachsen.de/portal/live.php?navigation_id=7017&article_id=20100&_psmand=1000

1 Recherchieren Sie im Internet, welche konkreten Möglichkeiten der regionalen Strukturförderung die Fly Bike Werke GmbH in der Region Oldenburg nutzen kann.

2 Zeigen Sie auf, an welche Beratungsstellen sich die Fly Bike Werke GmbH dabei wenden kann und welche europäischen Förderprogramme es gibt, um Projektideen des Unternehmens zu unterstützen.

Arbeitsblatt 90.1: Ziele und Dimensionen der Strukturpolitik

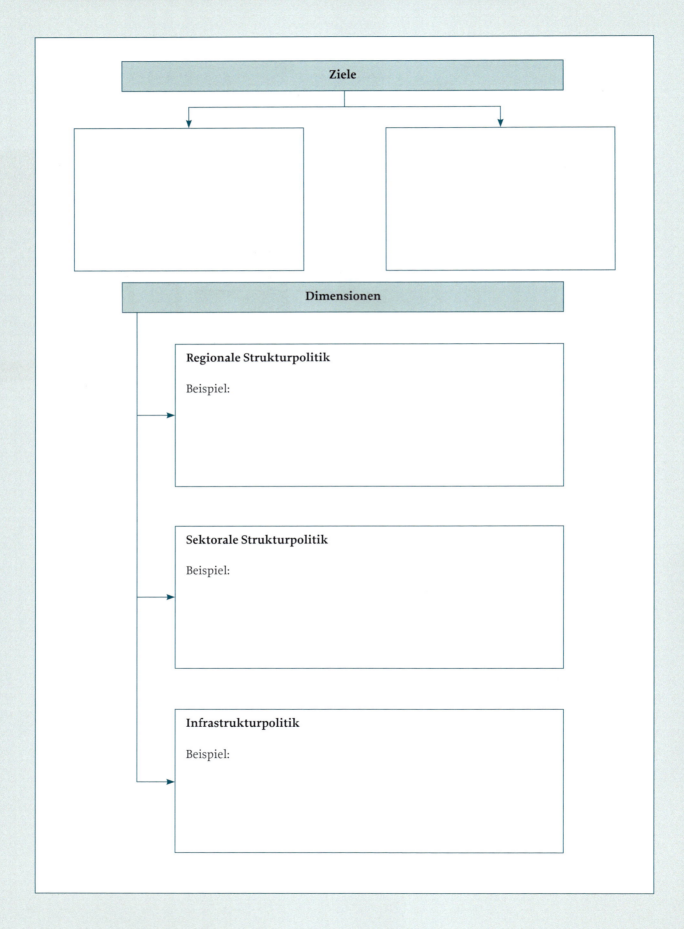

Arbeitsblatt 90.2: Strukturpolitik im Kontext der europäischen Integration und Globalisierung

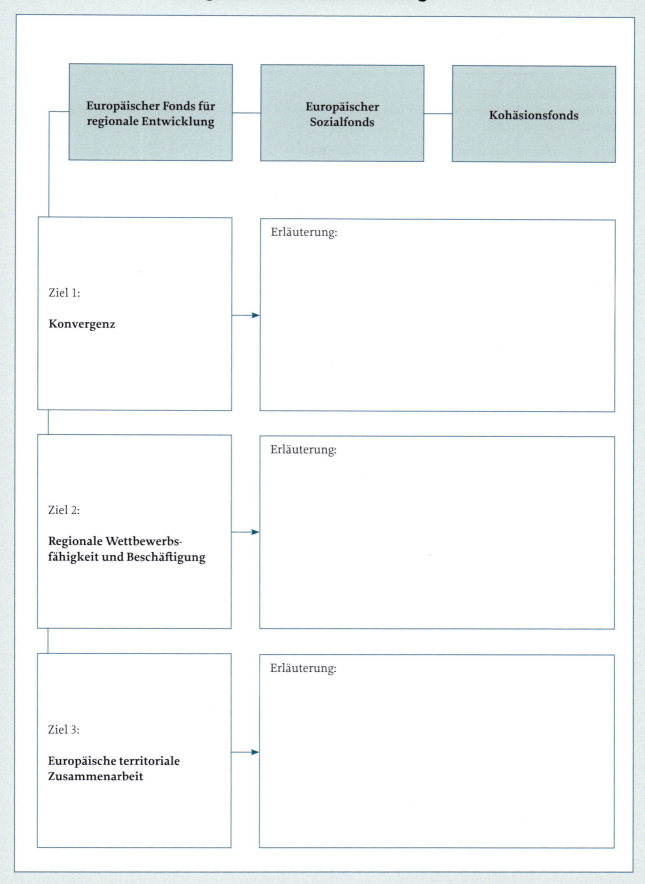

Europäischer Fonds für regionale Entwicklung

Europäischer Sozialfonds

Kohäsionsfonds

Ziel 1:

Konvergenz

Erläuterung:

Ziel 2:

Regionale Wettbewerbsfähigkeit und Beschäftigung

Erläuterung:

Ziel 3:

Europäische territoriale Zusammenarbeit

Erläuterung:

Arbeitsblatt 90.3: Zielkonflikte der Strukturpolitik

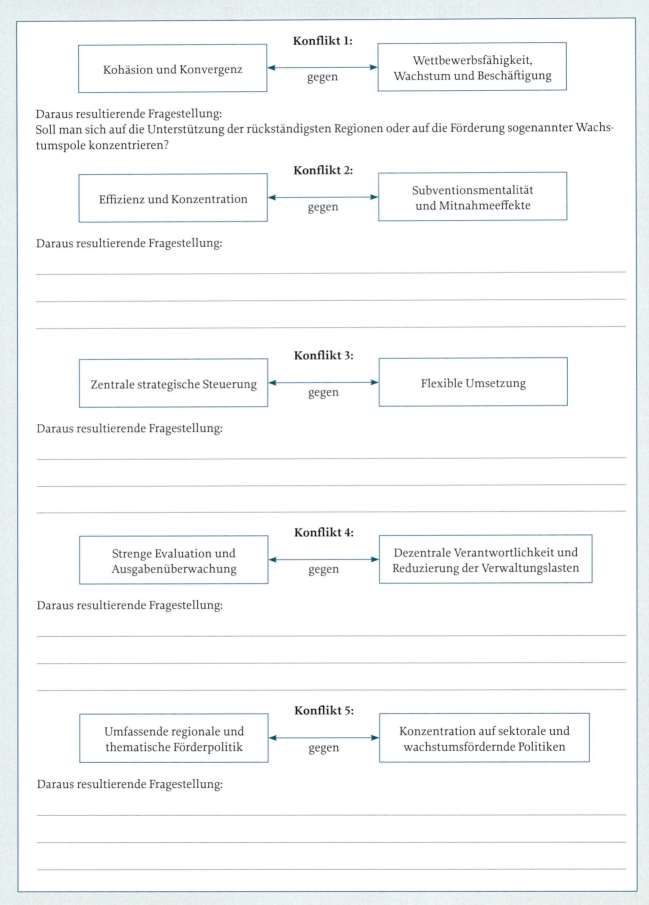

Konflikt 1:

| Kohäsion und Konvergenz | ←— gegen —→ | Wettbewerbsfähigkeit, Wachstum und Beschäftigung |

Daraus resultierende Fragestellung:
Soll man sich auf die Unterstützung der rückständigsten Regionen oder auf die Förderung sogenannter Wachstumspole konzentrieren?

Konflikt 2:

| Effizienz und Konzentration | ←— gegen —→ | Subventionsmentalität und Mitnahmeeffekte |

Daraus resultierende Fragestellung:

_____

_____

_____

Konflikt 3:

| Zentrale strategische Steuerung | ←— gegen —→ | Flexible Umsetzung |

Daraus resultierende Fragestellung:

_____

_____

_____

Konflikt 4:

| Strenge Evaluation und Ausgabenüberwachung | ←— gegen —→ | Dezentrale Verantwortlichkeit und Reduzierung der Verwaltungslasten |

Daraus resultierende Fragestellung:

_____

_____

_____

Konflikt 5:

| Umfassende regionale und thematische Förderpolitik | ←— gegen —→ | Konzentration auf sektorale und wachstumsfördernde Politiken |

Daraus resultierende Fragestellung:

_____

_____

_____

Aufgaben

Aufgabe 1
Erläutern Sie, was man unter Strukturpolitik versteht und welches Ziel damit verfolgt wird.

Aufgabe 2
Zeigen Sie, wie Maßnahmen der unterschiedlichen Teilbereiche der Strukturpolitik miteinander in Zusammenhang stehen können.

Aufgabe 3
Beschreiben Sie, welche regionalen Förderinstrumente es gibt.

Aufgabe 4
Machen Sie an einem Beispiel deutlich, wie regionale Förderinstrumente die Standortwahl von Unternehmen beeinflussen können.

Aufgabe 5
Finden Sie Beispiele für die Umsetzung sektoraler Strukturpolitik in der Bundesrepublik Deutschland.

Aufgabe 6
Erläutern Sie, was man unter Subventionen versteht und welches Ziel mit der Vergabe von Subventionen verfolgt wird.

Aufgabe 7
Setzen Sie sich kritisch mit der derzeitigen Praxis der Subventionsverwendung auseinander.

Aufgabe 8
Zeigen Sie Ursachen auf, die zu einer fortwährenden Veränderung wirtschaftlicher Strukturen führen.

Aufgabe 9
Unterscheiden Sie die folgenden drei Dimensionen: sektoraler, intersektoraler und regionaler Strukturwandel.

Aufgabe 10
Recherchieren Sie, welche konkreten Beispiele es in Ihrer Region zur Förderung von Wachstum und Beschäftigung gibt.

Aufgabe 11
Diskutieren Sie, inwieweit die derzeitige Strukturpolitik im Rahmen der europäischen Integration den gegenwärtigen wirtschaftlichen Anforderungen entspricht.

Aufgabe 12
Erarbeiten Sie eine Liste von Maßnahmen zur Modernisierung der Strukturpolitik in Europa.

Aufgabe 13
Entwerfen Sie ein Konzept, wie man technologischen Wandel wirksam fördern kann.

Aufgabe 14
Diskutieren Sie, ob die gegenwärtige Bildung, Forschung und der Wissenstransfer in Deutschland moderne Strukturen in der Wirtschaft fördern.

Aufgabe 15
Informieren Sie sich über das Erneuerbare-Energien-Gesetz (EEG). Nehmen Sie Stellung zu der Aussage, dass die Förderung der Wettbewerbsfähigkeit der deutschen Solarindustrie auf lange Sicht eher hemmt als fördert.

Die Fly Bike Werke GmbH plant, eigene Ladengeschäfte zum Vertrieb ihrer Fahrräder und der Handelswaren, wie z. B. der Fahrradbekleidung, aufzubauen. Zunächst hat man ins Auge gefasst, ein Geschäft in der Region Oldenburg zu eröffnen. Drei verschiedene Varianten sind durch eine Projektgruppe erarbeitet worden. Die Ergebnisse sollen jetzt mithilfe einer Entscheidungswerttabelle ausgewertet werden, um so einen möglichst optimalen Standort auszuwählen. Die Projektgruppe hat sich für folgende Vorgehensweise entschieden:

1. Zielsystem festlegen
2. Zielerträge bestimmen → Einzelzielwert (EZW)
3. Gewichtung der Ziele → Gewichtungsfaktor (GW)
4. Einzelzielwert · Gewichtungsfaktor = Einzelwert (EW)
5. Summe der Einzelwerte = Nutzwert einer Alternative (NW)

Bei der Festlegung des Zielsystems geht es der Projektgruppe darum, dass die Standortfaktoren die Situation, bezogen auf Faktorkosten, Abgaben, Fördermöglichkeiten, erzielbare Erlöse sowie Marktfaktoren, möglichst objektiv und so detailliert widerspiegeln sollten, dass die Erfüllung der Kriterien eindeutig gemessen werden kann. Die Gewichtung der Ziele erfolgt unter dem Aspekt, dass der Absatz von Fahrrädern und Zubehör an eine bestimmte Zielgruppe Hauptschwerpunkt in dem neu zu eröffnenden Ladengeschäft ist. Es können hier die Zahlen von 1 = niedriges Gewicht bis 9 = hohes Gewicht vergeben werden.

Als Nächstes sind die drei möglichen Standorte zu analysieren. Es ist jeweils zu überprüfen, inwieweit der Standort mit den Kriterien übereinstimmt.

Folgende Zahlen sind hinsichtlich der Übereinstimmung zwischen Kriterium und Standort einzutragen:
5 = sehr gut erfüllt
4 = gut erfüllt
3 = teils erfüllt, teils nicht
2 = schlecht erfüllt
1 = sehr schlecht erfüllt

Standortanalyse: Ladengeschäft der Fly Bike Werke GmbH

Die Projektgruppe beschreibt die Standorte wie folgt:

Standort A

Objekt liegt in einem großen Gewerbegebiet an der Bundesstraße, geringe Kapital- und Grundstückskosten, Personalkosten sind im Branchendurchschnitt, Fördermöglichkeiten gibt es nicht, Hebesatz für die Gewerbesteuer beträgt 400 %, sehr gutes Verkehrs- und Telekommunikationsnetz und umfassendes Dienstleistungsangebot, keine Handelshemmnisse, es gibt einen Supermarkt, der Fahrräder und Fahrradzubehör anbietet, Kunden aller Alters- und Kaufkraftgruppen kaufen regelmäßig in den anderen Geschäften des Gewerbegebietes ein, das Kaufverhalten zeigt, dass die Mehrzahl der Kunden großen Wert auf gesunde Lebensweise und aktive Freizeit legt, der Standort ist aus Kundensicht sehr gut, was Verkehrsanbindung, Parkplatzangebot, Erreichbarkeit mit öffentlichen Verkehrsmitteln und Möglichkeit zum Erlebniseinkauf betrifft, planbar sind gute bis sehr gute Erlöse, die Entwicklungschancen hängen in hohem Maße von der Gesamtentwicklung des Gewerbegebietes ab.

Standort B

Objekt liegt in einem kleinen Gewerbegebiet in Stadtrandlage, geringe Kapital- und Grundstückskosten, Personalkosten sind im Branchendurchschnitt, Fördermöglichkeiten sind in begrenztem Umfang vorhanden, da dieses Gebiet weiter ausgebaut werden soll, Hebesatz für die Gewerbesteuer beträgt 300 %, gutes Verkehrs- und Telekommunikationsnetz, keine Handelshemmnisse, es gibt bisher noch keinen anderen Anbieter, der Fahrräder und Fahrradzubehör regelmäßig anbietet, Kunden sind vor allem ältere Bürger aus dem unmittelbaren Umfeld, das Kaufverhalten zeigt, dass die Mehrzahl der Kunden großen Wert auf guten und günstigen Einkauf legt, der Standort ist aus Kundensicht gut, was Verkehrsanbindung, Parkplatzangebot und Erreichbarkeit mit öffentlichen Verkehrsmitteln betrifft, planbar sind mittlere bis gute Erlöse, die Entwicklungschancen hängen in hohem Maße von der Gesamtentwicklung des Gewerbegebietes ab.

Standort C

Objekt liegt im Stadtzentrum eines Nachbarortes von Oldenburg, hohe Kapital- und Grundstückskosten, Personalkosten sind im Branchendurchschnitt, Fördermöglichkeiten sind umfangreich, da die Gemeinde die Innenstadt mit neuen Geschäften beleben möchte, Hebesatz für die Gewerbesteuer beträgt 350 %, gutes Verkehrs- und Telekommunikationsnetz und umfassendes Dienstleistungsangebot, keine Handelshemmnisse, es gibt ein anderes Spezialgeschäft, welches Fahrräder und Fahrradzubehör anbietet, Kunden (einschließlich Touristen) aller Alters- und Kaufkraftgruppen kaufen regelmäßig in den anderen Geschäften ein, das Kaufverhalten ist sehr differenziert, der Standort ist aus Kundensicht nicht optimal, was Verkehrsanbindung, Parkplatzangebot betrifft, Erreichbarkeit mit öffentlichen Verkehrsmitteln und Möglichkeit zum Erlebniseinkauf sind vorhanden, planbar sind mittlere Erlöse, die Entwicklungschancen hängen in hohem Maße davon ab, wie es gelingt, die Innenstadt für Kunden wieder attraktiv zu machen.

1 Führen Sie die Nutzwertanalyse durch, indem Sie

    a die Erfüllung der einzelnen Kriterien des Zielsystems aufgrund der Standortbeschreibungen bewerten,

    b die Einzelzielwerte mit dem Gewichtungsfaktor multiplizieren,

    c die Produkte zu einer Summe zusammenfassen und so den Gesamtzielbeitrag, d. h. den Nutzwert jeder Alternative, bestimmen,

    d diejenige Alternative auswählen, welche die Maximierung des Nutzwerts erfüllt.

Zielsystem (Kriterien)	GW	Standorte					
		A		B		C	
		EZW	EW	EZW	EW	EZW	EW
1. Niedrige Personalkosten	5						
2. Niedrige Kapital- und Grundstückskosten	4						
3. Geringe Steuerlast	4						
4. Fördermöglichkeiten	3						
5. Gute Infrastruktur	3						
6. Keine Handelshemmnisse	2						
7. Günstige Konkurrenzsituation	8						
8. Günstige Kundenstruktur	9						
9. Passendes Kaufverhalten der Kunden	5						
10. Gute Beurteilung des Standorts durch die Kunden	7						
11. Gute Erlösaussichten	8						
12. Gute Entwicklungschancen	6						
			NW:		NW:		NW:

Arbeitsblatt 91.1: Standortfaktoren

arbeitsbezogene
Standortfaktoren

beschaffungsbezogene
Standortfaktoren

absatzbezogene
Standortfaktoren

infrastrukturelle
Standortfaktoren

Auflagen und
Verfahren

abgabenbezogene
Standortfaktoren

renditebezogene
Standortfaktoren

Arbeitsblatt 91.2: Zielkonflikte bei Standortentscheidungen

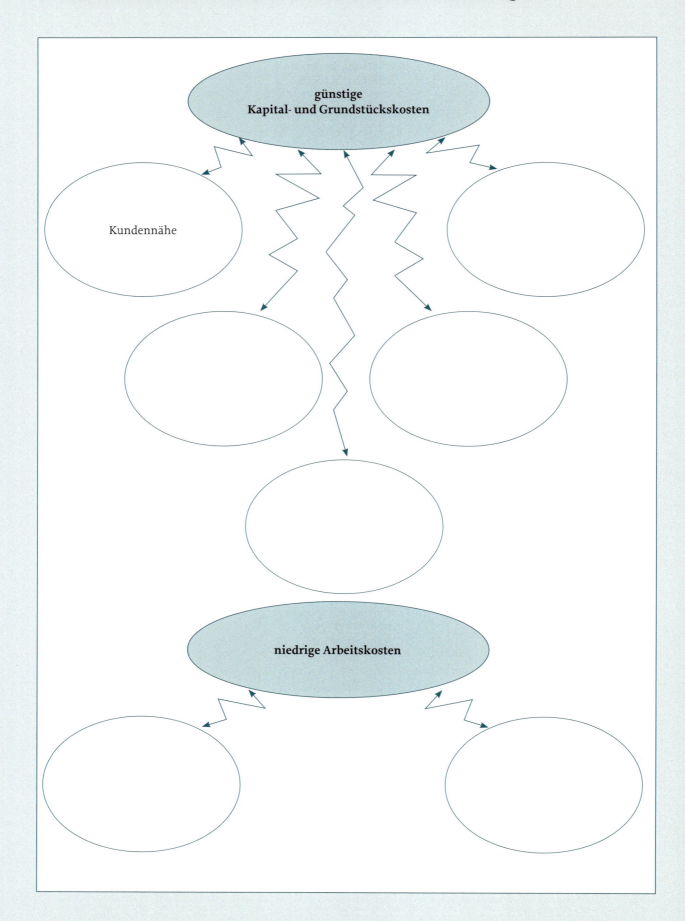

Aufgaben

Aufgabe 1
Erläutern Sie die Einteilung der Standortfaktoren nach den betrieblichen Geschäftsprozessen.

Aufgabe 2
Erklären Sie, worin der Unterschied zwischen harten und weichen Standortfaktoren besteht.

Aufgabe 3
Klären Sie, welche Standortfaktoren dafür wesentlich waren, dass sich Ihr Ausbildungsbetrieb an seinem jetzigen Standort angesiedelt hat.

Aufgabe 4
Recherchieren Sie, an wen sich Unternehmensgründer in Ihrer Region wenden können, um professionelle Hilfe bei der Standortwahl zu erhalten.

Aufgabe 5
Erläutern Sie den Zielkonflikt zwischen günstigen Kapitalkosten und hochentwickelter Infrastruktur an einem konkreten Beispiel.

Aufgabe 6
Diskutieren Sie, inwieweit die Globalisierung die Bedeutung bestimmter Standortfaktoren für ein Industrieunternehmen verändert hat.

Aufgabe 7
Zeigen Sie an ausgewählten Beispielen, dass für Unternehmen der Prestigewert des Standortes eine wesentliche Rolle spielt.

Aufgabe 8
Erläutern Sie, wovon es abhängt, ob ein Unternehmen hohen Wert auf sehr gut ausgebildete Arbeitnehmer legt oder möglichst niedrige Lohnkosten an seinem Standort realisieren möchte.

Aufgabe 9
Erklären Sie, inwieweit Realisierungsmöglichkeiten betrieblicher Ziele die Standortwahl beeinflussen.

Aufgabe 10
Ein Unternehmen hat sich in Ihrer Region neu angesiedelt. Erstellen Sie eine Liste der Faktoren, die den Ausschlag gegeben haben, sich für den betreffenden Standort zu entscheiden.

Aufgabe 11
Erläutern Sie, welche Standortfaktoren derzeit für die Erhöhung der Investitionsquote wichtig sind.

Aufgabe 12
Vergleichen Sie Unternehmensbesteuerung, Arbeitsmarktregulierung und Lohnpolitik in Deutschland mit entsprechenden Praktiken in anderen europäischen Staaten und zeigen Sie auf, inwieweit sich daraus Vor- bzw. Nachteile für Investitionen am Standort Deutschland ergeben.

Heute fand sich im Postfach der Fly Bike Werke GmbH folgende Einladung:

Die globale Fachmesse
für Bike und Bike-Business

**Hamburg
24.–27. Aug. 20XX
Mittwoch–Samstag**

Publikumstag: Samstag, 27. August 20XX

Wir laden Sie zur 15. Bike-In in Hamburg ein!

Die Bike-In ist eine der weltweit größten Messen für Bike und Bike-Business. Hier trifft sich die Branche! Die Bike-In zeigt sich auch in diesem Jahr wieder in herausragender Form: 800 Aussteller aus 40 Ländern präsentieren auf 100 000 m² die Top-Marken und begeistern Sie mit innovativen Neuheiten. Mehr als 20 000 Fachbesucher und 1 200 Medien-Vertreter werden zugegen sein.

Nutzen auch Sie die Bike-In, um die neuesten Innovationen kennenzulernen, Geschäfte abzuschließen, Informationen auszutauschen und Kontakte herzustellen. Starten Sie mit frischem Schwung in die neue Saison.

Herr Thüne, der die Abteilung Einkauf/Logistik in der Fly Bike Werke GmbH leitet, und der Vertriebsleiter Herr Gerland werden auch in diesem Jahr die Messe besuchen.

Mit Vertretern von zwei Lieferanten, der Sella SA aus Torino in Italien sowie der Tamino INC aus Osaka in Japan, hat Herr Thüne schon Gesprächstermine vereinbart. Herr Gerland bekam in den letzten Tagen Gesprächszusagen von der Züricher Velo AG, der Austria Fahrradhandelsgesellschaft aus Wien und dem belgischen Unternehmen Europarad N.V., das in Mechelen seinen Geschäftssitz hat. Mit diesen Lieferanten bestehen langjährige gute Geschäftsbeziehungen, die nun auf eine neue Ebene der Zusammenarbeit gehoben werden sollen. Geplant ist ein gemeinsames Projekt, bei dem es um die Vereinheitlichung der in den Unternehmen genutzten Software geht.

Weitere Termine sollen dann unmittelbar an den Messeständen anderer Aussteller vereinbart werden. Die Fly Bike Werke GmbH will prüfen, ob zu weiteren Lieferanten Kontakte geknüpft werden können. Außerdem soll die Messe genutzt werden, um nach potenziellen Kunden Ausschau zu halten.

Da die Fly Bike Werke GmbH im nächsten Jahr mit einem eigenen Stand auf der Messe vertreten sein wird, möchte besonders Herr Gerland die Messetage auch nutzen, um Eindrücke und Anregungen für die hausinterne Messevorbereitung zu sammeln.

1   Bereiten Sie im Team eine PowerPoint-Präsentation der Fly Bike Werke GmbH auf der Messe Bike-In vor.

Arbeitsblatt 92.1: Gründe für die fortschreitende Globalisierung

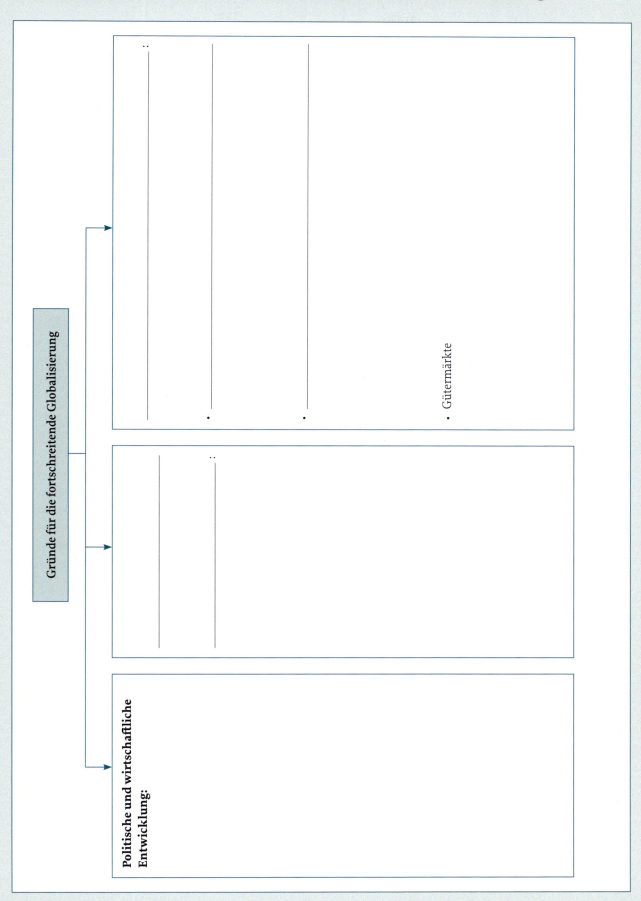

Arbeitsblatt 92.2: Chancen und Risiken der Globalisierung

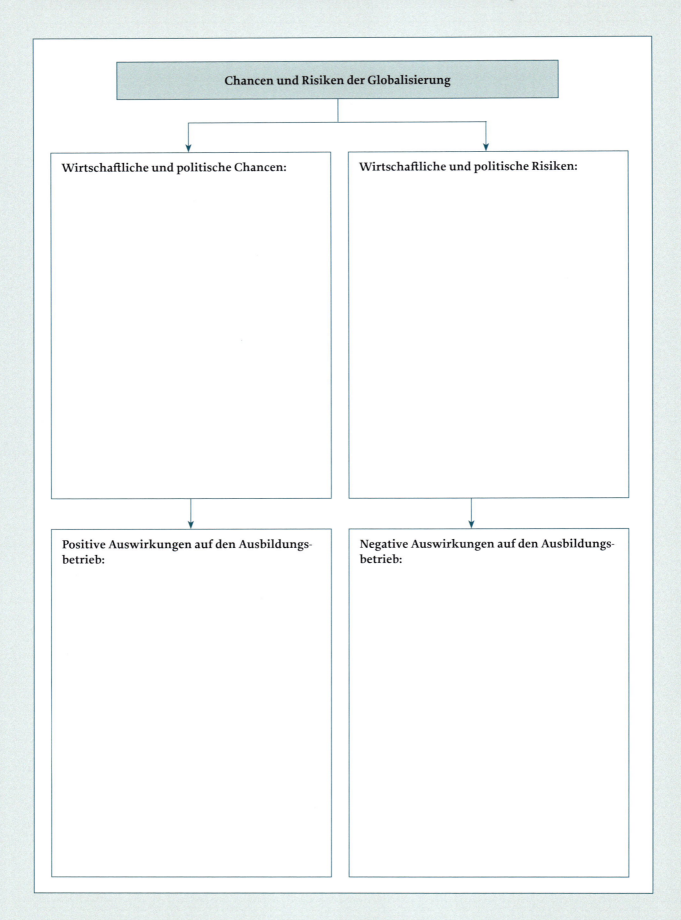

Chancen und Risiken der Globalisierung

Wirtschaftliche und politische Chancen:

Wirtschaftliche und politische Risiken:

Positive Auswirkungen auf den Ausbildungs-betrieb:

Negative Auswirkungen auf den Ausbildungs-betrieb:

Aufgaben

Aufgabe 1
Finden Sie heraus, mit welchen ausländischen Lieferanten und Kunden Ihr Ausbildungsbetrieb regelmäßig in Kontakt steht.

Aufgabe 2
Recherchieren Sie, welche internationalen Fachmessen es in Ihrer Branche gibt.

Aufgabe 3
Erklären Sie anhand der folgenden Grafiken die Voraussetzungen der Globalisierung.

Transport- und Kommunikationskosten

Index (1930 = 100), in konstanten Preisen, 1930 bis 2005

Quelle: Busse, Matthias; HWWA Discussion Paper Nr. 116; BDI: Außenwirtschafts-Report 04/2002
Lizenz: Creative Commons by-nc-nd/3.0/de
Bundeszentrale für politische Bildung, 2009, www.bpb.de

Energiekosten

Rohölpreis, Index (2008 = 100), in konstanten Preisen, 1960 bis 2008

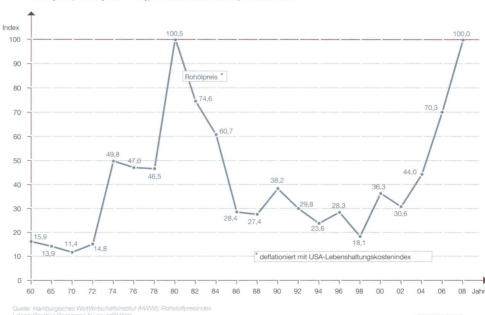

Quelle: Hamburgisches WeltWirtschaftsInstitut (HWWI): Rohstoffpreisindex
Lizenz: Creative Commons by-nc-nd/3.0/de
Bundeszentrale für politische Bildung, 2009, www.bpb.de

Handelsgewichtete Zollbelastungen

In Prozent, nach dem Meistbegünstigungsprinzip, seit 1980, Stand: 2008

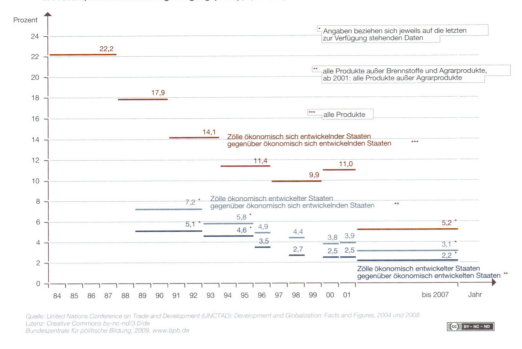

Quelle: United Nations Conference on Trade and Development (UNCTAD): Development and Globalization: Facts and Figures, 2004 und 2008
Lizenz: Creative Commons by-nc-nd/3.0/de
Bundeszentrale für politische Bildung, 2009, www.bpb.de

Aufgabe 4

Recherchieren Sie, in welchem Umfang sich Handel und Investitionen entwickelt haben (z. B. bei der Bundeszentrale für Politische Bildung unter www.bpb.de).

Aufgabe 5

Klären Sie die Rolle der internationalen Aktienmärkte bei der Globalisierung der Güter-, Dienstleistungs- und Finanzmärkte.

Aufgabe 6

Erklären Sie, was man unter transnationalen Unternehmen versteht, und geben Sie fünf Beispiele an.

Aufgabe 7

Zeigen Sie auf, welche ökologischen Probleme mit der Globalisierung einhergehen.

Aufgabe 8

Machen Sie die Rolle Deutschlands in der Weltwirtschaft deutlich, indem Sie folgende Aspekte untersuchen:
– Handelspartner
– Import und Export nach Waren
– Verlagerungsmotive und -ziele
– Arbeitsplatzeffekte
– Arbeitsproduktivität
– Rentabilität

Aufgabe 9

Erläutern Sie folgende Aussage: „Im Zuge der Globalisierung hat sich die Abhängigkeit des konjunkturellen Geschehens in Deutschland vom Ausland wesentlich erhöht."

Arbeitsblatt 1: Volkswirtschaftliche Produktionsfaktoren

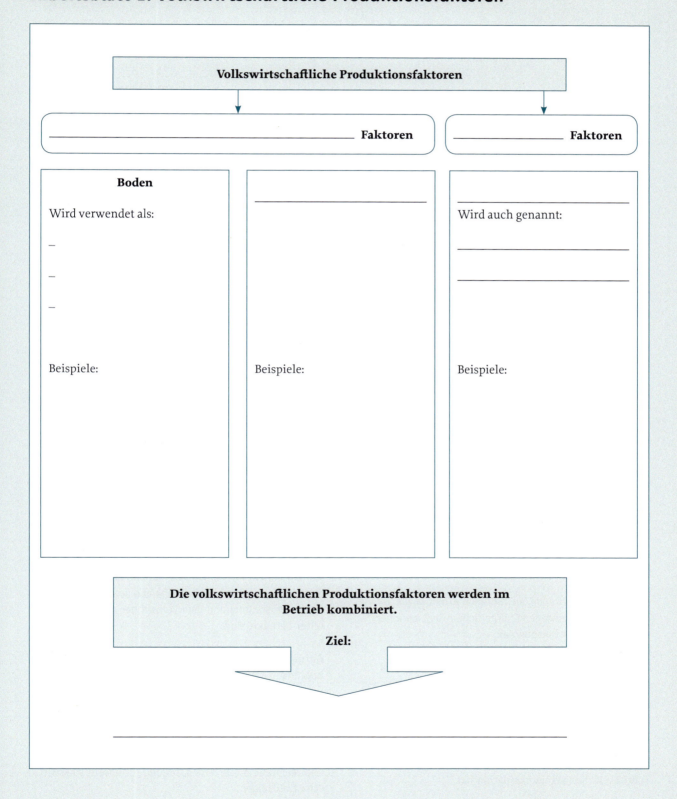

Arbeitsmaterial

Arbeitsblatt 2: Kombination der Produktionsfaktoren

Die Kombination von Produktionsfaktoren ist Voraussetzung für die _____ _____ von Gütern und Dienstleistungen. Sie soll optimal erfolgen, um mit möglichst geringen Kosten _____ _____. Produktionsfaktoren können in Grenzen gegenseitig _____ werden. Produktionsfaktoren sollen so miteinander _____ werden, dass soziale Probleme möglichst vermieden werden.

Aufgaben

Volkswirtschaftliche Produktionsfaktoren

Aufgabe 1
Klären Sie mithilfe des Unternehmensportraits der Fly Bike Werke GmbH, über welche Voraussetzungen für die Produktion das Unternehmen verfügt.

Aufgabe 2
Klären Sie, über welche Voraussetzungen für die Produktion Ihr Ausbildungsbetrieb verfügt.

Aufgabe 3
Beschreiben Sie am Beispiel Ihres Ausbildungsbetriebs, wie die drei Produktionsfaktoren zum Einsatz kommen.

Aufgabe 4
Nennen Sie zwei quantitative und zwei qualitative Bestimmungsfaktoren des Produktionsfaktors Boden.

Aufgabe 5
Stellen Sie die leitende/ausführende Arbeit sowie vorwiegend geistige/vorwiegend körperliche Arbeit an einem selbst gewählten Beispiel dar.

Aufgabe 6
Zeigen Sie anhand eines selbst gewählten Beispiels, wie Geld in einem Unternehmen investiert und damit zu Kapital werden kann.

Aufgabe 7
Erklären Sie, welche Auswirkungen der technische Fortschritt auf die Faktorkombination hat.

Aufgabe 8
Nennen Sie Vor- und Nachteile der Substitution menschlicher Arbeitskraft durch Maschinen und Automaten.

Arbeitsteilung

Aufgabe 9
Ordnen Sie die folgenden Beispiele den verschiedenen Sektoren zu:
a Ölgewinnung
b Fahrradproduktion
c Einzelhandel
d Banken
e Fischfang
f Getreidemühle
g Erzbergbau
h Bäckerei
i Speditionen

Aufgabe 10
Nennen Sie drei positive und drei negative Folgen der Arbeitsteilung.

Aufgabe 11
Zeigen Sie an zwei Beispielen, wie die Arbeitsteilung zwischen den Betrieben zu gegenseitiger Abhängigkeit führen kann.

Aufgabe 12
Wählen Sie zwei Unternehmen aus und zeigen Sie anhand dieser Beispiele, welche Betriebe aus den drei Sektoren an der Herstellung und dem Verkauf der entsprechenden Güter beteiligt sind.

Aufgabe 13
Begründen Sie, warum die Arbeitszerlegung eine wesentliche Voraussetzung für die Industrialisierung darstellte.

Aufgabe 14
Ordnen Sie die Bundesrepublik Deutschland in die internationale Arbeitsteilung ein, indem Sie wesentliche Vor- und Nachteile dieser Arbeitsteilung für unsere Volkswirtschaft aufzeigen.

Bildquellenverzeichnis

Martin Beckmann S. 151/2
Cornelsen Verlagsarchiv S. 98, S. 100
Derby Cycle Werke GmbH, Cloppenburg S. 5, S. 9
Despositphotos S. 250, S. 255
ecolo – Agentur für Ökologie und Kommunikation, www.ecolo-bremen.de S. 76
F1 online S. 274/Juice Images
Fotolia S. 108/jonasginter, S. 122/alphaspirit, S. 145/Mumpitz, S. 146/ExQuisine, S. 293/4
Joachim Gottwald, Berlin S. 52
Handwerkskammer Oldenburg S. 293/2
iStockphoto S. 40/kbeis, S. 65/begepotam, S. 75/kdmy
Gerhard Mester, Wiesbaden S. 86
Photothek S. 87/Ute Grabowsky
picture-alliance S. 14/ZB, S. 116/dpa, S. 119/1, S. 119/2/dpa, S. 253/APA/picturedesk.
    com, S. 261/Sueddeutsche Zeitung Photo, S. 278, S. 286/dpa
project photos, Augsburg S. 101
Rehm Monats-Lohnsteuertabelle,Verlagsgruppe Hüthig Jehle Rehm, Heidelberg S. 128,
    S. 135, S. 139
Anette Schamuhn, Berlin S. 151/1
Shutterstock S. 17/Harper, S. 46/Monkey Business Images
Stadt Oldenburg S. 293/3
Universität Oldenburg S. 293/1
Peter Wirtz, Dormagen S. 298
Wikipedia S. 282, S. 299/Bin im Garten
www.woodtec.de S. 114